Marie-Louise

Une Habsbourg pour Napoléon

Irmgard Schiel

Traduit de l'allemand par Jacques Dumont
avec
Élisabeth Backes, Christiane Eicher et
Birgit von Montigny

DOCUMENT DUCULOT

L'édition originale de cet ouvrage a paru en langue allemande sous le titre *Marie-Louise. Eine Habsburgerin für Napoleon* chez Deutsche Verlags-Anstalt à Stuttgart.

(Imprimé en Belgique sur les presses Duculot)

D. 1992, 0035.22
Dépôt légal : juin 1992
ISBN 2-8011-1025-6
ISSN 0180-7641

Avant-propos

Il arrive que l'Histoire, comme à plaisir, fasse sortir de l'ombre certains personnages qu'elle projette, soudain, au devant de la scène, sans que ceux-ci l'aient expressément voulu, ou même parfois, malgré eux...

Si, comme il en avait été question, Napoléon avait pu prendre pour femme la sœur du tsar Alexandre Ier, selon toute vraisemblance, l'archiduchesse Marie-Louise aurait épousé l'archiduc François de Modène. Elle aurait donné naissance à une nombreuse progéniture, comme certaines autres souveraines autrichiennes du passé, aujourd'hui totalement oubliées de l'histoire. Marie-Louise était promise à une vie privée, paisible et retirée, conforme au destin qui était le sien. Mais l'Histoire en avait décidé autrement.

Aussi, lorsque ce quadragénaire de Napoléon fut uni à la jeune princesse de Habsbourg, cette date de mars 1810 fut-elle perçue comme une malédiction. Nombreux, parmi les Autrichiens, étaient ceux qui déploraient cette alliance. Ils pouvaient faire leur ce qu'écrivait, à l'époque, dans son *Journal,* l'écrivain Friedrich Gentz, conseiller d'État. Selon lui, jamais plus il ne connaîtrait des moments de plus profonde tristesse : « à en pleurer », écrit-il, « comme un enfant ! »

Comment ? Voilà qu'à cet usurpateur, à « l'Antéchrist », à l'ennemi juré qui, à quatre reprises, avait vaincu l'Autriche, qui avait installé ses troupes au cœur de Vienne et investi jusqu'aux appartements des palais impériaux, voilà qu'à cet homme, on allait à présent sacrifier la princesse ?

Et cependant, moins d'un an auparavant, le 22 mai 1809, la chance semblait avoir tourné pour l'Autriche. A Aspern, l'archiduc Charles l'avait emporté, victoire tant attendue, sur les troupes de Napoléon. L'issue en fut d'autant plus navrante. Six mois plus tard, le Corse réussit à contraindre l'Autriche à accepter la paix de Schönbrunn. L'ennemi s'était avancé jusqu'à Braunau sur l'Inn, non loin de Salzbourg et, au sud de Graz, tous les accès vers l'Italie et vers les Balkans étaient sous contrôle français. Le Tyrol était perdu et l'Autriche avait dû céder de vastes territoires en Galicie. Enfin, le pays était privé de toute voie d'accès à la mer. Et ce, sans compter la charge d'indemnités de guerre écrasantes, ainsi que l'obligation de réduire, en nombre, les forces armées ! Comment ne pas en pleurer ! C'est donc dans la désolation qu'eut lieu ce mariage, côté autrichien. Pour assurer au pays quelques années de détente et garantir la paix à l'Europe, on sacrifiait l'une des filles de la famille impériale !

Avec son départ pour Paris, le 13 mars 1810, Marie-Louise entamait la première et la plus marquante des trois phases qui découpèrent son existence. Ce mariage politique fut, en effet, suivi d'un mariage d'amour, et, tout à la fin, d'un mariage de raison. Cette de Habsbourg mit au monde également trois enfants. Elle eut trois patries, dont elle parlait la langue : l'Autriche, la France et l'Italie. C'était, en fait, sa langue maternelle, l'allemand, qu'elle maîtrisait le moins bien. Sa propre langue, elle ne l'avait jamais vraiment apprise.

Elle vécut à peine quatre ans avec Napoléon, dans tout l'éclat de l'histoire universelle. Jusqu'à sa mort, à l'âge de cinquante-six ans, de la grande Révolution française jusqu'aux révolutions de 1848, du rococo au style Restauration, de la diligence aux chemins de fer, Marie-Louise connut l'une des époques les plus mouvementées de l'Histoire.

De la fin du dix-huitième jusqu'au milieu du dix-neuvième siècle, on put voir germer et s'épanouir des génies, à foison, dans des domaines aussi variés que la musique, la littérature, la philosophie. A quelques jours près, la naissance de Marie-Louise, en 1791, coïncidait avec la mort de Mozart, et, lorsqu'elle-même mourut, Wagner venait d'achever son *Lohengrin.* Durant cette période, le développement musical recoupait tous les genres, depuis la musique classique, à son apogée à Vienne, jusqu'aux premiers tourbillons de la fameuse valse, en passant par l'opéra et par les chefs-d'œuvre romantiques. Gentz, le chroniqueur évoqué plus haut, de passage à Weimar, en 1801, retient dans ses notes la longue soirée du 20 novembre qui réunit chez Goethe, autour de la table, en un tête-à-tête familier, trois autres immortels, Wieland, Herder et Schiller. Et plus tard, en 1808, Gentz aura encore certainement eu l'occasion d'assister à la première audition, mémorable s'il en fut, de *La Création* de Haydn, dans la salle des fêtes de l'université de Vienne. Le compositeur en personne y était, ainsi que Beethoven et Hummel. Antonio Salieri était au pupitre et Conrad Kreutzer accompagnait les voix.

La pensée trouvait, à l'époque, bien d'autres domaines où exercer sa créativité ! Tandis que Hegel proposait à ses contemporains, en Allemagne, une vision nouvelle de leur siècle, le poète Heine en affinait la perception et, dans une optique de critique sociale, Marx en élaborait la philosophie politique. Au-delà du débat où s'affrontaient des courants divers, depuis les tenants d'une rupture radicale avec le passé jusqu'aux simples « rénovateurs », les sciences naturelles modernes et la révolution industrielle donnaient le signal de l'avènement d'une ère nouvelle.

Napoléon, après sa mort, devint une figure mythique, héros et anti-héros à la fois. Poètes et penseurs du monde entier se sont situés par rapport au cas Bonaparte : Fichte et Nietzsche en Allemagne, Tolstoï et Pouchkine en Russie, Byron et Walter Scott en Angleterre, ainsi que les Chateaubriand, Balzac, Hugo, Stendhal et d'autres en France. Le peintre David fit de Napoléon le sujet de plusieurs de ses toiles. Beethoven composa une symphonie en son honneur, mais, heurté et blessé par le geste de Napoléon se couronnant lui-même empereur, il lui en refusa finalement la dédicace. Nul mieux que Heine, dans son poème *Les deux Grenadiers,* ne réussit à camper le personnage, maniaque de « sa » Grande Armée. L'œuvre transcende, et de loin, ce que les historiens ont pu écrire sur le thème. Enfin, Tchaïkovski a fixé à jamais, dans sa grande fresque un peu lourde, l'*Ouverture « 1812 »,* l'année fatidique de la retraite de Russie. En revanche, ce n'est pas Napoléon qui a inspiré le *Quatuor de l'Empereur,* mais c'est à son empereur, François II, que Joseph Haydn dédia le fameux hymne *Oh ! Dieu ! sauvegarde...*

On ne trouve, dans la musique, aucune pièce en l'honneur de Marie-Louise, impératrice des Français, duchesse de Parme, Plaisance et Guastalla. Mais plusieurs ouvrages lui ont été consacrés, souvent, d'ailleurs, pour la critiquer. Les censeurs prennent parti : elle n'aurait été ni une grande impératrice, ni une forte personnalité, ni une nouvelle Léonore accompagnant son mari jusqu'en prison, ni, non plus, une mère très disponible. Reconnaissons qu'elle s'est trouvée manipulée par la politique internationale. Par tous les moyens possibles, on l'a empêchée d'écouter la voix de ses sentiments. Certains de ses défenseurs ont mis en évidence, chez elle, d'éminentes qualités humaines et ont cru relever des dispositions héréditaires qui auraient infléchi sa destinée. Une formule reprise à l'un des amis de son fils le duc de Reichstadt résume assez fidèlement cette vie : « Elle n'a été que ce qu'elle aura pu être » (...) « personne ne peut en faire davantage. »

Mais, qui était donc cette Marie-Louise de Habsbourg ? En définitive, une femme parmi tant d'autres et comme beaucoup d'autres, mais qui eut à vivre une existence en porte-à-faux, et qui, même, par épisodes, eut à connaître des circonstances dramatiques. De comparse qu'elle avait été, elle se vit, du jour au lendemain, précipitée à l'avant-scène du monde de son temps, pour se retrouver dans les coulisses au moment du dénouement. Plus tard, dans un style moins grandiloquent et sur une scène plus étriquée, elle a encore pu tenir un rôle, à la satisfaction générale. La fille du « bon empereur François » devenait, à Parme, la *buona duchessa.*

L'ouvrage ici proposé au lecteur vise, avant tout, à rapporter, comme dans une sorte de triptyque, les moments clés de la vie haletante et contrastée de cette héritière des Habsbourg. Mais, c'est aussi sur toile de fond d'époque que cette biographie doit se dessiner. Par exemple, en quoi consistait ce fameux ordre européen dont Napoléon n'a jamais eu qu'une vague idée ? Quel a été, sur l'Europe, l'impact du Blocus continental ? Et ces retentissantes campagnes napoléoniennes, qu'en a-t-il été exactement, et comment se comportaient ces personnages trop humains, une fois dépouillés de leur aura de légende épique ? D'autres questions se posent encore, également captivantes : dans quelles conditions voyageait-on à l'époque ? Comment, et de quoi se nourrissait-on ? Qu'en était-il des hausses du coût de la vie ? En quoi consistait le style de l'époque, le Backhendl du Biedermeier ?

Les sources qui ont servi à l'élaboration de l'ouvrage sont, pour l'essentiel, la correspondance de Marie-Louise, appartenant aux collections du fonds familial des Archives de la maison, de la cour et de l'État à Vienne, ainsi que les quelque 8.000 lettres de la succession Montenuevo. Ces lettres constituent la correspondance échangée entre Marie-Louise et les nombreux membres de la famille de Habsbourg, ses amis et préceptrices, médecins et domestiques, hommes politiques et militaires. Pour empêcher l'éparpillement que n'aurait manqué d'entraîner leur vente aux enchères, le gouvernement autrichien décida de confier ces correspondances aux Archives de l'État. Quant au courrier échangé entre le duc de Reichstadt et sa mère, ainsi qu'avec son précepteur Dietrichstein, il fut vendu aux enchères après que des microfilms eurent été réalisés, à l'initiative des Archives de la ville de Vienne.

Enfin, pour ce qui est de la correspondance de Marie-Louise avec Napoléon, ce n'est qu'en 1945 qu'elle fut découverte, dans les archives de la famille royale de Suède à Stockholm. Elle présente un intérêt capital pour saisir les comportements de cette « première dame », dans l'ombre du maître de l'Europe. C'est grâce au frère de l'empereur, Joseph, que ces lettres sont parvenues là-bas, via la belle-sœur de Joseph Bonaparte, la princesse Désirée, future reine de Suède. C'est à l'amabilité de l'éditeur C.H. Beck de Munich que nous devons d'avoir pu utiliser les lettres échangées entre Napoléon et Marie-Louise, publiées et commentées dans l'ouvrage de C. F. Palmstierna. Pour son importante valeur heuristique, mentionnons également la correspondance entre Marie-Louise et sa dame de compagnie et confidente, la duchesse de Montebello, publiée par E. Gachot sous le titre *Marie-Louise, intime*. Enfin, ont été très utilement mis à profit les ouvrages, repris dans la bibliographie, du baron von Helfert, de E. von Wertheimer et de J. de Bourgoing.

Que trouvent ici l'expression de notre vive reconnaissance, pour leur collaboration et leurs nombreux encouragements, les responsables des archives officielles et des collections d'archives et portraits de la Bibliothèque Nationale de Vienne et di Stato à Parme. J'adresse mes plus vifs remerciements au professeur Otto Kerrys et à Ruth, son épouse, qui ont bien voulu mettre à ma disposition leur précieuse documentation personnelle, ainsi qu'à Monsieur Félix Berner, pour ses conseils et ses commentaires critiques sur une première version du manuscrit. Enfin, c'est grâce à la compréhension et aux inlassables encouragements de Hannes Schiel, mon mari, que j'ai pu mener à bien ce travail, tout au long des quatre années écoulées. Sans lui, cet ouvrage n'aurait jamais pu voir le jour.

Irmgard Schiel

Merci à celles et ceux qui, d'une manière ou d'une autre, ont coopéré à l'élaboration de la version française de l'ouvrage. Une reconnaissance toute spéciale pour son amicale collaboration à Marie-Thérèse Legrand-Dewez qui, avec compétence et disponibilité, s'est livrée à une relecture de l'intégralité d'une première version du manuscrit. Merci également pour leur accueil aux responsables du Musée provincial de la Ferme du Caillou à Genappe qui nous ont facilité la consultation des précieuses collections de la « bibliothèque Napoléon ». (N.d.T.)

Chapitre premier

Une archiduchesse à sacrifier

La scène se passe dans la salle des cérémonies de la Hofburg à Vienne. L'empereur d'Autriche, François, a revêtu son uniforme blanc de gala et a pris place sous le dais. Debout, devant lui, le maréchal Alexandre Berthier, prince de Neuchâtel. Ambassadeur extraordinaire de Napoléon, il vient, au nom de son souverain, demander la main de l'archiduchesse Marie-Louise, la fille aînée de l'empereur.

C'était le soir du 8 mars 1810, à six heures.

L'empereur François venait de célébrer ses quarante-deux ans. De petite taille, et plutôt frêle de constitution, il dominait néanmoins l'assemblée du haut de son estrade. La première marche ressortait, de telle sorte que cette avancée créât la respectueuse distance nécessaire entre le diplomate français et la cour autrichienne entourant l'empereur. Ainsi, de par la disposition même des lieux, de manière subtile mais néanmoins très remarquée, l'empereur d'Autriche François II, appelé encore et toujours, longtemps après, Empereur du Saint Empire romain germanique, gardait la préséance, et ce, même après la lourde défaite que venait de lui infliger le conquérant français. Or, celui-ci, aujourd'hui, exprimait, par ambassadeur interposé, son désir d'épouser une jeune femme de la famille des Habsbourg [1] (*). Berthier, faisant un pas, ôta son chapeau et, après trois profondes salutations [2], prit la parole, en français : « Sire, au nom de l'Empereur, mon souverain, j'ai l'insigne honneur de demander la main de l'archiduchesse Marie-Louise, Votre auguste fille... »

A l'aune de tout le cérémonial qui se déroulait, le discours fut court et

(*) Les notes se trouvent en fin de volume, avant la Bibliographie. Pour les renvois aux sources, voir N.d.T. au début de la Bibliographie.

net. D'un geste de la main, l'empereur invita le maréchal à remettre son couvre-chef mais, en signe de respect, à chaque fois que le nom de Sa Majesté, ou celui d'empereur, était prononcé, Berthier portait la main à la tête, comme pour saluer. Et l'empereur François faisait de même lorsqu'on entendait prononcer le nom de Napoléon. A vrai dire, si l'on s'en tient au « Plan du cérémonial à observer lors de la demande en mariage de son Altesse Royale l'archiduchesse Marie-Louise par Napoléon, empereur des Français et roi d'Italie », il ne s'agissait là que de la réalisation d'une mise en scène éprouvée [3].

Et l'émissaire de Napoléon poursuivit : « Les qualités éminentes qui habitent la princesse l'ont désignée pour occuper un trône illustre. Elle va décider du bonheur d'une grande nation et, à la fois, d'un grand homme... » Bien que plus âgé que son souverain maître, Berthier avait quelques traits de ressemblance avec le grand homme. Comme Napoléon, il était plutôt petit de taille, trapu, et le teint de son visage avait la même complexion grisâtre. Grand homme, il l'était également, ce maréchal Berthier, vice-connétable de France ! En 1800, il était ministre français de la Guerre. Désigné ensuite à l'État-Major général de Napoléon, il jouissait de larges faveurs de la part du régime, en domaines et en châteaux. En outre, il avait une relation presque amicale avec son souverain. L'année d'avant, ce dernier avait même conféré à Berthier, prince et duc de Neuchâtel et de Valangin, un titre supplémentaire important : il l'avait fait prince de Wagram ! Mais les Français firent preuve de bon goût en omettant ce titre, pour ne pas raviver chez les Autrichiens le souvenir d'une de leurs récentes et cuisantes défaites...

Par ailleurs, Berthier était un personnage bien connu des Viennois : il avait eu auparavant ses quartiers au château de Schönbrunn. Maintes fois, on avait pu repérer, dans la *Wiener Zeitung,* la signature de Berthier au bas des proclamations et des décrets de l'occupant français. On trouvait même son nom au bas de l'ordre du jour daté du 14 octobre 1809 à Schönbrunn qui annonçait l'armistice entre l'Autriche et les Français, traité qui fut sans doute la pire humiliation qu'eurent à subir les Habsbourg.

Et voici que peu de temps après, Berthier faisait sa réapparition à Vienne pour la mission la plus prestigieuse de sa carrière. Le 4 mars 1810, il entre donc à nouveau à Vienne et, à sa grande surprise, la population l'y accueille en grande liesse. Aussi, il écrit à Napoléon : « ... le peuple est au comble de la joie : dans les faubourgs de la ville, les gens iront même jusqu'à tirer mon carrosse, à bout-de-bras ! Un enthousiasme qu'on peut difficilement imaginer ! » [4]

Par leurs vivats, ce n'était pas tant l'audience au palais que le peuple de Vienne venait applaudir. En fait, ils exprimaient l'espoir d'une paix prochaine et de temps moins agités. Les dix-huit années du règne de l'empereur François avaient en effet été marquées par des guerres quasi incessantes.

Le 5 mars, ayant pris place dans le carrosse de la cour, l'attelage aux six chevaux, Berthier parcourait le trajet entre sa résidence princière, le palais de Schwarzenberg, non loin de la porte de Carinthie, et la Hofburg où l'empereur s'apprêtait à recevoir ses lettres de créances et les procurations. Des allocutions courtoises et solennelles y furent prononcées, où il fut longuement question de paix et d'amitié. L'illustre ambassadeur alla ensuite présenter ses hommages à l'impératrice et se rendit finalement chez l'archiduc Charles, le frère de l'empereur.

Pour la cérémonie nuptiale, à Vienne, l'archiduc s'était vu confier un rôle important : remplacer le fiancé absent, Napoléon. Celui-ci avait d'abord jeté son dévolu sur Berthier lui-même, mais la cour de Vienne en avait décidé autrement.

S'agissant du mariage d'une archiduchesse, c'était à l'archiduc Charles, et à lui seul, que revenait l'honneur de conduire l'élue à l'autel. Napoléon s'empressa d'accepter. D'autant plus qu'il éprouvait une estime particulière pour l'archiduc. Ils s'étaient trouvés face à face à deux reprises en 1809 dans les environs d'Aspern : l'archiduc Charles, à la tête des armées autrichiennes, avait remporté une victoire sur Napoléon, l'« Invincible », mais, non loin de là, à Wagram, Napoléon avait à nouveau pris le dessus. « Je ne connais prince plus valeureux, ni aucun plus grand général que Votre Majesté impériale », écrit Napoléon à l'archiduc. « A l'occasion des deux grandes batailles que nous nous sommes livrées, j'ai sincèrement apprécié vos mérites et vos titres de gloire. Il me devait de le manifester publiquement en vous laissant épouser à ma place, « de la main gauche », la très chère Louise, la future impératrice des Français. Oh ! Prince, faites donc pour moi ce pas important et signe de paix pour l'Europe tout entière. En prenant Louise par la main, vous contribuerez à faire disparaître ce qui pourrait entacher cette importante relation d'amitié durable entre l'Autriche et la France. » [5] Charles accepta avec empressement de remplir ce rôle, et il fit savoir à Berthier que, sauf pour raison de santé, rien ne l'empêcherait d'accéder au vœu exprimé par l'empereur [6].

Tout était donc pour le mieux, et Berthier s'en félicita. Sa mission revêtait ainsi tout le lustre impérial. Le 6 mars, les frères de Sa Majesté et les plus hauts dignitaires de la cour, avec Berthier et le comte Louis-Guillaume Otto, le nouvel ambassadeur à Vienne, étaient invités au banquet familial organisé par l'impératrice. S'y était joint, également, le nouveau ministre autrichien des Relations extérieures, Clemens Wenzel Lothar Metternich, d'origine rhénane, homme du monde par nature et diplomate par vocation. C'était lui surtout qui se targuait d'avoir fait aboutir ce mariage. Le banquet familial se déroula de la manière la plus harmonieuse. Même l'impératrice Maria Ludovica, ennemie implacable de Napoléon et adversaire farouche de ce mariage, eut de bonnes paroles pour Berthier.

Sans le moindre doute, ce maréchal de France faisait très bonne figure. De présentation impeccable et l'air grave, il semblait avoir une haute conscience de l'importance de sa mission. Nul membre de la cour de Vienne n'eût pu trouver à redire lorsque, le 8 mars, il fit avec gravité et très solennellement la demande en mariage, au nom de son maître, l'empereur. Avec grande habileté, les Français reconnaissaient finalement l'importance politique de ce mariage.

« La politique de mon souverain s'est trouvée d'accord avec les vœux de son cœur » (*), déclara le prince de Neuchâtel. « Cette alliance entre deux familles régnantes puissantes apportera incontestablement la paix et le bonheur à ces deux nobles nations. » [7]

L'émissaire impérial en avait terminé. C'était, à présent, au tour de l'empereur François de prendre la parole. L'empereur préférait s'exprimer en allemand plutôt qu'en français : une langue allemande agréable, ponctuée de mots du dialecte local. Néanmoins, pour la circonstance, il fut assez bienveillant pour répondre en français. Il dit qu'il prenait connaissance avec plaisir de la demande en mariage de Sa Majesté l'empereur Napoléon. Le choix que celui-ci manifestait le flattait et lui, François, y voyait d'heureux présages ; cette alliance résoudrait les divergences de vue politiques, mettrait fin aux horreurs de la guerre et procurerait un avenir heureux aux deux nations.

L'empereur prononça ces paroles avec un grand naturel. Il ne faisait là que répéter ce que son ministre des Relations extérieures avait déjà mis par écrit. Metternich avait été tout un temps ambassadeur à Paris. On pouvait lui faire confiance, d'autant plus que l'empereur François n'aimait pas trop prendre les décisions lui-même. Nul n'aurait pourtant pu prétendre lire sur le visage de l'empereur qu'il se réjouissait de donner son enfant en mariage à quelqu'un qui avait, pratiquement, ruiné son empire ; qui s'était emparé des plus belles de ses provinces et qui avait failli le contraindre à abdiquer. A peine trois mois auparavant, l'empereur François, défait, avait dû rejoindre sa capitale, Vienne, son lieu de résidence. Les citoyens viennois ne s'en étaient toutefois pas pris à l'empereur. Selon la *Wiener Zeitung* [8], ils étaient des milliers à l'attendre sur la Burgplatz et une foule nombreuse avait accompagné Sa Majesté jusqu'en son cabinet, sous de vibrants vivats.

L'empereur François s'était réjoui de l'accueil chaleureux de ses chers sujets, mais sans que sa condition s'en trouvât pour autant améliorée. L'année 1809 avait été la plus atroce de toute sa vie. Alors déjà, la mine sérieuse et tirée de l'empereur présentait cette expression résignée et empreinte de lassitude que révèlent tous ses portraits...

La demande en mariage était donc acceptée. On n'attendait plus que la future mariée. Sortant de la pièce voisine, elle fit son apparition, accompagnée de ses attachés de cour. S'approchant de son père, elle fit une profonde révérence et prit place à sa gauche, légèrement de biais.

(*) en français dans le texte.

Berthier s'avança et présenta à Marie-Louise une lettre ainsi qu'une effigie de l'empereur des Français. Sa dame de compagnie la lui agrafa au corsage. Pour la première fois, Berthier s'adressa à sa future impératrice, cette jeune femme d'une maturité incertaine qui, à l'instant où elle s'avançait sur la marche, du même pas, franchissait le seuil de l'Histoire.

Plusieurs descriptions de Marie-Louise nous sont restées, la plupart faites par des hommes. Les rapports de l'ambassadeur à Vienne, le comte Otto, envoyés à Paris, présentent la princesse Marie-Louise sous un jour favorable. Ce diplomate aimable et cultivé avait rejoint son poste à Vienne le 25 janvier 1810. Il avait comme instructions de se montrer affable et conciliant et d'envoyer à Paris des rapports détaillés sur la cour de Vienne. A peine arrivé, il s'en fut présenter ses hommages à l'archiduchesse Marie-Louise qui l'accueillit en grande toilette. « La princesse, précise-t-il, a dix-huit ans ; elle a un port altier et d'une belle venue. Son attitude est pleine de noblesse et elle est d'un physique agréable. Se dégage de sa personne un charme certain, l'expression d'une grande douceur, et d'une bienveillance qui inspirent toute confiance. Elle semble avoir reçu une bonne éducation ; elle chante, joue bien du piano, et elle peint ». [9] Un autre témoin, l'ancien secrétaire de Mirabeau, Mr Pellenc, portait sur Marie-Louise un regard plus mitigé. « Cette archiduchesse, écrit-il, est de taille relativement moyenne. Elle a tout à fait ce qu'on appelle le teint allemand. Ses traits sont réguliers, le visage est ovale, et sa chevelure oscille entre marron clair et blond ; ses yeux bleus sont très beaux, et plus encore son regard. Une vive coloration d'un rosé parfois trop intense se marque sur le fond de teint clair de la peau, un léger défaut qu'avait également la reine de France Marie-Antoinette, lorsqu'elle était jeune. Ses épaules bien campées semblent annoncer une forte constitution. Elle a une bonne démarche, faite de noblesse davantage que d'élégance, car elle n'a guère de goût pour s'habiller. De ses qualités d'esprit, on ne sait trop rien. On rapporte que son éducation, qu'elle a reçue d'une mère trop autoritaire, laisse à désirer. On est donc autorisé à penser que la princesse est actuellement encore loin de ce qu'elle peut devenir un jour. Ce qui est à son avantage, c'est qu'elle est issue d'une famille qui a donné des gages de fertilité. On l'a souvent comparée à l'impératrice d'Autriche actuelle mais, généralement, celle-ci passe pour être plus belle. »

Dans son appréciation, le comte Metternich valorisait davantage les qualités de caractère que les apparences extérieures. A cet égard, il recommandait néanmoins que l'on veillât à ce qu'elle s'habille mieux ! « La jeune impératrice — ainsi du moins opinait ce grand connaisseur des femmes — devrait plaire, à Paris, de par sa bonté, son extraordinaire douceur et sa modestie (...) ; elle a une très belle silhouette et, un peu arrangée et bien habillée, elle sera des plus séduisantes. » [10]

Enfin, le comte de Laborde, qui faisait partie de la suite de l'ambassadeur Berthier, fut mis en présence de Marie-Louise lors du bal, donné le soir même, après la demande en mariage. « Au cours de cette soirée, l'archiduchesse était ravissante, » écrit-il à Paris [11]. « Elle portait une robe blanche rehaussée d'argent qui ne masquait pas sa taille, comme les robes de brocart d'or qu'elle porte le plus souvent. Son abondante chevelure blonde, tirée vers le haut, dégageait la nuque et les épaules. Son extrême fraîcheur, son sourire, son charme extraordinaire et la modestie qui se dégagent de toute sa personne nous amènent à conclure qu'elle sera l'une des dames les plus charmantes de la cour. Sans même parler de la beauté de la future Impératrice, nous sommes convaincus que l'on ne pourrait trouver, à quelque rang social qu'elle appartînt, une personne de santé plus resplendissante et respirant un plus grand bien-être. Aucune anomalie de la peau n'a pu être observée, et j'ai la conviction que ses enfants seront comme elle, robustes et sains. »

Non moins intéressant est le témoignage d'une femme, cette fois, l'écrivain Caroline Pichler, bien connue dans les milieux viennois. Elle vit la mariée dans un bal à la « Redoutensälen » et elle la compare à sa belle-mère, l'impératrice Maria Ludovica, de quatre ans seulement son aînée. La comparaison n'est pas à l'avantage de Marie-Louise, les remarques négatives portant également sur l'élégance de sa tenue. « A cette fête, » écrit Caroline Pichler, « l'Impératrice, même d'une beauté moyenne et plus âgée que la florissante mariée, (...), emporta l'adhésion par la grâce de ses mouvements, par sa tenue vestimentaire et la majesté de sa prestance, traits d'autant plus surprenants étant donné sa petite taille. Que l'éclat moins vif de la mariée tienne à sa manière de se vêtir et à sa timidité, cela devait se vérifier, par la suite... » [12]

Telle était donc la jeune femme qui allait devenir impératrice des Français. En synthèse, le profil général était celui d'une personne qui paraissait en bonne santé, aimable, douce, modeste jusqu'à une certaine timidité. Sa jeunesse lui conférait un charme certain. Apparemment, elle n'était ni spécialement intelligente ni vraiment gourde et était réputée avoir des dons dans le domaine artistique. Elle ne portait aucune marque de petite vérole et avait un port altier. Mais elle n'avait pas autant de grâce ni d'élégance que la première épouse de Napoléon, Joséphine, qui, sans pourtant être une beauté, avait un charme irrésistible. Pour le fiancé, les notes en provenance de Vienne traduisaient au moins une chose : « J'ai cru comprendre que ma femme n'est pas une beauté » et, après avoir interrogé ses hommes de confiance, Napoléon soupirait : « Aucun de ces diables d'hommes ne sera parvenu à me persuader que ma femme est jolie. » [13]

Mais, à l'heure qu'il était, la question de la beauté le cédait à bien d'autres critères auxquels, par ailleurs, Marie-Louise répondait fort bien. Elle était une archiduchesse appartenant à l'une des plus anciennes dynasties d'Europe et elle provenait d'une famille d'une incontestable fécondité, tant du côté paternel que du côté maternel. Non seulement la mère de Marie-Louise, décédée prématurément, avait donné naissance à treize enfants, mais des aïeules en avaient eu jusqu'à seize ou même dix-huit, dont de nombreux garçons. Marie-Louise pourrait donc réaliser ce qui s'était avéré impossible pour la première épouse de Napoléon, Joséphine : assurer un successeur légitime au trône de Napoléon et, par un héritier mâle, consolider sa dynastie dans la durée. En 1805, l'empereur confiait à un proche, Bourrienne : « C'est la torture de ma vie. Ma position ne sera stabilisée que si j'ai des enfants. Aucun de mes frères n'est à même de me succéder. Tout est entamé, rien n'est accompli... » [14] Et, au cours de son deuxième séjour à Vienne, il avait encore mieux perçu l'urgence de cette question. Tout victorieux qu'il fût, il avait pu mieux se rendre compte de l'éventualité d'une mort brutale et inopinée.

Tous les matins à la même heure, à neuf heures exactement, Napoléon procédait à une inspection dans la cour du château de Schönbrunn. Habituellement, au bas du perron, il s'arrêtait et se faisait remettre les suppliques et des lettres de doléances.

Ce 12 octobre 1809, le scénario se répétait. Au moment où Napoléon se dirigeait vers un groupe de prisonniers de guerre français, échangés la veille avec des prisonniers autrichiens, un homme, plutôt jeune, se détacha du rang, cherchant à se frayer un passage. Il avait une vareuse bleue ordinaire et il avait la tête couverte d'une coiffure militaire. Il avait une lettre à la main qu'on prit d'abord pour une supplique. Le personnage, remuant, commençait à devenir encombrant. Il bousculait les personnes qui formaient la suite de l'empereur, pour se rapprocher de celui-ci. Berthier l'interpella, mais rien n'y fit. Finalement, excédé, le général Rapp donna l'ordre à la garde de l'emmener. On lui trouva un poignard dans la poche.

— Qu'est ce que tu cherchais à faire ? Mais il prétendit n'accepter de répondre qu'à Napoléon en personne.

— Qui es-tu ?

— Je m'appelle Friedrich Stapps, j'ai dix-huit ans et mon père est pasteur à Naumburg.

— Que voulais-tu faire avec ce couteau ?

— Je venais pour vous tuer.

Napoléon était à ce point interloqué par cette réponse que l'on appela son médecin personnel, Corvisart. Ce devait être un aliéné ! On lui prit le pouls, mais tout sembla normal.

Fort intrigué, Napoléon voulut poursuivre lui-même l'interrogatoire de Stapps. Si on lui faisait grâce, recommencerait-il ? Avec calme, l'homme expliqua que son geste de patriote était un projet politique, qu'il regrettait de ne pas avoir réussi et qu'il n'aurait de cesse d'arriver à ses fins.

C'est juste après cet incident que Napoléon, profondément bouleversé et excédé, décida de mener rapidement à terme, coûte que coûte, les négociations de paix en cours. « Finissez-en ! Il vous faut clôturer cet affaire ! » ordonna-t-il à son négociateur Champagny, ministre des Affaires étrangères [15]. Aussi ce dernier offrit-il de réduire les indemnités de guerre exigées de l'Autriche de 190 millions de francs au début, à 100 millions, d'abord, puis, finalement, à 85 millions [16]. La Paix de Schönbrunn fut ainsi signée, dès le 14 octobre. Le 15, Stapps fut passé par les armes et, le lendemain, Napoléon quittait Vienne.

Tout, ensuite, était allé très vite. Dans les cinq mois qui suivirent, Napoléon divorça de sa première épouse, l'impératrice Joséphine ; il se fiança et, quasi aussitôt, se remaria.

On ne sait toujours pas aujourd'hui avec certitude qui, réellement, fut à la base du mariage avec Marie-Louise d'Autriche. Etait-ce Napoléon, ou plutôt Metternich, qui fit tout pour y parvenir ? La plupart des historiens français prétendent généralement que ce sont les Autrichiens, surtout, qui y ont poussé, afin de sauver la monarchie grâce à une alliance entre les deux familles. Par contre, les biographies de Marie-Louise indiquent que Napoléon aurait pris l'initiative des démarches, dans la plus grande discrétion, afin d'apprécier les chances qu'il aurait du côté de Vienne [17].

Depuis des années, Napoléon avait l'intention de se séparer de Joséphine, au début par jalousie, en fin de compte parce qu'il s'était rendu à l'évidence que toute perspective de pouvoir attendre d'elle un héritier s'était évanouie. Joséphine s'entendait à faire admettre que c'était sa faute à lui, s'ils n'avaient pas eu d'enfant. N'avait-elle pas eu tout à fait normalement deux enfants, Hortense et Eugène, avec son premier mari, Alexandre de Beauharnais, cet aristocrate qui périt sur l'échafaud ? Durant des années, Napoléon avait accepté cet argument et il en était venu à considérer comme héritier présomptif le fils aîné de son frère Louis, ce frère qu'il maria avec Hortense et fit roi de Hollande. Il tenait ce jeune enfant, très doué, en grande affection, et tout s'annonçait bien, jusqu'à ce que le petit Napoléon-Charles soit frappé par le destin : il mourut en 1807, à l'âge de quatre ans. Le problème de l'héritier se reposait, lancinant. Mais, voilà que la maîtresse de Napoléon, Louise-Catherine Revel venait de mettre au monde un garçon ! [18] Du coup, les prétentions de Joséphine perdaient de leur crédibilité. Cependant l'on pouvait encore avoir des doutes, la dame n'étant pas de toute grande vertu. Par contre, lorsqu'on apprit en 1809 que Maria Walewska était enceinte, plus personne ne pouvait douter de la paternité de Napoléon.

Mais qui allait devenir la prochaine impératrice des Français ? Napoléon commença par faire opérer des coups de sonde du côté russe. D'aimables travaux d'approche eurent lieu, lors de l'entrevue d'Erfurt, en 1808, entre le Corse et le tsar Alexandre Ier. De part et d'autre, on voyait d'un assez bon œil une alliance entre la cour de Paris et celle de Saint-Pétersbourg. Napoléon s'intéressait à la sœur du tsar, la grande-duchesse Anna. A cause de son jeune âge — elle était née en 1795 et n'était pas encore nubile —, le projet de mariage rencontra la résistance de la famille du tsar. La mère de la jeune fille, en particulier, éprouvait une répugnance insurmontable à l'égard de Napoléon et elle refusa de donner son enfant pour femme au « Corsicain » d'hier. Mais les pourparlers de Saint-Pétersbourg allaient éveiller l'intérêt de la cour de Vienne. Une éventuelle alliance entre la France et la Russie créait un malaise. Napoléon devenant le beau-frère du tsar, tout espoir était perdu de faire un jour appel à la Russie pour mettre un terme à l'emprise française sur l'Autriche.

A partir de ce moment, Metternich commença à tirer les ficelles. Lorsqu'il apprit, en 1807, le divorce qui se préparait à Paris et le projet de mariage russe, personne ne parlait encore de l'Autriche. Ce n'est qu'en 1809 que se fit jour l'éventualité d'une alliance avec la cour de Vienne. Metternich s'était fait l'écho d'une histoire truculente qui, selon lui, aurait révélé l'intérêt de Napoléon pour l'archiduchesse autrichienne [19].

Tout aurait commencé à l'occasion d'un bal masqué au domicile du chancelier français Cambacérès. La comtesse Éléonore Metternich, qui résidait à Paris pendant la campagne de 1809, après le départ de son époux à Vienne, comptait parmi les invités. Selon Metternich, elle connut durant cette soirée une étrange aventure. Un masque se serait approché d'elle, l'entraînant à l'écart pour l'interrroger avec insistance sur l'accueil éventuel que réserverait la maison impériale à la demande en mariage de l'archiduchesse Marie-Louise. En cet importun, la comtesse crut reconnaître Napoléon ; désemparée, elle le renvoya vers l'ambassadeur d'Autriche à Paris, le prince Karl Ph. Schwarzenberg et, de son côté, elle informa aussitôt le prince, également présent au bal.

Fait curieux, par la suite, jamais la comtesse ne semble avoir fait état de cet incident dans la correspondance avec son époux. Cela lui eût été difficile, car on a pu apporter la preuve que Napoléon, en fait, n'avait pas participé à cette fête [20]. En outre, on a pu lire dans les écrits posthumes de Metternich que celui-ci avait inventé la scène de toutes pièces, et ce, pour la bonne cause. Si, en 1809, le projet de mariage entre Napoléon et une de Habsbourg lui souriait, s'en voulant même l'artisan, plus tard, après que Napoléon fut renversé, il s'en défendit, mettant sur le compte de l'empereur déchu l'initiative de cette alliance entre les familles.

C'est plutôt au prince Jean de Liechtenstein, et non à la comtesse Metternich, que Napoléon aurait fait part d'une possibilité de mariage avec une Autrichienne. Après la bataille de Wagram, lorsqu'on négociait les conditions de paix, il aurait dit au prince, négociateur du côté autrichien : « en fait de mariages, l'Autriche a toujours eu de la chance (...). Créditez-moi d'une amitié franche et sincère, et vous verrez ce que je suis capable de faire pour vous. Hormis la France, l'Autriche est la nation la plus chère à mon cœur » [21]. Cela se passait le premier octobre 1809, et d'autres allusions dans le même sens sont rapportées par le négociateur français Champagny. Le 2 octobre, Liechtenstein aurait déclaré à son empereur : « Depuis toujours, les mariages ont servi les intérêts de l'Autriche ; l'heure pourrait avoir sonné d'acquérir des biens, non par la force, mais par des moyens plus délicats [22]. »

Selon les termes du traité de Schönbrunn, l'accord signé le 14 octobre 1809 ne fait évidemment aucune mention d'une quelconque alliance entre les familles. Pas plus d'ailleurs que les instructions données par Metternich, le 29 octobre, au nouvel ambassadeur à Paris, le prince Schwarzenberg. Toutefois, bien qu'arrivant à Paris le 21 novembre comme représentant d'une nation qui venait de subir une défaite humiliante, l'ambassadeur fut, à sa grande surprise, accueilli avec un tel faste qu'on aurait pu le prendre pour l'émissaire d'un pays allié victorieux. D'étranges questions lui furent posées. Comment se portaient l'empereur, l'impératrice et les autres membres de la famille ? Connaissait-il l'archiduchesse Marie-Louise ? Où se trouverait-elle ? Ne serait-elle pas l'enfant de la famille impériale ayant la meilleure santé et la meilleure éducation ?

Le remariage de Napoléon devenait, peu à peu, la « grande affaire », bien que, pour l'heure, rien ne fût décidé. Dans une lettre à Vienne du quatre décembre, Schwarzenberg évoque les princesses, candidates possibles au titre d'impératrice : « Le bruit court qu'on n'a pas encore fixé le choix, et l'on parle d'une princesse autrichienne ou de Saxe. Qu'il s'agisse de la sœur de l'empereur Alexandre âgée de treize ans, ou même de la fille de Lucien Bonaparte, ce n'est là qu'une éventualité. » Ni la princesse Caroline-Louise de Saxe-Weimar (née en 1786), ni la princesse Charlotte (née en 1796), fille du frère de Napoléon, Lucien, n'avaient de chance réelle.

Seule la grande-duchesse de Russie et l'archiduchesse avaient des chances sérieuses, et Schwarzenberg était assez réaliste pour reconnaître l'avantage que présenterait une telle alliance : « Si le Pape approuve le divorce », écrit-il à Metternich, le 4 décembre, dans une lettre confidentielle, « et si Napoléon pense à se remarier, pourquoi ne pas nous assurer, au moins pendant un certain temps, un répit ?... Il s'agit de faire preuve de courage afin de sauver l'État, par tous les moyens . »[23]

Le 17 décembre, la dissolution du mariage de Napoléon et Joséphine parut au *Moniteur.* Comme rien de positif ne se précisait du côté russe, Napoléon poussa le projet autrichien. Le prince Schwarzenberg se retrouvait dans une situation délicate. Faute de pouvoir fixer son attitude à partir des instructions reçues de Vienne, il ne pouvait que louvoyer avec prudence. Comme représentant d'un pays vaincu, il était conscient de ne pouvoir résister au désir exprimé par Napoléon. En tant que patriote et aristocrate, l'idée de sacrifier une archiduchesse à l'usurpateur l'horrifiait. Finalement, l'aspect diplomatique l'emporta. « Un refus signifierait un conflit irrémédiable avec Napoléon et son entourage. C'est le seul espoir de vivre quelques années de paix. Le refus consacrerait notre ruine. A choisir, peut-on hésiter entre l'écroulement de la monarchie et l'infortune d'une princesse ? Des millions d'hommes seraient sacrifiés. Mais quelle gloire, pour une princesse, de sauver sa patrie au mépris de sa personne ! Certes, les circonstances peuvent se modifier mais, pour le moment, nous n'avons, en fait, pas le choix . »[24]

Metternich partageait le même point de vue, aussi donna-t-il l'autorisation à Schwarzenberg de se soumettre aux questions et d'enregistrer les déclarations de Napoléon. Mais Metternich insistait pour qu'il n'entreprenne pas lui-même, officiellement, les négociations ni ne les conclue. Par contre, Schwarzenberg devrait essayer d'obtenir des renseignements concernant les avantages qui résulteraient d'une telle alliance entre les familles. « La demande en mariage, comme telle », écrit Metternich, dans les termes qui étaient bien les siens, « doit nous donner la possibilité de déceler les intentions perfides qu'il nourrit à notre égard et le moment auquel il les mettra à exécution. »[25]

Finalement, on fit appel à Talleyrand. En 1807, ce prince de Bénévent, ancien ministre français des Affaires étrangères, avait été remplacé par Jean-Baptiste Mompère de Champagny, duc de Cadore, mais il continuait d'entretenir d'excellentes relations avec toutes les représentations diplomatiques. Il restait donc un homme très influent. Au début de janvier, Napoléon lui demanda ce qu'il faudrait faire au cas où la réponse russe tarderait. Talleyrand l'avertit de la mauvaise impression que ne manquerait pas de susciter, dans le public, un divorce non suivi immédiatement d'un remariage. Le « vieux renard » fut chargé, par conséquent, de mener rondement des négociations avec l'Autriche. Et Napoléon lui-même invita, le 7 janvier, la comtesse Metternich à sa table de jeux. Il l'entoura de tant d'attentions que toute la cour s'en aperçut. De son côté, Talleyrand informa le diplomate autrichien que l'empereur des Français, en cas de réponse défavorable du côté russe, souhaitait épouser l'archiduchesse. Et il fit état des avantages qui en résulteraient pour l'Autriche si la cour de Vienne accueillait de manière positive le projet de mariage de Napoléon.

Laborde enfonça le même clou. Lorsque Schwarzenberg rappela que l'archiduchesse aurait du mal à épouser l'ennemi de la patrie, sauf si l'on éveillait sa gratitude en lui rendant le mariage assez attrayant, Laborde demanda soudain laquelle des provinces perdues par l'Autriche l'empereur préférait. Schwarzenberg répondit, très diplomatiquement, que l'empereur aimait tous les territoires perdus en application des deux derniers accords de paix. Il laissa néanmoins sous-entendre que son souverain tenait tout particulièrement au Tyrol et à la partie annexée de la Haute-Autriche.

Mais Napoléon n'acceptait de faire aucune concession. Les troupes françaises ne décrocheraient pas des positions qu'elles occupaient sur les frontières actuelles de l'Autriche. En outre, le Corse préparait en grand secret l'arme révoltante et redoutable d'une guerre économique contre l'Autriche. Comme Schwarzenberg le révéla à Vienne, il s'agissait de produire des faux billets de banque autrichiens et de les déverser massivement sur le marché allemand, afin de mettre définitivement à genoux la cour de Vienne. « J'avais, tout prêts, 300 millions de « Bancozettel » (autrement dit, de billets de banque autrichiens) de la banque de Vienne », disait Napoléon quelques semaines plus tard à Metternich, « je vous aurais littéralement inondés... » [26]

Pour Schwarzenberg, ce mois de janvier était décidément lourd de gros soucis. Alors que commençait à se préciser le mariage de Napoléon avec la sœur du tsar, le conseil de famille, le 28 janvier, se réunissait aux Tuileries, et une majorité se dégageait en faveur de la princesse autrichienne. La possibilité d'épouser une Française était, dès le départ, définitivement exclue.

Champagny avisa immédiatement l'ambassadeur d'Autriche qui, aussitôt, expédia un courrier à Vienne. Les instructions définitives tardaient. Metternich était dans l'hésitation ; il était parfaitement conscient de l'importance de la « grande affaire ». Écrivant encore à son épouse, le 27 janvier, il affirmait que le règlement de ce dossier était d'une importance primordiale pour l'Europe entière [27].

Soudain, tout s'accéléra du fait des difficultés politiques du côté russe : le tsar Alexandre exigeait de Napoléon des concessions en Pologne, que le Corse refusa catégoriquement. Du coup, le tsar ne mit plus guère d'empressement à répondre au projet concret de demande en mariage. Devant son silence obstiné, Napoléon se hâta de se détourner de la Russie. Les jeux étaient faits. Le 7 février, Eugène de Beauharnais se présenta chez Schwarzenberg et l'invita à l'accompagner, toutes affaires cessantes, au ministère des Affaires étrangères afin de signer le contrat de mariage. Schwarzenberg, surpris et affolé, invoqua l'absence d'autorisation et demanda de pouvoir attendre les instructions de Vienne. Mais on lui fit comprendre que le temps pressait. Finalement, en désespoir de cause, le prince signa le contrat, précisant dans une clause qu'il ne disposait pas de l'autorisation ad hoc.

Le lendemain, il se justifiait auprès de Metternich : « Bientôt vous devrez vous rendre à l'évidence que je n'avais guère le choix, au risque de tout perdre. Si j'avais persisté dans mes hésitations, il aurait fini par conclure avec la Russie, ou avec la Saxe... Je vous en supplie, dorénavant, prenez cette affaire en main, afin qu'elle ne rencontre pas de difficultés à l'avenir et qu'elle soit menée comme il faut... » [28]

L'action brusquée de Napoléon scandalisa l'empereur François et Metternich. Mais la situation désespérée de l'Autriche ne laissait plus aucune liberté de mouvement. Aussi, le 16 février, eut lieu, à Vienne, la ratification du contrat de mariage forcé. Deux jours auparavant, Metternich écrit à Schwarzenberg : « Pour obtenir le maximum en contrepartie de notre sacrifice, laissons-nous guider par les intentions de l'empereur François, toujours fondées et d'une grande sagesse, à savoir la sécurité et la paix recherchée pour son peuple. » [29] Et, nulle part, il n'était question de la sécurité ni de la paix intérieure de celle qui devrait accepter de sacrifier sa personne.

Chapitre II

Fiancée pour raison d'état

Lorsqu'ils étaient enfants, Marie-Louise et son frère cadet Francois-Charles s'étaient inventé un jeu dont ils raffolaient. Ils avaient fait d'une poupée de bois un jouet à tortures. Marie-Louise la frappait, la mettait dans le coin à coups de pied, et François-Charles essaya même d'y mettre le feu. Le Corse, ils le passeraient au gril, disait-elle, avec une joie maligne [1].

Cette poupée, ils l'avaient baptisée « Bonaparte », et ce qu'elle lui faisait subir était très symptomatique du personnage de Marie-Louise enfant.

On aura rarement vu princesse éprouver plus d'aversion que Marie-Louise à l'égard de Napoléon, celui qu'on allait lui donner comme époux. Toute jeune encore, elle considérait Napoléon comme le mal absolu, le méchant qui faisait souffrir son « cher Papa ». Plus exactement, elle ne pouvait se représenter le « Buonaparte » autrement que comme une créature immonde, qui plongeait le monde entier dans l'angoisse et dans la frayeur. Et, dans l'univers mental de la fillette, ces sentiments de haine allèrent s'affirmant toujours davantage lorsque le Bonaparte devint Napoléon. A deux reprises déjà, elle l'avait vu occuper Vienne et, les deux fois, Louise avait dû prendre le chemin de l'exil avec la famille impériale.

Encore incapable, comme tous les enfants, de canaliser ses émotions, la jeune archiduchesse faisait de Napoléon le monstre par excellence, la noirceur même. Le Corsicain était le « cannibale », l'« usurpateur », l'« Antéchrist ». Dans la voiture bringuebalante qui emmenait la jeune exilée sur des chemins défoncés, Marie-Louise devait manifester son aversion en appelant *napoléons* les punaises qui infestaient les auberges de rencontre. Au plus profond d'elle-même, elle le voue à la pire des morts : « qu'il finisse pendu, haut et court ! » « On voit quantité de signes annonçant sa fin prochaine », écrit-elle le 25 avril 1809 au cher papa [2]. « On dit que c'est à lui que s'applique le passage de l'Apocalypse et l'on affirme qu'il doit mourir cette année à Cologne, dans une auberge à l'enseigne de l'« Écrevisse rouge ». Je n'attache pas grande importance à toutes ces prédictions, mais comme je serais heureuse de les voir se réaliser... »

Louise croyait très fermement en la juste cause défendue par le cher papa. Elle écrit à sa mère : « Nous attendons tout du Très-Haut, tant vénéré. Il ne cesse de nous protéger, et Sa grâce ne nous fera jamais défaut. Il ne peut vouloir la perte de papa et, un jour viendra où cet usurpateur sera humilié et mis à genoux, une fois pour toutes. » [3]

Hélas ! c'était moins Napoléon qui subissait les humiliations que le cher papa, et l'irrépressible colère de Louise allait croissant. En 1809, les nouvelles les plus alarmistes parvenaient du champ de bataille, et Marie-Louise, alors âgée de dix-sept ans, les répétait à son jeune frère François-Charles, en les exagérant, pour lui faire peur. « Les soldats français, disait-elle, sèment la terreur à travers toute l'Autriche, et la pauvre population viennoise souffre de la famine ; du fait que tout moyen de subsistance vient à manquer, le prix du petit pain est passé à un thaler et le litre de lait vaut jusqu'à cinq florins : il ne restait que vingt vaches laitières dans toute la région et les soldats viennent de les abattre. Ils ont pillé Penzing, Hietzing et Döbling et assassiné quantité de paisibles paysans. » [4]

D'après ce que racontait Louise, cette brute d'« empereur Napoléon » était le pire des énergumènes, qui, au sein de ses troupes, formait d'authentiques régiments de terreur, allant jusqu'à mettre à mort des généraux et des maréchaux. « Le samedi 20, avec trente mille d'hommes, l'empereur Napoléon est descendu sur le Danube, au Simmering », écrit-elle à son frère, en 1809. « Tôt le matin, le dimanche, nous avons déployé 90.000 hommes, notre flanc gauche sous les ordres de Jean Liechtenstein, le flanc droit sous le commandement du prince de Russie, et le centre, sous celui de l'archiduc Charles. Le soir même, nous subissons une défaite et notre cher papa souhaite encore profiter de la nuit pour contre-attaquer dans l'obscurité. L'empereur Napoléon, en personne, a pris la tête de la cavalerie, et lorsque celle-ci fait mine de se retirer, il menace de faire sauter le pont pour lui couper la retraite et, d'un *(sic)* coup de feu, il abat deux de ses meilleurs généraux... » [5]

Du côté de Masséna et de Bessières, ces deux maréchaux auxquels Louise souhaitait également la mort la plus atroce, cela n'allait guère mieux. « Masséna » explique-t-elle à son frère, « a été mortellement blessé d'une balle dans la tête qui lui aurait transpercé les deux joues, en atteignant la trachée. Quant à Bessières, après une violente querelle avec Napoléon, il aurait soudainement disparu, précipité dans le Danube par l'Empereur lui-même. » [6]

Décidément, lorsque se déchaînait la haine chez la bonne et douce Marie-Louise, c'était sur l'empereur Napoléon qu'elle s'acharnait...

On n'aurait donc pu imaginer nouvelle plus atterrante pour Marie-Louise que celle qui annonçait le prochain mariage du Corse. Et qu'elle-même puisse être l'objet de cette demande en mariage, c'était, pour cette catholique dévote, à peine imaginable.

Marie-Louise n'avait que dix-huit ans et, à Ofen où elle se trouvait pourchassée par Napoléon, elle éprouvait par ailleurs, pour la première fois, une passion amoureuse. Son soupirant n'était autre que l'archiduc François de Modène-Este, le frère de sa belle-mère Maria Ludovica, et celle-ci encourageait cette relation car, à ses yeux, une telle alliance serait de nature à renforcer les liens entre sa lignée et la famille impériale.

Et voilà que, soudain, un grand danger s'annonçait. La fille de l'empereur d'Autriche allait être amenée à épouser l'ennemi héréditaire absolu de la patrie.

Effondrée, Louise écrit au père impérial :

« Très cher Papa, les nombreuses preuves que vous me donnez de votre affection paternelle et de votre bonté m'incitent à me hasarder à vous dire quelque chose que j'aurais souhaité différer jusqu'à votre venue à Ofen, mais les dernières nouvelles exigent que je vous ouvre mon cœur sans réserve. Aujourd'hui, je lis dans le journal le divorce de Napoléon. Je dois vous dire, cher Papa, que cette nouvelle me remue profondément. L'idée qu'il n'est pas impossible que je puisse compter parmi celles qu'il pourrait choisir comme future épouse me pousse à vous apprendre quelque chose, que je dépose dans votre cœur de père. Avec votre bonté coutumière, vous m'avez assurée à maintes reprises que vous ne me forceriez pas à me marier contre ma volonté. Or, durant mon séjour à Ofen, j'ai eu l'occasion de rencontrer l'archiduc François et je trouve en lui toutes les qualités qui feront mon bonheur ; je me suis confiée à ma chère maman, qui partage mon absolue confiance et qui a la bonté de me conseiller de vous faire part de mes sentiments. Sachant bien que je ne puis placer mon futur bonheur dans de meilleures mains que les vôtres, j'attends votre décision, en fille aimante et obéissante que je veux rester toujours. »

Louise est à ce point hors d'elle-même qu'elle se trompe d'un an dans la date. « Ofen », écrit-elle, « le 5 janvier 1809 », au lieu de 1810 ! [7]

Ne recevant du père aucune réponse ni aucun signe d'apaisement, Marie-Louise se force à chasser les sombres idées de sa tête. Elle fait semblant d'ignorer les nouvelles inquiétantes que lui apporte, à Ofen, son professeur de musique. Aussi écrit-elle à celle qui avait été sa chère *Aja,* la comtesse Victoria Colloredo : « A en croire ce qu'on raconte au sujet du divorce de Napoléon, c'est moi qui serais appelée à devenir la deuxième. Mais, à mon avis, il aurait trop peur d'un refus et il a trop envie de continuer à nous tourmenter. Quant à papa, dans sa grande bonté, il ne va pas me forcer sur un sujet aussi important. » [8] Et elle se hasarde à ajouter qu'elle plaint la pauvre princesse qu'il choisira, « car je suis convaincue que je ne serai pas celle qui sera victime de la politique. »[9]

L'archiduchesse se trompait. Les nouvelles qui parvenaient à Ofen étaient de plus en plus alarmantes. Au point que l'impératrice Maria Ludovica décida de faire le voyage à Vienne, afin de sauver ce qui pouvait encore l'être. Le 30 janvier, accompagnée de Marie-Louise, elle se rend à Vienne pour demander de quoi il retourne à l'empereur, son mari.

L'empereur François a toujours eu beaucoup d'affection pour Marie-Louise. Elle était même sa fille préférée. Mais, si celle-ci faisait son bonheur, il donnait cependant la priorité au bonheur de sa monarchie. L'empereur était, au fond, de caractère plutôt passif. Si, dans le contexte actuel, la politique exigeait des sacrifices, que pouvait-on y faire ? Sans doute devait-il s'apitoyer sur le sort de Marie-Louise, mais c'est depuis toujours que les archiduchesses faisaient des mariages politiques. On les y préparait toutes jeunes. Dans de telles conditions, tout projet personnel de mariage de Marie-Louise devenait caduc. En l'occurrence, l'éventualité du mariage de Marie-Louise avec l'archiduc François de Modène n'avait pas sa place dans les vues de l'empereur. « Ton frère n'a rien, tu n'as rien, la petite n'a rien, je n'ai rien, veux-tu me dire le mariage que cela peut donner ? », explique-t-il à son épouse[10].

Une trentaine d'années plus tard, les appréhensions angoissantes de Louise et l'amertume qui la gagnait sont rapportées par sa fille Albertine, la comtesse Sanvitale. Dans la scène suivante, celle-ci retrace ce que lui aurait confié Marie-Louise.

« Fin février 1810, l'empereur François fit un jour appeler sa fille Marie-Louise pour lui faire part de sa demande en mariage par Napoléon.

— Qu'en penses-tu, ma fille ? lui aurait-il demandé.

— Père, pourriez-vous me laisser vingt-quatre heures pour y réfléchir ?

Il ne pouvait cacher son émoi et son désarroi. Deux grosses larmes coulèrent alors sur le visage de l'empereur. Au désespoir, il poursuivit :

— Dieu ! ils t'ont déjà promise à Napoléon, mon enfant, sans même m'avoir consulté ! (car tout avait déjà été conclu avec Metternich et Schwarzenberg.)

— Cher Papa, dit l'archiduchesse, il m'est doux de faire pour vous ce sacrifice, dût-il me coûter la vie !

Et, en effet, elle se sacrifia héroïquement, en se donnant à cet homme, que, depuis sa plus tendre enfance, elle avait considéré comme l'ennemi de la patrie. »[11]

Cette scène émouvante a pu être dramatisée par la comtesse Sanvitale, ou relatée par Marie-Louise dans sa version à elle, déformée, si longtemps après les événements... Connaissant la vive aversion de Marie-Louise pour Metternich, cela revient à innocenter son père pour faire endosser l'entière responsabilité du marchandage matrimonial par des diplomates. Mais que l'empereur n'ait pas été informé des négociations est, à proprement parler, inimaginable.

En réalité, on l'abusa en lui faisant croire qu'en se sacrifiant, elle sauvait la cause de la monarchie. Le traquenard apparaît dans une lettre de Metternich à sa femme, datée du 14 février 1810 [12]. Comme il se doit, il s'en attribue tout le mérite. Encore fallait-il monnayer l'opération. Mais voilà qu'arriva à Vienne la nouvelle de la passation du contrat de mariage ! Metternich se sentit dupé : on avait négocié la mariée sans s'être au préalable mis d'accord sur le prix !

Tout autant que la noblesse autrichienne et que la bourgeoisie locale, les délégations étrangères furent profondément choquées. L'ambassadeur de Russie, le comte Schuwalow en resta abasourdi, et les Anglais y virent une manœuvre de plus pour humilier la maison d'Autriche [13]. La précipitation avec laquelle l'opération a été menée, commente le publiciste Varnhagen von Else, fit l'effet d'un séisme. « Tout le monde en resta pantois. Toutes les valeurs qui avaient cours étaient profondément bouleversées et les conséquences de l'événement appelaient une remise en question radicale des conceptions de l'époque. » [14] Dans les salons viennois, l'horreur était à son comble. Quoi ? une archiduchesse autrichienne allait devenir la femme d'un « parvenu » ? Le prince de Ligne, dont la lucidité et les bons mots étaient légendaires, aurait dit malicieusement, dans un style incisif, qu'on avait fait au Minotaure le sacrifice d'une belle génisse. Mais, ne valait-il pas mieux « envoyer en l'air » une archiduchesse, plutôt que toute la monarchie ? Même la Bourse de Vienne trembla à l'annonce de ce mariage et le gouvernement, inquiet, dut intervenir pour soutenir les cours.

L'homme de la rue resta assez indifférent. On allait connaître des temps moins agités. « Cela fait des millions d'heureux, écrit le 24 février la *Wiener Zeitung,* et la solennité d'un mariage sera le gage pour les peuples d'Europe d'un arrêt des combats et d'une réconciliation. » La joie était assez générale. « Comment vois-tu cet heureux choix que vient de faire notre princesse Marie-Louise ? » écrit Constance Nissen, la veuve de Mozart, à son fils Charles, à Milan. « Impératrice de France »... Rien ne peut réjouir davantage le cœur ! Que la beauté et les vertus de sa personne puissent rapprocher l'illustre Napoléon et le père impérial, c'est une fameuse promesse de concorde. C'est un grand bienfait pour l'Autriche. » [15]

Le 23 février, Napoléon écrit sa première lettre à la mariée. En visite chez le roi de Bavière, cela lui avait coûté deux bonnes heures d'efforts, non pas tant pour le contenu de la lettre elle-même que pour en rendre l'écriture lisible. Pouvait-il espérer que Son Altesse Impériale agrée les sentiments qui le portent à La demander en mariage, et pourrait-il se flatter que Sa réponse ne soit pas déterminée uniquement par le devoir d'obéissance à Ses parents ? A quoi Marie-Louise répond en ces termes :

« Je prie Votre Majesté d'accepter l'expression de toute ma reconnaissance pour la lettre que m'a fait parvenir le comte de Lauriston. Depuis mon jeune âge, j'ai l'habitude de me soumettre à tous les souhaits de mes parents et j'ai cru ne pouvoir confier mon sort à quelqu'un de plus digne qu'à mon père, le plus affectueux des pères. Puisse Votre Majesté être assurée que je m'efforcerai, en m'unissant à Elle, de chercher sans cesse à développer ces qualités qui me rendent aimable à Ses yeux et qui me permettent de mériter Son amour. » [16] Était-ce à l'ex-poupée Bonaparte, à cet invétéré tyran et à l'« Écrevisse Rouge » que pensait Marie-Louise en écrivant ces lignes ?

Mais les dés étaient jetés et le projet de mariage bouclé. Déjà l'empereur François allait retrouver les actes qui, un demi-siècle auparavant, avaient régi le protocole du mariage de l'archiduchesse Marie-Antoinette ; déjà, l'impératrice Maria Ludovica s'affairait à constituer le trousseau. Le cérémonial du mariage s'organisait et tout un chapelet de manœuvres et d'intrigues des plus sordides se déroulait, afin qu'un mariage catholique puisse être célébré, conformément aux règles du droit canon.

Chapitre III

Mariage entre-deux. Un dossier nuptial corsé...

La cour de Vienne avait donné son consentement au mariage, mais à condition que, du chef de Napoléon, aucun argument de caractère religieux ou ecclésiastique ne fasse obstacle à son remariage.

L'officialisation du divorce avec l'impératrice Joséphine n'avait guère fait problème. Le 15 décembre 1809, le couple impérial avait exprimé la volonté de se séparer « dans l'intérêt de la France ». La famille impériale française avait signé le protocole et, le lendemain, le Sénat avait entériné l'acte de divorce [1]. L'intervention du Sénat transgressait indiscutablement le décret du 30 mars 1806, pris par Napoléon lui-même, qui interdisait le divorce à tous les membres de la maison impériale, sans exception. De plus, on contrevenait à l'article 277 du Code civil qui empêchait le divorce, même par consentement mutuel, lorsque l'épouse avait plus de quarante-cinq ans. En l'occurrence, Joséphine, née en 1763, ne remplissait plus les conditions. Longtemps après, ces deux prescriptions devaient être invoquées par les tenants de la ligne des Bourbons, en vue d'« abâtardir » le fils de Napoléon et de Marie-Louise. Du côté de la défense, l'on rejetait évidemment de tels arguments, sur base du fait qu'en ce qui concerne les parties en la cause, Napoléon et Joséphine, il y avait eu action en déclaration de nullité de mariage et non divorce [2] proprement dit.

Telle était la situation au plan civil. Restait l'aspect religieux : un dossier pour le moins confus.

C'est en 1796 que le général Bonaparte avait épousé Joséphine de Beauharnais, née Tascher de la Pagerie. Conformément aux convictions républicaines et anticléricales du fiancé, il ne pouvait s'agir que d'un simple mariage civil. Cela fut fait le 9 mars dans la soirée, à la mairie du deuxième Arrondissement de Paris [3].

La première difficulté s'était présentée en 1804 déjà, lorsque Napoléon avait fait appel au Pape pour le couronner, à Paris, empereur des Français. Peu de temps avant la cérémonie, Pie VII avait appris que Joséphine devait également être couronnée, ce qui perturba désagréablement le souverain Pontife. Attendait-on de lui qu'il couronnât un couple qui n'était pas uni par les liens d'un mariage religieux ? Avec détermination, il marqua son refus d'officier à la cérémonie du couronnement. Afin de donner ses apaisements au Pape, un mariage religieux fut célébré à la hâte et à huis clos, le 1er décembre, veille du couronnement, célébration présidée par le cardinal Fesch, oncle de Napoléon. Devant l'autel se trouvaient d'une part Joséphine, vivement concernée par un mariage religieux, d'autre part Napoléon, beaucoup moins collaborant, c'est le moins qu'on puisse dire... Quant aux personnes faisant office de témoins, leur identité fut, par la suite, contestée. Étaient-ce Berthier et Cambacérès ou, plus vraisemblablement, Berthier, Talleyrand et le général Duroc ? Il semble en tout cas que, arguant du caractère semi-secret de la cérémonie, certains témoins firent mine, par la suite, d'avoir déjà oublié qu'ils y étaient.

Le premier mariage impérial fut donc consacré selon le rituel et les formes de l'Église catholique, mais la première petite faille vint du fait que le cardinal Fesch n'était pas le prêtre attitré du couple impérial et qu'il n'avait pas non plus délégation du curé du lieu pour officier, prescriptions imposées par le droit canon. N'importe : ce mariage était vraisemblablement valide, dans l'esprit du dispositif.

Mais, ceci étant, comment en sortir, du fait que le divorce n'a pas sa place dans la conception de l'Église catholique ? Seule la séparation de corps et de biens est reconnue, mais elle interdit tout nouveau mariage. Il fallait donc faire admettre que l'union avec Joséphine n'avait été qu'un « mariage en blanc », et seul le Pape pouvait prendre une décision « en nullité ». Les autorités diocésaines de Paris opinèrent en ce sens : la dissolution du mariage du couple couronné serait l'affaire du tribunal pontifical. Mais c'était Napoléon qui, à ce stade, était dans l'embarras. Il s'était, en effet, peu auparavant, brouillé avec le pape Pie VII, à la suite de l'occupation de Rome par les Français en 1808 et de l'annexion des États pontificaux, en mai. En signe de représailles, le Pape avait prononcé l'excommunication de tous ceux qui avaient porté atteinte à son autorité. Sans être nommément cité, Napoléon était évidemment le premier visé. Aussi donna-t-il ordre d'écarter Pie VII de Rome, le fixant à résidence à Savona [4]. Allait-on devoir, à présent, introduire la supplique auprès du prisonnier de Savona et, en outre, le faire juge en la cause ? D'autres souverains en Europe, dans le passé, s'étaient arrangés pour se débarrasser de leur épouse. A commencer par Charlemagne, puis Louis XII et Henri IV. En Angleterre, Henri VIII avait même été, pour parvenir à ses fins, jusqu'à faire adopter une nouvelle religion par l'ensemble de la nation. Comme ses prédécesseurs, Napoléon allait trouver une solution.

Il fit se réunir une commission de prélats complaisants qui, « pour raison de force majeure » serait déclarée compétente pour statuer sur cette cause matrimoniale. Des raisons de tous ordres, jusqu'aux plus fantaisistes, furent invoquées par la commission pour appuyer la déclaration de nullité du mariage religieux avec Joséphine. Deux arguments surtout étaient avancés. Le premier, le plus ridicule, indiquait que le général Bonaparte avait contracté ce mariage sans le consentement de sa mère, le père étant décédé. Par ailleurs, fort curieusement, les prélats décrétèrent qu'au moment du mariage religieux en 1804, Napoléon n'envisageait nullement une union durable avec Joséphine, et qu'il n'avait consenti à la formalité religieuse que sur l'insistance de la mariée, sans témoins et sans laisser de pièce écrite. Il n'aurait donc agi alors que de guerre lasse et pour sauver les apparences [5]. Ainsi furent-ils de connivence avec Berthier, Talleyrand et Duroc qui, témoins supposés le 6 janvier 1804, déclarèrent néanmoins n'avoir pas été présents. Restait le quatrième témoin, l'oncle Fesch qui, ne pouvant, en tant que célébrant, nier sa présence, confirma cette déclaration.

Tous les protagonistes étaient peu ou prou conscients que l'on montait là un énorme bateau. Mais, bien que ce fût clair comme le jour, l'enchaînement des faux-fuyants et des intrigues avait l'épaisseur d'un mur de forteresse. Et c'est ainsi que le 9 janvier 1810, l'instance diocésaine prononça la sentence selon laquelle « eu égard aux difficultés de recourir au Pape » [6] elle déclarait la nullité du mariage de Leurs Majestés impériales et royales et, par conséquent, conformément au dispositif en vigueur, elle Leur octroyait le droit de contracter un autre mariage. Personne n'était dupe, et beaucoup furent choqués de cette humiliation qu'infligeait Napoléon à sa première femme, après quatorze années de vie commune, celle-ci passant, dès lors, pour une simple maîtresse. Ce n'était pas glorieux !

Toute cette sombre histoire tourna, sous certains de ses aspects, à la comédie. Par exemple, lorsque Boilesve, l'officiant du tribunal de Paris, eut l'idée de réclamer son écot à Napoléon pour avoir triché et tourné les prescrits du droit canon. S'adressant au cardinal Fesch qui jouait les indignés, l'empereur lui dit : « Tiens, me voici mis à l'amende ! Mais c'est toi qui vas la payer puisque tu nous as mariés par erreur et sans avoir les compétences requises. Question métier, c'est à l'œuvre qu'on reconnaît l'artisan ! » [7]

Soit. Mais, comédie ou non, l'affaire allait encore connaître d'autres rebondissements. Il se trouva d'autres cardinaux pour plaider publiquement l'absence de compétence du tribunal ecclésiastique de Paris. Selon eux, on aurait passé outre à l'accord du prisonnier de Savona, ce qui signifiait qu'aux yeux de l'Église, le premier mariage restait bel et bien valide. Cet argument allait être repris par la suite et allait faire grand bruit.

Nonobstant, il s'agissait à présent de convaincre la cour de Vienne qu'aucune raison de nature religieuse ne faisait plus obstacle au mariage de l'archiduchesse. La subtilité à laquelle on eut recours était pourtant extrêmement scabreuse : d'une part, il fallait pouvoir mettre Vienne en possession de la sentence rendue par l'instance ecclésiastique de Paris et, d'autre part, il fallait s'arranger de telle sorte que la cour de Vienne n'ait pas l'occasion de prendre directement connaissance du contenu de ces dispositions qui, aux yeux de tout observateur attentif, aurait paru douteux et caduc. On décida d'envoyer ledit document au comte Otto, ambassadeur de France à Vienne, en l'assortissant de la consigne d'éviter de l'exhiber devant la cour de Vienne « sauf demande expresse et formelle » de la cour. On alla jusqu'à préciser qu'il était exclu de tirer des copies et de conserver le document à Vienne plus de temps qu'il ne fallait. Il était dit, dans les instructions transmises à Otto par Champagny : « Vous aurez à cœur de nous renvoyer ces sentences dès l'instant qu'on pourra s'en passer à Vienne . »[8] Sans chercher à en savoir davantage, Otto s'exécuta. Les documents lui parvinrent à Vienne le 17 février. Il traita verbalement de cette fâcheuse affaire matrimoniale avec Metternich qui parut rassuré quant à la non-validité du mariage religieux avec Joséphine. Puisqu'il n'insista pas pour prendre personnellement connaissance de ces documents compromettants, le comte Otto, rentré chez lui, les enferma dans un tiroir et, comme ils ne firent l'objet, dans les jours suivants, d'aucune autre demande en consultation, il les restitua par courrier à Champagny, le ministre français des Affaires étrangères [9].

Tout semblait parfaitement en ordre, l'empereur François et la cour de Vienne paraissaient, vaille que vaille, rassurés et Metternich, lui, était de toute manière satisfait. Mais, au dernier moment, un sérieux problème fut encore soulevé.

Le comte Sigismond Hohenwart, l'archevêque de Vienne, déjà âgé mais très avisé, dominant de ses quatre-vingts ans une longue et riche expérience de prélat, eut des inquiétudes au sujet de la déclaration de nullité prononcée sur le premier mariage de Napoléon. Il se refusait à célébrer le mariage avec Marie-Louise aussi longtemps qu'il n'aurait pas personnellement pris connaissance des sentences rendues à Paris. Il souhaitait trouver réponse aux questions urgentes qu'il se posait. Il désirait ainsi avoir tous ses apaisements concernant la nature exacte de la célébration du premier mariage et les motifs invoqués par la déclaration de nullité, notamment. Metternich répercuta ces questions auprès du comte Otto, qui ne put qu'avouer qu'il ne possédait plus les documents incriminés. Mais il s'offrait à les réclamer à Paris, si, du moins, les délais nécessaires étaient compatibles avec l'impatience de l'empereur de voir le mariage projeté se conclure dans les délais les plus brefs.

Déjà rendu méfiant par les grands manœuvres diplomatiques en cours, l'archevêque ne fut guère convaincu par ce genre de prétexte. Aussi, le

28 février, écrit-il à l'empereur François [10], lui exprimant ses craintes de porter atteinte au grand respect dû au sacrement de mariage et d'exposer les fiancés aux pires ennuis. Et il regrettait de ne pouvoir disposer encore de preuves irréfutables, « devant Dieu, devant l'Église et devant les hommes », de ce que le premier mariage n'aurait été qu'une union temporaire, susceptible d'être dissoute. L'archevêque ne serait enclin à donner éventuellement son accord que si, par un document officiel, la chancellerie de l'État autrichien, ou toute autre instance juridictionnelle de la cour, actait que la dissolution du contrat de mariage entre « l'empereur Napoléon et l'impératrice Josepha *(sic)* avait été légitimée et rendue publique dans les formes légales. » Ce n'était qu'à cette condition que, rassuré, « il prêterait volontiers ses offices. » [11]

En lieu et place de l'attestation souhaitée, le comte Otto déclara solennellement avoir pris personnellement connaissance du contenu des sentences rendues par l'instance ecclésiastique de Paris [12]. Ces propos rassurèrent l'archevêque, du moins provisoirement. Ce n'est que bien plus tard, en effet, à l'occasion du Congrès de Vienne, que le cardinal Consalvi l'informa dans le détail de ce qui s'était passé. Un énorme tissu d'intrigues avaient tendu à occulter le fait que le premier mariage avait bien été béni par l'Église et qu'il conservait toute sa validité à l'époque où l'on cherchait à obtenir de lui, l'archevêque, qu'il consacrât religieusement le mariage de l'archiduchesse Marie-Louise. Il semble que cette révélation ait continué à hanter l'archevêque et l'ait poursuivi jusque dans la tombe [13].

Naturellement, Marie-Louise fut tenue dans l'ignorance de toutes ces tractations. Celle que les Viennois, avec tendresse, appelaient « la pieuse Marie-Louise » était loin de se douter qu'elle allait devoir épouser un homme frappé d'excommunication et qui, d'une certaine manière, restait l'époux d'une autre femme. Marie-Louise ne fut probablement même pas consultée sur les termes de son contrat de mariage, conçu, élaboré et contresigné, le 7 février, par Champagny, duc de Cadore, et par le prince Charles Schwarzenberg. Ce contrat stipulait que le mariage devait être conclu dans un délai de huit jours à compter de la date de la demande en mariage, et qu'il devait être célébré conformément à la tradition et à l'étiquette en vigueur à la cour de Vienne. Il y était également convenu que la fiancée impériale entreprendrait aussitôt son voyage vers la France dans un cortège nuptial digne d'honorer sa nouvelle condition. Elle serait accueillie par le Conseil de la cour de France à Braunau-sur-Inn ; sa dot serait d'un montant de 200.000 florins en devises « rhénanes », soit, environ, 500.000 francs français. A son tour, l'empereur d'Autriche verserait, en nature, sous forme de bijoux, une dot d'une valeur de 200.000 florins. Sa Majesté l'empereur des Français s'engageait à offrir à la fiancée princière, dès son arrivée en France, des présents ou des diamants pour une valeur de 200.000 « écus »

(1 « thaler » équivalant à 3 francs français). Il lui verserait en outre une rente annuelle d'un montant de 500.000 francs français [14].

Restait à accomplir l'habituelle cérémonie de « succession » à laquelle étaient tenues les princesses de sang royal au moment du mariage, la fameuse déclaration solennelle de renonciation à toute prétention au trône. Elle eut lieu, à huis clos, le 9 mars à 13 heures dans la salle du Conseil de la Hofburg à Vienne. En présence de l'empereur François, des autorités juridictionnelles de haute instance de la cour, des ministres, de l'archevêque de Vienne ainsi que de l'ambassadeur extraordinaire des Français, Marie-Louise, ayant prêté serment sur l'Évangile de Saint Jean, signa la déclaration. Plus rien, désormais, ne pouvait empêcher que le mariage ait lieu.

Chapitre IV

Le mariage

Le dimanche 11 mars 1810, à cinq heures trente de l'après-midi, le cortège nuptial s'ébranla sous les balcons des appartements impériaux de la Hofburg à Vienne, en direction du passage des Augustins et vers cette église des Augustins où, traditionnellement, sont célébrés les mariages dans la famille des Habsbourg. Berthier était arrivé bien à l'heure, et il fut invité à prendre place juste derrière les pages de la noblesse. En raison des honneurs dus à ses hautes fonctions, l'ambassadeur extraordinaire occupait, seul, tout un rang ; en deuxième position, deux par deux, suivaient les frères de l'empereur, les archiducs Rodolphe et Louis, Rainer et Jean, Anton et Joseph. Étaient aussi présents des officiers du Parlement, des écuyers, des chambellans et des conseillers secrets, des ministres et des hauts dignitaires de la cour.

L'empereur François s'avança dans les pas de son frère Charles qui, comme on l'a dit, tenait lieu de fiancé. L'empereur avait déjà rencontré son gendre Napoléon. C'était en l'année de malheur 1805, après la bataille d'Austerlitz.

Le 2 décembre 1805 avait été livrée la « Bataille des Trois Empereurs », non loin d'Austerlitz. S'y étaient affrontés Napoléon d'une part, l'empereur François II et le tsar Alexandre Ier de l'autre. Berthier y était également déjà présent. A une heure trente de l'après-midi, ce jour-là, il avait signé un document écrit de sa main et destiné à Talleyrand, à l'époque ministre des Affaires étrangères. Ce bulletin de victoire était formulé comme suit : « J'ai la grande joie de vous faire part de la victoire la plus éclatante remportée par l'empereur Napoléon. » [1]

De son côté, ce même jour de décembre 1805, l'empereur François avait, de sa main, rédigé un message lapidaire sur un billet minuscule destiné à son épouse et qui lui annonçait qu'« aujourd'hui une bataille a été livrée et elle a tourné plutôt mal. Je t'en conjure, quitte Olmütz avec tout ce qui nous appartient. Je suis sain et sauf. Tendrement, ton François. » Et, deux jours plus tard, il déclarait que, « vu l'état des choses, il n'y a malheureusement plus grand-chose d'autre à faire que d'arrêter les frais dans les meilleurs délais. »[2] Le même jour, le 4 décembre, il rencontrait Napoléon, en personne, pour entamer des conversations de paix ou, plus exactement, afin d'obtenir du vainqueur un compromis acceptable.

Le Corse avait lui-même fixé le lieu où se tiendrait l'entrevue. L'empereur François n'était pas un soldat qui affectionnait le décorum. Il ne se présenta pas avec une escorte de cavalerie, mais accompagné seulement du prince de Liechtenstein, et il arriva dans une simple calèche. Au contraire, Napoléon le reçut en son bivouac, entouré de généraux, de deux maréchaux et de quatre officiers d'ordonnance. Scène mémorable, s'il en fut, que le représentant d'un ordre européen séculaire se rendant à la convocation d'un homme qui cherchait à négocier l'anéantissement de son interlocuteur.

L'entrevue, en tête-à-tête, dura plus d'une heure et demie. Napoléon, à peine d'un an plus jeune que l'empereur François, fut un vainqueur poli : « De Bonaparte lui-même, j'ai tout lieu d'être satisfait,... pour autant qu'on puisse l'être d'un vainqueur qui s'est approprié la quasi totalité du domaine de ma monarchie », écrit l'empereur à son épouse. « Mais, c'est vrai, il n'a manqué de respect ni envers moi ni envers les miens »[3], ajoute-t-il.

Les conséquences des conversations de Nasielowice, dans ce petit pays de Moravie, étaient cependant désastreuses. Dans l'heure, l'empereur François perdait Venise et la Dalmatie et surtout, ce qui lui faisait le plus de mal, le Tyrol et le Vorarlberg, brutalement annexés à la Bavière. Le Bade-Würtemberg s'appropriait plusieurs centres urbains du Danube autrichien, et, entre autres, la région du Brisgau. En bref, l'entrevue d'une heure et demie à Nasielowice coûtait à l'empereur François près de trois millions d'humbles citoyens en termes de population et quarante millions de florins d'indemnités de guerre[4]. Même si, en revanche, Salzbourg, ainsi que Berchtesgaden retournaient à l'Autriche, ce n'était là qu'une piètre consolation. Dans un tel contexte, qui pourrait en vouloir à l'empereur d'avoir glissé à l'oreille du prince de Liechtenstein, sur le chemin du retour : « Qu'on dise ce qu'on veut, Bonaparte est quand même un personnage répugnant ![5] »

Par après, l'empereur François avait encore risqué une dernière tentative auprès de Napoléon en lui envoyant en émissaire son frère, l'archiduc Charles, et ce, afin d'obtenir un peu plus de clémence de la part du vainqueur. Ainsi donc se rencontrèrent le 26 décembre au pavillon de chasse impérial de Stammersdorf, non loin de Vienne, deux des plus illustres chefs d'armées de l'époque. Napoléon fit cadeau d'une épée à Charles, mais il n'accepta de céder sur aucun des points du traité de Presbourg (Bratislava), qui fut signé le jour-même.

Et voilà que Charles, l'adversaire pour lequel Napoléon avait eu un certain faible, était là, aujourd'hui, à la place du marié, dans ce cortège nuptial qui, à pas mesurés, s'avançait. Par l'apparence, l'archiduc Charles n'avait rien d'un guerrier flamboyant. De taille à peine moyenne, plutôt mince, un visage au teint terreux, une perruque sous laquelle on devinait quelques petites mèches de cheveux de couleur marron, il étonnait par sa voix au timbre clair et sonore [6] et par la vitalité qui émanait de toute sa personne. « Un petit homme alerte, à l'accent autrichien bien senti, absolument chaleureux et amical, et typiquement allemand », selon la description enthousiaste qu'en faisait Joseph von Eichendorff [7]. Le père de Charles, l'empereur Léopold II portait sur son fils un regard plus critique. « Il a du talent », écrivait-il, « mais il faut mater ce caractère opiniâtre et même agressif. Il ne veut jamais en faire qu'à sa tête. » [8]

En matière d'idées, au plan politique notamment, Charles était loin d'être aussi réactionnaire que son frère, l'empereur François. Dépourvu de préjugés, il assumait les courants politiques avancés de son temps, et Charles avait même une idée assez exacte des causes de la grande Révolution. « Plus on approche les Français de haute extraction, ainsi que leurs modes de penser et d'agir », écrit-il en 1791 à son frère François, « moins l'on doit s'étonner sur la Révolution. Rien de pire ne pourrait arriver à la France qu'une restauration du passé, qu'un retour de ces Messieurs d'autrefois aux charges publiques et à la gestion des affaires. » [9]

A de telles idées progressistes, son frère François ne pouvait évidemment souscrire. Lui qui ne cessait de craindre que ses sujets ne s'ouvrent aux principes de la révolution, Liberté, Égalité, Fraternité, et prétendent installer cette effroyable démocratie, il ne pouvait qu'éprouver la pire des méfiances à l'égard de son frère Charles. « Abstiens-toi de t'immiscer sur des terrains autres que militaires, et surtout dans la politique », écrit-il à Charles d'un ton énergique, « tu as assez de chats à fouetter avec les armées... S'il te venait l'un ou l'autre projet politique, soumets-le indistinctement à ma chancellerie d'État ou à moi-même : autrement, je ne pourrais que désavouer toutes tes initiatives... » [10]

La tête du cortège arrivait à hauteur de l'église des Augustins. L'église, bondée, était somptueusement décorée. Dans l'assistance, chacune et chacun avait revêtu les habits les plus chatoyants et attendait, avec curiosité, que la mariée fît son apparition. Et Marie-Louise s'avança, précédée de son père ; à ses côtés, l'impératrice Maria Ludovica ainsi que ses deux dames de compagnie.

Le charme de l'impératrice était, aux yeux de la mariée, inégalable. Il exerçait sur elle cette envoûtante fascination, quelque peu morbide, qui émane de certaines jeunes femmes déjà hantées par la mort. Or, ce n'était un secret pour personne, à la cour de Vienne, que l'épouse de l'empereur François, sa troisième femme, née archiduchesse de Modène-Este, était gravement malade, minée par la tuberculose. Parfaitement informée du mal qui la ronge, « j'implore l'aide de Dieu », écrit-elle à son époux, « (...) je connais la vérité sur mon état ; c'est très dur à supporter, mais qu'il me suffise de te savoir bien portant, et je puis tout endurer. » [11] Elle ne pouvait plus monter à cheval, ni faire de longues promenades, et elle aurait dû « éviter de trop recevoir et d'aller au théâtre » [12] ; elle devait être entourée de beaucoup de soins et, en fin de compte, elle dépérissait à petit feu. « Je souffre énormément et, de jour en jour, je m'amaigris. Tu serais effrayé de mon état squelettique », se plaignait-elle à son mari [13]. A la fin de 1809, l'état de souffrance de la jeune impératrice était si manifeste qu'aux yeux de Friedrich Gentz, elle ne passerait pas l'hiver [14].

En raison de sa forte personnalité, car, des quatre épouses de l'empereur, elle fut nettement la plus intelligente, elle souffrait sans doute davantage moralement que de la maladie proprement dite.

Marie-Louise, également, était des plus inquiètes concernant la santé de sa « chère maman ». Au cours du voyage vers l'exil en Hongrie, en cette année de malheur 1809, Marie-Louise observait la jeune impératrice, adossée en coin sur une des banquettes du carrosse. Le 6 mai, elle écrit à son père, l'empereur François : « Hier, elle souffrait terriblement pendant le trajet. A chaque cahot de la voiture, c'était encore plus fort, et c'était comme si nous-mêmes avions reçu les coups. Pourvu qu'avec la grâce de Dieu, cela aille mieux ! Dans toute la mesure de nos forces, nous cherchons à l'apaiser, croyant que le chagrin, autour d'elle, ne fait qu'aggraver son mal. »

Effectivement, l'impératrice Maria Ludovica devait décéder dans sa trentième année. Les six années qui lui restaient à vivre, elle les passa en partageant son amour entre son époux et ses beaux-enfants. Au sujet de Louise, elle écrivait à l'empereur : « Je ne pense pas que je pourrais l'aimer davantage si je l'avais portée dans mon propre corps ; (...) c'est qu'elle le mérite : elle est tout ce qu'il y a de plus sensé. Elle n'y peut rien si, malheureusement, ceux qui devaient lui former l'esprit ne l'ont pas toujours fait comme il le fallait. Mais, vu qu'elle est orientée vers le bien, j'espère que, peu à peu, avec amour, je l'amènerai à s'accomplir. » [15] Le temps lui fut malheureusement trop compté...

Et voilà qu'aujourd'hui, Louise, la femme encore enfant, jeune et timide mais de santé florissante, devenait elle-même impératrice.

De quelle étoffe était cette princesse qui allait devenir la femme de Napoléon ? Quel était son comportement par rapport à son entourage, notamment avec ceux qui allaient devenir ses concitoyens dans ce pays, la France, où elle se préparait à aller vivre ? Nous savons quels furent les sujets de conversation abordés avec l'ambassadeur de son nouveau pays à Vienne, le comte Otto, lors du banquet de gala qui réunit le 6 mars les deux cours, celle de France et celle d'Autriche.

Le comte était voisin de table immédiat de Marie-Louise. Si étrange que cela puisse paraître, Marie-Louise ne cherchait pas tant à s'informer sur les gens, sur la culture et l'art en France, qu'à savoir si le musée Napoléon était à côté des Tuileries, afin de pouvoir s'y rendre. Elle demandait si Napoléon lui permettrait de prendre des leçons de harpe, l'instrument qu'elle affectionnait tant. Elle révélait à son voisin qu'elle ne savait pas danser le quadrille, mais que, si l'empereur le souhaitait, elle était toute disposée à l'apprendre. Tout compte fait, elle assurait l'ambassadeur qu'elle ferait tout pour s'adapter au mode de vie de là-bas et qu'elle n'aurait de cesse de répondre aux désirs de Napoléon [16].

Le comte Otto était, bien sûr, ravi de découvrir une fiancée tellement consciente du rôle qu'elle aurait à jouer. Il fit même part à Paris d'une admiration sans réserve pour la future impératrice. Dans des termes quelque peu outranciers, il vantait sa « maturité » : « Elle aime la vie d'intérieur, les tâches et les devoirs de son état et, malgré son jeune âge, elle réfléchit comme une femme de plus de vingt-cinq ans. Elle fait preuve d'une grande piété et ce souci majeur, elle l'exprima à Madame Lazansky, sa dame de compagnie, lui demandant si l'empereur son mari ne contrarierait pas sa vie religieuse. La musique et la peinture occupent une grande partie de ses heures de loisir. Elle répète à qui veut l'entendre qu'elle est disposée à tout faire qui soit susceptible de plaire à Sa Majesté, et de gagner Sa confiance. Son père, qu'elle adore, lui fait les mêmes recommandations et, hier encore, il lui disait : « Il faut que tu deviennes Française dès l'instant où tu auras franchi le pont sur l'Inn. » [17]

La mariée se trouvait maintenant sur le seuil de l'église, « les sonorités des trompettes et les chants des chœurs remplissent l'édifice de tout leur éclat, pour saluer l'entrée de Sa Majesté et des invités » rapportèrent les journaux [18]. L'archevêque célébrant, le comte Hohenwart, alla à la rencontre de Leurs Majestés et de la mariée, les aspergeant d'eau bénite. Ensuite, le couple impérial s'assit, l'archevêque et le clergé qui l'entourait gravirent les marches de l'autel, tandis que la mariée et l'archiduc, son « époux par procuration », s'agenouillaient. Après une prière, le couple princier vint se placer devant l'autel et la célébration proprement dite commença, selon le rituel d'usage à Vienne, en langue allemande. » [19]

« Marie-Louise était très émue », écrit à sa femme, le prince de Neuchâtel [20]. Du fait qu'on ne connaissait pas la mesure du doigt de Napoléon, l'on bénit douze anneaux. Marie-Louise en prendrait onze qu'elle remettrait elle-même à son époux. Ensuite, l'archevêque entonna le chant de louange « Oh ! Dieu, nous t'adorons ». Et l'assistance reprit en chœur, tandis qu'au-dehors, de l'autre extrémité du nouveau marché, les premières salves de coups de canon étaient tirées. Ponctuant le son des cloches qui s'étaient mises à sonner, ils annonçaient au Tout-Vienne que Marie-Louise était devenue l'épouse de Napoléon.

Le retour au palais s'effectua dans le même ordre des préséances et ensuite, dans la Salle des Glaces, commença la réception au cours de laquelle les héros du jour, le couple des mariés et leurs parents, reçurent les vœux de bonheur des invités [21].

Entretemps, dans la grande salle de cérémonie tout illuminée, sur une estrade prenaient place des pages, portant des plats garnis autour d'une grande table disposée en fer à cheval. Les invités arrivèrent. Après les ablutions des mains dans des coupes dorées et une courte prière prononcée par un membre du clergé, les prestigieux convives s'assirent. Au centre avait pris place celle que, pour la toute première fois, l'on honorait du titre de « Sa Majesté l'impératrice des Français ».

Aux alentours évoluaient des diplomates, des ministres et autres grands de ce monde. Les plus jeunes enfants de l'empereur François, du haut d'une galerie, suivaient le spectacle du regard. Des chœurs et des ensembles instrumentaux accompagnaient le banquet de morceaux de musique.

Toute la population viennoise était également de la fête. Les entrées étaient gratuites, ce soir-là, dans tous les théâtres de la ville et des faubourgs. Les monuments étaient tout illuminés. Le couple impérial et la mariée sortirent pour assister à la liesse populaire. Non seulement il leur était permis de s'extasier devant les brillantes illuminations, mais, sur des panneaux et des pancartes, ils pouvaient également lire, en grandes lettres, des expressions d'allégresse, non dénuées, parfois, d'un certain manque de déférence, telles que : « Autrichiens et Français, tous unis par les jupons et les culottes ! » [22]

Chapitre V

Le voyage de la mariée

Le 13 mars 1810, par une journée pluvieuse et de grand vent, l'ensemble de la cour de Vienne se trouvait réunie, à huit heures du matin, dans la salle des Conférences de la Hofburg. Une heure plus tard environ, l'impératrice Maria Ludovica faisait son entrée, conduisant Marie-Louise par la main. La jeune impératrice des Français s'efforça de prononcer quelques mots d'adieu, mais sa voix s'étouffa dans l'émotion. Elle prit congé, embrassant les membres de sa famille, et l'archiduc Charles l'emmena vers son carrosse. L'empereur François attendait sa fille à St. Pölten, pour l'y embrasser une dernière fois.

Pour ceux qui restaient, le départ de Marie-Louise était ressenti comme si déjà elle n'appartenait plus au monde des vivants. Son chien et son canari étaient comme orphelins, et là, dans un coin d'une pièce de ses appartements, on pouvait voir une tapisserie inachevée, à l'abandon. Pour atténuer le chagrin de la jeune mariée, Napoléon lui-même avait suggéré qu'elle soit accompagnée à Paris par une dame de la cour de Vienne, et Marie-Louise avait jeté son dévolu sur la comtesse Maria Lazansky. Elles prirent donc place dans le carrosse de la cour, attelé des six chevaux. Une section de cuirassiers, un escadron de cavalerie et trois postillons sonnant du cor prirent la tête du cortège.

A l'avant du convoi et à la suite du carrosse de la jeune mariée, d'autres voitures d'apparat défilèrent, dans lesquelles avaient pris place douze dames du palais et douze chambellans, le grand maréchal de la cour, le comte Edling, ainsi que le commissaire de la cour ayant pour mission, plus tard en chemin, d'assurer la remise de la mariée aux dignitaires français. Cette importante fonction avait été confiée au prince Ferdinand Trauttmansdorff-Weinsberg, assisté du conseiller à la cour et officier secret, Joseph von

Hudelist, qui, selon les vœux de l'empereur, devait faire office de notaire. Du côté français, le responsable du transfert était Berthier, prince de Neuchâtel.

A allure modérée, on traversa la Michaelerplatz, le Kohlmarkt, le Graben, et l'on emprunta la rue de Carinthie. Sur le parcours, des drapeaux autrichiens et tricolores flottaient aux fenêtres, des orchestres jouaient leurs petits airs et certains groupes organisés de citoyens faisaient la haie. Le peuple viennois bravait le mauvais temps et, pleins de compassion, les badauds cherchaient du regard la princesse qui ne pouvait dissimuler ses larmes. C'était un jour funèbre et les visages des fidèles patriotes étaient empreints de tristesse. Le public refoulait l'expression de vœux de bonheur qui, en d'autres circonstances, par exemple le jour de l'annonce de la naissance de l'aimable fille de l'empereur, s'étaient manifestés avec ferveur. Plus d'un Viennois gardait le souvenir de l'explosion de joie générale, tant à la cour que parmi la population, qui avait marqué cet heureux événement de décembre 1791, lorsque l'archiduchesse Marie-Thérèse, la deuxième épouse de l'archiduc François, avait donné le jour à Marie-Louise ; et le 13 décembre, tandis que l'impératrice régnante Maria Ludovica, en l'honneur de laquelle le même prénom avait été conféré à la nouvelle-née, tenait celle-ci sur les fonts baptismaux, toutes les cloches de Vienne s'étaient déchaînées et des coups de canon avaient retenti à partir des remparts, lesquels avaient désormais disparu sous les pioches françaises.

Lorsque naquit leur fille Marie-Louise, premier enfant issu du couple princier, les parents étaient encore très jeunes : l'archiduc François n'avait que vingt-trois ans et la jeune maman, seulement dix-neuf. Ils n'étaient donc pas appelés à accéder au trône dans un avenir proche. En décembre 1791, l'empereur régnant, Léopold II, n'avait que quarante-quatre ans et il avait succédé à son frère Joseph II, à la mort de celui-ci, deux ans auparavant. Mais un événement tragique allait survenir. Un soir, le bon Léopold, l'éminent et brillant empereur, tomba malade inopinément, pris de violentes douleurs intestinales et de vomissements. Dans un premier temps, les médecins y virent un empoisonnement. L'on procéda à des saignées, ce qui affaiblit davantage encore le malade. Le mal empira, et, au bout de trois jours, le premier mars 1792, l'empereur décéda de ce qu'on crut être une péritonite aiguë. La jeune archiduchesse Marie-Louise n'avait donc qu'un an à peine lorsque son père fut couronné roi de Hongrie et de Bohême et Souverain de l'Empire romain sous le nom d'empereur François II.

Cinq années plus tard, le 12 février 1797, à l'occasion du vingt-neuvième anniversaire de l'empereur François, un hymne lui fut dédié. L'auteur du livret en était Lorenz Léopold Haschka [1] et le compositeur n'était autre que Joseph Haydn. La pièce avait été composée à la demande du comte Franz von Saurau, président du Gouvernement de Basse-Autriche [2]. « Que Dieu prête longue vie à notre cher empereur François ! » : c'est sur ces paroles que l'œuvre débutait. Lors de la première audition, l'empereur ne pouvait mesurer toute la valeur de cette œuvre que lui offrait Haydn : le principe monarchique, dont le nouvel empereur était profondément épris, trouvait dans cet hymne son symbole.

Le cortège nuptial s'avança sur le « glacis » et, via la rue Mariahilfer, atteignit bientôt la « linie ». Plutôt que ce parcours vers l'Ouest, l'épouse de Napoléon aurait sans doute souhaité prendre la route du sud de Vienne où se trouvait le château de Laxenburg. Durant l'été, en effet, la famille impériale allait séjourner à Baden, à proximité de Vienne, ou encore à Schönbrunn, avec les plus jeunes des enfants. Mais Marie-Louise avait souvent été envoyée avec les dames préceptrices à Laxenburg, lieu qu'elle affectionnait et où l'empereur François avait fait construire une « seigneurie » féodale. Le plan de la propriété comportait un champ de tournoi de conception médiévale, et l'on y édifiait le « Franzenburg », témoin de la romance du chevalier, bien d'époque... « Laxenburg, il consentira à me le laisser ! » disait l'empereur François sur un ton résigné, à un moment où le Corse, semblait-il, voulait l'amener à abdiquer.

Pour Marie-Louise, Laxenburg restait le paradis de son enfance, et l'empereur, tout sérieux qu'il fût, n'aurait pu s'empêcher de rire des drôleries que sa fille lui racontait, des grandes aventures de vacances qu'elle vivait là-bas : « L'autre jour, j'ai trouvé une énorme chenille, elle était jaune, vert et bleu »[3], ou encore : « J'ai, dans une maisonnette, une chauve-souris grise et blanche qui vient manger dans ma main. »[4]

Dans le parc de Laxenburg, la petite archiduchesse, si amoureuse de la nature, menait librement sa barque et, dès l'âge de treize ans, elle était devenue une jardinière accomplie. Cette passion, elle la partageait avec son père. C'était moins la culture florale qui l'intéressait que celle des légumes. « J'ai dans mon jardin des haricots verts, des petits pois, des concombres, des choux et de la salade, qui poussent très bien et, plus tard, j'y planterai aussi des épinards pour vous les offrir, mon cher Papa. »[5] Un peu plus âgée, elle écrira : « Si vous étiez là, Papa, j'aurais l'honneur de vous offrir de très beaux choux-raves, produits de mon jardin. »[6]

Marie-Louise avait été élevée dans un milieu bourgeois plutôt qu'aristocratique, et le cérémonial rigoureux de la cour viennoise n'était observé qu'à l'occasion d'événements très officiels. Dans le privé, la famille impériale ne s'imposait guère de contraintes. Elle vivait volontiers à la campagne et s'y plaisait beaucoup. Quand il voulait se détendre, l'empereur s'occupait de sa collection de portraits, cultivait des rosiers et jouait de la musique. Un quatuor à corde faisait partie de la maison et on pratiquait la musique en famille. L'empereur lui-même était violoniste, son épouse jouait de la basse de viole et Marie-Louise accompagnait au piano-forte. Lorsque la famille était à Vienne, l'impératrice allait promener les enfants sur le « Bastey », elle se mêlait aux passants et bavardait avec eux. La famille impériale parlait l'allemand, coloré d'accents typiquement viennois, et l'on s'y échangeait de charmantes lettres remplies de fautes. Ainsi Marie-Louise a-t-elle écrit d'une fine écriture des centaines de lettres, de lecture facile. La plupart d'entre elles, les plus importantes et les plus chaleureuses, étaient adressées à son père, au père tant admiré et aimé. Avec nul autre, elle n'en eût échangé de pareilles : « parce que vous êtes au monde ce que j'ai de plus cher. » [7] Ces missives évoquent essentiellement la question du bonheur, les soucis de santé et la fortune des armes de ce père impérial. Cent fois, Marie-Louise se plaint de ne pouvoir supporter d'attendre l'heureux moment du retour de l'absent, et elle n'avait qu'un seul désir : « pouvoir par ses propres moyens le maintenir 100.000 ans en aussi bonne santé que celle dont il jouissait alors » [8]. A cet égard, une lettre de Marie-Louise enfant est symptomatique de ce qu'il en a été durant toute sa vie : « Je vous en prie, cher Papa », comme elle l'écrit dans une lettre, à l'âge de huit ans, « gardez-moi dans vos grâces et, je vous en assure, je vous serai attachée avec tendresse aussi longtemps que je vivrai, mon cher Papa, Votre fille Louise, soumise et obéissante [9]. »

De sa mère, par contre, Marie-Louise n'avait conservé que des souvenirs plutôt quelconques. L'impératrice Marie-Thérèse avait moins de trente-cinq ans lorsqu'en avril 1807, elle décéda, en mettant au monde son treizième enfant. L'empereur avait perdu sa première épouse, la princesse Élisabeth de Würtemberg, dans les mêmes circonstances, et le bébé, une fille, n'avait guère survécu. Le décès de l'impératrice Marie-Thérèse affecta profondément l'empereur François. Il en était resté comme pétrifié et son frère Charles avait dû l'éloigner presque de force du lit mortuaire. Effondré de chagrin, l'empereur ne fut pas en mesure d'assister aux funérailles. Il dut s'y faire remplacer par son frère Jean et il partit pour la Hongrie, emmenant avec lui Louise et Ferdinand.

Marie-Thérèse n'avait cependant pas été une grande impératrice, ni une souveraine marquante. Et, si elle n'avait pas donné douze enfants à l'empereur, elle serait certainement tombée dans l'oubli, comme les impératrices précédentes.

Mais elle fut une épouse affectueuse et sincère. Lorsqu'elle était souffrante, l'empereur trouvait la vie insupportable. Après son avènement comme impératrice, l'ambiance à la cour était devenue plus gaie : elle avait le talent d'inventer de nouveaux passe-temps. L'empereur François, sérieux qu'il était, la laissait faire, ne participant que de loin en loin aux comédies, aux bals et aux pique-niques qu'elle organisait. Mais, quand vint la période des guerres, la jeune femme oisive, celle qui ne pensait qu'aux divertissements, se transforma rapidement en une impératrice courageuse. Au lieu de chansons et de danse, elle souhaitait alors « être un homme et se battre en première ligne pour toi » [10] et quand, après Austerlitz, tout semblait perdu, c'est elle qui intervint pour motiver son époux : « Ne te laisse pas intimider ; si Napoléon a de trop fortes prétentions, ne cède pas. Charles n'est pas loin, appelle-le à la rescousse, mobilise tout ton peuple, — il le feront volontiers — et montre que nous n'avons pas encore laissé tomber les bras. »[11]

Elle éduquait ses enfants affectueusement, mais avec sévérité. Lorsqu'ils en prenaient à l'aise avec les études, elle les empêchait de sortir et, éventuellement, les faisait enfermer au « provost », un endroit à peine séant. A Louise, elle écrivait sans détour que « la première obligation, pour un enfant, est d'obéir à ses parents. »[12] Si Louise y dérogeait et se laissait guider par les initiatives égoïstes de sa préceptrice, à l'époque la comtesse Colloredo, la mère grondait sévèrement la petite désobéissante et, dans l'heure, renvoyait la préceptrice. Les enfants étaient éduqués à la modestie et, de fait, Louise était tout sauf gâtée. Après un cadeau, elle posait mille baisers sur la main de son père et, pour les quelques gâteaux qu'elle lui faisait parvenir, la « chère Maman » avait droit à une éternelle reconnaissance. Lorsque, à l'occasion, Marie-Louise était autorisée à venir rejoindre les parents, de Laxenburg à Baden, pour partager leur repas, elle exprimait sa gratitude de manière presque exagérée. Même si le milieu dans lequel Louise grandissait était plutôt de type bourgeois, son attitude face à la vie restait, néanmoins, impériale. Outre son *Aja* — nom que donnaient les enfants de la famille impériale à la personne qui les gardait —, l'archiduchesse avait à son service, depuis l'âge de deux ans, une femme de chambre, deux aidantes, un « homme de chambre », un préposé au chauffage, quatre laquais « de corps », une personne chargée du bain, une autre femme encore, et enfin, un domestique. Comme c'était le cas chez la plupart des membres de la famille de Habsbourg, Marie-Louise abordait ses domestiques sur un ton familier, mais qui, néanmoins, marquait une certaine distance. Les ordres prenaient toujours la forme de demandes ; aux messages destinés à sa femme de chambre, elle joignait parfois de petits cadeaux et signait « Ta Louise dévouée ». Les lettres qu'écrivait la jeune archiduchesse, toutes simples, remplissaient d'aise ses correspondants. Son allemand sans fioritures réjouissait également le cœur. Jamais, durant toute son existence, elle n'apprit parfaitement sa langue maternelle ; elle n'en connut d'ailleurs jamais la grammaire. Elle confondait régulièrement le datif avec l'accusatif (« in diesen Augenblick ») ; écrivait « ich wir » au lieu de « ich werde » ; elle omettait les terminaisons et confondait couramment « dass » avec « das » et « wahr » avec « war ». Comment aurait-elle pu être cultivée alors que sa mère elle-même reconnaissait « avoir vu une seule fois l'*Émilia Galotti* de Lessing, cela me suffit, cette pièce m'envahit d'ennui ; par contre, je pourrais aller revoir le *Bettelstudent* (une comédie de P. Weidman, 1776), même cent fois. »[13] Les archiducs, et davantage encore les archiduchesses, partageaient la même conviction, bien de l'époque, à savoir, ne pas accumuler les connaissances, mais apprendre de préférence la bienséance et la dignité, avec lesquelles ils ou elles devaient s'afficher dans le monde. A la cour impériale autrichienne, l'instruction se limitait à la connaissance des langues, à un vernis d'intérêt pour la science et à un certain goût artistique. Marie-Louise décrit un jour à son père, l'empereur, le déroulement d'une de ses journées : deux heures d'histoire, de logique et de géographie, le reste du temps étant consacré à la lecture, à l'écriture et aux exercices ; elle jouait également beaucoup de piano et elle faisait de la peinture à l'huile [14]. La littérature contemporaine lui restait étrangère.

La remarque de Schwarzenberg, selon laquelle Marie-Louise, durant les dernières années, aurait lu le meilleur de ce qui avait été publié en littérature française [15], paraît nettement exagérée. Plutôt que Beaumarchais, Chateaubriand et Madame de Staël, elle aimait lire des légendes et des vies de saints. A Lessing, Schiller, Goethe ou Schlegel, elle préférait les aventures de Robinson. Seuls les voyages de von Humboldt, semble-t-il, l'intéressaient [16]. Mais les ouvrages qu'on lui donnait à lire étaient amputés de certains mots, de paragraphes et même de pages entières, lorsqu'on les jugeait de nature à causer du tort à une archiduchesse. Marie-Louise, « bonne pâte » et docile, ne s'est jamais insurgée contre de telles pratiques. Elle a constamment cédé à ce qu'on lui a imposé. Et il en fut ainsi durant toute sa vie.

Le cortège nuptial marqua un arrêt aux confins de la ville, là où, au début du dix-huitième siècle, on avait érigé, à des fins défensives, des remparts coupant le centre des faubourgs extérieurs. Parmi les jeunes femmes tout de blanc vêtues chargées d'accueillir la jeune impératrice, se détache l'épouse patriote d'un maître-serrurier. Plus loin, c'est une scène avec des personnages vivants qu'avait eu l'idée d'agencer un commerçant qui tenait boutique sur l'avenue conduisant à Schönbrunn. L'ensemble, avec quelque maladresse, était censé être une évocation. On y voyait douze jeunes filles, de part et d'autre d'un autel entouré de cierges allumés qui, les mains tendues vers le haut, paraissaient implorer la bénédiction du ciel sur l'illustre fiancée. Celle-ci fut fort émue au spectacle de cette scène touchante [17].

La comtesse Lazansky aurait aimé consoler Marie-Louise. Mais comment réconforter une jeune mariée qui n'avait encore jamais eu l'occasion de rencontrer son époux, lequel, par ailleurs, ne lui avait causé jusqu'alors que du chagrin ? A deux reprises, elle avait connu l'exode : en 1805, à Krakau, en plein hiver par un froid glacial, et à trois cent milles de Vienne ; en 1809, ensuite, jusqu'à Erlau, à l'autre bout de la Hongrie, sous la pluie battante d'un printemps pourri. Et toujours sur ces routes impraticables où l'on n'avançait qu'à grand-peine. Pendant douze heures d'affilée, on avait frôlé le danger de verser avec les carrosses, tant étaient « épouvantables les trous dans les chemins. » [18] Combien de fois n'avait-on dû, au repas, se contenter d'un bout de pain ! Et le linge que l'on emmenait avec soi, dans les malles bourrées, sur le toit des carrosses, et qu'à l'arrivée, on retrouvait tout trempé ! Bien souvent, l'un ou l'autre enfant devait alors trouver refuge dans le lit de sa mère. C'était encore la continuelle appréhension d'être réveillé brutalement, la nuit : « Debout, il faut fuir, nous avons perdu la bataille ! » [19] L'on grimpait à nouveau dans cette guimbarde de voiture, sans rien d'autre à faire que laisser errer le regard sur le paysage, qui, d'ailleurs, n'était pas toujours exaltant : « A Groswardstein et dans la région, il est d'usage, comme en signe d'avertissement, de laisser les suppliciés attachés aux potences, jusqu'à ce que le corps se décompose », annonçait Marie-Louise à son père [20].

Bien que, jusqu'à un certain point, l'aventure puisse pour quelqu'un de jeune avoir un caractère d'évasion, pour Marie-Louise, être séparée de sa famille était ressenti comme une véritable punition. En raison des possibilités de logement réduites, du risque de ne trouver dans les relais de poste tous les chevaux nécessaires au changement d'équipages, la cour impériale ne pouvait voyager groupée. Alors que ces abominables Français avaient pris leurs quartiers au château de Schönbrunn, y menant joyeuse vie ! « Dieu doit nous en vouloir grandement pour nous infliger un tel fardeau », se lamentait Marie-Louise dans une lettre à Marie-Thérèse [21]. « Il se pourrait bien que l'un de ces perfides généraux occupe nos chambres, à Schönbrunn, alors que notre famille est toute éparpillée : mes chers parents à Olmütz, nous autres à Kaschau et un troisième convoi à Ofen... Quelle abomination ! »

Sans compter que les services d'information, désorganisés, laissaient filtrer toutes les rumeurs. « Parfois, on fait croire à une victoire, qui n'existait que dans l'imagination des Viennois ; je m'en réjouis, et voilà que, peu après, on apprend le contraire et, alors, je tombe dans une tristesse d'autant plus accablante. » [22]

Souvent même, on pouvait s'attendre au pire au sujet du cher papa : « J'ai eu très peur en apprenant qu'un moment, vous avez envisagé d'attaquer, seul, face à l'ennemi ; et je suis bien contente de savoir maintenant que mes oncles vous ont dissuadé de le faire. » [23]

Et voilà qu'en décembre 1805, la « Liebe Mama » (Maria Ludovica) tombe très sérieusement malade. En Silésie, où Marie-Louise devait aller la rejoindre, la rubéole se déclare chez l'impératrice : « Je suis bien triste », écrira-t-elle à l'empereur, « de ne pouvoir accueillir ici notre Louise. Que puis-je faire ? Oh, mon Dieu, que Ta volonté s'accomplisse, mais l'épreuve est bien lourde à supporter ! » Frôlant l'agonie, et dans un état d'extrême angoisse, elle se voit déjà tomber aux mains des Français, et, si courageuse et désintéressée qu'elle soit, elle supplie l'empereur : « Ne prends aucun risque qui pourrait porter préjudice, à toi ou à l'empire, mais, surtout, ne me laisse pas emmener en France... » [24]

A présent, c'était sa belle-fille qui partait y rejoindre l'homme, cause de tous leurs malheurs ! Rien d'étonnant, dès lors, que Marie-Caroline, l'ancienne reine de Naples sortît de ses gonds, lorsque lui parvint la nouvelle du mariage de sa petite-fille avec Napoléon. « Il ne manquait plus que ça !

fit-elle remarquer, en élevant le ton, est-ce bien vrai que me voici condamnée à devenir la grand-mère de ce démon ? [25] »

De nos jours, le trajet en voiture de Vienne à St. Pölten prend environ quarante minutes. Partie de Vienne le matin, Marie-Louise n'y arriva, ce jour-là, que dans le courant de l'après-midi. Quoi que l'on eût fait, il n'aurait pas été possible d'accélérer l'allure. Changer d'équipages aux relais de poste pour des dizaines et des dizaines de voitures et de carrosses, sans compter au moins 25 chevaux de selle pour les gardes du corps, ce n'était pas une mince affaire !

A l'arrivée à l'étape de St. Pölten, à sa plus grande joie, la fille de l'empereur retrouve son père et, oh ! surprise, même Maria Ludovica qui, au mépris de son état de santé d'alors, avait tenu à y être également, pour embrasser sa belle-fille une dernière fois. Une relation privilégiée, ponctuée d'événements émouvants unissait Marie-Louise et sa belle-mère, depuis le jour où Marie-Louise, encore toute jeune et naïve, avait été messagère d'amour entre l'empereur François et sa femme actuelle. En effet, Marie-Louise avait un jour été chargée de remettre de la part de son père, à Maria Ludovica, des cadeaux accompagnés d'une lettre. Marie-Louise ne pouvait se douter, évidemment, qu'il s'agissait d'une demande en mariage. Dès ce jour, la cousine, entièrement conquise, allait devenir pour Marie-Louise la « Neue Mama ». Après les émouvantes retrouvailles de St. Pölten, l'impératrice retourna à Vienne, tandis que l'empereur accompagnait sa fille jusqu'à Enns. « C'est étonnant la hâte avec laquelle tu es allé à Enns », écrit de Vienne l'impératrice à son époux, « j'imagine aisément avec quelle douleur tu as quitté ta fille bien-aimée ». Et Berthier lui-même fit savoir à Paris : « La séparation entre le père et la fille fut pénible à voir. » [26]

Désormais, c'était au prince Trauttmansdorff, le commissaire autrichien chargé de la remise de Marie-Louise aux Français, qu'il incombait de jouer les officiers d'information. « Au bout d'une heure, après Lambach, nous avons atteint la ligne de démarcation », relate-t-il à son souverain [27]. « Se trouvaient là le bourgmestre, le comte Saurau, accompagné de plusieurs membres des corporations, afin de présenter leurs hommages à l'Impératrice avant même qu'elle ne quittât le territoire autrichien. De l'autre côté attendait un détachement de hussards français et de chasseurs, sous les ordres des généraux Lauriston et Monbrun. »

A Ried, où il était prévu que l'on passerait la nuit, Marie-Louise fut invitée à dîner avec trente-deux personnes de sa suite et avec les généraux Lauriston et Monbrun. A Lauriston revenait l'honneur de prendre place à côté de Marie-Louise et elle lui tint une conversation « fort courtoise et très animée ». Toutefois, selon le regard critique porté par Trauttmansdorff, Lauriston manquait visiblement de réserve, et il ne tarda pas à adopter des propos légers « bien caractéristiques de la manière française ».

Alors que Marie-Louise s'était retirée dans ses appartements, Laborde, secrétaire de l'ambassade, arriva à Ried et demanda une entrevue à Trauttmansdorff. Sa présence n'augurait rien de bon. En effet, on aurait eu des craintes, du côté français, de « l'effet défavorable qu'allait avoir en France la présence de la dame de compagnie de l'Impératrice, la comtesse Lazansky » ; en bref, « on » souhaitait que la comtesse renonce à ce voyage.

Trauttmansdorff fut scandalisé de l'outrecuidance d'une telle proposition, mais Laborde « répliqua que l'idée était que la reine (de Naples) se charge à elle seule d'assurer la compagnie de la nouvelle Impératrice et de l'avoir entièrement dans ses mains. » [28]

Trauttmansdorff fit d'abord ce qu'il put, pour le mieux. Animé des meilleures intentions, il décida de garder pour lui ce message de malheur et de n'en parler ni à la jeune impératrice, ni à la comtesse. « Pour ne pas jeter le trouble inutilement, et afin de ne pas chagriner les dames à une heure aussi peu propice ». Berthier également, à qui incombait le triste devoir de mettre la jeune impératrice au courant, préféra différer sa mission jusqu'à ce que Marie-Louise ait mis le pied sur territoire français.

Le 16 mars, non loin de Braunau, le cortège nuptial arriva en vue d'une bien étrange construction en bois. La disposition intérieure comportait trois pièces. L'une, ouvrant vers l'est, était la salle autrichienne. L'autre, la salle de France, ouvrait sur l'ouest. Entre les deux, la troisième salle du pavillon constituait en quelque sorte le « no man's land ». Équipée d'un trône, ainsi que d'une table recouverte d'actes destinés à être signés, elle était comme le couloir de passage dans lequel devait avoir lieu la remise officielle de la mariée aux Français. Le cérémonial supposait que Marie-Louise entrât comme archiduchesse d'Autriche dans la salle autrichienne et sortît de l'autre côté impératrice des Français. A quelques détails près, cette mise en scène fut la même que lors du passage de Marie-Antoinette en 1770.

Ce qui advint le 16 mars 1810 à 14 heures était comme la réplique, en grandeur nature, dans tous les détails qui présidèrent à son déroulement, du spectacle qu'offrent ces élégantes horloges de certains hôtels de ville : ces figurines polychromes qui, au moment précis où sonnent les heures rythmant la journée, font soudain leur apparition, tournent et se retournent dans une succession de mouvements méticuleusement programmés et qui, au moment où tout est accompli, disparaissent. Marie-Louise fait son entrée du côté autrichien et, entourée de ses dames d'honneur et de ses chambellans, elle prend place sur le trône. Derrière elle, disposés en demi-cercle, on compte douze officiers de la garde autrichienne, et autant de la garde hongroise. De part et d'autre de la table, le prince Trauttmansdorff et le conseiller Hudelist s'affairent autour des actes officiels. Puis, et alors seulement, le maître de cérémonie autrichien frappe à la porte de la salle française ; sur quoi, pénètrent dans la salle, Berthier, prince de Neuchâtel, et le comte Laborde, faisant office de secrétaire du prince ; puis, enfin, le reste de la cour de France, la maison qui accueille la nouvelle impératrice. Et ils se rangent, face à la cour d'Autriche. La suite de ces péripéties est rapportée au père impérial par sa fille elle-même [29]. « Après la lecture des actes, mes gens vinrent me baiser la main et, en cet instant, je ne savais vraiment plus ce que je faisais ; j'eus des frissons et je perdis à ce point contenance que le prince de Neuchâtel se mit à pleurer. Le prince Trauttmansdorff me remit à lui, et ma nouvelle maison me fut présentée. Ah ! Dieu, quelle différence entre les dames françaises et les dames autrichiennes ! »

Brusquement, comme par magie, les visages autrichiens si familiers avaient cédé la place à ceux de dames inconnues, pomponnées, maquillées et parfumées, et de messieurs « laqués », et lorsque la mariée, en pleine détresse, se retourna, elle trouva la salle, du côté autrichien, vide. De même, sur le plateau des horloges, un certain nombre de figurines quittent la scène et disparaissent derrière un rideau ; d'autres vont entrer en scène...

Mais dans cette pièce, il n'y avait pas lieu de se sentir à l'abandon. La sœur de Napoléon, Caroline de Naples, dans la pièce française voisine, attendait que la mariée vînt se présenter. Marie-Louise continue à faire les révélations suivantes à son père. « Dans l'autre pièce, la reine de Naples vint à ma rencontre, je l'embrassai et fis montre d'une extrême amabilité à son égard, quoique je n'aie en elle qu'une confiance limitée ; je ne crois pas que le souci de servir soit l'unique motif de son voyage. Elle m'accompagna à Braunau où, pendant deux heures, on me fit grande toilette. Je vous prie de croire qu'à présent, je suis parfumée comme le sont toutes les Françaises. » [30]

Par ailleurs, on peut lire que Trauttmansdorff ne fut guère impressionné par la cour française. En Autriche, Marie-Louise était entourée « d'une suite de près de cent personnes, toutes mieux habillées les unes que les autres », signale le prince dans une lettre à l'empereur, « tandis que, du côté français, elle n'a à sa disposition que six dames modestement habillées, et que dix cavaliers ; et encore, chacune de nos dames porte plus de bijoux que les six dames françaises réunies ; de toutes façons, le faste somptueux de notre cour n'est en rien comparable à l'apparat de la cour française. » [31] Il va de soi qu'aux yeux des Autrichiens, Marie-Louise n'avait pu faire que la plus sensationnelle des impressions sur la sœur de Napoléon. « J'apprends à Braunau que la reine de Naples est en admiration devant l'Impératrice et devant la douceur qui émane de toute sa personne », écrit à Metternich un Hudelist manifestement satisfait [32].

A Braunau, où l'on allait devoir passer une deuxième nuit, la jeune impératrice logea avec la reine de Naples sous le toit de Michael Fink et, le soir, elles dînèrent à trois avec la comtesse Lazansky, dans la chambre de celle-ci. Un plantureux banquet réunit les deux cours. Trauttmansdorff accompagna à sa table la duchesse de Montebello et resta à ses côtés : « Je profitai de ce repas », écrit-il à l'empereur François, « pour faire plus ample connaissance avec cette dame d'honneur, étant donné qu'elle fait partie de la suite immédiate de Sa Majesté l'Impératrice ; c'est avec le plus grand plaisir que je puis en assurer Votre Majesté, cette dame qui a fait preuve à mon égard d'une très grande ouverture correspond tout à fait à l'image qui était la sienne ici. » [33] En vérité, Trauttmansdorff avait parfaitement conscience que la duchesse de Montebello allait occuper à l'avenir une place considérable auprès de Marie-Louise.

Après le dîner, Berthier relança Trauttmansdorff sur « l'affaire Lazansky ». Trauttmansdorff souligna que l'idée de faire accompagner Marie-Louise par quelqu'un de son entourage ne venait pas des Autrichiens, mais était plutôt une initiative française et que, grâce à cette « délicate attention » (*), l'empereur Napoléon avait fait preuve d'un respect remarquable à l'égard de son épouse et suscité sa reconnaissance. Serait-ce dans la volonté de l'empereur, à présent, de ne plus tenir compte de cette bonne impression qu'il avait faite sur Marie-Louise ? Le prince de Neuchâtel tourna le dos en suggérant de reporter la décision jusqu'à l'arrivée à Munich. « Peut-être y a-t-il moyen, dit-il, d'arranger cette affaire autrement. » [34] Et Trauttmansdorff en fit part à la comtesse.

Le lendemain, Marie-Louise reprit la route, vers les sept heures du matin. Elle partageait une voiture à quatre places avec la reine de Naples. Trauttmansdorff qui, après leur départ, devait se rendre à Linz pour y rejoindre l'empereur, pria Marie-Louise de lui confier une lettre qu'il transmettrait lui-même à l'empereur. Marie-Louise acquiesça, reconnaissante, et elle s'exprima comme suit :

« J'ai l'occasion de vous écrire librement encore une fois et je la saisis avec plaisir pour vous assurer que je pense continuellement à vous et y penserai toujours. Dieu m'a donné la force de supporter aussi le dernier choc, la séparation d'avec les miens... Il m'aidera et me donnera du courage et je trouverai le calme dans la consolante pensée de remplir un devoir envers vous en faisant ce sacrifice pour vous, hier (...) Oh ! Dieu, comme je regrette les heureux jours que j'ai passés auprès de vous, maintenant seulement je les apprécie... Je vous affirme, à vous le meilleur des pères, que je suis triste et que je suis inconsolable... » [35]

Quant aux sentiments que l'on éprouvait à l'égard de Marie-Louise dans son entourage, une impression très nette se dégage : les dignitaires autrichiens se plurent à reconnaître par la suite tout ce qu'il pouvait y avoir de bien en elle. Ainsi, Trauttmansdorff écrit : « en terminant le rapport établi à votre intention, je saisis l'occasion qui m'est offerte et me permets de souligner en toute humilité, non seulement l'affabilité, mais également l'immense bonté dont son Altesse Sérénissime a fait preuve à l'égard des Français, durant ce voyage. Que Votre Majesté ait la conviction, si cela peut la consoler, qu'une femme telle que l'Impératrice devrait connaître le bonheur

(*) en français dans le texte.

et qu'effectivement, elle sera heureuse. »[36] Hudelist, également, exprime une opinion positive sur la jeune impératrice. Il s'adresse à Metternich en ces termes : « ...ce qui l'honore au plus haut point, c'est, à n'en pas douter, l'émotion générale qui a saisi jusqu'aux larmes l'ensemble des membres de notre cour, au moment où Sa Majesté a pris congé. Elle seule est parvenue à se contenir, et je pense sincèrement qu'elle n'aurait pu se conduire avec plus de dignité. Nul doute que l'Impératrice suscitera en France un enthousiasme débordant, car tout dans sa personne reflète ce que la Nation a cultivé en elle d'honneur, de dignité et de grâce. Il en fut ainsi, de manière exemplaire, lorsque le prince de Neuchâtel, allant au-devant de l'Impératrice, franchit le seuil du cabinet français, s'écriant d'une voix forte : « L'Impératrice ! » A ces mots, la reine de Naples pressa le pas et alla à sa rencontre. L'Impératrice s'y prit avec tout le tact et les façons que l'on pouvait attendre d'une princesse exercée depuis bien des années à de telles situations. Nul doute qu'il y ait en elle un trésor de qualités et qu'avec la bénédiction de Dieu, celles-ci s'épanouiront encore davantage à l'avenir. »[37]

Du côté français également, la jeune impératrice a laissé une impression très favorable. Ainsi que le rapporte un témoin anonyme : « Elle se tenait bien droite sur son trône, dans une posture traduisant un parfait équilibre ; sa chevelure blonde resplendissait et ses yeux bleus reflétaient la lumière et la pureté. De toute sa personne émanaient la fraîcheur et l'immense bonté de son âme. »[38] Marie-Louise était revêtue de son ample manteau de brocart d'or, le corsage orné de brillants entourant l'effigie de Napoléon. Tout en elle respirait les sentiments de l'extrême bonté qui l'habitait et qui faisait honneur à son auguste père et à la monarchie.

Par un temps détestable, la jeune impératrice reprit le voyage vers Paris, parcourant la Bavière, le Würtemberg et d'autres États allemands. Elle prit ses repas à la table de certains princes germaniques qui, oh ! scandale, avaient trahi le père empereur et le Saint Empire ! Quelle résignation, chez Marie-Louise !

En 1801, déjà, la Diète de Regensburg avait désigné une délégation de l'empire avec, pour mission, de délimiter sur la rive droite du Rhin des territoires à céder à certains princes allemands, en compensation de ce qu'ils avaient perdu sur la rive gauche du fleuve. Mais, parallèlement, les princes concernés avaient envoyé des députations à Paris pour obtenir des garanties sur les accroissements territoriaux et, en quelque sorte, forcer ainsi la main à la Diète. Même la Russie s'était immiscée dans les négociations ! Les pourparlers débouchèrent sur « un remembrement de territoires », le « Reichsdeputationshauptschluss », en date du 25 février 1803. En filigrane aux textes apparaissait l'expropriation de facto de la quasi-totalité des principautés ecclésiastiques, des prieurés et des abbayes, et une sécularisation des possessions ecclésiastiques. Peu après que le Premier Consul Bonaparte se fut couronné empereur des Français, et à l'instigation de Napoléon, seize princes d'Allemagne de l'Ouest et du Sud se regroupèrent dans la Confédération du Rhin. Ces princes proclamèrent leur autonomie et, le premier août 1806, firent sécession de l'empire des Habsbourg. Comme chefs d'État vassaux de Napoléon, ils devaient chacun payer tribut en fournissant un contingent fixe de troupes pour la guerre. Des milliers de leurs concitoyens devaient, par la suite, perdre la vie au cours des guerres de conquêtes napoléoniennes. Après la défaite de la Prusse, la Saxe, ainsi que d'autres petits États d'Allemagne du Nord et du Centre, rejoignirent la Confédération du Rhin. Si bien qu'en 1808, celle-ci s'étendait sur 326.000 km^2, regroupant une population de 24,5 millions d'âmes. En contrepartie, Napoléon accordait la royauté à quelques-uns de ces princes : ceux de Bavière, du Würtemberg et, plus tard, de Saxe. « Comment est-il possible de continuer à maintenir notre cher Saint Empire romain ? » [39] se demandait Goethe, tout comme, fort probablement, l'empereur François lui-même. Après plus d'un millénaire, on en terminerait avec cette notion. Napoléon, grand protecteur de la Confédération du Rhin, s'était donné un titre nouveau et l'empereur François perdait une couronne. Le 6 août 1806, en effet, il fut forcé de renoncer au titre d'empereur d'Allemagne. Alors que Napoléon s'était, lui, fait couronner empereur à Paris, en 1804, à son tour, François s'octroyait, à Vienne, un nouveau titre d'empereur : d'empereur romain François II, il devenait l'empereur d'Autriche François Ier.

Cette sorte de recul ne donnait pas trop de soucis au « bon empereur » François. Il faisait siennes ces paroles de Goethe : « Chaque matin, remercions Dieu de ne plus avoir à nous préoccuper de cet Empire romain. » [40]

Dès 1796, l'empereur avait voulu convaincre son frère Charles que seule la monarchie devait l'intéresser, « puisque tes devoirs envers notre maison et la monarchie prennent le pas sur ceux qui se rapportent à l'Empire lui-même. » [41] En abandonnant le titre d'empereur suprême, François, non seulement cédait un titre glorieux, mais renonçait en même temps à l'hégémonie de l'Autriche sur l'Allemagne, position que jamais plus, par la suite, il ne cherchera à reconquérir. Ce serait à la Prusse de prendre la relève...

Marie-Louise elle-même s'était peu intéressée à la politique. Ce genre de choses ne la préoccupait guère. A l'heure présente, d'autres événements retenaient son attention : les villes à traverser, les princes qui lui souhaitaient la bienvenue, les foules qui l'acclamaient. Toutes ses impressions, elle en rendait fidèlement compte, et en détails, à son père, à Vienne. A maintes reprises, elle en fera la description, avec hardiesse et vivacité. A propos du prince de Bavière, elle se force à ne pas se moquer : « C'est un homme parfaitement sensé, mais qu'est ce qu'il bégaye ! Et, avec ça, il est sourd au point de ne saisir aucune de mes paroles. » [42] Mais, à coup sûr, elle n'eut plus l'envie de rire lorsque, à Munich, elle dut faire ses adieux à la comtesse Lazansky. « La séparation fut très dure pour moi », écrit-elle à son père. « Assurément, je ne pouvais faire plus grand sacrifice à mon fiancé.

Je crois pourtant fermement que ce n'était pas là son intention à lui. » [43] Il lui apparaissait que c'était la reine de Naples elle-même qui était à l'origine de ce contretemps.

Résignée, cependant, la mariée poursuivit son voyage dès le 19 mars. Journées épuisantes, s'il en fut ! A Augsburg, on était à peine installés que Berthier donna le signal du départ. A Ulm, au lieu d'arriver dans l'après-midi, ce ne fut qu'à onze heures du soir. Marie-Louise ne prit même pas la peine de manger et se mit au lit aussitôt, de manière à pouvoir être à nouveau debout à cinq heures du matin, le lendemain. Heureusement, le temps s'était amélioré et, sous le soleil enfin revenu, Marie-Louise fait partager son plaisir de parcourir des contrées splendides. Néanmoins, « arrivés à dix heures à Günzburg et accueillis par le prince Paul », écrit-elle à Vienne, « nous eûmes droit au déjeuner le plus médiocre de toute ma vie. » [44]

De Stuttgart, où le cortège fit une entrée triomphale vers les cinq heures de l'après-midi, Marie-Louise écrit à Vienne en ces termes : « ...toute la ville tient dans une longue et très large avenue, bordée de maisons magnifiques ; le palais est gigantesque et le roi l'agrandit encore ; de même qu'à Munich, je fus accueillie par la famille royale ; je participai aux conversations mais, au théâtre, le soir, il faisait tellement froid que, la reine de Naples et moi, nous n'en sommes pas encore remises. » [45]

Après Karlsruhe (« une fort jolie ville, avec une belle résidence ») et après Rastatt (« où le déjeuner fut offert par le prince héritier de Bade »), le 22 mars, sur fond de salves de coups de canon et de cloches battant à toute volée, sous la nouvelle escorte d'une vingtaine de généraux à la tête de toute une troupe, le cortège atteint le pont sur le Rhin, très élégamment décoré. « Ici, c'était le Préfet et, de l'autre côté du fleuve, à côté des portails de Strasbourg, le maire me fit un discours d'accueil. On parcourut calmement les rues, sous les joyeux vivats de tout un peuple, et l'on arriva au palais impérial... Strasbourg est une ville splendide, bien construite, harmonieuse et très peuplée. Toute une série de festivités y sont annoncées, mais l'ordre du jour n'en est pas encore fixé, puisque le prince de Neuchâtel va seulement venir chercher mes ordres ; je ne trouve pas, mon cher Papa, les mots qu'il faut pour exprimer à quel point il me surprend de devoir donner des ordres, moi qui jusqu'à présent n'ai jamais connu de volonté propre... » [46]

Malgré les deux journées à Strasbourg, qui devaient être de détente, à peine Marie-Louise eut-elle le temps de « soigner son rhume, sa migraine et son mal de gorge », tant il y eut de fêtes, de bals masqués et de spectacles organisés en son honneur.

A Strasbourg, également, elle eut l'occasion de revoir Metternich qui, le 22 mars, remontait vers Paris où il allait chercher d'autres avantages pour l'Autriche, liés à ce « mariage du siècle ». Ce fut même encore à Strasbourg que Marie-Louise fit une rencontre, dont elle était loin de pouvoir soupçonner la portée, et mesurer l'importance. Le 24 mars [47], en effet, la presse locale annonçait la présence, aux festivités en l'honneur de Sa Majesté, du comte Neipperg, « général autrichien en mission diplomatique ». Dans l'agitation et tout le brouhaha de ces fêtes, Marie-Louise ne pouvait avoir l'attention attirée par celui qui, plus tard, deviendrait son deuxième mari.

Napoléon se voulait un mari des plus attentionnés. Il fit envoyer à Marie-Louise un carrosse confortable, des fleurs et des faisans qu'il avait lui-même chassés. Il lui fit même apporter un manteau de fourrure, cadeau personnel du tsar, mais de trop grande valeur pour qu'il le portât lui-même. C'était à l'épouse impériale, à présent, de s'en revêtir. Mais surtout, il écrivait des lettres très tendres qui étourdissaient quelque peu la fiancée. Peut-être n'était-il pas le monstre qu'on appréhendait ? Le papa n'aurait-il pas eu raison, peut-être, de dédramatiser la situation ? « Me voilà soulagée », lui écrit-elle, « heureuse, je voudrais que vous ayez l'occasion de lire les lettres que m'adresse l'empereur Napoléon ; il manifeste à mon égard une attention infinie. » [48] Ils commençaient à s'échanger des mots tendres. Lui, il aurait souhaité être son page pour lui apporter personnellement le courrier ; elle, Marie-Louise, se voulait l'une des fleurs de laurier de sa triomphale couronne [49]. Elle aspirait surtout à le retrouver, au terme de ce long voyage.

Puis, d'après les lettres adressées au frère François-Charles, ce furent les étapes de Lunéville, Nancy, Vitry et, le 27 mars, Compiègne. « C'est dans la forêt de Compiègne que l'Empereur va venir à ma rencontre. » [50]

Dans l'intervalle, l'empereur, quelque peu nerveux, préparait l'arrivée de Marie-Louise. Elle n'aurait pas l'occasion de se plaindre. Tout Paris serait à ses pieds.

Napoléon, en personne, tint à prêter main-forte aux préparatifs fébriles. Des fêtes brillantes s'annonçaient. Les théâtres recevaient des instructions précises sur les spectacles à mettre en place, dès l'arrivée et jusqu'au mois de mai ; les poètes, les écrivains étaient invités à produire en plusieurs langues des hymnes et des églogues sur le fameux thème du « mariage de Mars et Flore ». Des actions charitables faisaient l'objet de décrets officiels : les pauvres de Paris pourraient enfin, en cette occasion, manger et boire tout leur soûl ; six mille couples de France pourraient se marier le jour même de l'hyménée impérial. Les locations de fenêtres et balcons des rues de Paris, sur le parcours de la joyeuse entrée, battaient leur plein, et la capitale française se préparait à accueillir des invités de tous les coins du monde. Tout ce grand va-et-vient créait quelques soucis dans les rangs de la police parisienne, laquelle devait contrôler, non seulement l'ardeur des patriotes sincères et leurs vivats tumultueux, mais également l'infiltration d'opposants au régime, les royalistes à tout crin et les républicains convaincus, hostiles au mariage de Napoléon avec l'archiduchesse.

Napoléon était confiant : Paris savait organiser ses fêtes ! Une légère inquiétude, cependant. Faire en sorte que la famille impériale, cette horde passablement indisciplinée, présente une façade quelque peu harmonieuse et se comporte comme il faut. Les sœurs vaniteuses de l'empereur accepteraient-elles des rôles de figuration dans ce spectacle nuptial ?

Et Napoléon lui-même, sous quel déguisement apparaîtrait-il à la noble fiancée ? Dans son uniforme de parade, avec cette élégante redingote piquée d'abeilles ? A l'âge de quarante ans, les galanteries, dans la forme, lui étaient passées. Qu'aurait-il pour être aimable à la fiancée ? Et son visage, au teint pâle et cireux, aurait-il l'heur de lui plaire ? Elle était encore si jeune ! Du moins ne devrait-il pas se remettre à danser ! Il ne l'avait plus fait depuis l'école militaire. A l'époque, faute de belles partenaires, on dansait souvent avec un fauteuil. Et un jour, en trébuchant, Napoléon en avait cassé un. Il avait néanmoins mobilisé, toutes affaires cessantes, sa belle-fille, la reine Hortense de Hollande, pour lui apprendre la valse. Elle s'amusa, mais c'était comme apprendre à danser à un « chat botté » ! [51] Finalement, il abandonna, prétextant son âge.

Autre question. Jusqu'à quel âge peut-on encore devenir père ? Les médecins l'avaient rassuré sur ses facultés procréatrices. Aussi avait-on pris les devants, et, alors qu'on était loin encore de la consommation du mariage, un fils présomptif existait sur papier et un empire lui était promis. Dès février 1810, par une résolution du Sénat, le titre de « Roi de Rome » serait donné au premier enfant mâle de Napoléon [52].

Mais, avant toute chose, où se trouvait la mariée sur ce long trajet ? L'officier de liaison, qui assurait les échanges affectueux avec Marie-Louise, à chaque fois qu'il réapparaissait, était criblé de questions impatientes :

— Comment est-elle ?

— Jeune, fraîche et sympathique.

— Et son allure, sa silhouette ?

— Du même genre que la reine de Hollande.

— Et sa chevelure ?... Et son teint ?

— En cela également, « comme chez la reine de Hollande. »

— Alors, est-ce qu'elle ressemble tout à fait à la reine de Hollande ?

— ...Non, pas vraiment !

Lassé, Napoléon soupirait, puis il mit fin à ce genre d'interrogatoire. « Que Sa Majesté fasse fi de ces impressions prématurées », lui conseillait Laborde,... « vous serez bientôt un mari parfaitement comblé ! » [53]

Le 20 mars, Napoléon quitta Paris pour Compiègne. Une tente avait été dressée dans la forêt, entre Soissons et Compiègne ; elle était destinée à remplir une fonction de « passage », comparable à celle de l'édifice mis en place à Braunau. L'espace central, merveilleusement décoré, était prévu pour la rencontre des fiancés. Selon le protocole, inspiré par Napoléon lui-même, le cérémonial impliquait que Marie-Louise se dirigeât vers l'empereur, s'inclinât à genoux et prononçât les paroles apprises par cœur tout au long du voyage. Napoléon devrait revêtir le costume somptueux, garni de fourrure, conçu par sa sœur Pauline. Chaque pas, chaque geste avait été prévu par le maître de cérémonie. La ville de Soissons s'était parée pour un accueil grandiose et une réception sans faille. Les uns après les autres, les membres de la famille impériale se retrouvèrent à Compiègne.

C'est alors que Napoléon bouleversa toute cette belle organisation. Il décida d'aller, en personne, à la rencontre de son épouse. Princes et princesses en furent abasourdis, le maître de cérémonie s'évanouit presque, et les édiles de Soissons restèrent profondément frustrés.

Le 27 mars, le carrosse de Marie-Louise et de la reine de Naples progressait vers Soissons, sous une pluie battante. Adossée dans une encoignure de la voiture, Marie-Louise ânonnait le texte à prononcer, s'assoupissant de temps à autre. Assommée les jours précédents de festivités, de repas et de discours solennels, qui tous exaltaient la naissance future d'un fils héritier, Marie-Louise était, elle aussi, dans une attente fébrile. Le lendemain, elle allait voir son mari pour la première fois !

Aux abords de la petite église de Courcelles, le carrosse s'arrêta brusquement. Que se passait-il ? Y avait-il soudain une avarie à l'une des roues ?

Ce n'est que bien plus tard, à Sainte-Hélène, que Napoléon décrira lui-même la scène. « Arrivé à hauteur de la voiture, pour aller à sa rencontre, je fis signe qu'elle s'arrête. Je ne voulais pas être reconnu, mais la reine de Naples, assise à ses côtés, s'écria : « L'Empereur ! » Je me précipitai à l'intérieur et embrassai Marie... » [54]

Napoléon s'était donc introduit dans la voiture. Il avait laissé dans l'armoire à habits le déguisement théâtral qui lui était destiné et était vêtu simplement, de cette même redingote grise qu'il avait portée sur tant de champs de bataille.

Chapitre VI

Napoléon et le clan Bonaparte

Il ne semble guère faire de doute que, pour la très grande majorité de nos contemporains, Napoléon apparaisse, avec quelques autres célébrités, tel un sommet. On le rangerait à côté d'une dizaine, peut-être, d'autres grands du passé, tels que certains fondateurs de religion, leaders politiques ou hommes d'État d'envergure mondiale, plus quelques très grands artistes, philosophes ou hommes de science éminents.

Mais qui était exactement Napoléon ? Et, d'abord, de quel Napoléon s'agit-il ? Du Napoléon d'alors, ou bien de l'actuel, c'est-à-dire de celui qui nous reste, ou bien de celui qu'on a bien voulu nous restituer ? Et, à cet égard, s'agit-il du Napoléon des historiens, de celui des écrivains, ou bien du Napoléon de la légende ? Il existe un Napoléon authentifié par des milliers de témoignages ; un autre, déformé et même diminué par Napoléon lui-même, dans le *Mémorial de Sainte-Hélène* ; et il y a le personnage vivant versus le Napoléon posthume. Sans doute l'une des plus grandes difficultés réside-t-elle dans l'universalité du personnage, avec toutes les variantes des perceptions qu'on peut en avoir, dans le temps comme dans l'espace. Il faudrait distinguer un, ou plusieurs Napoléon, français, allemand, anglais, russe,... et bien d'autres ! Trente mille lettres de Napoléon disent l'homme. Plus de 200.000 ouvrages et documents et plusieurs centaines de pièces de théâtre et d'œuvres littéraires en ont fait leur sujet ou leur personnage. Et l'on pourrait même aller jusqu'à dire que, parmi les penseurs, il n'en est probablement aucun qui, à un moment ou un autre, ait pu éviter d'aborder le cas de Napoléon.

Et si, de tous ces Napoléon, chacun comportait une part de vérité ? Peut-être chacun de ces portraits est-il partiellement fidèle au modèle ? Et s'il s'agissait plutôt d'une sorte d'énorme fable, d'une « chanson de geste » ?

Il en va peut-être de même avec Napoléon qu'avec la peste noire, au Moyen Âge. Suivant la théorie séduisante avancée par Friedell, la peste du Moyen Âge aurait été, soit une fiction, soit une anomalie de l'histoire, soit une psychose collective [1]. Napoléon ne serait-il, tout compte fait, ni plus ni moins qu'une énorme fiction ? Serait-il une idée en soi, une sorte d'épure d'homme, pour les uns le modèle à imiter, pour les autres l'image effrayante à repousser [2] ?

Les hommes de pouvoir ont toujours été perçus par le public de façons très diverses. A fortiori, le processus a-t-il joué dans le cas de Napoléon, lui découvrant d'innombrables facettes. Pour Hegel, il était « l'âme du monde » ; pour Hebbel, « le plus grand génie dans l'action » ; pour Goethe, « l'un des hommes les plus accomplis qu'ait connu la planète ». Par contre, Fichte ne voyait en lui qu'un esprit conventionnel et dépourvu de tout scrupule. Pour Kleist, il n'était « qu'un bourreau échappé de l'enfer et qui avait, sur la conscience, la mort de quantité d'êtres humains ». Et, à mi-chemin de l'humain et du trop humain, Nietzsche racontait que le pouls de Napoléon n'avait que soixante pulsations par minute, comme le sien. Quant au compositeur Spohr, on sait qu'il s'était mis à apprendre le clairon à seule fin d'être placé à l'avant-scène, au théâtre d'Erfurt, et ainsi, à proximité du premier rang, pouvoir contempler ce géant de tout près.

Dans ces conditions, Napoléon peut-il même être approché ? Toute affirmation à son sujet trouve, ailleurs, un démenti, son contraire. L'image fantastique du héros d'Arcole, d'Austerlitz et de Wagram est contrée par l'image dérangeante du poltron qui, sur la route de l'île d'Elbe, endossa un uniforme de général autrichien, de peur de se faire lyncher. Il y eut la brute qui, froidement, laissa s'embourber, en Russie, des milliers d'hommes, les faisant mourir de froid et de faim, et celui qui, sensible à l'extrême, les larmes aux yeux, disait adieu à ses compagnons d'armes, blessés et mourants. L'auteur du monument juridique qu'est le Code Napoléon, qui réglait tous les droits, est aussi celui qui, au mépris des droits les plus élémentaires, fit fusiller, à des fins de dissuasion, le duc d'Enghien, de la famille des Bourbons. Nul autre que Napoléon n'aurait pu afficher tant d'impériale majesté, vêtu, simplement, de sa petite redingote grise. Personne d'autre que lui n'a été à la fois ce petit-bourgeois frivole et insignifiant, faisant preuve d'une si grande faiblesse vis-à-vis de sa propre famille, et ce personnage si imposant à la face du monde. Il a suscité la haine et échappé à plusieurs attentats ; mais ses anciens combattants, ses compagnons d'armes sur les champs de bataille d'Europe et d'Égypte, ne pouvaient retenir leurs larmes, au seul prononcé de son nom, après sa chute.

De quoi avait-il l'air, en fait ? Comment vivait-il ? En quoi croyait-il ? L'empereur, à l'approche de ses 41 ans, celui qui venait d'épouser Marie-Louise, n'était plus le même homme que le petit caporal insignifiant. Et « la tête de César marmoréenne » du Premier Consul, elle aussi, appartenait au passé.

Au physique, le Corse ne plaisait guère à l'écrivain Caroline Pichler qui l'aperçut, un soir, lors d'un spectacle au théâtre du château de Schönbrunn, en 1809. Dans ses mémoires, publiés bien après [3], elle nous en livre un portrait peu flatteur, sans doute inspiré par les sentiments de haine qu'elle éprouva par la suite à l'égard du personnage. « Très petit de taille, et trop massif pour passer pour un bel homme, son visage lui-même n'avait rien de noble ni d'imposant. Ses traits, les yeux, le front, le nez et la bouche étaient passables. Seul le menton était beau, souligné par un profil à l'antique, assez semblable à celui du visage d'Antonin. Mais cette particularité se perdait dans la masse de chair qui emplissait uniformément la partie inférieure du visage. A tout prendre, l'ensemble n'avait rien de distingué, et il me fallait reviser l'image favorable que je m'en faisais à partir d'une gravure sur cuivre où on l'avait représenté brandissant un drapeau à la bataille d'Arcole. Loin du visage d'alors, empreint de sérieux et de gravité, c'était plutôt un faciès de prélat bien repu que je lui trouvai, par la suite. »

Ce visage de prélat repu traduisait sans doute la forte constitution que l'on attribuait généralement à Napoléon : il avait une résistance de fer et était réellement infatigable. On sait que trois heures de sommeil lui suffisaient, et qu'il se levait alors parfaitement dispos. Par contre, on trouve aussi des témoignages sur un Napoléon toujours souffrant, qui avait été atteint d'un psoriasis à Toulon ; il aurait été épileptique, rongé par un cancer à l'estomac ; certains lui attribuaient même la tuberculose, le paludisme et une maladie vénérienne. Quand quelque chose tournait mal, c'était à toutes ces maladies que l'on se référait, et des historiens allèrent jusqu'à imputer la faillite de sa vie à son mauvais état de santé.

Un point sur lequel tous les témoignages concordent, c'est son extraordinaire vivacité d'esprit, son intelligence. Il avait le don d'aller droit au cœur d'un problème, d'en dégager immédiatement les conclusions, et de prendre aussitôt la décision qui s'imposait. Sa capacité de concentration était unique, et il avait une mémoire déconcertante. On répète souvent l'anecdote de l'homme capable de suivre trois conversations à la fois, et d'intervenir avec aisance dans les trois en même temps. Il avait, selon ses dires, une mémoire en tiroirs avec, dans chacun d'eux, soigneusement rangée, une affaire déterminée : « Quand je veux en interrompre une, je ferme le tiroir et j'ouvre celui d'à côté. Jamais les choses ne se mêlent... Veux-je dormir, je ferme tous les tiroirs, et me voilà au sommeil. » [4]

Il possédait, en outre, une promptitude à l'action sans égale. « Action ! Vitesse ! », telle était la consigne qu'il faisait passer dans la tête de ses maréchaux. Ses victoires sont dues à son extrême rapidité de manœuvre. « J'ai anéanti les Autrichiens grâce aux mouvements », disait-il. Durant l'invasion de la Bavière en avril 1809, l'armée autrichienne parcourait à peine

12 à 13 km par jour ; l'infanterie française, à marche forcée, en faisait jusqu'à soixante. »[5] L'activité fébrile que déployait Napoléon en tant qu'homme d'État donnait de lui l'image de quelqu'un qui peut tout, qui sait tout et qui est capable de tout. Rien d'étonnant, dès lors, qu'un concert de louange s'élevât, dont le coup d'envoi fut donné par le préfet La Chaise. Pour lui, la chose se résumait comme suit : « Dieu créa Napoléon pour assurer le bonheur et la gloire de la France, puis, Il se reposa. »[6]

Ce tout-puissant était également un homme comme tous les autres. Faute d'argent, lorsqu'il était sous-lieutenant, il vivait de manière austère : « Je n'ai d'autre ressource que mon travail. Je m'habille seulement une fois par semaine. »[7] Quand il connut une certaine aisance, il mangeait rarement plus de deux fois par jour, et de préférence de la viande, bœuf ou agneau, avec des haricots, des lentilles ou des pommes de terre. Il avalait littéralement la nourriture. Il buvait rarement plus d'une bouteille de vin sur une journée. En Égypte, il prit goût au café, toujours préparé avec le plus grand soin. Sur les champs de bataille et dans les pays occupés, il prenait souvent ses repas avec Berthier, et c'est avec lui qu'il aimait se promener le soir, notamment dans les jardins de Schönbrunn. Puis, il jouait, avec l'un ou l'autre membre de son entourage, une partie de cartes, le whist ou le vingt-et-un. Mais il était constamment aux aguets et prêt au départ. « Une section de chasseurs de la garde à cheval était en alerte permanente et prête à enfourcher les montures au premier signal », observe Löwenstern, un général russe présent à Schönbrunn, en 1809. « Napoléon ne prévenait jamais son entourage de quand il quitterait le château. « Mon cheval ! », c'était le signal du branle-bas. Deux minutes plus tard, il détalait littéralement, car un cheval sellé était à tout moment à sa disposition. L'ordre à peine donné, sa suite sautait à cheval ; on se heurtait, on trébuchait (...). Dès qu'il était en selle, Napoléon, qui prenait rarement la peine de bien saisir les brides, bondissait au grand galop... »[8]

Selon Madame de Staël, qui ne l'aimait pas spécialement, « vu sa petite taille, le cheval lui allait mieux que la marche (...). En société, sans être timide, il est plutôt gauche. Lorsqu'il se surveille, il a un air méprisant et, quand il est lui-même, il frise la vulgarité (...), le mépris lui convient mieux... Il déteste autant qu'il aime. Seule sa personne compte à ses yeux : les autres ne sont que des numéros. Grand joueur d'échecs, c'est le monde entier qu'il prend pour adversaire, il l'attaque et met l'autre échec et mat. Il ne doit ses succès qu'à lui-même, à ses qualités propres, autant celles qui lui font défaut que celles qu'il possède. »[9]

On ne peut guère prétendre que Napoléon eut beaucoup d'humour. Bien que, dans ses relations avec ses proches, il pouvait apparaître détendu, familier, fraternel et même enjoué, jamais il ne plaisantait sur lui-même. Il supportait mal la critique et détestait la presse et les journalistes. « Si je lâchais les rênes à la presse, dans les trois mois, elle m'enlève mon pouvoir », disait-il [10]. Et il n'hésita pas à mettre au rancart soixante des soixante-treize journaux de la presse parisienne. C'est par le biais du *Moniteur* officiel qu'il s'adressait à la population, qu'il informait et formait l'opinion publique. Dans sa jeunesse, il avait tâté de la plume sur des sujets tels que la puissance des rois, l'inégalité entre les hommes, la Corse, aussi, entre autres. Il a également laissé des ébauches de romans et de nouvelles. Plus tard, ce qu'il remit sur le métier, ce sont ses Ordres du jour, ses Proclamations. Le style en était simple et efficace ; avec des accents percutants, il interpellait et exhortait la troupe à des efforts surhumains. La récompense était toujours du même ordre : l'honneur, la richesse, la grandeur et la gloire, une gloire éternelle...

Les *Bulletins* de Napoléon et les rapports de guerre étaient tous rédigés en fonction de la glorification de sa personne. Le mépris à l'égard de l'objectivité n'est nulle part mieux perceptible que dans ses récits de batailles. Les grands chefs militaires du vingtième siècle se sont beaucoup inspirés de Napoléon. Précurseur de la propagande, il faisait passer ses succès militaires pour des triomphes ; il banalisait ses défaites et galvanisait la confiance en la victoire dans les situations les plus précaires. On a beaucoup discuté sur la question de savoir si Napoléon était réellement un héros. Löwenstern, qui eut l'occasion d'observer le comportement de l'empereur sur le champ de bataille, dément l'affirmation selon laquelle Napoléon aurait manqué de courage. Selon lui, « il avait, au contraire, tout d'un génie. Posté, parfois à découvert, sur une hauteur, aucun des mouvements de l'ennemi ne lui échappait. De là, il guidait ses unités avec précision. A Aspern, il s'exposa aux pires dangers, et personne n'osait même lui faire remarquer tous les risques qu'il prenait. » [11] En territoire occupé, c'est sans crainte qu'il se mêlait à la population. « Les Viennois accouraient en masse pour voir Napoléon », note Löwenstern, « et les gardes postés sur les avenues conduisant à Schönbrunn avaient l'ordre de laisser entrer dans la cour du château tous les autochtones, pourvu qu'ils soient vêtus de manière décente. Lors des parades, la foule était autorisée à approcher Napoléon de très près, et aucune mesure de sécurité spéciale ne semblait avoir été prise. » [12]

Comme tous les despotes, il donnait l'impression de se croire invulnérable. Il était persuadé que la Providence le protégeait ; dans une Proclamation faite en Égypte, il affirmait : « un jour viendra où le monde entier devra bien reconnaître que je suis guidé par une main d'En Haut et qu'aucune opposition d'ordre humain ne prévaudra contre moi. » [13]

Ce genre de profession de foi conduit à soulever la question, l'une des plus complexes, des relations de Napoléon avec la religion : à ce sujet, ses attitudes et ses affirmations contradictoires sont nombreuses. On sait que Napoléon n'avait rien d'un catholique fervent, c'est le moins qu'on puisse dire ! Il se caractérisait par une sorte de déisme teinté de matérialisme et de superstition. Jusqu'à tourmenter le crucifix et à s'exciter méchamment devant trois bougies allumées, comme si elles annonçaient le malheur ! Mais, en homme d'État avisé, il disait également avec réalisme : « L'idée de Dieu est naturelle chez l'homme. Elle existera toujours chez tous les peuples. » [14] De même, s'il se réclama du martyr Néopolus pour instaurer la fête patronale du « Saint Napoléon », jamais il ne ménagea le pape, ni le clergé....

Napoléon se voulait également un personnage « en représentation ». D'où le goût particulier qu'il eut très tôt pour le théâtre et pour la mise en scène. Lors de la campagne d'Égypte, on le vit, par exemple, déguisé en personnage local, coiffé du turban et récitant le Coran. Plus tard, au faîte de la gloire, il adorait qu'on le représentât en empereur de l'Antiquité, coiffé de la couronne de laurier. A l'opposé, c'était peut-être l'extrême simplicité calculée de sa tenue vestimentaire, en franc contraste avec celle de ses maréchaux, rutilants d'or et de décorations, qui constituait sa mise en scène la plus réussie.

Napoléon, acteur de premier plan dans les rôles qu'il s'attribuait dans la vie publique, affectionnait évidemment les arts du spectacle et, en littérature, principalement la tragédie. Au point de prétendre que si, de son vivant, il avait connu un Corneille, il l'aurait fait duc. Mais, de même qu'il ne voyait dans la presse qu'un instrument de propagande, il privilégiait le type de théâtre exaltant sa mission héroïque et son apothéose. En littérature, outre les ouvrages de géographie et de théologie, qui l'intéressèrent dès sa jeunesse, le Corse était un lecteur passionné de Plutarque, de Machiavel, de Voltaire et de Rousseau. Jusqu'à Waterloo, il traîna dans ses bagages Ossian et *Werther*. Vieillissant, à Sainte-Hélène, Napoléon s'attacha aussi au destin tragique de *Paul et Virginie* et à d'autres romans contemporains du même genre.

L'on ne pourrait prétendre réaliser fût-ce l'esquisse d'un portrait de Napoléon, sans aborder la place des femmes dans sa vie. Tant la littérature que le cinéma se sont emparés de ce thème attrayant : Napoléon, l'« homme à femmes », l'amant, l'irrésistible séducteur. Cette réputation semble largement démentie par les faits. Ce « Don Juan » français n'a à son actif, outre ses deux épouses, qu'une bonne dizaine de liaisons. Parmi les femmes qui ont retenu Napoléon, certaines assez durablement, d'autres pour quelques heures seulement, rares sont celles qui ont atteint une quelconque célébrité et, aujourd'hui, on tend à moins s'intéresser à la romance elle-même qu'aux petits côtés piquants de ce versant de la vie de Napoléon. Ainsi en va-t-il de l'épouse du sous-lieutenant Fourès : lors de la campagne d'Égypte, Napoléon aurait envoyé son mari en mission spéciale pour le faire capturer par les Anglais. A son grand déplaisir, au lieu de retenir en captivité le mari trompé, les Anglais le remirent sur territoire égyptien. Et que n'a-t-on entendu au sujet de la comtesse polonaise Walewska, que Napoléon séduisit au prix d'un chantage peu reluisant ! Il lui aurait promis de favoriser sa patrie si, en échange, la patriote lui accordait ses faveurs. Quant à la fille du riche négociant en soieries lyonnais, elle aurait captivé Napoléon, moins par ses charmes que pour l'état de fortune de son père. Plus tard, des rumeurs dévastatrices feraient même état de relations intimes entre Napoléon et sa sœur Pauline. On dit aussi qu'Hortense, la fille de l'impératrice Joséphine, aurait eu un enfant de l'empereur...

Non, le Corse ne serait pas le digne héritier des « dieux » de l'amour, illustres au temps de la Renaissance. « Ils veulent faire de moi un deuxième Hercule ! » s'exclame Napoléon à Sainte-Hélène, à la lecture du livre *Les amours secrètes de Bonaparte* [15].

A vrai dire, il n'était pas la « lame d'acier pur » dont Heine chercha à accréditer l'image. Toutes les femmes dans l'orbite de Napoléon, qu'il s'agisse de dames d'honneur, de comtesses, d'actrices ou de simples bourgeoises, filles ou épouses, semblaient moins impressionnées par l'homme Napoléon, le séducteur, que par l'illustre général, et, plus tard, par l'empereur. Les sentiments assez mitigés qu'avait éprouvés Joséphine pour Bonaparte, ce général fluet, aux jambes courtes et mal habillé, ces sentiments connurent la même ascension que celle de Napoléon lui-même, en marche vers la magistrature suprême. Quant à lui, quel type de femme préférait-il ? Assurément, le méditerranéen qu'il était les aimait « bonnes, douces et conciliantes ». A la question, lui-même répondit un jour : « celle qui fait le plus d'enfants ». Il n'avait que méfiance, voire aversion, pour l'intellectuelle, la femme émancipée. On racontait même que Madame de Staël lui donnait davantage de soucis que le Blocus continental. Il était encore jeune homme, et on lui attribue la remarque sarcastique suivante : « Pour l'une d'entre elles qui nous inspire le bien, il y en a cent autres qui nous entraînent dans leurs folies. » [16] Par la suite, il devint même carrément misogyne. Mettre les femmes dans l'embarras, les faire rougir, il adorait ça ! Pourtant, sa morgue s'évanouissait devant l'authentique noblesse : devant la reine Louise de Prusse, il perdait ses moyens, et l'on sait combien sa première épouse, Joséphine, la frivole, l'infidèle, la prodigue, en dépit de tous ses défauts, l'avait conquis par sa noble distinction et par son aisance naturelle.

La parentèle de Napoléon, les frères et les sœurs, la mère et l'oncle, ceux que l'empereur a comblés de tout, pouvoir, argent et honneurs, tous ces membres du « clan Bonaparte » ont accompagné de près sa trajectoire, sa destinée. Il s'est délibérément servi d'eux, mais, par leurs intrigues, notamment, ils l'ont souvent plus desservi qu'ils ne l'ont aidé.

La famille Bonaparte, des Corses d'origine italienne directe, comptait cinq fils et trois filles. Leurs prénoms italiens avaient été francisés. Il y avait l'aîné, Joseph, puis Napoléon, Lucien, Élisa, Louis, Pauline, Caroline et Jérôme, le cadet. La mère, Létizia, née Ramolino, devait également jouer, plus tard, un rôle au titre de « Madame Mère ». De même, le demi-frère de celle-ci, Joseph Fesch, fut fait cardinal par Napoléon. Quant au père Bonaparte, Carlo, un obscur avocat, il était mort jeune, en 1785. Il avait la réputation d'un médiocre et d'un homme à femmes.

Les origines et l'évolution même du patronyme de la famille Bonaparte se perdent dans d'obscures circonstances. On sait seulement que le *u* de Buonaparte fut retiré au moment de la campagne d'Italie. Selon l'une des versions historiques les plus séduisantes, le nom trouve ses origines au cours des guerres entre les Lombards et l'empire de Franconie à la fin du huitième siècle. Comme les adversaires de l'empereur de Franconie s'appelaient Malaparte, ceux qui prirent le parti du Franconien furent nommés, par opposition, Buonaparte. Les ancêtres étaient venus de Florence en Corse via Rome et Gênes. Ce n'est qu'en 1768, une année avant la naissance de Napoléon, que la Corse était devenue française, tout en continuant à s'opposer violemment à la métropole. Napoléon fut, au début, l'un de ces résistants-partisans aux côtés du fameux Paoli, le chef des patriotes corses. Les Bonaparte semblent avoir été des Corses typiques : fiers, ambitieux, irritables, portés à la théâtralisation, bref, de vrais fils de la Méditerranée. Étroitement relié à ses proches par un sens aigu de l'appartenance familiale, Napoléon les traîna tous derrière lui, dès le début, avec beaucoup de qualités de cœur et une patience énorme, malgré leurs incessantes intrigues, leur indiscipline et leurs incartades. Selon Stendhal, il eût mieux valu que Napoléon n'eût pas de famille. A tout le moins, il lui aurait fallu une autre famille que ce clan de profiteurs, de querelleurs et de corrompus, que ces intrigants, ces dissipateurs, ces ratés et ces gens aux mœurs légères. Ce n'est que dans les dernières années, à Sainte-Hélène, que Napoléon reconnut les erreurs commises dans ses relations avec sa famille. « Je pense que personne au monde n'a plus souffert que moi de sa famille » écrit-il, « mes frères m'ont fait énormément de tort. » [17]

Mais Napoléon, le « grand frère », il faut l'admettre, leur a aussi imposé de sérieuses contraintes, les mettant officiellement sous tutelle, exerçant sur eux des droits discrétionnaires, non seulement en matière de carrière, mais jusque dans leur vie privée. Les mariages des frères et des sœurs devaient être approuvés et leurs déplacements à l'étranger annoncés. Les enfants devaient, parmi leurs prénoms, porter celui de Napoléon, quitte à l'avoir comme deuxième prénom. Le frère Louis eut même un Napoléon-Louis et un Louis-Napoléon, lequel devint, plus tard, Napoléon III. Une fille d'Élisa s'appelait même Napoléone ! Les frères et les sœurs qui reçurent des couronnes dans des pays conquis (couronnes qu'à l'occasion Napoléon leur reprit) ne s'en trouvèrent pas toujours satisfaits. A Caroline, le royaume de Naples ne suffit pas. Louis, à la tête du royaume de Hollande, se rebella, ne pouvant en faire assez à sa guise. Et, aux yeux de Joseph, l'Espagne fut une mission suicide, ce en quoi il n'avait pas tort. Grâce à son mariage avec Julie Clary, la fille du riche négociant lyonnais, Joseph (né en 1768) aida financièrement à promouvoir l'ascension sociale des membres du clan.

Mais, malgré ses mérites et malgré le fait qu'il était l'aîné, Joseph dut admettre que le chef du clan était son frère Napoléon. Il en resta aigri.

Dès son jeune âge, Napoléon éprouva de l'affection pour le frère aîné (« Nous avons passé tant de bonnes années ensemble que nous sommes restés fort attachés l'un à l'autre. » [18]) Joseph, pourtant peu travailleur, avait fait ses études de droit à Pise. Durant le Consulat, il devint « haut Commissaire » et, grâce aux revenus des contrats publics qu'il passait avec l'Autriche, le Vatican et jusqu'aux États-Unis, il fit l'acquisition d'une vaste propriété à 10 km de Paris où il mena une vie à la Rousseau. En philosophe et en ami des arts, il y accueillait des personnalités éminentes, telles que Madame de Staël et Chateaubriand. En 1806, Napoléon le fit roi de Naples. « Je donne de bonnes occasions à mes frères de se distinguer », disait-il [19]. Mais Joseph se distinguait plutôt par des comportements non conformistes. Les exploits militaires ne l'intéressaient guère, et l'idée de Napoléon de lui donner pour mission de chasser les Anglais de la Méditerranée était peu réaliste. Bientôt, Paris eut à subsidier son régime et ses fastes personnels. A la longue, Napoléon se lassa et décida de lui substituer, sur le trône de Naples, Murat et sa sœur Caroline. Mais, l'idée étant acquise qu'un Bonaparte ne pouvait être un « raté », en 1808, Joseph reçut la couronne d'Espagne. Peu de temps après, il réalisa que c'était là un cadeau empoisonné. Contrairement aux autres peuples conquis, les Espagnols firent la vie dure à l'occupant. Goya [20] grava pour la postérité les scènes tragiques qu'entraîna l'extension, à l'échelle du pays, du premier et du plus vaste mouvement de guérilla que connut l'histoire : de nombreuses atrocités eurent lieu de part et d'autre et Joseph n'était absolument pas en mesure de les maîtriser. « C'est un ennemi de 12 millions d'individus, civils et soldats, de vaillants combattants acharnés », écrit-il à Napoléon. « On ne distingue plus les patriotes de la canaille. Non, Sire, vous faites erreur. En Espagne, votre gloire passera. » [21]

Si, aux yeux de Napoléon, Joseph était un « raté », le troisième fils de Madame Létizia, Lucien (né en 1775), le seul à n'avoir jamais porté de couronne, était le frondeur de la famille. Partisan de Robespierre, il s'en fallut de peu, d'ailleurs, qu'il ne pérît comme lui sur l'échafaud.

Sauvé in extremis par Napoléon, on l'appela ensuite à de hautes fonctions publiques, et c'est lui, notamment, qui présidait le Conseil lorsque Napoléon fut appelé à y comparaître le « 18 Brumaire » (le 9 novembre 1799), après son retour d'Égypte. Désemparé devant les conseillers, qui lui reprochaient violemment d'avoir cherché à renverser le Directoire, Napoléon n'eut d'autre recours que Lucien lui-même, qui s'arrangea pour faire durer la séance, en attendant l'arrivée de Murat à la tête d'une section de grenadiers. Ils firent irruption dans la salle et mirent en fuite les conseillers. C'est donc, tout compte fait, à Lucien que Napoléon dut le mini-coup d'État qui fit de lui, comme Premier Consul, le maître de la France. A titre de récompense, le « généreux grand frère » lui confia le ministère de l'Intérieur, fonction qu'il remplit d'ailleurs plutôt mal [22].

Si Lucien était le frondeur de la famille, Louis (né en 1778), obtus et entêté, en était la « tête carrée ». Dès 1804, un conflit de « succession » l'opposa à Napoléon qui, un moment, conçut l'idée de faire du deuxième fils de Louis son héritier à la tête de l'Empire. Louis, au contraire, voulait conserver ce fils pour assurer sa propre succession.

Louis était handicapé par une mauvaise santé, séquelle d'une syphilis jamais enrayée et qui affectait son moral. Au sujet de ce frère, pour qui il éprouvait une profonde affection, Napoléon fit des erreurs d'appréciation énormes : quant à ses capacités, son dynamisme, ses talents, son dévouement. Sauf cette fois où Louis sauva de justesse Napoléon de la noyade, près d'Arcole, on ne le vit jamais réaliser quoi que ce soit de valable. Devenu férocement jaloux à l'égard de sa femme Hortense, la fille de Joséphine de Beauharnais, il finit par détruire son couple. Comblé de toutes les faveurs dès que Napoléon devint empereur, il se vit attribuer le royaume de Hollande, et c'est à moitié paralysé qu'il prit en main cette charge. Peu de temps après, il quitta et trouva refuge en Autriche [23].

Quant à Jérôme (né en 1784), le plus jeune des frères, Napoléon avait décrété qu'il serait marin. En 1802, Jérôme prit la mer, mais, après quelques voyages, il y renonça, préférant mener la grande vie à terre. Séduit par une jolie et jeune Anglaise, fille d'un riche armateur, il l'épousa contre la volonté de Napoléon. Le couple fut donc interdit de séjour sur le continent. Après la naissance de son fils, Élisabeth, son épouse, se fixa définitivement en Angleterre, tandis que Jérôme, docile, obtenait pour lui-même de Napoléon certaines compensations. De contre-amiral, avec des prébendes plantureuses, il devint finalement roi de Westphalie et se vit confier par le traité de paix de Tilsit, un nouvel État allemand constitué de territoires cédés par plusieurs des États co-contractants. L'ensemble formait un vaste domaine qui s'étendait du Rhin à la Thuringe et de la Weser jusqu'à l'Elbe. Remarié avec la fille d'un prince de la Confédération du Rhin, la princesse Catherine de Würtemberg, il coula des jours heureux à Cassel, s'octroyant un train de vie digne d'un empire. Ses très coûteuses fredaines mettaient constamment les finances publiques de son pays en péril. Et, contre toute attente, en cela, Napoléon fit toujours preuve à son égard de la plus grande tolérance, confinant au laxisme [24].

Pour compléter ce tableau familial, « côté cour » pour les frères, il y avait, « côté jardin », les trois sœurs, un trio de femmes aux tempéraments extrêmes, chacune dans son genre : l'extravagante Pauline, l'insupportable Élisa, et Caroline, celle qui était la plus dépourvue de scrupules. Les communs dénominateurs, chez les trois, étaient leurs dépenses personnelles incommensurables et donc leur constant besoin d'argent, une vie sentimentale fort agitée et un appétit insatiable pour les honneurs et les questions de « rang ».

En fait de titres et d'honneurs, les trois sœurs n'eurent pas la chance de se voir automatiquement accéder au rang de princesses impériales, comme ce fut le cas, en 1804, pour les épouses des frères Joseph et Louis. Jouant des pieds et des mains, chacune d'elles finit tout de même par se faire attribuer l'un ou l'autre titre. Ainsi, Élisa (née en 1777) commença sa « carrière » à Piombino, cette modeste principauté d'Italie. Ce n'est qu'en 1808 qu'elle devint grande-duchesse de Toscane (ainsi que de Parme et Plaisance) avec résidence au Palais Pitti à Florence, où elle jouait la descendante des Médicis. Mais les scandales qui lui firent cortège lui aliénèrent la sympathie de ses sujets [25].

Pauline (née en 1780) dut attendre d'épouser, en secondes noces, le prince romain Borghèse pour devenir la seule « véritable » princesse de toute la famille. Quant à Caroline, insatisfaite de la première prébende de son époux, Murat, avec résidence à Düsseldorf, elle lorgnait, dès 1806, le royaume d'Espagne, mais elle ne décrocha plus tard que la couronne de Naples, poste, au total, de peu de prestige et constamment tenu à l'œil par Napoléon, lui-même « Roi d'Italie ». En légère compensation, on fit l'honneur à Caroline de la désigner en 1810 pour accompagner la jeune mariée autrichienne, Marie-Louise, dans son parcours vers la France.

Faute d'une légitimation rapide et suffisante du pouvoir par la politique, les trois sœurs utilisèrent très vite le pouvoir de leurs charmes. Elles trompèrent constamment et sans vergogne leurs époux respectifs. Pauline, femme facile d'une rare beauté (au point d'avoir servi de modèle à La Vénus de Canova), trompa ses maris, presque avec n'importe qui. Caroline se trouva des amants plus en vue, dont l'illustre Metternich.

Élisa, qui avait mieux réussi son éducation et qui avait reçu une formation plus poussée que ses sœurs, fit merveille dans la gestion de casinos et dans d'autres négoces. Les autres, Pauline et Caroline, palliaient leur indigence intellectuelle, par un « tape-à-l'œil » confinant parfois à l'idiotie ou à la provocation. Pauline, par exemple, prenait un malin plaisir à accréditer publiquement les rumeurs qui circulaient, à l'époque, concernant ses relations particulières avec son propre frère Napoléon [26].

Enfin, il y avait « Madame Mère », Létizia Bonaparte, et son demi-frère, le cardinal Fesch, issu d'un remariage de la mère de Létizia.

Bonne mère pour tous ses enfants, « Madame Mère », d'origine modeste, s'était fait lavandière afin de pouvoir élever sa nombreuse famille. Arrivée dans les coulisses du pouvoir absolu, elle aurait pu se targuer d'avoir été la seule femme au monde à avoir dû, de temps en temps, appliquer la fessée à tant de futur(e)s souverain(e)s, rois, princes et princesses. Économe opiniâtre, sinon avare, jusque dans sa vieillesse avancée, elle géra une fortune honorable « à compte distinct » avec Fesch. En effet, avec son demi-frère le Cardinal Fesch, après la chute de l'Empire, elle se retira à Rome, au palais Falconieri.

Le déclin fut brusque, pour Fesch également. Dès que Napoléon devint commandant en chef du Nord de l'Italie, le futur cardinal Fesch commença une carrière en forme d'apothéose qui lui fit gravir, très jeune, de manière fulgurante, tous les échelons de la hiérarchie ecclésiastique et publique. Pour Napoléon, en effet, l'alliance familiale directe avec le pouvoir ecclésiastique était une nécessité. Après avoir commencé à réunir une petite fortune comme commissaire aux armées, et après avoir placé ses revenus « faciles » dans une impressionnante collection d'objets d'art, l'oncle Fesch renoua avec ses idées de vocation religieuse. Il était devenu, à l'âge de quarante ans, cardinal légat du Saint-Siège, primat des Gaules, Grand Aumônier de l'Empire et chevalier de l'Ordre de la Toison d'Or. Durant toute sa vie publique, il louvoya habilement entre ses intérêts personnels, en tant qu'oncle de l'empereur, et ses obligations ecclésiastiques vis-à-vis de Rome et du souverain Pontife.

Au soir de sa vie, il devint un exemple de piété, pratiquant avec sa belle-sœur, l'ex-« Madame Mère », des exercices de pénitence, et prêchant l'amour.

La famille Bonaparte tenait à tout prix à faire des faveurs de Napoléon une véritable chasse gardée. Joséphine et ses enfants, les deux jeunes Beauharnais, étaient donc à leur yeux de dangereux rivaux et il fallait les priver de toute influence sur Napoléon. Ils s'acharnèrent directement sur la vie privée et sur le couple de Joséphine et Napoléon, en vue de briser définitivement cette union. Furent donc inlassablement dénoncées les infidélités de l'épouse, sur base desquelles, d'ailleurs, le frère Joseph avait été chargé d'un dossier en divorce par Napoléon. A l'époque, le futur empereur livrait bataille en Égypte et y menait, de son côté, des aventures galantes. Mais, au retour en France du conquérant, à la fin de 1799, Joséphine réussit, à force de séduction et de larmes, à rentrer dans les bonnes grâces de son mari.

Les jeunes de Beauharnais, tout en n'étant pas des exemples de moralité, étaient d'un extérieur plus rangé et causaient moins de soucis à Napoléon que sa propre famille. Eugène, le fils (né en 1781), lié personnellement à Napoléon par une véritable dévotion frisant la servilité, obtint de son beau-père une promotion rapide. Officier d'ordonnance en Égypte dès l'âge de dix-huit ans, il devint vice-roi d'Italie, puis, en 1808, après qu'il l'eut adopté comme son fils, Napoléon le maria avec une charmante jeune fille de dix-huit ans, la princesse Augusta de Bavière. Ce fut l'un des mariages les plus réussis parmi ceux des proches de Napoléon [27].

A l'inverse, sa belle-fille Hortense (née en 1783), supérieurement douée à tous égards, beauté, sensibilité et intelligence, mariée au frère de Napoléon, Louis, cet être souffreteux et aux comportements bizarres, se détourna très tôt d'un mari difficile à vivre, pour placer ailleurs ses sentiments. A l'âge de 26 ans, peu de temps après la naissance du petit Louis-Napoléon en 1808 (celui qui devait devenir plus tard Napoléon III), elle quitta définitivement son mari pour mener sa vie comme bon lui semblait. De mœurs plutôt libres et prodigue comme sa mère, elle dépensa, du moins aux dires des Bonaparte, dix fois plus d'argent pour ses atours, ses bijoux et ses fantaisies mondaines que pour l'éducation de ses fils. Quoi qu'il en soit, sous le Second Empire, comme pour effacer les petites et les grandes ignominies qui risquaient d'entacher à jamais la mémoire de sa mère, son fils Napoléon III lui fit ériger une statue splendide [28].

Telle était donc, dans le cercle étroit où se concentrait le pouvoir de l'Empire, l'ambiance familiale, faite de jalousie, d'arrivisme délirant et même de vulgarité, lorsque, au printemps de 1810, Marie-Louise de Habsbourg arriva à Paris.

Chapitre VII

Intimité d'une rencontre. Officialisation d'un mariage impérial à la française

Le carrosse s'était donc remis en route. A l'intérieur, Marie-Louise et Napoléon étaient maintenant assis l'un à côté de l'autre. Marie-Louise fixe l'effigie de l'empereur au collier qu'elle porte depuis son départ de Vienne. Puis, elle regarde le visage de son mari et lui fait ce charmant compliment : « Sire, votre portrait ne vous flatte guère ! »

Par contre, on ne sait rien de la toute première impression que fit la nouvelle mariée sur son époux impérial. De tout ce qu'on lui avait rapporté, Napoléon aurait pu s'attendre à ce que sa femme soit presque laide. La duchesse de Bassano, l'épouse de l'ex-ministre des Affaires étrangères Hugo Maret, avait jugé sévèrement l'aspect physique de Marie-Louise. Elle avait fait partie de la délégation des dames de la cour qui était allée accueillir la jeune impératrice à Braunau. Dans une lettre à son époux que Napoléon s'était procurée, elle lui faisait part que l'impératrice était un laideron « à vous empêcher de dormir » ! Selon elle, Napoléon, toujours entouré de jolies femmes à Paris, ne saurait s'habituer au visage de Marie-Louise [1]. Bien sûr, Napoléon aurait volontiers reçu une beauté mais, « si elle n'est que bonne et si elle me donne des fils, je l'aimerai, comme si c'était la plus belle » [2], disait-il. La plus belle, Marie-Louise ne l'était peut-être pas vraiment ; pourtant, Napoléon était pressé d'arriver à Compiègne. On éviterait donc Soissons, où la population devrait renoncer au programme grandiose du spectacle impérial. Et l'estafette, envoyée à Compiègne pour annoncer que le couple impérial allait arriver le soir même, y déclencha un branle-bas extraordinaire. En toute hâte, on prit des dispositions pour les illuminations, pour mettre en place des arcs de triomphe et rassembler des fleurs. Et il fallait que l'on tire cent un coups de canon pour accueillir le couple impérial ! Le maréchal Bessières, tous les généraux et aides de camp de Napoléon s'apprêtaient déjà à enfourcher leurs montures et aller à la rencontre de Napoléon et de sa nouvelle épouse. Ils les attendraient à l'entrée de la ville sur la route de Soissons, sur ce même pont où Louis XV et le dauphin avaient attendu Marie-Antoinette, quarante ans auparavant.

Le temps était toujours aussi humide et pluvieux. A dix heures du soir, le couple impérial parvint à Compiègne, aux portes du château. Au bas de l'escalier, la famille impériale les attendait, à l'exception de Pauline, qui, une fois de plus, souffrait des nerfs et gardait la chambre. L'empereur présenta sa nouvelle épouse aux Bonaparte et aux Beauharnais. Ensuite, lui prenant le bras, Napoléon l'accompagna vers ses appartements. Dès que la porte fut ouverte, Marie-Louise s'immobilisa, le souffle coupé, éblouie ! A sa grande surprise, elle avait devant elle son petit chien, sa cage à oiseaux, et jusqu'à la tapisserie qu'elle avait laissée inachevée, chez elle, en quittant Vienne. A son insu, Napoléon les avait fait acheminer jusqu'à Compiègne et, comme pour parfaire ce bouquet de délicates attentions, il avait même eu l'idée de faire amener, dans l'appartement, un piano-forte.

C'est donc dans une atmosphère très détendue que l'on fit un petit « souper à trois » (*), avec la reine Caroline de Naples. Après une courte visite à Pauline, alitée, Napoléon reconduisit Marie-Louise dans ses appartements. Il était grand temps d'aller dormir.

Le protocole avait suggéré que Napoléon passerait la nuit à l'hôtel de la Chancellerie où il s'était installé. La célébration officielle du mariage à Paris devait encore avoir lieu. Mais, au dernier moment, il se ravisa. « J'avais demandé à Metternich et à l'évêque de Nantes si je pouvais passer la nuit sous le même toit que Marie-Louise. Ils levèrent toutes mes craintes », raconta-t-il, bien plus tard, à Sainte-Hélène, « m'assurant qu'elle était l'Impératrice et non plus une archiduchesse. Je n'étais séparé de sa chambre que par la bibliothèque (...). Le grand maître des cérémonies aurait voulu, pour le cérémonial, que je m'en fusse, mais j'étais marié, tout cela était en règle et je l'envoyai promener. » [3]

Que le mariage fut consommé au cours de la première nuit, trois sources distinctes le confirment. Bausset, le maître de chambre et préfet du palais, signale qu'étant donné son impatience, il est probable que Napoléon « n'a pas passé la nuit à l'Hôtel de la Chancellerie ». De son côté, le secrétaire privé de Napoléon fit remarquer que l'empereur « n'a pas quitté le château, ce qui a pu laisser libre cours à toutes les suppositions ». Enfin, le lieutenant général, l'ex-ministre de la police Savary dit, avec un sourire en coin que, cette nuit-là, l'eût-on « averti que Paris brûlait, il ne serait pas allé chercher l'Empereur de crainte de ne trouver personne à réveiller. » [4]

(*) en français dans le texte.

Mais, comment s'y prendre vis-à-vis de la cour de Vienne pour faire accepter cette nuit de noces précipitée ? L'ambassadeur d'Autriche intervint pour aider Napoléon à sauver la face en déclarant, dans son rapport à Vienne, que c'est dans le souci louable d'épargner à l'impératrice la pénible cérémonie de Soissons, où elle devait, agenouillée, réciter son compliment devant lui, que Napoléon l'avait conduite, sans désemparer, directement à Compiègne.

Et Marie-Louise, dans tout cela ? Qu'en pensait la jeune femme pieuse, la vertueuse et ingénue ex-archiduchesse ? Napoléon semble avoir procédé avec tact. « Tout en conversant, je lui demandai ce qui lui avait été dit sur notre union avant de quitter Vienne », racontait-il plus tard à Sainte-Hélène. « Elle me répondit avec une touchante naïveté que son père, l'empereur François et la comtesse Lazansky, lui avaient recommandé : " aussitôt que vous serez seule avec l'empereur Napoléon, vous ferez absolument tout ce qu'il vous dira, vous lui obéirez en tout ce qu'il pourra exiger. " » [5]

Aussi, Marie-Louise se comporta comme une archiduchesse bien élevée. Le lendemain à midi, l'empereur fit monter à déjeuner pour elle et pour lui, se faisant servir près du lit. « C'était une charmante enfant », se souvenait-il, à Sainte-Hélène [6]. Et il exprima sa satisfaction au père impérial. « Elle remplit toutes mes espérances et je n'ai cessé de lui donner et de recevoir des preuves des doux sentiments qui nous unissent. Nous nous convenons parfaitement », écrit Napoléon, le 29 mars [7], à l'empereur François. « Que Votre Majesté me permette que je La remercie du merveilleux présent qu'Elle m'a fait, et que Son cœur paternel jouisse des assurances de bonheur de Son enfant chérie. »

Marie-Louise, à son tour, écrivit à Vienne. Celui que, jusqu'il y a peu, elle détestait et redoutait tellement, se révélait être, en somme, un homme tout à fait vivable. Il était plein d'attentions et de respect, tendre et très amoureux. Elle tirait une certaine vanité de cette passion accomplie, triomphant dès la première nuit.

Elle s'empressa, dès le 29 mars, d'écrire à Vienne à son cher papa pour le rassurer. Donnant la même version que Schwarzenberg sur les raisons de l'échappée de Soissons et de la rencontre anticipée au château de Compiègne, elle s'exclama, ensuite, que, depuis lors, elle était « presque perpétuellement avec l'Empereur, et il m'aime énormément. Je lui suis aussi très reconnaissante et je réponds de tout cœur à son amour ; je trouve qu'il gagne beaucoup quand on le connaît de plus près, tant il est prenant et empressé. Il est impossible de lui résister. » [8]

Il s'agissait aussi de rapporter au père la rencontre avec la famille Bonaparte. Il allait de soi, évidemment, que « le clan » avait réservé à la fille de l'empereur d'Autriche un accueil courtois et plein d'égards, mais également, dépourvu de toute vraie chaleur. Selon les propres termes de Marie-Louise, ça avait été bien gentil, guère davantage. Toutefois, comme Napoléon, ainsi que tout ce qui lui ressemblait, était resté pour Vienne la « bête noire », Marie-Louise prévenait d'éventuels a priori, en prenant, en quelque sorte, les devants. Ainsi, chacun des membres de sa nouvelle famille aurait eu son petit côté avantageux : Madame Mère ? « une princesse très aimable et très vénérable » ; Caroline de Naples, quelqu'un d'affable (« son visage traduit la bonté, elle est celle que je préfère... ») ; Élisa n'était pas très jolie mais, aux dires de Marie-Louise, elle serait « très accommodante » ; Pauline, une « vraie beauté » et l'oncle Fesch, le cardinal, « un prélat très fervent ». Bref, pour chacun de ses proches, Marie-Louise y allait de ce genre d'appréciation, souvent infantile et superficielle [9].

Dans le même temps, Marie-Louise faisait également connaissance avec la duchesse de Montebello, sa première dame de compagnie. Napoléon se réjouissait de voir cette grande mondaine, à peine d'une dizaine d'années plus âgée que Marie-Louise, gagner rapidement la confiance de son épouse. Comment aurait-il pu deviner ou soupçonner à quel point, en quelques années, la duchesse, avec son intelligence et sa ténacité extraordinaire, allait exercer sur Marie-Louise une emprise totale ? Se détachant quelque peu de cette galerie de visages étrangers pour Marie-Louise, il y avait quelques personnages avec lesquels la communication était sans doute plus facile, mais qui n'étaient pas toujours beaucoup plus sympathiques : parmi ceux-ci, Metternich, qui était loin d'être un ami, et l'ambassadeur d'Autriche, le prince Schwarzenberg, dont la présence était plus rassurante. Par contre, les retrouvailles avec Ferdinand, le grand-duc de Wurzbourg, frère cadet de l'empereur François fut, pour Marie-Louise, source de grande joie.

Le 31 mars, le couple impérial quitta Compiègne pour Saint-Cloud, où il arriva dans la soirée. D'emblée, Marie-Louise eut un aperçu de ce que serait sa future position officielle. Le couple impérial fut salué par les hauts dignitaires du régime : maréchaux d'Empire, sénateurs et conseillers d'État, sans oublier certains des vingt-neuf cardinaux résidant à Paris. Ces princes de l'Église allaient faire reparler d'eux, à l'occasion des cérémonies d'officialisation du mariage, et ce, dès le lendemain...

Le mariage civil eut donc lieu le premier avril, à deux heures de l'après-midi, dans la galerie du château de Saint-Cloud. Entouré des membres de la famille, le couple impérial fit son entrée. Du côté autrichien, étaient présents l'ambassadeur, le prince Schwarzenberg, le ministre des Affaires étrangères, le comte Metternich et son épouse, ainsi que les chambellans, les comtes Schönborn et Charles von Clary et Aldringen. Clary, petit-fils par sa mère du spirituel prince de Ligne, avait remis aux époux les vœux de bonheur de son souverain, l'empereur François. Il fit part à sa mère de la profonde impression qu'il avait éprouvée [10] : « Au spectacle de cette merveilleuse galerie, mon cœur palpitait. Dans un manteau rouge feu, Napoléon avait vraiment une allure royale, et l'Impératrice, vêtue d'une robe aux fils d'argent et portant un collier de pierres d'émeraude exceptionnelles, était ravissante ; le diadème d'or, sur son front, lui donnait l'aspect d'une icône byzantine. »

La cérémonie fut très brève. L'archichancelier, le prince Cambacérès demanda à Leurs Majestés si elles avaient bien l'intention de contracter mariage et, après qu'il lui eut été répondu par « oui », il les invita à signer le registre d'état civil. Les membres de la famille impériale firent de même, en tant que témoins.

Du « parti » des douze cardinaux complaisants, lors de la déclaration de nullité du précédent mariage, trois s'étaient excusés. Les treize opposants faisaient tout simplement défaut. Un accès de rage se marqua sur le visage de Napoléon. Il y avait de l'orage dans l'air ! Ils avaient donc osé ! Nul doute qu'ils assisteraient au mariage religieux ! Il ne faudrait pas qu'ils exagèrent, tout de même !

Le lendemain, la cour prit la route de Paris pour l'entrée solennelle dans la capitale et pour y célébrer le mariage religieux. Tout Paris, en liesse, s'assemblait sur le parcours du cortège nuptial. A Vienne, l'intérêt n'était pas moindre et la *Wiener Zeitung* consacra des pages entières à l'événement.

Des salves de coups de canon annoncèrent le départ de Leurs Majestés. Portant sur la tête la couronne du sacre, éclatante de tous ses diamants, et sur les épaules le précieux manteau de cour, Marie-Louise prit place dans le carrosse de l'empereur, la seule voiture à huit chevaux du convoi. On apercevait dans des voitures, de part et d'autre du carrosse impérial, les maréchaux et des généraux. La garde à cheval ouvrait et fermait le cortège. Rangées en double file, des troupes faisaient la haie, de la Porte Maillot aux Tuileries.

Après des jours de pluie, le soleil était de la partie. La foule avait grossi et, en signe de bienvenue, applaudissait. Le cortège traversa le Bois de Boulogne et passa sous l'Arc de Triomphe, déjà en construction à l'époque. Puis, ce fut la descente des Champs-Élysées vers la place de la Concorde, accompagnée de coups de canon. Les cloches sonnaient à toute volée.

Au Louvre, l'assistance se rangea dans la Galerie de Diane. Vêtue du manteau impérial avec une longue traîne soutenue par des dames appartenant à la famille impériale, Marie-Louise, que Napoléon avait prise par la main, entra dans la chapelle du Louvre.

« De part et d'autre de l'autel », pouvait-on lire dans la *Wiener Zeitung* [11], « se trouvaient deux cierges, aux chandeliers incrustés, chacun, de vingt médailles d'or, en manière d'offrande. Au bas des marches étaient posés deux coussins destinés à Leurs Majestés et, sur l'autel, se trouvait une cuvette contenant treize médailles d'or et l'anneau. »

« La bénédiction de l'anneau et des pièces d'or étant achevée, le grand maître des cérémonies fit une révérence à l'Empereur et à l'Impératrice. Ceux-ci se rendirent au pied de l'autel ; ils s'y tinrent debout, en se donnant la main, après avoir ôté leurs gants ; le grand chambellan reçut les gants de l'Empereur, et la dame d'honneur ceux de l'Impératrice.

L'officiant, le cardinal Fesch, adressant la parole à l'Empereur, lui dit :

« Sire,

« Vous déclarez reconnaître, et jurez devant Dieu, et en face de sa sainte Église, que vous prenez maintenant pour votre femme et légitime épouse, S.A.I. et R. Madame Marie-Louise, archiduchesse d'Autriche, ici présente ? »

L'Empereur répondit : « Oui, Monsieur. »

L'officiant continua :

« Vous promettez et jurez de lui garder fidélité en toutes choses, comme un fidèle époux le doit à son épouse ? »

L'Empereur répondit : « Oui, Monsieur. »

L'officiant, s'adressant ensuite à l'Impératrice :

« Madame,

« Vous déclarez et jurez devant Dieu, et en face de sa sainte Église, que vous prenez maintenant pour votre légitime époux, l'Empereur Napoléon, ici présent ? »

L'Impératrice répondit : « Oui, Monsieur. »

L'officiant continua :

« Vous promettez et jurez de lui garder fidélité en toutes choses, comme une fidèle épouse le doit à son époux, suivant les commandements de Dieu ? »

L'Impératrice répondit : « Oui, Monsieur. »

L'officiant remit alors à l'Empereur, successivement, les pièces d'or et l'anneau ; S.M. présenta les pièces d'or à l'Impératrice.

L'Impératrice, après avoir reçu les pièces d'or des mains de l'Empereur, les remit à sa dame d'honneur, qui se tenait derrière elle ; un aide des cérémonies les reçut des mains de la dame d'honneur.

Ensuite, l'Empereur passa l'anneau à l'annulaire de la main gauche de l'Impératrice, en lui disant : « Je vous donne cet anneau en signe du mariage que nous contractons. »

L'officiant, faisant un signe de croix sur la main de l'Impératrice, dit : *in nomine Patris et Filii,* etc.

Ensuite commença la messe. Après le Te Deum, vers les quatres heures, les invités reprirent leur place et le cortège se reforma. A l'un des balcons des Tuileries apparurent bientôt les nouveaux mariés, se présentant aux acclamations de la foule. « L'enthousiasme était délirant ! » observait la *Wiener Zeitung,* donnant force détails sur l'ambiance qui régnait dans la capitale de la France. « Ce jour-là, la ville de Paris était livrée à un spectacle unique en son genre, et d'une exubérance indescriptible. La fête avait envahi la rue où des attractions surgissaient au sein du public. Plus jamais, sans doute, n'aura-t-on l'occasion de voir se dérouler autant de spectacles à la fois, et jamais on n'avait pu admirer de tels raffinements, une telle recherche en matière de décorations. Les maisons bourgeoises, les hôtels, les palais et les églises semblaient rivaliser d'éclat et, à la tombée du jour, les façades illuminées brillaient de feux de toutes les couleurs. Jamais l'art des illuminations n'avait été porté plus loin. Les tours des églises étaient presque toutes surmontées de pots à feu projetant leur clarté sur des étoiles et des comètes qui semblaient être suspendues dans les airs. D'une façon générale, en fait d'illumination, c'était du jamais vu... » [12]

Tout concourait à instaurer une ambiance heureuse : un temps d'une douceur inaccoutumée, le faste omniprésent, sans compter l'événement lui-même que l'on célébrait. Et pourtant, le fiancé impérial avait eu la mine renfrognée, dès le moment où il s'était avançé vers l'autel. Tôt le matin, en effet, une scène déplaisante et énervante avait éclaté entre des dames de la famille impériale. Les reines d'Espagne et de Westphalie, la grande-duchesse de Toscane et la princesse Borghèse, renâclaient à soutenir la traîne du manteau de la nouvelle souveraine. Le comte Clary a retracé l'incident en ces termes vifs et colorés : « La journée commença par une dispute incroyable. Les reines et les princesses, dit-on, ont tout inventé pour ne pas devoir aider l'Impératrice : crises de larmes, imprécations, évanouissements simulés, ou encore, refus catégorique. Le souverain, en colère, les injuria, les traitant de tous les noms, assenant finalement, pour en terminer avec cette affaire, un « Je l'ordonne » bien senti. Elles s'acquittèrent de leur « corvée », en maugréant. L'air qu'elles avaient amusa beaucoup Clary, qui observa que la première faisait la grimace, la deuxième se tenait un flacon de parfum sous le nez, comme si elle allait défaillir, et la troisième lâchait le coin de manteau qu'elle avait en main. « La plus entêtée, poursuit le comte, a été cette « oie de Westphalie », hautaine au possible. La seule à faire contre mauvaise fortune bon cœur était la reine de Hollande, la plus délicate. » [13]

A cela vint s'ajouter, pour achever de mettre Napoléon de mauvaise humeur, le comportement de ses cardinaux. Constatant au premier coup d'œil, en entrant dans la chapelle, que plus de la moitié des sièges qui leur étaient réservés restaient vides, il entra dans une rage folle. Il fulminait littéralement, et ce n'est qu'à grand-peine qu'il put se contenir.

Le lendemain, 3 avril, il y eut encore une grande réception dans la salle du trône et, pour la première fois, Marie-Louise sentit le poids de la couronne. « L'Empereur m'a fait fabriquer un diadème, et la couronne, tout incrustée de brillants, était si lourde que je pouvais à peine la porter », écrit-elle à Vienne. Et près de 1500 personnes lui furent présentées [14]...

Quant aux cardinaux, dont l'absence à la célébration du mariage constituait, aux yeux de Napoléon, une audacieuse provocation, la réception du 3 avril donna l'occasion à l'empereur d'exercer sur eux les premières représailles. Se présentant à cette activité de caractère strictement mondain et qui ne les engageait donc pas au plan religieux, les cardinaux récalcitrants furent d'abord condamnés à faire antichambre, pendant près de trois heures, sans le moindre des égards dus à leur rang. Puis, un officier d'ordonnance vint leur faire savoir que ceux qui n'avaient pas participé au mariage n'étaient pas non plus souhaités à la réception. Au vu et au su de tous les invités, ils durent donc se retirer et, n'ayant plus de voitures à leur disposition, ils durent rentrer chez eux à pied, sous la pluie qui s'était remise à tomber. Le règlement de compte final ne se fit guère attendre. De quoi leur faire regretter leur audace ! Le 5 avril tomba une ordonnance prise en présence de Fouché, à l'époque ministre de la Police, les condamnant à une sorte de bannissement. Reconnus coupables de crime de lèse-majesté, ils perdaient leur robe pourpre, redevenant des prêtres ordinaires en soutane. En outre, ces « cardinaux noirs », comme on prit l'habitude de les appeler, se voyaient confisquer leurs biens et supprimer les avantages de leur charge. En juin 1810, ils furent envoyés exercer dans des petites paroisses éloignées, en province. Cette punition ne prit fin que près de deux années plus tard.

Schwarzenberg rapporta avec force détails, à Vienne, les péripéties de ce conflit avec les cardinaux. Jamais Marie-Louise n'en dit mot dans sa correspondance, alors que ces événements, à coup sûr, n'avaient pu lui échapper.

Chapitre VIII

Une impératrice timide

L'impératrice Marie-Louise se trouvait là, assise devant sa planche à dessin, avec, à ses côtés, Pierre-Paul Prud'hon, le professeur que lui avait choisi Napoléon. Ce peintre de cinquante-deux ans, qui, assez tard dans sa vie, devait connaître un certain renom, avait peint, en 1805, un portrait de Joséphine. A présent, il enseignait son art à Marie-Louise, qui venait de lui succéder.

Marie-Louise, dotée d'un joli talent pour le dessin, faisait beaucoup d'efforts pour se perfectionner, mais elle n'y parvenait guère. A tout moment, Napoléon faisait irruption et l'interrompait. Souvent, il imposait également sa présence lorsque le compositeur Ferdinand Paer, directeur du Théâtre-Italien à Paris, venait pour la leçon de musique. « Il est rare que l'Empereur la laisse plus de deux heures à ses activités, il veut s'occuper de tout », rapporte Metternich à son souverain. « Journellement, il lui offre de superbes cadeaux et ne laisse au hasard aucun détail de l'existence de l'Impératrice. Son attitude s'apparente tant à celle d'un père inquiet qu'à celle d'un mari épris. Tels sont ses propres termes. » [1]

C'était bien la première fois dans sa vie que Napoléon sacrifiait les affaires publiques. Les représentations, les ministres et les signatures, ça n'avait qu'à attendre ! Napoléon, ordinairement tout affairé, prenait le temps de bavarder, de jouer aux échecs et de se promener avec Marie-Louise. Lorsqu'elle apprenait à monter à cheval, il restait à côté d'elle et, quand elle se faisait attendre, ce qui était souvent le cas, il ne perdait jamais patience. « Ah ! te voilà », disait-il, lorsqu'enfin elle réapparaissait. « Tu t'es encore refait une beauté ! » [2]

Le mariage avec l'Autriche aura été d'une portée politique insoupçonnable, mais nombreuses sont les unions de ce genre qui sont plutôt malheureuses. Ici, l'imprévisible s'était produit : dès le premier instant, Napoléon fut amoureux de sa deuxième épouse et le monde entier en fut informé.

Metternich annonça à son souverain « quelle tendresse l'Empereur éprouve pour sa femme, et combien ses sentiments à son égard ne font que se développer. » [3] Cette épouse de haute extraction apportait à l'empereur une expérience nouvelle et enivrante. Il fit part à Metternich que « maintenant seulement commence vraiment sa vie et que les éminentes qualités de son épouse étaient à l'origine du nouvel épanouissement qu'il connaissait. » [4] Ces qualités étaient sa douceur et ce qu'il nommait « sa mesure », c'est-à-dire sa constance et sa droiture, sans oublier sa sincérité. « Jamais, Marie-Louise ne mentit », se souvient-il plus tard [5]. En outre, après les gaspillages effrénés de Joséphine, le sens de l'économie, chez Marie-Louise, l'émerveillait. « Elle me demandait de l'argent quand elle en avait besoin et, lorsqu'elle en recevait, elle était folle de joie. » [6] De même, la très grande discrétion de sa nouvelle épouse l'impressionnait. « On aurait pu tout lui confier, » disait-il, « c'est un véritable coffret à secrets. » [7]

Par ailleurs, Marie-Louise était manifestement soulagée de constater que son « ours » était, de fait, quelqu'un d'assez sociable. « Elle a toutes les raisons d'être satisfaite des attitudes attentionnées de l'Empereur à son égard », fit savoir Metternich [8]. Il lui apparut même assez rapidement qu'elle pouvait embobiner son époux. Clary rapporte que Marie-Louise lui donnait les petits noms de « Nana », ou encore « Po-Po » [9]. Pour autant qu'il ne s'agisse pas là d'un « clin d'œil », de la part de ce comte ironique, on pourrait y voir une petite audace, de la part de cette archiduchesse qui, il n'y a pas si longtemps, se signait lorsqu'elle entendait prononcer le nom de Napoléon.

Dans le quotidien, avec l'arrivée de la jeune impératrice, certaines des habitudes prises à la cour, au temps de l'ancienne impératrice Joséphine, se mirent à changer. Alors que celle-ci restait ses matinées à organiser des goûters de dames, Marie-Louise restait de longues heures dans ses appartements, au piano ou à ses tapisseries, ou encore devant son chevalet, sous la houlette, par la suite, du célèbre peintre Isabey. L'après-midi, selon Metternich, le couple impérial faisait des promenades, ou bien partait en excursion du côté de Compiègne. Napoléon sacrifiait fréquemment de longues heures à la pêche, ou parfois à la chasse, son sport préféré, sans que cela fût spécialement apprécié par Marie-Louise. Le soir, après dîner, Leurs Majestés assistaient à des réceptions ou à des concerts, ou bien ils allaient au théâtre.

On prenait le repas le soir à six heures et demie et, généralement, Marie-Louise y conviait cinq ou six personnes. La jeune impératrice avait un solide appétit. Elle appréciait de copieux menus composés de deux potages, de trois hors-d'œuvre, plusieurs plats de viande, deux desserts, des fromages et des pâtisseries, et cela l'agaçait lorsque Napoléon, appelé à se lever de table, ne lui laissait pas le temps de terminer sa glace. Napoléon, qui, avant le mariage, ne prenait guère plus de cinq minutes pour manger, faisait preuve de grande patience pour rester longtemps à table avec Marie-Louise. Napoléon se faisait servir quelques légumes, souvent sans toucher à rien d'autre. Peut-être était-ce en raison des ennuis d'estomac dont il souffrait à l'époque.

De manière générale, l'empereur avait beaucoup plus d'égards pour Marie-Louise que pour Joséphine. Même très pris par les affaires publiques, et relativement peu disponible, il veillait à distraire la nouvelle épouse. « Si tu veux danser, fais venir les musiciens », ou encore, « Va voir le cortège de carnaval, va visiter des entreprises et des institutions publiques. » [10] Marie-Louise préférait rester, plutôt que de sortir seule, quand Napoléon ne pouvait l'accompagner. Elle avait une prédilection pour les rôles de bonne maîtresse de maison. Selon Clary, Marie-Louise aimait préparer elle-même le café, le matin, pour son époux. « L'Empereur en est enchanté, et, selon lui, les Allemandes sont des ménagères hors pair, et il les recommande à tous ses généraux. » [11]

Toutefois, au-delà de ces rapports courants harmonieux, on ne trouve guère dans l'idylle du couple impérial de communion à un plan plus élevé. C'était très fort à l'image de ce qui s'était passé, quarante ans auparavant, en France, à l'arrivée de Marie-Antoinette. A peine sorties des jeux de l'enfance, les Autrichiennes se retrouvaient, dans leur innocence première, dans une chambre nuptiale. On les avait faites souveraines d'une nation de millions de sujets : de caractère incertain, d'intelligence quelconque, sans réelle maturité, ni l'une ni l'autre n'avait conscience de l'époque qu'elles vivaient et de leur destin historique. Aucune des deux, non plus, n'avait idée de la grandeur de la France.

Mais, de toute manière, ce n'étaient pas là des critères qui avaient inspiré le choix de Napoléon. C'est sciemment qu'il tenait Marie-Louise à l'écart de tout ce qui avait trait à la politique. La présence de Marie-Louise s'était imposée pour des raisons de descendance : c'est l'espoir de fécondité qui était à la base de ce mariage.

Le cercle familial au sein duquel Marie-Louise avait reçu son éducation ne l'avait pas particulièrement gavée de tendresse. Auprès de Victoire, son amie de jeunesse et fille de sa gouvernante, elle s'était souvent plainte, notamment du manque de caresses de la part de sa propre mère. A présent, c'était précisément cet abominable Bonaparte du temps de sa jeunesse qui lui faisait découvrir l'amour.

A la cour d'Autriche, l'éducation très puritaine et la pudibonderie avaient voulu gommer chez cette enfant tout ce qui, de près ou de loin, avait trait au sexe. Les livres qu'on lui donnait à lire étaient « expurgés », et jusqu'à ces jouets vivants qu'étaient ses animaux de compagnie ne pouvaient être que de sexe femelle. Napoléon était le premier homme que Marie-Louise connût, et vraisemblablement était-elle la première femme encore vierge que Napoléon rencontrât dans sa vie. On admettra donc que les initiatives de cet amant entreprenant aient éveillé et assouvi chez Marie-Louise des tensions érotiques. On peut en trouver confirmation dans la satisfaction exprimée par Napoléon, dès après la nuit de noces (« Prenez pour femmes des Allemandes, elles sont douces, bonnes, pures et fraîches comme des roses »), et dans les plaintes de Marie-Louise, lorsque, dans les semaines qui suivirent, Napoléon s'absentait à peine, s'éloignant d'elle, une fois, « de moins d'un quart de mille. » Elle ne pouvait plus se passer des tendresses de son mari. Il n'échappa bientôt à personne que Marie-Louise, ainsi que le note Fouché dans ses Mémoires, « avait pris pleinement possession du cœur de Napoléon. » Le vieux cardinal Maury fut en tout cas ravi de cette idylle impériale. « C'est l'amour », écrit-il à la duchesse d'Abrantès, l'épouse du général Junot, « mais, cette fois, il s'agit d'un authentique amour ! Je vous assure qu'il est infiniment plus amoureux qu'il ne l'a jamais été de Joséphine que, tout compte fait, il n'a jamais connue très jeune. » [12]

Napoléon, quant à lui, s'avéra partisan convaincu de la chambre à coucher commune. « Si l'on passe la nuit ensemble », dit-il, « on ne se perd point de vue. » [13] Si le couple fit chambre séparée, ce fut à cause de Marie-Louise à qui il paraissait normal de dormir dans une chambre non chauffée. Napoléon, particulièrement frileux, exigeait des feux été comme hiver et hésitait à rejoindre son épouse la nuit. En outre, il était troublé par les bougies que Marie-Louise gardait constamment allumées, de peur des revenants.

Les conjoints attendaient avec impatience les premiers signes de l'« heureux événement ». Les médecins eurent quelque embarras à expliquer à Napoléon que les nausées matinales de la jeune impératrice n'étaient rien d'autre que l'effet d'un trop bon appétit pour la crème fraîche et les friandises, plutôt que l'indice d'une quelconque grossesse.

La cour suivait l'idylle impériale d'un œil insistant et, en la matière, les commentaires piquants ne manquaient pas. Ainsi, dans les premières semaines, l'empereur s'était endormi pendant un concert dans les appartements privés de Compiègne. Aussitôt, des murmures traversèrent l'assistance : l'empereur serait surmené...

Napoléon surveillait de près sa jeune épouse. C'est ainsi qu'il introduisit tout un ensemble de règles à la cour, inspirées de l'étiquette espagnole. Jamais Marie-Louise ne pourrait rester seule, sans ses dames de compagnie, ni surtout recevoir seule un homme. Rares furent les exceptions à la règle, et celles-ci firent l'objet d'une nomenclature précise, contrôlée par Napoléon en personne. Non seulement le cavalier d'honneur de Marie-Louise ne pouvait pratiquer le baisemain, mais le couturier de la cour n'était autorisé à effectuer les essayages de ses créations que sur des dames d'une taille approchante de celle de l'impératrice. Les leçons de musique elles-mêmes exigeaient la présence d'une dame d'honneur. Sur base d'une méprise dans ses observations, Napoléon morigéna un jour quelqu'un en ces termes : « Madame, n'oubliez pas que vous êtes coresponsable de la bonne réputation de Sa Majesté, et que l'Impératrice ne peut être laissée à elle-même, si peu de temps que ce soit ! » [14]

Ces mesures « machistes » reposaient cependant moins sur un sentiment de jalousie que sur la volonté de l'empereur de redresser l'image de la cour, qui avait tant souffert des incartades bien connues de Joséphine. Il s'agissait d'enrayer le relâchement des mœurs susceptible de porter atteinte à la réputation de l'Empire. Marie-Louise, issue de la cour puritaine de Vienne, était la figure de proue de cette nouvelle ligne de conduite, d'autant plus qu'elle était aussi une catholique dévote. Napoléon lui avait désigné, comme directeur de conscience, Mgr Duvoisin. L'évêque de Nantes jouissait de l'estime de Napoléon et partageait entièrement ses vues. « Il était pour Marie-Louise un excellent confesseur ; il lui prodiguait de bons conseils et ses directives furent dignes de tous les éloges », se souvient Napoléon, à Sainte-Hélène [15]. Napoléon ira jusqu'à parfois compliquer l'accomplissement des devoirs religieux de son épouse. Un jour, Napoléon l'ayant distraite de ses exercices de pénitence à l'autrichienne, Marie-Louise se rebella : elle n'avait pas envie d'aller en enfer seulement pour le bon plaisir de l'empereur !

Si la vie officielle à la cour imposait pareil carcan, il n'en allait pas de même dans la vie privée. L'impératrice tutoyait l'empereur, au grand dam d'une cour collet monté. Clary avait beau leur expliquer que cette familiarité était d'usage courant dans les pays d'outre-Rhin... Marie-Louise faisait en sorte, également, de détendre l'atmosphère par diverses plaisanteries. Ainsi, elle avait incité ses dames à offrir au prince Borghèse, à l'occasion de sa fête, un bouquet d'orties, et, amusée, elle se délecta un beau matin de voir arriver chez elle le beau-frère faisant grise mine : on lui avait caché une brosse raide sous les draps de son lit. Même Napoléon n'était pas en reste, en fait de gamineries. « Il a l'habitude, comme vous, mon cher Papa », écrit-elle à Vienne « de demander aux gens s'ils ont compris ceci ou ça, et, si on répond non, il vous fait un pince-nez. Mon nez à moi en est déjà tout déformé. » [16]

Personne ne s'étonnera que, dans ce climat primesautier, Marie-Louise ait vu cette peur qu'elle éprouvait pour Napoléon fondre peu à peu. Elle alla même jusqu'à faire remarquer par Metternich qu'elle commençait à croire qu'au contraire, c'était lui, Napoléon qui commençait à avoir peur d'elle. Metternich donna évidemment une portée excessive à ces paroles, tirant hâtivement, dans une note adressée à l'empereur François, cette conclusion péremptoire : « elle va bientôt en remontrer à l'Empereur dans quantité de domaines. Tant mieux ! Son influence ne peut être que favorable à la situation générale. » [17]

Il était patent que Marie-Louise n'était guère attirée par la chose publique. Surtout soucieuse de répondre aux attentes que suscitait sa nouvelle position officielle, elle veillait à sauver les apparences, d'autant qu'elle devait d'abord se débarrasser de l'ombre de l'impératrice Joséphine dont le souvenir, chez beaucoup, était encore vivace.

L'ancienne impératrice avait un don inné pour s'attirer l'affection de tous ceux qui l'approchaient. Partout où elle allait, elle instaurait, par la spontanéité de son contact, un climat chaleureux. Tant par sa grâce et son charme irrésistible que par sa voix mélodieuse et inimitable, elle ravissait tous les cœurs. On lui passait, dès lors, bien des travers : sa vie sentimentale mouvementée, sa frivolité et son penchant marqué pour le gaspillage. Déjà de son vivant, elle était devenue un personnage légendaire.

Marie-Louise était, elle, bien différente. « Elle a toujours eu peur de se mêler à ces Français qui avaient fait périr sa parente, Marie-Antoinette », confiait Napoléon, à Sainte-Hélène [18]. Elle était timide de nature, ce qui la desservait auprès de son entourage. A cet égard, Madame Durand, l'une des dames d'honneur de l'impératrice, observe que, surtout au début, la timidité de Marie-Louise passait pour de la suffisance. Clary dit également son impression « d'un quant-à-soi inouï, de la part de l'Impératrice, dans ses rapports avec sa suite. » En public, elle était comme inhibée et guindée, souriait peu et trouvait rarement une parole affectueuse. « Pareille à ces poupées mécaniques qui ne fonctionnent qu'après qu'on les ait remontées, elle passait, raide, d'un rang à l'autre de ses invités », écrit avec perspicacité la comtesse Potocka, qui avait souvent l'occasion de la côtoyer dans des réceptions. « L'Empereur marchait à côté d'elle et il lui soufflait les choses à dire à telle ou telle personne qu'il souhaitait mettre en évidence. » [19]

La jeune de Habsbourg était également décontenancée par le grand nombre de visages nouveaux à la cour, qui, pour elle, se confondaient dans l'anonymat. Au total, une centaine de dames d'honneur, des femmes de chambre réparties comme en « sections » et sous-sections, groupées, auxquelles on confiait des tâches spéciales, sans compter les hauts gradés, depuis la comtesse de Luçay, la première dame de chambre, jusqu'à l'archevêque Ferdinand de Rohan, en passant par le premier maître d'écurie, etc.

C'est Napoléon lui-même qui avait conçu le quadrillage du personnel au service de l'impératrice et réparti les fonctions. Seule la duchesse de Montebello avait, de fait, la confiance de l'impératrice et avait droit à sa bienveillance. « Étant beaucoup trop timide pour évoluer dans la société toute une journée d'affilée » avoue Marie-Louise [20], « c'est la compagnie de la duchesse de Montebello qui m'est agréable ; elle est d'un naturel aimable, tandis que les autres dames sont mal intentionnées et très vaniteuses. » Cette exclusive en faveur de la duchesse de Montebello ne lui valait pas que des sympathies. « Aucune des nôtres ne l'a vraiment aimée » écrit, dans ses Mémoires la duchesse d'Abrantès [21], « vivant dans le cercle étroit de ses confidentes, elle n'en voyait d'autre que la Montebello. Ses soirées de réception étaient d'un guindé à nul autre pareil. » Ainsi en allait-il de l'« archiduchesse », (comme on avait pris l'habitude de l'appeler en cachette) : dans l'ensemble, sinon vraiment ennuyeuse, du moins peu exaltante, dans ce pays, la France, où le charme l'emporte sur la beauté et où l'esprit prend le pas sur la vertu.

L'ancienne noblesse avait cru voir, dans l'arrivée de Marie-Louise en France, le signe d'un changement. Rentrés d'exil avec l'avènement de l'Empire, les Rohan, les Polignac, les Montmorency et Mortemart, et autres grandes familles cruellement décimées par la Révolution, méprisaient ceux que Napoléon venait d'anoblir, ces fils d'hôteliers et de commerçants, ces juifs, ces militaires subalternes tels que Murat, Augereau, Masséna et Soult. Napoléon leur avait accordé des titres de maréchaux de France et de ducs. Ceux qui, au contraire, pouvaient se prévaloir de leurs vieilles attaches royalistes s'attendaient à mériter un traitement de faveur de la part de Marie-Louise, cette fille de l'empereur d'Autriche. Après tout, c'était bien en raison de leur fidélité à Marie-Antoinette, la grand-tante de la nouvelle impératrice, que leurs aïeux avaient versé leur sang ! Leur déception fut à la mesure de leurs espérances. Prévenue dès avant son départ de Vienne, Marie-Louise ne donnait sa préférence ni aux uns, ni aux autres.

Dans un pays qui avait proclamé bien haut l'égalité entre les hommes, cette consécration d'une nouvelle noblesse était, en soi, contradictoire. Mais Napoléon s'était employé à apporter des aménagements au sacro-saint principe. A la nouvelle noblesse, il confiait le soin de contribuer à la consolidation de son régime et à lui conférer un peu du lustre de l'Ancien Régime. Un cas exemplaire d'envol vers les sommets était celui du maréchal Lefebvre. Ce personnage, relativement peu doué intellectuellement, avait épousé sa blanchisseuse. Au cours du quatrième conflit avec les armées coalisées, il réussit à forcer la place de Dantzig et à obtenir sa reddition. Napoléon lui donna l'accolade devant les troupes et l'éleva au titre de duc de Dantzig. Par la grâce de l'empereur, on avait ainsi conféré « en bloc » 32 titres de ducs, 452 de comtes ; on avait fait 1500 barons et 1174 chevaliers. Ces titres de noblesse étaient assortis de dotations. Malgré la ladrerie qu'on lui connaissait, Napoléon faisait là figure de Crésus ! Suite au traité de Tilsit du 30 juin 1807, 27 maréchaux et généraux se voyaient attribuer, nommément, d'immenses domaines en Pologne. Certes, ces terres étaient incessibles, du moins théoriquement. Leur valeur intrinsèque n'en était pas moins très acceptable. Metternich fait état du cas du maréchal Ney, duc d'Elchingen et prince de la Moscova, qui était réputé détenir des propriétés en Italie, en Pologne, en Westphalie ainsi que dans le Hanovre. En outre, Napoléon garantissait à ses fidèles vassaux des revenus princiers confortables. Ceux de Berthier étaient estimés à un million trois cent mille francs. Ceux du maréchal Masséna, duc de Rivoli et prince d'Essling, devaient atteindre les quarante millions de francs [22].

Il va de soi qu'à cette nouvelle noblesse devait correspondre une nouvelle étiquette. Ce fut d'abord Madame Campan, directrice d'un institut supérieur pour jeunes filles à Paris et, en son temps, préceptrice de Caroline et d'Hortense, qui fut chargée d'apprendre les bonnes manières, aux Tuileries, aux débutants et frais émoulus ci-devant comtes et ducs.

Napoléon avait un faible pour la noblesse et il éprouvait un profond respect pour la classe des nobles « légitimes ». Lorsqu'il arrivait que Marie-Louise adressât un courrier à « Sa Majesté Sainte et Apostolique, l'empereur François », Napoléon éprouvait une profonde émotion devant cette auréole de grâce divine. Il lui était d'autant plus pénible de prendre conscience du clinquant de sa propre cour, de tout l'artificiel de sa noblesse et de la moralité des plus douteuses de ses sœurs et de ses frères.

Bien évidemment, l'arrivée de Marie-Louise ne changea rien à la triste réputation de sa nouvelle famille. Les mœurs dissolues de certains de ses beaux-frères et belles-sœurs étaient de notoriété publique. Que pouvait en penser cet « ange innocent », plongé dans ce milieu où l'adultère était devenu monnaie courante et sujet à plaisanterie dans les salons parisiens ? Elle en gardera le souvenir jusqu'à la fin de ses jours...

La lune de miel du couple impérial ne fut que de courte durée. De mauvaises nouvelles parvenaient à Napoléon au sujet du Blocus continental. L'interdiction du commerce avec l'Angleterre, introduite par le Décret de Berlin, en 1806, serait transgressée de toutes parts !

Le bien-fondé de cette mesure résultait de la destruction de la flotte française par les Anglais à Trafalgar, en 1805. Il s'agissait de faire rendre gorge à l'ennemi d'outre-Manche en boycottant son commerce avec le continent. Mais le barrage dressé tout autour de l'Europe présentait de nombreuses fissures. La contrebande n'avait cessé, permettant l'acheminement en Europe, et jusqu'au cœur de la cour impériale à Paris, de produits anglais. C'était surtout via la Hollande que ce négoce de contrebande s'exercait. Aussi prit-on prétexte de faire découvrir à la jeune impératrice les régions du nord de la France et les territoires de Hollande annexés pour décider et organiser un grand voyage. Il fut donc convenu que l'on prendrait la route de Saint-Quentin, pour se rendre à Cambrai où l'on irait voir le nouveau canal en construction ; puis, par Valenciennes, on continuerait sur Bruxelles. Par les cours d'eau, on ferait bien ensuite un détour par la Zélande.

Lorsque l'on prit la route, le 27 avril, à Compiègne, les voyageurs formaient un groupe brillant. Le couple impérial s'était fait accompagner par les souverains de Westphalie, par le prince Eugène de Beauharnais et par la reine Caroline de Naples. Du côté autrichien, il y avait l'oncle, le grand-duc de Wurzbourg, le prince Schwarzenberg et, pour une partie du trajet, le comte Metternich.

Marie-Louise était ravie de ce « voyage de noces ». Elle s'imaginait parcourant paisiblement tout le plat pays, s'arrêtant dans des hôtels confortables, faisant étalage de toutes les nouvelles toilettes que venait de lui offrir l'empereur. Bref, ce serait une longue partie de plaisir.

Mais, elle dut rapidement déchanter. Le « voyage de noces » ne fut guère un voyage d'agrément. Au lieu de la grasse matinée et du petit déjeuner au lit, et au lieu qu'ils puissent s'habiller à l'aise, on les réveillait brusquement à l'aube, parfois dès quatre heures du matin, lorsque Napoléon avait fixé le départ à cinq heures. A l'arrivée à l'étape, par des routes cahotantes, c'était, chaque fois, la déception. Ou bien « le logement était très quelconque et pas propre », ou bien c'était « un vacarme continuel dans la cour » ; ou encore, on était dérangé par des « odeurs épouvantables »..., sans oublier les fatigues des péripéties du voyage lui-même. Sur le canal de Cambrai, on avait pris deux embarcations ; il faisait écrasant de chaleur sous le soleil, et ce fut « plus morts que vifs qu'on passa le premier tunnel ». Dans le deuxième, on avait failli chavirer, car « le gros prince Schwarzenberg se penchait tellement, tantôt d'un côté, tantôt de l'autre, que le bateau prit l'eau et que nous en eûmes les jambes mouillées jusqu'aux genoux... » [23]

A l'étape, pas question de pouvoir se retirer et se détendre : le travail ne faisait que commencer. L'empereur, évidemment, semblait ne jamais connaître la fatigue et participait à des réceptions interminables, tandis que pour Marie-Louise « ces audiences étaient à en mourir : l'on devait rester tout le temps debout. » [24] A peine à table pour manger, il fallait faire vite pour assister au bal qui suivait.

A cela s'ajoutait encore la déception de ne pas voir s'annoncer une naissance.

« De Louise, j'ai reçu une lettre envoyée de Laeken », écrit Maria Ludovica à l'empereur François [25], « ... ça l'attriste de n'avoir aucun signe de grossesse. Et elle serait tout le temps prête à pleurer, puis, elle raconte qu'elle danse, qu'elle a toute une série de conversations. Mais elle se plaint de vingt malaises différents à la fois : un pied foulé, une épouvantable colique, une forte fièvre, une sensation d'étouffement, des crises de nerfs... Puis, elle écrit quantité de lettres, et se laisse de nouveau entraîner à danser. Elle détesterait les Anglais, rien de comparable aux Français, etc. Je lui réponds que pour quelqu'un de dix-huit ans, tout cela est très normal... »

Dans son Journal de voyage, Marie-Louise prend note de tous ses désagréments de santé et autres, la plupart du temps imaginaires. C'est l'énumération de tous les petits soucis d'une très jeune fille, avant tout préoccupée de sa petite personne. En revanche, Marie-Louise ne rend guère compte de ses impressions de voyage, ne s'intéressant qu'à peine aux pays et à leurs habitants et même, qui sait, ne s'apercevant peut-être pas que toutes les régions et les villes qu'elle traversait avaient appartenu, autrefois, à l'Autriche. A Anvers, elle ne fit qu'un tour rapide en ville, ne visitant ni église, ni musée. Elle laissa de côté l'hôtel de ville d'époque Renaissance, de même que les splendides maisons des corporations. Elle ne manifesta aucun intérêt pour la peinture flamande et, devant la cathédrale gothique d'Anvers, seule l'impressionna la hauteur de la tour. « On dit qu'on a, de là-haut, une vue magnifique. J'avais bien envie d'y grimper mais, quand on voyage avec l'Empereur, c'est très difficile de s'amuser ou de s'instruire ; jamais on ne peut faire ce qu'on veut ! » [26]

Voilà donc qu'après les lettres enthousiastes qu'elle avait envoyées à Vienne, Marie-Louise changeait de ton : pour la première fois, elle critiquait Napoléon en des termes assez vifs. Exercé à voyager surtout avec la soldatesque, il lui arrivait de perdre de vue la présence des dames. Furieuse, Marie-Louise trouvait qu'il la traitait « comme ses grenadiers ». Elle faisait donc la moue. Révoltée, elle trouve que les « hommes sont vraiment terribles : ou bien ils ne comprennent pas nos maux et nous forcent à les braver, ou bien ils nous étouffent de toutes leurs attentions. » [27] Un jour qu'elle se plaignait encore de coliques, Napoléon, flairant aussitôt des signes de grossesse, convoqua son médecin Jouan au chevet de la malade imaginaire. Il lui fut conseillé de laisser Napoléon poursuivre son voyage seul, en Zélande. Le lendemain tout était oublié et elle reprenait la route avec les autres. Metternich lui-même, toujours très perspicace, écrit à son souverain à Vienne que [28] « l'Empereur, qui ne rêve que d'un héritier, se vante de ce que l'heureuse perspective serait cause de ses légers malaises. Ils pourraient être dus, tout simplement, au mode de vie tout différent d'une jeune princesse... »

Des scènes dignes d'une comédie de Shakespeare se produisaient parfois en chemin. Entre Breda et Hertogenbosch, on progressait si lentement que, dans l'après-midi, on n'avait pas encore mangé. Affamée, Marie-Louise écrit : « l'heure du déjeuner était passée depuis bien longtemps. Il était près de deux heures et l'Empereur ne me permettait jamais de manger dans la voiture, pour la bonne raison, disait-il, qu'une femme n'a pas besoin de manger. » Comme la Catharina de la *Mégère apprivoisée* de Shakespeare, Marie-Louise, furieuse et outragée, proteste : « J'étais de si méchante humeur que l'Empereur se fâcha ; mais ça m'était bien égal, et je le laissai hurler à son aise, sans lui répondre. Pour se calmer, les hommes n'ont d'autre remède, ce sont des êtres insupportables. » Aussi se promettait-elle : « si je reviens dans un autre monde, je ne me remarierai certainement pas. » [29]

Et elle poursuit, tout comme dans Shakespeare : « dans le vent et sous une pluie battante, traversant sans le moindre arrêt de longues et mornes plaines, l'Empereur, qui pourtant n'avait jamais trop chaud, ouvrit les fenêtres toutes grandes, simplement pour m'agacer. » [30]

C'est dans un climat de nervosité générale que se poursuit le voyage. A Berg-op-Zoom, on ne pouvait atteindre les chambres qu'occupait le couple impérial que par une échelle. Napoléon, cette fois, le prit très mal, et Marie-Louise rapporte : « comme il ne pouvait rejeter les torts sur personne des nôtres, sa colère retomba sur le dîner. Il trouva quelque chose à redire sur tous les plats : « Quel ignoble ragoût ! Si seulement il y avait du gigot. » Le gigot apporté, il dit : « si seulement il y avait de la salade. » On lui en servit également. Quand il eut compris qu'il n'aurait jamais satisfaction, il alla se coucher. » [31]

Le but premier du voyage était essentiellement politique et l'objectif aurait été largement atteint, du moins selon la presse française. Par contre, du côté autrichien, on disait que Napoléon n'était guère satisfait des résultats. Partout, il n'aurait reçu que des plaintes au sujet du fonctionnement du Blocus continental et des requêtes concernant les espoirs de paix. Dans son Journal de voyage, Marie-Louise note que, lors d'une réunion à Middelbourg, Napoléon a « terriblement crié » et, le 12 juin, Schwarzenberg écrit à Metternich que l'accueil fait à Napoléon, sinon à l'Impératrice, avait été plutôt froid [32].

Finalement, c'est le premier juin que le couple impérial rejoignit Saint-Cloud, par Bruxelles, Ostende, Dunkerque, Lille et Rouen.

Paris fit fête pour saluer le retour des souverains. Les soirées de gala se succédaient. D'abord, une grandiose réception diplomatique au cours de laquelle les ambassadeurs et représentants étrangers exprimèrent leurs vœux à l'empereur et à l'impératrice. Ensuite, ce fut au tour de la ville de Paris de faire la fête, couronnée par un feu d'artifice et un bal. Six cent mille personnes assistèrent à la « Fête de la Garde » qui, grâce à ses courses de chevaux et de chars et au lâcher d'un aérostat, qui emporta Madame Blanchard dans les airs, offrit un spectacle grandiose. De même, Pauline Borghèse ne recula pas devant la dépense, faisant reconstituer, en l'honneur de sa belle-sœur autrichienne, dans le parc de son château de Neuilly, un « Petit-Schönbrunn » et un « Petit-Laxenburg ».

La saison des fêtes devait se clore par une grande soirée à l'ambassade d'Autriche, la plus prestigieuse de Paris, et celle dont le chef était partout reconnu comme héros de guerre et diplomate hors pair.

L'hôtel de l'ambassade étant trop exigu, le prince Schwarzenberg avait eu l'idée de prolonger le bâtiment principal par un grand pavillon en bois pour le bal. Tapissée de gaze à l'intérieur, la salle était merveilleusement décorée de draperies de brocarts or et argent entrelacés de fleurs artificielles. Des milliers de cierges y étaient allumés et inondaient l'ensemble d'une lueur féerique. La fête, qui réunissait près de douze cents invités, commença dans les jardins par un ballet, où se produisirent danseurs et danseuses du Grand Opéra.

Après le feu d'artifice, tous les convives se rendirent dans la salle et le bal commença par un quadrille. Après l'écossaise, le couple impérial se leva et commença une tournée d'accueil, souhaitant la bienvenue aux uns et aux autres. Napoléon était d'excellente humeur. En bavardant et en plaisantant avec tout un chacun, il fit lentement le tour de la salle. Il s'arrêta plus loin avec la princesse Pauline de Schwarzenberg, la belle-sœur de la maîtresse de maison, qui lui présenta ses filles. De l'autre côté de la salle, Marie-Louise avait regagné son trône. C'est à ce moment précis que le drame éclata.

A la suite d'un courant d'air, l'un des éléments de décoration toucha une bougie et le feu se déclara. Les flammes grimpèrent rapidement le long des tentures en tissu léger et, en un clin d'œil, la salle s'embrasa.

L'empereur n'hésita pas un seul instant. En quelques enjambées, il fut auprès de Marie-Louise, vers laquelle se précipitait également Schwarzenberg pour lui porter secours. Se frayant un chemin dans la foule, le prince poussa et tira le couple impérial vers une sortie. Pour un court moment, grâce à la présence du couple impérial, ce n'était pas encore la panique, et Marie-Louise elle-même avait conservé son sang-froid. Napoléon la fit monter dans une voiture appelée d'urgence, et il l'accompagna jusqu'à la place de la Concorde. L'impératrice rentra seule à Saint-Cloud, tandis que l'empereur reprenait rapidement une autre voiture en direction de l'ambassade d'Autriche où il resta sur les lieux jusqu'à quatre heures du matin, pour assister aux travaux de sauvetage.

Dans l'intervalle, la panique s'était déclenchée dans le pavillon qui se consumait comme une torche. Criant au secours, les invités se bousculaient vers la sortie ; les hommes cherchaient leurs femmes et les mères appelaient leurs filles. Plusieurs personnes tombèrent par terre et furent mortellement piétinées. Finalement, dans un fracas de tonnerre, le lustre géant se détacha du plafond et enterra vivants plusieurs des invités.

Après s'être assuré que Leurs Majestés étaient en sécurité, le prince Schwarzenberg était revenu en toute hâte sur les lieux du sinistre. Heureux, il y retrouva sa femme, évanouie mais en vie. Par contre, à côté, le frère du prince, Joseph, tremblant de peur appelait, en vain, sa femme Pauline. Une poutre en flammes l'avait séparée d'une de ses filles. Pénétrant à nouveau dans le brasier pour chercher la disparue, qui entretemps était parvenue à s'enfuir, la pauvre mère ne put être sauvée et fut retrouvée, le lendemain, carbonisée. « La voilà, disparue, laissant derrière elle neuf enfants dont l'aîné a à peine douze ans. Et elle était enceinte », écrit à Vienne Marie-Louise. « Toute la famille est inconsolable, et, moi-même, j'en suis encore toute retournée. » [33]

Outre la princesse Pauline, on compta vingt morts et une soixantaine de blessés. « Personne n'aurait évidemment pu prévoir un accident aussi funeste », écrit à Vienne, désespéré, le prince Schwarzenberg. L'empereur François lui envoya une lettre de réconfort et remercia Napoléon d'avoir sauvé sa fille Marie-Louise.

« Ma très chère sœur », écrit, de son côté, l'archiduc François-Charles à Marie-Louise, « comme j'ai tremblé pour ta vie, en me représentant à quel danger tu as été exposée ! Souvent encore, à genoux, je remercierai le Très-Haut, de vous avoir, dans Sa clémence, sauvés, toi et l'Empereur. » [34]

Chapitre IX

L'enfant de France

Le 2 juillet 1810, Marie-Louise communiqua la grande nouvelle à son cher papa : « Je suis très heureuse, car mon médecin m'a assurée que, depuis le mois dernier, j'ai des espérances. Dieu fasse qu'il en soit ainsi ! car l'Empereur en éprouve une très grande joie : vous imaginerez facilement que j'ai immédiatement décidé de m'abstenir de la danse et de monter à cheval. » [1] Schwarzenberg fit également savoir à Vienne que l'Empereur était dans une joie indescriptible [2].

L'empereur François se réjouit que sa *Louisel* remplisse aussi vaillamment son rôle. « Tu peux imaginer le bonheur qui m'habite », écrit-il dans un allemand mal assuré, « à l'annonce de ta grossesse probable, pour l'importance de la chose en soi d'une part, et à cause de la satisfaction de ton mari et de l'amour que je te porte, d'autre part. Il vaut donc mieux renoncer à la danse et au cheval. Mais prends surtout bien garde d'éviter toute occasion de prendre peur, car c'est bien cela qui a fait que ma regrettée épouse a perdu plusieurs enfants. » [3] La regrettée épouse n'était autre, évidemment, que la mère de Marie-Louise.

Le 26 juillet, Napoléon écrit, lui aussi, à « Papa François », car c'est ainsi qu'il appelait son beau-père. « Je ne sais si l'Impératrice vous a fait part de ce que, de plus en plus, se confirment les espérances concernant sa grossesse. Sa Majesté peut aisément imaginer combien, dans la même mesure, mes sentiments envers Sa fille grandissent. » [4] Et Marie-Louise ajoute un mot : elle ne voyait pas ce qui pourrait l'effrayer, et elle confie qu'elle « commence déjà à prendre forme. » [5]

Les mois d'été, le couple impérial les passa hors de Paris, à Rambouillet, à Saint-Cloud, au Grand Trianon ou à Fontainebleau. L'étiquette y était moins contraignante qu'aux Tuileries, et le cadre convenait mieux à Marie-

Louise, vu son état. Mais combien devait-elle, en ces circonstances, regretter la présence et l'intimité d'une mère avec qui échanger, à cœur ouvert, sur l'événement tout proche ! Elle espérait d'autant plus revoir son père. Aussi nourrissait-elle l'intense espoir qu'il viendrait bientôt et qu'il serait présent aux fêtes qui seraient organisées en l'honneur de la future maman. Mais, hélas, Marie-Louise, prenait ainsi ses désirs pour la réalité.

Le « petit ange » que Marie-Louise annonçait à Vienne pouvait évidemment être aussi bien une « petite fille ». Mais à cela, elle préférait ne pas penser. Encore que, sans le dire, elle ne cessait de harceler les médecins sur le sexe. Maintes observations de l'empereur traduisent évidemment une préoccupation identique. Au cas où..., il avait cependant déjà attribué un titre à l'enfant : ce serait une petite « princesse de Venise » ! « Voyez comme elle s'arrondit, l'Impératrice », confie-t-il avec fierté à Hortense. « Si c'était une fille, elle se marierait avec votre fils Napoléon. Pas question qu'elle prenne un mari ni hors de la famille, ni hors du pays ! » [6] Mais la cour tout entière savait bien qu'il n'avait en tête que le « Roi de Rome ».

Le Grand-Maître de Cérémonies, Ségur, vivait des heures difficiles. Il devait, non seulement assimiler tous les détails du cérémonial de circonstance en vigueur sous l'Ancien Régime pour une naissance, mais Napoléon le pressait de questions à propos de l'étiquette. Le roi de Rome devrait-il circuler dans un carrosse attelé de six ou de huit chevaux ? Devrait-on l'appeler Sire ou Majesté ? On devine vers quoi inclinait l'empereur !... [7]

Une autre question revêtait une extrême importance. Qui allait devoir s'occuper de l'« enfant de France » ? La comtesse de Montesquiou était l'épouse du président du Corps législatif que Napoléon avait fait comte d'Empire, et elle était elle-même une Tellier de Louvois, apparentée aux meilleures familles de l'ancienne noblesse. Elle semblait parfaitement convenir pour assumer la charge éminente de gouvernante. « Madame », lui dit Napoléon, « je vous confie le sort de la France... Faites de mon fils un bon Français... » [8] Il lui fallut jurer de se soumettre à une multitude de contraintes, jusqu'à s'engager à ne jamais correspondre avec l'étranger, ni accepter aucune faveur d'une puissance étrangère. Pour un salaire fixé à 40.000 francs l'an, elle devait, en outre, diriger tout un personnel à la dévotion du roi de Rome, depuis les gouvernantes adjointes jusqu'aux femmes de chambre. Mais, la cour comme telle de l'héritier devait comprendre bien plus de monde encore : une quinzaine de personnes.

D'autres charges également furent attribuées. Plusieurs médecins pour soigner l'enfant impérial, dont le pédiatre Bourdois de la Motte et Auvity. Enfin, l'on désigna, comme nourrice, l'épouse d'un négociant en vin de Chaillot, Marie-Victorine Auchard, en pleine jeunesse et resplendissante de santé. Un moment, Marie-Louise songea à nourrir elle-même son enfant. L'impératrice Maria Ludovica, chez qui elle prit conseil, l'en dissuada aussitôt. Irait-elle faire cette « grande folie » ? [9]

Il fallait encore que l'enfant impérial puisse reposer sur une couche impériale. Trois berceaux furent préparés. Le plus fameux avait été offert à l'empereur par la ville de Paris et était une œuvre de Prud'hon. L'artiste avait conçu une pièce d'apparat qui, dans sa décoration, réunissait tout ce qui symbolisait la gloire et la grandeur de la France. On y trouvait les petites abeilles, des aigles, des génies, la corne d'abondance et la déesse de la Gloire offrant une couronne de lauriers à l'enfant impérial.

L'enfant de France eut droit à ses propres appartements aux Tuileries, avec vue sur la cour du Carrousel. Ils comportaient plusieurs pièces, y compris une salle à manger et un cabinet de travail. Mais il ne s'agissait là, cependant, que d'une résidence provisoire. La construction d'un palais était envisagée sur les hauteurs de Chaillot, face au Champ de Mars.

Dans l'attente de la délivrance, la santé de la future mère était satisfaisante, après les premiers malaises du début. « Grâce à Dieu, que tu sois en bonne santé » écrit l'empereur François. « Peu m'importe, à moi, que ce soit un garçon ou une fille, ce que je te souhaite, c'est un heureux accouchement. Jusque-là, veille à ta santé. Sois attentive au lit sur lequel tu devras accoucher. Reste en mouvement, mais n'en fais pas trop, et évite surtout d'emprunter de mauvaises routes pleines de trous... » [10]

Il aurait été bien étonné, l'empereur François, de tous les préparatifs de la naissance-spectacle auxquels on se livrait à Paris ! Au contraire, une naissance à la maison impériale de Vienne était un événement familier, qui n'était guère vécu différemment que dans une famille ordinaire. Et les dépenses énormes, que l'on allait consentir à Paris, auraient paru au « bon empereur François », si parcimonieux, comme frisant le scandale.

En cette année 1810, l'étoile de Napoléon était, assurément, à son zénith. L'empire français, y compris ses états vassaux et ses royaumes satellites, s'étendait de Hambourg à Rome, de l'Atlantique à la mer Adriatique et du Portugal à la Pologne. Les possessions territoriales de l'héritier au trône dont la naissance était attendue à Paris s'étendaient jusqu'aux confins de l'Europe.

Tout était donc pour le mieux : l'« Invincible » avait réussi à évincer, l'un après l'autre, du théâtre européen, tous les pouvoirs en place, à l'exception de l'Angleterre et de la Russie. Même la papauté était muselée et, après la leçon infligée à l'Autriche et à la Russie à Austerlitz en 1805, cela avait été le tour de la Prusse, en 1806. En octobre, quatorze jours après sa victoire à Iéna, Napoléon était à Berlin.

Oui, sans conteste, le « Soleil d'Austerlitz » semblait rayonner sur l'Europe tout entière. Aussi Napoléon pouvait-il, à juste titre, se prétendre le descendant de Charlemagne. Le concept même d'Empire n'était-il pas, d'ailleurs, conforme au modèle carolingien ? Quoique quelque chose échappât à Napoléon quant à l'idée même d'Europe, du moins dans une perspective évolutive. Loin de tendre à une Europe de régions, les populations souhaitaient s'ériger en autant d'États-Nations. En outre, l'Europe se défendait contre le Blocus continental qui visait l'Angleterre mais qui, en fait, menaçait d'asphyxier l'ensemble.

Pour Napoléon, le problème majeur restait l'Angleterre. Les moyens énormes préparés et mis en œuvre, notamment sur mer — avec l'issue que l'on sait, à Trafalgar... — dans les années 1804-1805, pour triompher de l'Angleterre par les armes, s'avéraient inefficaces. Restait à attaquer l'Angleterre sur son flanc le plus sensible, celui du commerce international.

Mais là aussi, l'objectif s'avéra rapidement difficile à atteindre. Sans doute, dès la fin de l'année 1807, l'interdiction faite aux pays du Continent d'importer des produits britanniques entraînait-elle déjà certains effets négatifs sur l'économie, et notamment, une chute drastique du cours de la livre sterling et la mise en faillite de certaines banques importantes. Mais, d'autres phénomènes qui, dans l'immédiat, servaient le dessein de Napoléon, comme, par exemple, la forte hausse du coût de la vie en Angleterre, avaient un effet « boomerang » sur la société française, et, de proche en proche, une bonne partie de l'Europe souffrait d'une paralysie générale des échanges. En France, la baisse des taux d'activité touchait de plein fouet certaines industries importantes, comme le textile, qui étouffait, faute de matières premières en provenance d'Angleterre. La raréfaction croissante de produits de consommation courante tels que les cotonnades, le riz, les épices, provoquait une situation de pénurie, dont seuls profitaient quelques négociants, via le commerce parallèle de produits de contrebande, et en violation du Blocus.

Enfin, au tournant des années 1810, un autre sujet figurait au passif du bilan des affaires de la France, en l'occurrence, la péninsule ibérique. L'Espagne et le Portugal restaient l'un des axes de pénétration britannique sur le continent ; l'Espagne, en particulier, constituait un foyer d'agitation, mobilisant des effectifs militaires français, troupes de l'Empire démoralisées et exsangues, après de si longues années de guerre sur tant de fronts.

Dans l'ensemble, cependant, les souffrances accumulées s'estompaient et la tempête connaissait une certaine accalmie. Aux yeux de nombreux Français, la paix retrouvée constituait le plus précieux des cadeaux que Napoléon pût offrir à l'« enfant de France ».

A Paris, en cet hiver 1810-1811, on vivait une ambiance de paix ; on courait de fête en fête et, le 19 mars, un spectacle se préparait en l'honneur du grand-duc Ferdinand de Wurzbourg. L'oncle de l'impératrice venait de débarquer à Paris en vue de la naissance toute proche.

Ce soir là, Madame de Luçay et Madame Durand s'affairaient pour aider l'impératrice à faire sa toilette. Sa Majesté n'était plus très leste... Soudain, elles virent la future mère s'effondrer dans un fauteuil, poussant un cri de douleur. On s'en fut, en toute hâte, alerter la duchesse de Montebello qui, elle-même, selon l'étiquette, devait aller avertir Napoléon que l'accouchement s'annonçait.

Madame de Montebello, qui s'était déjà retirée dans ses appartements pour la nuit, se précipita, à moitié habillée, à travers les salons, chez l'empereur. « Sa Majesté l'Impératrice », annonça-t-elle, tout agitée, « ne pourra assister au spectacle, ce soir... »

Le grand événement était donc presque arrivé. C'est pourtant à un autre spectacle que l'on allait assister ! Selon le cérémonial préétabli, dès qu'apparaîtraient les premières douleurs, la famille impériale, les grands dignitaires de l'Empire, les ministres, les hauts fonctionnaires et le clergé devaient se réunir dans les antichambres. Tous ces gens étaient élégamment vêtus : grande toilette pour les dames, uniforme ou tenue de soirée pour les messieurs. Pendant que tous cherchaient à s'installer comme ils pouvaient, Napoléon se précipita vers la chambre de l'impératrice. S'appuyant sur le bras de son époux, Marie-Louise se promenait lentement de long en large. Quand les douleurs augmentaient, elle allait s'allonger. Se trouvaient en outre autour d'elle, ses dames, ses femmes de chambre, l'accoucheur Dubois et le chirurgien Auvity. Napoléon prenait la main de Marie-Louise. Madame de Montebello l'assurait que tout allait se dérouler normalement.

Justement, cela ne se passa pas normalement. Marie-Louise eut de fortes douleurs. Ses cris s'entendaient à travers les salons. A dix heures, le médecin personnel de Napoléon, Corvisart, arriva sur les lieux, examina la situation, puis disparut. Ce n'était pas encore pour tout de suite.

On avait donc encore le temps de prendre, qui un verre de vin, qui une tasse de chocolat. Certains pariaient que ce serait un garçon. Napoléon passait de temps à autre, pâle et nerveux.

Dans la chambre d'accouchement, toutes fenêtres fermées et les épais rideaux de lourd brocart tirés, l'air devenait irrespirable. Madame Mère vint, accompagnée de Madame de Montesquiou, qui était chargée de prendre soin du nouveau-né, dès la naissance. Mais, rien ne se passait, sauf des accès de violentes douleurs chez la jeune accouchée, douleurs que les médecins attribuèrent aux reins. A cinq heures du matin, Marie-Louise s'endormit.

Depuis minuit, déjà, les cloches de Notre-Dame sonnaient et, dans beaucoup d'églises, on priait pour l'impératrice. Dans les salons, peu à peu, hommes et femmes s'assoupissaient sur place, certains, faute de siège, tout simplement allongés par terre. Au lever du jour, on les renvoya chez eux et ils s'en allèrent, plutôt dépités.

Le soleil se leva, le 20 mars, annonçant une journée splendide. A six heures du matin, Corvisart publia un bulletin selon lequel Sa Majesté était en excellente santé. Napoléon se retira vers 8 heures pour prendre un bain chaud.

Mais, soudain, Dubois fut devant lui, la mine sombre : « Elle a perdu les eaux, dit-il, et l'enfant se présente dans une position anormale. » La césarienne sera nécessaire. L'empereur prit peur. Y avait-il danger ? Dubois, se détournant quelque peu, n'osant pas le dire en face, répondit qu'il y avait danger, et pour la mère, et pour l'enfant. Que, le plus souvent, l'on ne pouvait sauver l'une et l'autre.

C'était un grave dilemme pour Napoléon ! L'Empire avait absolument besoin d'un héritier. En l'absence de descendance, l'œuvre entamée ne pourrait s'accomplir. Dès lors, fallait-il sauver l'enfant, ou sauver la mère ?

L'empereur, finalement, trancha : « Faites comme si vous deviez accoucher une femme de la bourgeoisie. Sauvez la mère, si vous ne pouvez sauver les deux ! » [11]

Accompagné de Dubois, il accourut chez Marie-Louise. Lorsqu'on l'eut informée, avec beaucoup de ménagements, et qu'elle vit s'amener les instruments, elle commença à s'inquiéter. Irait-on jusqu'à la sacrifier pour sauver l'enfant ? C'est en vain que Madame de Montesquiou chercha à la rassurer. Elle avait elle-même déjà subi deux accouchements de ce genre, sans gravité.

Mais Dubois hésitait encore, ne prétendant procéder à l'intervention que conjointement avec Corvisart. Là, Napoléon fut intraitable. Trêve d'atermoiements : il fallait accoucher l'impératrice. Lui-même resterait là, à leur disposition. Heureusement, Corvisart arriva. Il était neuf heures. Avec un collègue, Corvisart tint l'impératrice, tandis que Dubois appliquait les forceps. Pris d'un malaise, Napoléon se réfugia dans l'une des antichambres.

Le travail prit encore vingt-cinq minutes. Et l'enfant vint au monde à neuf heures vingt, les pieds par-devant. Mais, ne serait-il pas vivant ? On le posa négligemment à l'écart, sur le tapis. C'était un garçon.

Napoléon se précipita dans la chambre vers le lit de sa femme ; il la prit dans ses bras et l'embrassa, sans se retourner vers l'enfant. Heureusement, Madame de Montesquiou se pencha sur le petit corps inanimé ; elle prit l'enfant et le passa à Corvisart qui le lava, lui fit ingurgiter quelques gouttes d'eau-de-vie et l'enveloppa dans une pièce de tissu chaud, tout en lui tapotant le dos. Sept minutes se passèrent, sans résultat. Tout à coup, on entendit le bébé pousser un faible cri.

Napoléon se retourna. L'enfant ! L'enfant vit ! Au comble de la joie, il prit le jeune héritier dans ses bras et le porta à sa mère. « Mon fils », balbutia-t-il... « Mon fils ! »

L'archichancelier Cambacérès entra dans la pièce. On lui montra l'enfant et il rédigea aussitôt l'acte de naissance dans le salon de l'impératrice. L'enfant devait s'appeler Napoléon, François, Joseph, Charles.

Pendant ce temps, la nouvelle de la naissance s'était répandue comme une traînée de poudre, et le ban et l'arrière-ban de la cour et des personnalités refluaient vers les Tuileries.

Les portes à deux battants s'ouvrirent et Madame de Montesquiou apparut tenant le bébé dans les bras. L'huissier clama, solennellement : « Sa

Majesté, le Roi de Rome ! » Rayonnant, l'empereur souleva l'enfant et le montra à l'assistance.

Dans tout Paris, le canon commença à tonner. Le peuple, peu à peu, sortit dans la rue et l'on compta les coups, vingt et un pour une fille et cent un pour un garçon. Après le vingt et unième, tout le monde retint son souffle... Là... le vingt-deuxième !

Les cris d'allégresse éclatent, couvrant les autres coups de canon. La guerre, les morts, les souffrances accumulées : oubliés ! L'empereur a un fils ! Les soldats pleuraient de joie, tout le monde s'embrassait. Dans les rues de Paris, le vin rouge commençait à couler ; l'on distribuait des saucissons, du rôti de porc et de l'argent aux nécessiteux. On se mit à danser dans la rue et le refrain : « Bon, Bon, Bon — c'est un garçon — vive Napoléon » (*) était repris, inlassablement [12].

Le joyeux vacarme et les cris des vivats firent écho jusque dans les salons des Tuileries. A la dérobée, de l'une des fenêtres, Napoléon contemplait la jubilation des Parisiens. Il en aurait pleuré de joie.

« Vive le roi de Rome ! »

Jamais, ni en France, ni en Europe, une naissance n'avait donné lieu à un tel débordement d'enthousiasme. « La paix, jamais n'était apparue avec une telle évidence » [13], constate le ministre de la Police, Savary, duc de Rovigo. Et Goethe, en poète, exprimait la même idée, lorsqu'il évoquait et saluait le roi de Rome comme l'ange de paix [14].

La bonne et grande nouvelle se répandait à tous vents. Les pages impériaux portaient le message de l'événement à toutes les administrations et auprès de toutes les autorités ; le grand maître des cérémonies transmettait l'information à toutes les ambassades étrangères.

De nombreux coursiers enfourchaient leur monture et filaient dans tous les azimuts, tandis qu'entrait en action le plus moderne des moyens de transmission de l'époque, le télégraphe optique aérien, inventé par Claude Chappe, en 1792. Relayée par des mâts surmontés de calicots tendus par le vent, la nouvelle s'envolait de colline en colline. Pour preuve de l'efficacité du système, la nouvelle parvint le jour même, à une heure de l'après-midi à Turin, à deux heures à Brest, Boulogne et Milan, et une heure plus tard à Venise. Montée dans son fameux aérostat, Madame Blanchard dispersait, dans le ciel de Paris, des faire-part de la naissance du roi de Rome.

Dans chacun des 132 départements français, les cloches sonnaient, les drapeaux flottaient et les gens exultaient. Les villes rivalisaient d'imagination. C'est à qui réaliserait le feu d'artifice le plus magnifique, les illuminations les plus fantasmagoriques, les fêtes folkloriques les plus animées. En Suisse, le jour anniversaire du roi de Rome fut décrété jour de fête natio-

(*) en français dans le texte.

nale ; à Rome, des Te Deum furent célébrés dans toutes les églises, et la basilique Saint-Pierre n'avait jamais été illuminée aussi brillamment. A Florence, six prélats, l'émotion générale aidant, se décidèrent enfin à prononcer le serment d'allégeance à Napoléon ; à Parme, aux fenêtres des maisons, s'allumaient des bougies ; il y eut des arrêts de travail et l'on distribua du pain et du vin au peuple. Des odes et des poèmes en l'honneur de l'enfant de France furent publiés dans toute l'Europe, et dans plusieurs langues.

A Paris, le grand-duc de Wurzbourg se mit à sa table pour adresser une lettre [15] à son frère, l'empereur François : « Mon cher frère, je m'empresse de te faire savoir que ta fille a mis au monde, ce matin, un garçon. La mère et la fille *(sic)* se portent, Dieu soit loué, aussi bien que les circonstances le permettent. Elle a dû beaucoup endurer, mais cela s'est finalement déroulé de façon heureuse, car elle se trouvait en bonnes mains. On peut s'imaginer, sinon décrire, ce que tout le monde a ressenti à cette occasion. Je partage tous les sentiments que tu peux toi-même éprouver. J'espère, si possible encore cette année, pouvoir t'embrasser. Adieu ! conserve-moi ton amitié et ton affection. Crois-moi, je vis l'un des moments les plus heureux de toute mon existence. Ferdinand. »

La bonne nouvelle parvint à Vienne dans un temps record. Le courrier de l'ambassadeur d'Autriche parcourut la distance en cent six heures, alors que le trajet prenait normalement de neuf à dix jours.

Le grand-père, tout à la joie, congratula sa fille. « De tout cœur, je te félicite pour l'heureux événement », écrit-il. « L'enfant m'aurait déjà fait un plaisir énorme mais, que ce soit un fils, ma joie en est redoublée à cause de ton bonheur, et surtout de celui de ton époux. Mes souhaits sont ainsi exaucés, et j'attends avec impatience des nouvelles de ton fils et de toi-même. Je te conseille de lui réserver tous tes soins, surtout au début et, particulièrement, durant les six premières semaines... » [16] L'empereur François avait, en effet, une longue expérience en la matière...

Le 6 avril, Marie-Louise quitta pour la première fois la chambre. Le lendemain, elle se risqua à une petite promenade et, le 18 avril, elle fit sa première vraie sortie au Bois de Boulogne. Les promeneurs, qui la reconnaissaient, l'acclamaient. Le 21 avril, elle partit pour Saint-Cloud afin d'y achever sa convalescence. Elle mit ce temps à profit pour écrire à son cher papa. Son plus grand bonheur était la preuve d'amour que lui avait donnée Napoléon, en choisissant qu'on lui conserve la vie plutôt que, au pire, seulement celle de l'enfant. « Vous pouvez imaginer tout mon bonheur », écrit-elle [17]. « Je n'aurais pu rêver pouvoir jamais connaître une telle joie. Mais, ma tendresse pour mon époux s'est encore accrue avec la naissance de mon fils. Et le dévouement et l'attachement qu'il m'a témoignés durant tout ce temps : j'en ai encore les larmes aux yeux, rien qu'à y penser. Jamais je n'oublierai. »

Fière de son enfant, comme le sont toutes les mères, elle envoya au cher papa un portrait de son fils. Il avait beaucoup des traits du père, il était fort et en bonne santé. Il pesait, à la naissance, neuf livres et mesurait vingt pouces, et il prenait du poids chaque jour. « Il est très vigoureux pour ses cinq semaines », écrit Marie-Louise, « et il tient sa tête bien ferme sur le coussin » [18]. Le père de l'enfant, lui, était évidemment encore plus fier. Ce qu'il était pour ce fils si ardemment désiré paraissait même exagéré aux yeux de Marie-Louise : « L'Empereur s'occupe énormément de lui ; il le prend dans ses bras et se fait enfant avec l'enfant ; il prétend déjà lui donner à manger, ce qui ne convient pas à cet âge [19]. »

Outre l'empereur, c'était tout Paris qui se trouvait saisi de la même fièvre. On vit, par exemple, des officiers de la Garde se couper la moustache pour en faire un oreiller ; on portait des vêtements « caca du roi de Rome », et l'on vit de dignes sénateurs s'approcher du fils de l'empereur et lui faire des courbettes pendant qu'il dormait. Au mois de mai, des cas de petite vérole furent signalés à Paris, aussi préleva-t-on sur un enfant immunisé âgé de 10 mois un vaccin pour le roi de Rome. C'est le docteur Husson qui effectua cette intervention, couronnée de succès !

Dès le 20 mars et selon la coutume, le fils de Napoléon reçut l'ondoiement. L'enfant, porté par Madame de Montesquiou et entouré de tout un monde, fit son entrée dans la chapelle des Tuileries. Il fut présenté par l'empereur lui-même sur les fonts baptismaux.

Quant à la cérémonie solennelle du baptême proprement dit, elle eut lieu à Notre-Dame, le 9 juin. Le parrain effectif désigné était l'empereur d'Autriche François, remplacé par son frère le grand-duc de Wurzbourg. Mais la distribution des autres rôles fut, tout comme lors du mariage, contrariée par des susceptibilités au sein de la famille Bonaparte. Caroline, la marraine officielle, ne vint pas d'Italie et fut remplacée par l'accommodante Hortense. Quant à Joseph, désigné comme deuxième parrain, il assista à la cérémonie, mais non à titre de parrain...

A l'image du faste déployé pour le mariage, un cortège fut organisé en grande pompe et pénétra à Notre-Dame vers dix-neuf heures. Le héros du jour, que serrait contre elle Madame de Montesquiou et qu'entouraient des pages impériaux aux vêtements blancs tissés d'or, sortit du carrosse attelé de huit chevaux. Outre les dignitaires impériaux, l'assistance comptait près de 7.000 invités. Le Grand Aumônier, le cardinal Fesch, procéda au baptême. Ensuite, Napoléon prit son fils, l'embrassa à trois reprises et, avec joie et fierté, le présenta à bout de bras à l'assemblée. Comme un seul homme, toute l'assistance s'écria : « Vive le roi de Rome ! »

Au cours de ces événements et malgré tout le charivari, Napoléon n'avait pas oublié l'ancienne impératrice, Joséphine. Dès la naissance, il lui avait fait parvenir un message : « J'espère que mon fils connaîtra un développement harmonieux. Il a ma poitrine, la même bouche et les mêmes yeux. J'espère qu'il remplira sa destinée. » [20]

C'était le matin, au petit déjeuner, le meilleur moment de détente de l'empereur avec son fils. Madame de Montesquiou amenait l'enfant à son père, qui le prenait sur les genoux. L'empereur plongeait le doigt dans son chocolat et le donnait à sucer à l'enfant. A d'autres moments, devant la gouvernante épouvantée, avec son verre, il mouillait les lèvres de l'enfant de quelques gouttes de vin. Et la grimace du roi de Rome l'amusait.

Grâce à son fils, Napoléon parut même rajeunir. L'enfant était robuste, en pleine santé, et sa croissance était rapide. A l'âge où il commença à ramper, l'empereur se mettait à genoux par terre et jouait avec lui ; il lui attachait son épée et lui mettait son chapeau sur la tête. Alors, il le soulevait devant la glace où le jeune roi, surpris de son accoutrement, faisait des singeries. Ou encore, il le portait dans ses bras, devant une fenêtre, et lui détaillait ce qui se passait dans la rue. Il taquinait aussi l'enfant en le tentant avec des bonbons puis il les lui enlevait, lorsqu'il tendait la main. Quand la plaisanterie avait assez duré et que l'enfant commençait à pleurnicher, il lui disait, sur un ton de reproche : « Vous pleurez, petit Sire ? Pfut ! voilà le roi qui pleure ! »

Que l'empereur idolâtrait son jeune fils, on le sut très vite, et ceux qui cherchaient à s'attirer des faveurs eurent l'habileté de toucher l'empereur à son point faible. Les demandes adressées à « Sa Majesté le Roi de Rome » étaient accueillies favorablement par l'empereur.

Marie-Louise, comme c'était l'habitude chez les dames des classes supérieures, n'était mère qu'à ses heures. Généralement, la mère et l'enfant se voyaient entre l'heure du dessin et la séance de musique et, à en croire la duchesse d'Abrantès, qui n'avait guère de sympathie pour Marie-Louise, celle-ci ne savait trop comment s'y prendre avec le jeune enfant. Souvent, entrant dans sa chambre avec une tapisserie en cours, elle continuait à y travailler, tandis qu'il jouait à ses pieds. « Parfois », ajoute la comtesse, « elle disait, en le regardant, « bonjour ! bonjour ! », le prenant sur elle quelques instants, affectueusement, mais elle le rendait aussitôt à la gouvernante. Et, pour que faire après ? Je vous demande. Pour parcourir les journaux ! » [21]

C'est que Marie-Louise avait grandi dans une famille nombreuse où l'on ne faisait pas plus de cas des petits enfants qu'elle-même n'en faisait du jeune roi de Rome. Elle était quelque peu déconcertée, cette jeune mère de moins de vingt ans, devant un époux émerveillé et passionné par cet enfant : son bien le plus précieux. Telle était sans doute, en partie, la raison de cette sorte de gêne et d'embarras qu'elle montrait, face à l'enfant. Le secrétaire de Napoléon, Méneval, raconte que « lorsque Napoléon se trouvait dans son cabinet de travail, dont l'entrée était interdite à quiconque, même à la gouvernante de l'enfant, il priait Marie-Louise d'aller lui chercher son fils. Mais Marie-Louise était tellement anxieuse, encombrée d'elle-même, que l'Empereur se décidait souvent à prendre les devants et, à peine la gouvernante avait-elle déposé l'enfant dans les bras de sa mère, que Napoléon le lui reprenait, l'embrassait tendrement et l'emportait. » [22]

La personne à laquelle le petit roi était le plus attaché était Madame de Montesquiou, sa gouvernante. C'était elle qui, la première, se penchait le matin sur son berceau ; qui lui donnait à manger, jouait et riait avec lui ; qui le câlinait et s'occupait de lui. Le soir, c'était elle qui le mettait coucher.

Il en était cependant une autre qui se sentait attirée, comme par magnétisme, par le petit roi. L'ancienne impératrice Joséphine mettait en effet tout en œuvre pour pouvoir l'approcher, ne serait-ce qu'une seule fois. Napoléon était resté en contact avec sa première épouse. Certes, il lui avait fallu éviter Paris pendant un certain temps, et elle était allée vivre en Normandie, près d'Évreux, dans une résidence qui avait appartenu, jadis, à la reine de Navarre. Avec hésitation, Napoléon l'avait autorisée, par la suite, à rejoindre Malmaison, et le 13 juin 1810, il lui rendit même visite. Il ne l'avait fait qu'avec la plus extrême précaution, mais Marie-Louise l'apprit et, au retour, l'empereur la trouva en larmes. Chagrin tout gratuit car, précisément, Napoléon était allé convaincre Joséphine que sa présence aux portes de Paris était prématurée, et inopportune. Quelques jours plus tard, l'ancienne impératrice partait pour Aix-les-Bains.

Néanmoins, l'empereur tenait à aller montrer Malmaison à Marie-Louise : cette propriété était réputée pour l'exubérance de ses parterres de roses. Mais Marie-Louise répondit à l'invitation par des larmes. « Récemment, j'avais l'intention d'emmener ma femme en promenade à Malmaison » raconte Napoléon à sa belle-fille. « Et je ne sais si elle pensait que votre mère s'y trouvait, mais elle se mit à pleurer tellement, que je dus y renoncer et changer mes plans. » Napoléon était bien conscient de ce qui provoquait tant de chagrin chez Marie-Louise : « elle redoute le charme de votre mère, et que je retombe sous son empire », confessait-il à Hortense [23]. De là, son souci d'éviter toute rencontre entre les deux femmes.

Dans l'atmosphère de bonheur qui entourait la naissance du roi de Rome, l'heureux père autorisa le retour de Joséphine. Celle-ci rentra à Malmaison le 24 avril 1811. Tout rapprochement entre les deux femmes était exclu, mais, le roi de Rome ? Cèderait-on au vœu de Joséphine de prendre l'enfant dans ses bras ?

Napoléon manigança quelque chose avec Madame de Montesquiou, et celle-ci finit par accepter de prendre l'affaire en main. Elle raconte : « Le lendemain, j'expédiai un message à Malmaison, faisant savoir à l'impératrice Joséphine que nous irions nous promener avec l'enfant à deux heures et demie, à Bagatelle. Elle marqua son accord sur le rendez-vous. »

A l'heure dite, Joséphine était déjà arrivée à l'ancienne résidence du comte d'Artois, au Bois de Boulogne. « Elle nous fit aussitôt entrer dans une petite pièce, à l'arrière du bâtiment », poursuit Madame de Montesquiou. « L'enfant pleurait et, s'agenouillant devant lui, elle lui prit la main, la couvrit de baisers et dit : “ Mon cher petit, un jour vous saurez l’immense sacrifice que j’ai fait pour vous. ” » [24]

Joséphine passa une heure avec l’enfant et avec sa gouvernante. « Elle était suprêmement attendrie, et d’une grande amabilité, comme toujours... »

Marie-Louise ne sut jamais rien de ce rendez-vous de l’ancienne impératrice avec le petit roi.

Chapitre X

Le commencement de la fin

Cette année-là, à la mi-janvier, il pouvait sembler qu'on n'aurait pas d'hiver. Le temps restait exceptionnellement doux, mais il pleuvait sans arrêt, depuis des semaines. Cela ne présageait rien de bon pour les récoltes de 1812 ! « Si ça continue comme ça », écrivait Marie-Louise, à Vienne, le 14 janvier, « ce sera une mauvaise année. » [1] Hélas ! Elle ne croyait pas si bien dire !

En effet, c'était comme s'il y avait à Paris de la guerre dans l'air, une guerre avec la Russie. Pourtant, Napoléon, en février 1811, s'était voulu rassurant auprès du prince Tschernitscheff, l'aide de camp du tsar. Non, il ne souhaitait pas la guerre et il n'attaquerait pas la Russie [2], mais à condition que le tsar se range aux côtés de la France, au moment de l'assaut final contre l'Angleterre.

Malheureusement, les poignées de mains échangées entre Napoléon et le tsar Alexandre à Tilsit, leurs longues heures de conversation, leurs promenades à pied et à cheval, leurs embrassades, tout cela datait déjà de près de cinq ans ! En se rencontrant à Erfurt, en septembre 1808, les souverains cherchèrent à renouveler le traité de Tilsit. Une scène mémorable, assurément, que ces deux grands protagonistes, en tête-à-tête, au milieu de ces figurants de souverains allemands qui avaient cru devoir se précipiter pour proposer leurs bons offices ! Et Napoléon n'avait pas été tendre avec eux : « Silence, les rois ! » (*) s'était-il écrié plus d'une fois lorsqu'ils s'apprêtaient à prendre la parole. En fait, ils étaient repartis humiliés à l'extrême, mais surtout rongés par le souci de sauver leur couronne ; dans ce but, ils

(*) en français dans le texte.

étaient disposés à se mettre quasi à la merci de Napoléon et, en plus, de lui en être reconnaissants !

Jusqu'au grand-duc Charles-Auguste, ce « prince » éminent si cher à Goethe qui, rejoignant Weimar, se déclara, dans les termes mêmes du poète, « l'allié le plus dévoué, le plus reconnaissant et le plus fidèle de Napoléon. » [3]

La rencontre-spectacle d'Erfurt et les termes de l'accord entre le tsar et l'empereur consacraient le talent, de Napoléon surtout, mais du tsar également, lequel avait fait une belle prestation. Dans ses déclarations, celui-ci, une fois de plus, s'était proclamé l'ami et l'admirateur de Napoléon, mais dans une lettre secrète envoyée à Moscou on pouvait lire : « Bonaparte me prend pour un imbécile. Rira bien qui rira le dernier ! » [4]

C'était à nouveau cet empoisonnant Blocus continental qui hypothéquait les relations entre la France et la Russie. Sauf à accepter de sacrifier le commerce de son propre pays, le tsar ne pouvait s'engager dans la guerre économique contre l'Angleterre. Du côté russe, on utilisait toutes sortes d'expédients. Sous prétexte de rester neutres, on laissait libre accès aux navires anglais dans les ports russes, où l'on déchargeait les cargaisons en toute liberté. Dès lors, c'étaient des caravanes entières de marchandises « neutres » qui prenaient le chemin de l'Allemagne, à partir de la Russie. Aux protestations véhémentes de Napoléon, le tsar faisait la sourde oreille.

En conséquence, les grandes effusions de Tilsit faisaient place aux tensions. Les grands amis d'hier passaient à la provocation. Un coup donné, deux rendus. A l'annexion des villes hanséatiques par Napoléon, notamment d'Oldenburg, qui tenait tant à cœur au tsar, celui-ci répliquait par des représailles : la libre importation des denrées coloniales en provenance d'Angleterre et des droits d'entrée exorbitants sur la soie et les vins français.

Il s'agissait là d'un véritable *casus belli*. De part et d'autre, un grand chassé-croisé diplomatique s'annonçait. Le tsar négociait avec les Turcs et Napoléon, de son côté, cherchait à s'assurer les loyaux services de l'Autriche. Irait-on vers une guerre ? Napoléon rappela son ambassadeur à Saint-Pétersbourg. Celui-ci, Caulaincourt, auquel Napoléon avait conféré le titre de duc de Vicence, était un homme pacifique et fort avisé. Répétant, dans ses propres termes, des affirmations du tsar, Caulaincourt mit son souverain en garde. « Les conditions climatiques décideront de l'issue de cette guerre. Les Français sont moins endurants au froid, et des miracles, seul Napoléon peut en faire, mais il lui est impossible d'être partout à la fois... » [5] Mais Napoléon s'entêtait : une « bonne bataille » ouvrirait les yeux à Alexandre. Caulaincourt allait être suspendu de ses fonctions d'ambassadeur à Saint-Pétersbourg et remplacé par Jacques Alexandre Lauriston. Il s'agissait d'un général !

Auprès de Schwarzenberg, Napoléon justifiait cette nouvelle escalade en ces termes : « Caulaincourt n'est pas assez ferme dans les discussions avec le tsar ». Le 5 avril 1811, l'ambassadeur d'Autriche fut reçu en audience par Napoléon, à qui il allait remettre les vœux officiels du couple impérial autrichien, à l'occasion de la naissance du roi de Rome. Napoléon était d'excellente humeur et il en vint très rapidement à parler de la Russie. Et il rappela à Schwarzenberg tout ce qu'il avait déjà fait en faveur de celle-ci : en 1807, il l'aurait épargnée, à Tilsit ; il l'aurait laissée annexer la Finlande, il lui aurait cédé la Moldavie, la Walachie et la Bessarabie ainsi que près d'un tiers de la Turquie d'Europe [6]. Mais comment Alexandre l'avait-il remercié ? En boycottant le Blocus continental ! « Je ne souhaite pas la guerre avec la Russie », assura-t-il également à l'ambassadeur d'Autriche. Il n'en voulait qu'à l'Angleterre. Mais comment y parvenir sans affronter directement la Russie ?

Schwarzenberg écouta attentivement. Peu ou prou, son interlocuteur ne faisait que reprendre dans son discours l'argument habituellement invoqué par les chefs de guerre pour justifier une agression. « La Russie prend des mesures qui pourraient faire présager l'éclatement prochain d'un conflit. » lui dit Napoléon. « Ils ont mis en place neuf divisions, menaçant directement le duché de Varsovie. Vous admettrez avec moi que ce dispositif est assez inquiétant pour que, de mon côté, je doive prendre des mesures. Et, à entendre les Russes, ce serait moi le fauteur de guerre ? » [7]

Quant à la place de l'Autriche dans cette affaire, les propos de Napoléon à ce sujet intéressaient au plus haut point l'ambassadeur Schwarzenberg. Celui-ci sut bien vite à quoi s'en tenir ! Sans le moindre détour, Napoléon recommandait à l'Autriche de s'allier à la France. Un corps d'armée autrichien viendrait rejoindre l'armée de l'Empire. Ce ne pourrait avoir que « des conséquences bénéfiques pour l'Autriche... » (et, en outre) ... « comme, de toute manière, nous ne formons qu'une seule et même famille, l'empereur François sera un jour le protecteur de mes enfants, et mes descendants iront défendre les siens ! »

Schwarzenberg fit parvenir à Vienne un rapport détaillé sur cet important entretien. Il aurait vivement souhaité, écrit-il, « disposer, dans un coin de la pièce, d'un sténographe qui aurait retenu sur papier, mot pour mot, tout le cours de cette intéressante conversation. » [8]

C'était donc en vain que l'empereur François avait espéré garder sa neutralité. Par la convention du 14 mars 1812, l'Autriche s'engageait à fournir, en cas de guerre, une armée de 30.000 hommes, un corps autonome sous commandement autrichien, mais relevant de l'autorité de Napoléon. Ainsi l'Autriche, ancien adversaire de la France, s'en irait faire la guerre à la Russie avec les Français...

Toutefois, la guerre n'était pas encore pour tout de suite. On la préparait seulement. A partir du mois d'août, il ne se passait pas un jour sans qu'il ne soit question de manœuvres et d'exercices de campagne, ou encore de constitution de centres de ravitaillement et d'approvisionnement de l'armée.

Et, afin de ne pas éveiller la méfiance de l'ancien ami de Tilsit, tout cela se passait, le plus possible, sans bruit.

C'est en février 1812 que se produisit le déploiement, en ordre de bataille. Sur un front de neuf colonnes, le contingent italien franchit les Alpes et, d'Allemagne, les régiments se mirent en marche en direction de l'Est : vingt armées de nations distinctes, totalisant 500.000 hommes, étaient impliquées, au sein desquelles les Français étaient la minorité, et où les Allemands, au milieu d'un assemblage des plus hétéroclites, constituaient le contingent numériquement le plus important. Dans le camp français, chaque corps d'armée était lui-même une mosaïque d'effectifs d'origines nationales diverses. Ainsi, sous le haut commandement du maréchal Oudinot, on trouvait des Français, des Wallons, des Portugais, des Hollandais, des Suisses, et même des Croates [9]. L'heure de Napoléon avait sonné !

« Depuis mon mariage, on croit que le lion dort », disait Napoléon. « On va bien voir s'il dort encore ! » C'est à Fouché, duc d'Otrante, que s'adressait Napoléon, en 1810, ce Fouché qu'il avait relevé de ses fonctions de ministre de la Police en raison de ses contacts personnels trop évidents avec les Anglais. Mais pas plus qu'il ne le fit avec Talleyrand, qui, lui, conspirait avec la Russie, il ne l'avait écarté tout à fait. Les ennemis sont en effet moins dangereux lorsqu'on les garde auprès de soi.

Fouché, l'ancien prêtre ex-jacobin, l'écouta avec grand intérêt, lorsque, pour la ixième fois, Napoléon lui révéla sa vision de l'Europe. « Il me faut 800.000 soldats et je les ai. L'Europe actuelle n'est qu'une vieille femme qui me laisse faire, de cette armée, ce qu'il me plaît... N'est-ce même pas vous qui m'avez dit un jour que vous reconnaissiez le génie, pour autant qu'il soit sans limites ? Qu'y puis-je, si une puissance exorbitante me pousse à exercer mon emprise sur le monde ?... Je n'ai pas encore réalisé ma vocation : il me faut poursuivre ce qui est à peine entamé. » [10]

Napoléon n'avait pas informé son épouse de ses projets politiques, mais celle-ci se rendait compte de ce qui se passait autour d'elle. A Meudon où, le 9 avril 1812, elle s'installait au château avec le petit roi, la garde ne comportait plus qu'une vingtaine de soldats, car ce qu'il restait de la troupe dans la région parisienne se trouvait dispersé dans les différentes garnisons. Le grand nombre, dont de très jeunes recrues pouvant à peine porter un fusil, s'était déjà mis en marche vers l'est de l'Europe et la frontière russe.

Depuis la naissance de l'enfant de France, Marie-Louise avait bien changé, à son avantage. Elle s'était amincie et son visage avait perdu sa rondeur d'enfant. Peu à peu, elle prenait sa juste place d'impératrice des Français. Si, au début du mariage, c'était encore le plus souvent l'allemand qu'elle parlait dans le petit cercle de ceux qu'elle s'était choisis, elle en était venue à préférer la langue française et elle s'adaptait au genre de vie de son pays d'adoption.

La vie intime du couple impérial s'était épanouie davantage encore lorsque, dans les premiers mois de 1812, les bruits de bottes se firent entendre. Marie-Louise craignait, en fait, moins pour la France (car à ses yeux l'auréole de Napoléon n'avait encore rien perdu de son éclat) qu'elle ne redoutait la longue séparation qui s'annonçait. « Mais comment voudriez-vous, mon cher Papa », se plaint-elle auprès de l'empereur François, « que le corps soit sain lorsque l'âme qui l'habite est si malade, et qu'il puisse en être autrement, avec tous ces bruits qui courent, depuis deux mois... ? » [11]

Mais un délai de grâce devait encore lui être accordé. Pour faire plaisir à son épouse, mais, également, pour occulter son départ vers le front, Napoléon proposa une rencontre à Dresde avec le « cher papa François », en compagnie de l'impératrice. L'idée remplit Marie-Louise de joie. Le soir même du 15 mars, elle fit part à Vienne de la grande nouvelle. « L'Empereur me charge de vous faire savoir qu'il va m'emmener avec lui à Dresde pour un ou deux mois et qu'il espère aussi vous y rencontrer. Me voici donc dans une grande joie ! J'espère également avec ferveur que vous ferez en sorte que nous nous reverrons tous, en accédant à ma demande d'emmener à Dresde avec vous la chère maman, mes frères et mes sœurs... » [12]

L'accord de principe de l'empereur François était acquis. « L'Empereur, auquel je te prie de transmettre mes chaleureuses salutations », écrit l'empereur d'Autriche à sa fille, le 27 mars [13], « m'a également fait part de son désir de nous rencontrer à Dresde. Je serais bien triste qu'il y ait une guerre en perspective, mais mon désir de te revoir est d'autant plus vif. » Toutefois, comme on ne pouvait imposer au roi de Saxe d'accueillir tant de monde, l'empereur François faisait une autre proposition. « En ce qui concerne la famille, étant donné nos rapports avec la Saxe, je ne pourrai l'y emmener avec moi à Dresde, mais, sur ton chemin de retour vers Paris, et avec l'accord de ton époux, tu pourrais t'arrêter à Prague, ce qui n'est pas un grand détour. Je ferai en sorte que nous puissions nous revoir entre nous... »

Le 3 mai, Marie-Louise put confirmer au cher papa que « pour autant qu'elle soit de retour à Paris vers la fin du mois de juillet », son époux l'avait autorisée « à passer un bout de temps à Prague. » [14] Et, une fois de plus, elle le priait de faire venir à Prague tous ses frères et sœurs. Les grandes retrouvailles familiales étaient donc pour bientôt. Une dernière lettre de confirmation du père impérial, datée du 10 mai [15], arriva de Vienne à Saint-Cloud. « Remercie ton époux de ma part pour cette perspective du plaisir de t'avoir près de moi à Prague, et rassure-le que je ne te garderai pas plus longtemps qu'il ne le souhaite, car tu appartiens à ton fils et au pays auquel tu es destinée... Mon épouse m'accompagnera aussi, bien que sa santé ne soit pas des meilleures... »

L'expédition outre-Rhin était donc décidée : Marie-Louise pouvait faire ses valises. Napoléon l'avait invitée à emporter ses toilettes les plus somptueuses et ses bijoux les plus précieux. Il voulait qu'elle représente toute la splendeur de l'Empire à son sommet ! Dans l'ensemble donc, les préparatifs du départ faisaient davantage penser à un voyage d'agrément qu'à un départ pour le champ de bataille.

Dans le même temps, Schwarzenberg s'apprêtait à quitter Paris et prenait congé de son ambassade. Pour consacrer ses titres de gloire militaire de 1809, l'empereur François, après l'avoir nommé général de cavalerie, venait de le revêtir des hautes fonctions de généralissime du corps d'armée auxiliaire autrichien.

Napoléon et Marie-Louise quittèrent Saint-Cloud le 9 mai 1812 au matin et, une fois de plus, le couple impérial recueillit tout au long du parcours les acclamations enthousiastes de la population. De leur côté, comme il se devait, les princes allemands se mobilisèrent, accourant pour faire leurs courbettes aux souverains de l'Europe.

Marie-Louise baignait dans la béatitude ! Cette fois-ci, ce devait être de tout confort et de tout repos : aux étapes, des logements de première classe avaient été réservés ; aux relais, les meilleures voitures, les mieux suspendues, prenaient la relève ; la nuit, des feux jalonnaient les routes, assurant la sécurité. Le 16 mai, on aborda à Freiberg, de Saxe, où la famille royale attendait le couple impérial pour l'escorter jusqu'à Dresde. Et c'est sans incident particulier que l'on arriva dans cette ville vers dix heures du soir.

Le lendemain, l'empereur et l'impératrice d'Autriche vinrent les rejoindre. « Entièrement couverts de poussière et accompagnés par la foule dans les rues, nous fîmes notre entrée à Dresde », écrivait l'impératrice Maria Ludovica à sa mère, l'archiduchesse Marie-Béatrice. « A notre descente de voiture, le roi et la reine de Saxe nous firent un accueil si enjoué que, tout de suite, nous nous sentîmes à l'aise. Ils nous conduisirent à nos chambres où, aussitôt, un chambellan de la cour française apparut pour nous demander, à mon époux et à moi, à quel moment cela nous conviendrait le mieux pour recevoir son souverain. Notre réponse fut la suivante : " le plutôt sera le plus agréez *(sic)*. " (*) » [16]

C'était donc l'heure de la rencontre si ardemment attendue par Marie-Louise !

Napoléon allait rencontrer pour la deuxième et la dernière fois l'empereur, son beau-père.

« Napoléon apparut avec toute sa cour », rapporte l'impératrice Maria Ludovica. « Nous allâmes à sa rencontre, il embrassa l'Empereur et moi-même, et il me fit le baisemain. Nous l'avons ensuite introduit dans nos appartements et, portes closes, nous avons échangé des propos insignifiants. Vous pouvez aisément vous imaginer, ma chère maman, ce que je ressentais à ce moment-là ! Alors, en tenue de grand gala, parée de brillants et suivie de toute sa cour, l'impératrice Marie-Louise fit son entrée. » [17]

(*) en français dans le texte.

Marie-Louise avait le cœur battant, et sa joie était, à n'en pas douter, indicible. Revoir enfin son cher papa et embrasser la chère maman, cent fois Marie-Louise s'en était représenté la scène ! Et voici que le moment tant convoité était arrivé. Pourtant, les fruits ne passaient pas la promesse des fleurs : « Je fus à sa rencontre », rapporte Maria Ludovica. « Bien qu'elle fût très heureuse de revoir son père, embarrassée par sa robe, elle montra, à cause des personnes présentes, la gêne et la froideur qu'ils ont tous, ces Habsbourg, et qui m'exaspèrent... » [18]

Maria Ludovica sauva la situation. « Faisant semblant de ne pas m'en apercevoir, je l'embrassai vivement, car j'étais vraiment émue. Je la conduisis dans ma chambre, je fermai les portes, et nous nous mîmes à causer, sur un canapé, tout à la joie d'être réunies. Elle est comme elle était à la maison, sauf qu'elle est un peu plus loquace en lieux communs ; la même posture, la timidité et la froideur que tu lui connais et que nos gens prennent pour des airs hautains, ce qui n'est pourtant pas le cas. Et peut-être n'aurait-elle guère moins de naïveté qu'avant son mariage ; ce serait plutôt l'inverse. » [19]

Napoléon non plus ne put éviter les regards scrutateurs de Maria Ludovica ! Bien que l'empereur fît de son mieux, à force de gentillesses et de prévenances, pour plaire à sa jeune et jolie belle-mère, la sentence portée par celle-ci fut sans appel ! « Il parle beaucoup pour ne rien dire, opine-t-elle, et, avec son habitude de poser sans cesse des questions (...) On peut esquiver les questions, mais non les réponses. Je remarquai qu'il le faisait exprès, et je coupai court, de façon que la conversation ne reprît plus (...) Je trouve ce genre d'entretiens presque insupportable... » [20]

Finalement, débarqua aussi à Dresde, le 26 mai, le roi de Prusse, Frédéric-Guillaume III. « Il éprouvait, à nouveau, un grand plaisir à revoir notre Empereur, commente Maria Ludovica, mais la position de la Prusse est intenable à cause de l'armée française, et spécialement de la cavalerie, qui lui coûte très cher en vivres... » [21]

L'avenir était donc sombre pour le souverain prussien. En effet, dès les premiers mois de 1812, la Prusse avait dû s'engager à faire à la France d'énormes livraisons de vivres, de stocks divers et d'équipements. Aussi, sous des dehors de soumission, de fortes tendances anti-françaises se faisaient jour dans le pays.

De son côté, Napoléon avait, en présence de Schwarzenberg, exprimé à plusieurs reprises sa méfiance à l'égard de ces « Jacobins du Nord » de Prussiens. En effet, des patriotes tels que Kleist, Fouqué et Gentz commençaient à caresser secrètement le projet d'une lutte pour l'indépendance. A Berlin, sous occupation française, Fichte avait même prononcé son fameux « Discours à la nation allemande » et Stein qui, en quelques mois, en 1807-1808, avait réussi, dans ses fonctions de ministre, à apporter à la Prusse de profondes réformes, s'avérait le partisan le plus acharné de l'idée d'unité allemande.

Napoléon les laissait faire, ces « fauteurs de troubles allemands en délire. » Aussi longtemps qu'il ne s'agissait que de discours de beaux parleurs, que de s'entretenir de la forme physique avec le maître de gymnastique Jahn, ou encore, comme les Brentano et les von Arnim, de fouiller dans le passé de l'Allemagne, ça ne prêtait pas à conséquence... Mais lorsque le baron Stein évoqua imprudemment l'indépendance de l'Allemagne, sur ordre de Napoléon il dut démissionner et s'éloigner de son pays. Fatalement, dès 1812, le tsar devait en faire son conseiller, et le secrétaire privé de Stein, Ernst Moritz Arndt, qui était avec lui à Saint-Pétersbourg, se mit à y écrire son « Catéchisme pour les soldats allemands ». Et bientôt, il irait divulguer auprès de ses compatriotes et du souverain de Prusse des idées du genre : « Le Rhin est un fleuve d'Allemagne, mais il n'est pas sa frontière. » [22]

Napoléon éprouvait une profonde aversion à l'égard du roi de Prusse, Frédéric-Guillaume III. Il avait même envisagé la possibilité de lui déclarer la guerre en même temps qu'à la Russie. Finalement, il avait opté pour une autre solution : il ferait valoir ses droits et le mettrait d'abord à son service. Il serait toujours temps de l'éliminer plus tard, après avoir réglé le sort de la Russie.

Mais, pour l'heure, à Dresde, le roi de Prusse était encore le « fidèle allié ». D'ailleurs, même « papa François » se laissait embobiner par Napoléon. Oui, finalement, il serait tout de même « quelqu'un de bien ! »confiait-il, par après, à son frère Jean, et, « il aurait bon cœur » [23]... Ce grand jeu de séduction et cette sympathie naissante ne plaisaient guère à l'impératrice Maria Ludovica. « Hélas ! son époux (c'est-à-dire le mari de Marie-Louise) parvient à influencer le mien », écrit-elle à sa mère, en Italie. « Il sait comment s'y prendre avec les hommes ! » [24]

Maria Ludovica, réservée, restait néanmoins sur ses gardes. « Je voulais rester digne, mais, de toutes les femmes, j'étais la seule à m'en soucier », dit-elle encore, amère. « Comme tous les hommes, la reine de Saxe et toutes les princesses se croyaient obligées de faire la cour à l'empereur des Français. Ces souverains saxons, à n'en pas douter, témoignent à son égard d'une servilité teintée de crainte, ce qui contraste étrangement avec la haine que tout leur peuple voue à Napoléon ».

Mais, incontestablement, celui-ci était, une fois de plus, l'étoile dans l'orbite de laquelle tout le monde tournait. Vêtu, comme à l'accoutumée, de sa redingote grise, il était, face à ces dignitaires allemands, plus empereur que jamais. D'après Bourrienne, le secrétaire de Napoléon, bien que le séjour à Dresde ne comptât pas parmi les plus glorieux que connut son maître, celui-ci occupa encore le haut du pavé au cours de ces journées.

Metternich devait cependant en donner, plus tard, une version quelque peu différente. « Quelque chose avait changé en lui. Il avait cette susceptibilité qui indique un manque d'assurance, de confiance en soi. Et la versatilité dans les idées se traduisait jusque dans son regard, ce qui, chez les génies, annonce habituellement l'appréhension de leur propre faillite... » [25] Quant à Maria Ludovica, pleine de pressentiments, elle écrit à sa mère : « On a toutes les raisons de supposer que la guerre va bientôt éclater et peut-être suis-je la seule à me convaincre que cela va mal se passer pour Napoléon. » [26]

Le 29 mai, Napoléon quittait Dresde pour rejoindre les armées et il fit ses adieux à Marie-Louise. Celle-ci, en larmes, le prit dans ses bras. Il la consola et essaya de la réconforter : la campagne ne devait pas durer bien longtemps... Finalement, il s'en alla à quatre heures du matin et, aussitôt après son départ, Marie-Louise écrivit un billet à Madame de Luçay, sa dame d'honneur, auprès de qui elle épancha sa tristesse.

Le même jour, la famille impériale autrichienne se mit en route pour Prague afin d'organiser les préparatifs de la venue de Marie-Louise. Celle-ci les suivit cinq jours plus tard. Le couple impérial vint à sa rencontre jusqu'à la « Montagne Blanche ». L'accueil fut solennel et les chaleureux vivats de la population de la capitale de la Bohême accompagnèrent le cortège de la joyeuse entrée de l'impératrice des Français sur tout le trajet vers le centre de Prague.

L'empereur François n'avait pas ménagé ses efforts et n'avait rien épargné en fait de splendeur et d'honneurs. Pour recevoir sa fille impériale, une cour au grand complet avait été réunie : en tête figurait le prince Clary, accompagné de douze chambellans et de huit pages d'honneur. Le programme des festivités et des divertissements était riche et varié, sans compter la visite organisée des monuments et des curiosités de Prague. On fit des promenades en carrosse dans les environs. Comme Marie-Louise était devenue, entre-temps, une cavalière accomplie, elle put faire, avec « le cher papa », de longues promenades à cheval.

C'est à une véritable fête de famille que l'on assistait à Prague. Tous les frères de l'empereur y étaient venus pour saluer leur nièce et l'on vit même arriver, au cours du séjour, le prince de Ligne, le plus brillant causeur de l'époque, surnommé « le prince rose », en raison de cette couleur qu'il affectionnait particulièrement. Il a laissé dans ses écrits des traits d'une grande tendresse pour Marie-Louise : « son pied charmant, (...) son joli décolleté, (...) son port d'une très grande dignité, (...) et cette touchante gentillesse et ses attentions de tous les instants à l'égard de ses sœurs et de son père, qui le lui rendaient bien ! et qui fait qu'elle est vraiment aimée de tous... » [27]

Les plus jeunes des frères et sœurs de Marie-Louise n'étaient pas de la partie. Était notamment resté à Vienne le pauvre Ferdinand, le fils mal né de la famille, handicapé mental dès la naissance et que les efforts vigilants et surhumains de l'impératrice, notamment, ne parvenaient pas à éveiller à la conscience. Le pauvre « Nandel » devait rester un débile durant toute sa vie.

Manquait également, pour faire le bonheur de Marie-Louise à Prague, son émoustillant jeune frère François-Charles, de dix ans son cadet et son fidèle correspondant qui assurait le lien entre Vienne et Paris. Aux petits cadeaux que lui envoyait sa grande sœur l'impératrice, il répondait par des déclarations d'amour : « Tu es toujours la sœur la plus bonne *(sic)* et la plus aimable du monde entier. » [28] C'était lui, le jeune archiduc qui, pour perpétuer le souvenir de Marie-Louise, à son départ de Vienne pour la France, avait planté « deux beaux jeunes poiriers » dont l'un fut baptisé « gentille Louise »; l'année suivante, il annonçait que « les arbrisseaux se portaient bien (...), que « gentille Louise » avait l'air en pleine santé (...), à chaque fois que je contemple l'arbre gentil, je ressens une joie immense. » [29]

La sœur de Marie-Louise, Léopoldine, âgée de quinze ans à l'époque, avait accompagné la famille impériale à Prague. Ces retrouvailles furent des plus émouvantes ! Les deux sœurs avaient, tout au long des années de séparation, entretenu une correspondance suivie et très animée. Plus récemment, la « Poldel » — surnom familier que les Viennois avaient donné à la jeune et gracieuse archiduchesse — avait manifesté un très vif intérêt pour les progrès et la croissance du jeune roi de Rome. « Hélas, je n'ai pas encore en main le portrait de ton fils », écrit-elle à Paris, le 6 juin 1811, « mais, d'après l'effigie de la pièce de monnaie que tu m'as fait parvenir, on peut se rendre compte qu'il est bien joli, tout joufflu et en pleine santé. » [30] Et, à peine rentrée du voyage à Prague, évoquant ces grands moments avec Marie-Louise, elle lui écrit : « Au nom du ciel, puissent de telles occasions encore souvent se représenter ! » [31]

Il y avait encore quelqu'un d'autre à retrouver à Prague, qui réjouissait le cœur de Marie-Louise : le plus jeune frère de l'empereur François. L'archiduc Jean n'était pas un foudre de guerre et on lui reprochait même d'avoir compromis l'issue de certaines batailles. Ardent patriote cependant, il avait des idées avancées et il devait, plus tard, s'illustrer en animant le progrès technologique et social, l'œuvre de sa vie, particulièrement en Styrie.

Lors de l'événement familial, à Prague, l'archiduc Jean avait trente ans et, à propos de Marie-Louise, il note dans son Journal intime : « Elle est toujours comme je l'ai connue, si ce n'est, dans la voix, un débit moins rapide et un timbre plus sombre ; elle ne vivra pas vieille : j'ai profondément sondé son âme ! Son cœur est très chagrin, elle aime Napoléon et elle est très inquiète de l'avenir... » [32]

Ils se voyaient très souvent pendant le séjour à Prague. « Je prenais les repas chez l'Empereur, puis, à longueur d'heures, je conversais avec ma nièce et, émus, nous échangions nos idées sur maintes choses. Je lui disais tout ce que j'éprouvais pour elle et je sentais qu'elle m'en savait gré. Nous parlions de nos modes de vie. Nous nous promîmes de nous échanger des livres et, en la quittant, je m'engageai à lui écrire. Elle fait l'honneur et le bonheur de l'Autriche. » [33]

L'archiduc, simple dans ses allures et, tout comme son frère François, économe de nature, allait d'étonnement en étonnement, face aux dépenses mondaines des Français à Prague. « Je participai à un banquet » retient-il. « Ces falbalas, d'un luxe, d'une étiquette à peine croyables (...). Tout ça peut être de la poudre aux yeux pour les Français, mais nous, les Allemands, ça nous laisse froids. » Il était très inquiet de la guerre qui se préparait. « Si, au moins, elle apportait un quelconque bénéfice à l'Autriche ou à l'humanité ! Mais comme Napoléon avance à l'allure d'une grande roue, il détruit plus qu'il ne construit. Je ne saurais l'aimer et je ne me laisserai jamais éblouir par ce qu'il fait. Ma nièce est heureuse, mais, comme l'activisme permanent de Napoléon le conduit à prendre de plus en plus de risques, elle voit l'avenir avec crainte... »

Une fois encore, Marie-Louise trouva fortuitement sur son passage, à Prague, le comte Neipperg, un personnage remarquable. Promu général de division, il avait ensuite été récemment attaché militaire du gouvernement autrichien à Stockholm et, dans sa fonction actuelle de chambellan à Prague, il était au service de l'impératrice des Français. Si Marie-Louise ne semblait pas avoir noté spécialement sa présence, l'archiduc Jean, lui, avait eu une conversation avec cet adversaire acharné de Napoléon. Ils partageaient le même point de vue au sujet des princes allemands serviles et méprisables. « Il a raison », note l'Archiduc dans son Journal, « lorsqu'il dit que celui qui s'abaisse sera rabaissé. Si ce n'est que Neipperg exagère, et il ferait bien de mettre un peu d'eau dans son vin... » [34]

Le 1er juillet, Marie-Louise quittait Prague mais elle ne se sépara de son père que trois jours plus tard, à « Kaiser-Franzen-Brunnen », non loin de Eger. Noyée dans les larmes, elle lui fit définitivement ses adieux le 6 juillet.

Douze jours plus tard, l'impératrice renouait avec ses habitudes au château de Saint-Cloud. Mais rien dans sa vie ne serait plus jamais tout à fait comme avant. L'empereur était loin d'elle et son absence de Paris devait être d'une durée indéterminée.

Chapitre XI

« Mes affaires vont bien !... »

Pendant tout un temps, la campagne de Russie passa quasi inaperçue. De ses contacts avec ses proches à Vienne, rien de bien spécial ne parvenait à Marie-Louise à ce sujet. Seule l'absence de son mari lui pesait et, déprimée, elle écrivait à son père : « Dieu veuille que je puisse bientôt le revoir, car je ne me résigne pas à son absence. » [1]

Le 29 mai, quelques heures à peine après son départ de Dresde, Napoléon envoyait à son épouse sa première lettre, de Reichenbach. « Ma bonne Louise, je m'arrête un moment pour déjeuner et j'en profite pour te recommander d'être gaie et de ne pas t'affecter. Toutes les promesses que je t'ai faites seront tenues ; ainsi, notre séparation ne durera que peu de temps. Tu sais... je t'aime. Il est nécessaire que je sache que tu es bien portante et tranquille. Adieu, ma douce amie. Mille baisers. Nap. » [2] Les missives variaient en fonction du contenu mais elles étaient toutes construites sur le même schéma : des encouragements (« tends à être contente et joyeuse, c'est comme cela que tu me feras plaisir » [3]) ; l'assurance d'un retour proche (« sois heureuse, nous allons nous revoir comme je te l'ai promis ») ; enfin, la réaffirmation des sentiments amoureux (« ne doute jamais de tout ce que je ressens pour *il mio dolce amore* »).

Aussi longtemps que Napoléon croyait que Marie-Louise prolongeait son séjour à Prague, il la chargeait de transmettre ses salutations à tous les membres de sa famille (« Parle à l'Empereur de tous les bons sentiments qu'il m'inspire et dépose toutes mes meilleures attentions aux pieds de l'Impératrice »), et il allait jusqu'à particulariser les messages destinés aux différents membres de la famille (« Comme j'aurais souhaité faire la connaissance de Léopoldine et de tes autres frères et sœurs que j'aime tant pour l'amour de toi [4] »). Et d'indiquer, jusque dans le moindre détail, quels cadeaux et largesses distribuer, et à quels bénéficiaires.

Dès le retour de Marie-Louise à Saint-Cloud, Napoléon lui recommanda de se mettre en contact avec le Pape ; il alla jusqu'à lui corriger la formule de politesse qu'elle avait utilisée : « Ta lettre serait bien comme cela, mais tu aurais dû signer : Votre très chère fille. Question d'étiquette... » [5]

Il s'agissait de lettres autographes et non plus, comme pour les autres documents, de textes dictés à son secrétaire. Seule la calligraphie posait difficulté à l'empereur... Les plis portaient tous, sur l'enveloppe : « Lettre de l'Empereur à l'Impératrice », et Napoléon veillait au départ de l'estafette de service, à heures et à temps. Mais l'arrivée des lettres était, vu les difficultés de liaison, parfois fort espacée. Aux reproches d'irrégularité que lui faisait Marie-Louise, Napoléon répondait : « tu me parles de paresse à t'écrire, mais il me semble qu'entre-temps je t'ai bien écrit deux fois. » [6] Et, en effet, les chercheurs et historiens ont pu répertorier au moins vingt-deux billets de Napoléon à Marie-Louise, écrits du 29 mai au 30 juin 1812 ; il y en eut certainement plusieurs autres qui, ou bien ne sont pas arrivés, ou bien n'ont pas été conservés ou retrouvés.

Quand l'empereur trouvait le temps d'écrire plus longuement, il s'informait avec tendresse sur son fils : « Je suis jaloux de ton bonheur de pouvoir embrasser le petit roi, embrasse-le à ma place. Il aura sûrement bien grandi, raconte-moi s'il a commencé à déjà parler. » C'était un souci, pour Napoléon, que les progrès du développement de l'enfant ne soient pas plus rapides. « Dis-moi s'il t'impressionne, s'il commence à parler et à marcher, bref si tu es satisfaite de ses progrès. » [7] Sur ce mutisme que Marie-Louise évoquait en écrivant à son père, à Vienne, l'empereur François opinait : « Qu'il ne parle pas, ça ne veut rien dire : un jour, ça viendra ; ce qui compte, c'est qu'il soit généralement en bonne santé... » [8]

Marie-Louise, par ailleurs, avait réorganisé son emploi du temps et s'en tenait strictement en cela aux directives de son époux. Celui-ci ne laissait rien au hasard, aussi loin qu'il fût, et, quant au programme du dimanche de l'impératrice, il se faisait rapporter par la duchesse de Montebello et par le truchement du général Duroc, duc de Friaul, que « la messe a bien lieu, comme à l'ordinaire dans la chapelle. Les Messieurs et Dames des fonctions de haut rang à la cour y sont également présents et prennent place, selon l'étiquette établie, aux galeries. L'Impératrice quitte ses appartements et transite, suivie de ses dames de compagnie, par les salons, pour rejoindre sa place dans la chapelle. Lorsque la célébration est terminée, Sa Majesté défile devant l'assistance en silence, saluant au passage. Ensuite, elle se dirige vers la salle du trône où elle reçoit les hommages des ministres, des hauts dignitaires et d'autres personnalités admises. Finalement, Sa Majesté, accompagnée de sa cour, se rend dans ses appartements privés. » [9]

L'élève obéissante Marie-Louise ne semblait guère souffrir d'humiliation à observer les directives ou à combler les attentes de son lointain « précepteur ». Elle ne risquait pas, ainsi, de faire des « fautes »... Des mots tendres qu'il recevait d'elle sur le champ de bataille, l'absent se réjouissait visiblement. Et lorsque les malaises dont lui avait fait part un jour Marie-Louise et qui auraient pu annoncer une naissance apparurent comme de vaines espérances, la séparation électrisa le combattant [10].

D'ailleurs, les nouvelles du front se voulaient rassurantes pour Marie-Louise. Napoléon n'était guère prolixe en matière d'opérations militaires. Seulement des fleurs de rhétorique, toutes plutôt positives. « Mes affaires vont plutôt bien » ; « tout marche comme il faut. » [11] Jamais un mot de ce mirage après lequel il courait dans les vastes plaines de l'Est.

Du côté de Vienne, on se voulait également apaisant et, jusqu'en septembre, l'empereur François laissait entendre que les négociations de paix ne tarderaient pas. « Jusqu'à maintenant, l'Empereur a la chance pour lui. Les Russes vont regretter... » [12] Mais, dès le début de novembre, le père François voyait un peu plus clair. « Ça fait déjà un certain temps que je n'ai plus de nouvelles de l'Empereur », et il se hasarde à ajouter prudemment : « les affaires prennent plus de temps que je ne pensais... » [13]

La célèbre campagne de Russie a été évoquée des milliers de fois, et une vie d'homme ne suffirait pas pour lire tous les ouvrages se rapportant à l'année de malheur 1812 [14]. Rien que dans les archives de l'État tsariste, il existe plus de 15.000 documents sur ce tragique épisode, sans compter les fonds d'archives du côté français, autrichien, prussien, etc. D'innombrables publications, tant dans le champ de l'histoire qu'en littérature, ont fait de ce thème un sujet littéralement inépuisable. Nul mieux que Tolstoï peut-être, dans son monumental *Guerre et Paix,* n'en a dégagé et exalté toute la charge dramatique. C'est l'épopée d'un titan qui cherchait, dans une dernière guerre gigantesque, la paix, à l'horizon. Pour y atteindre, on mobilisa une armée réunissant des effectifs de millions d'hommes, mais avec des moyens techniques qui n'étaient guère plus puissants que ceux qu'un autre empire, celui des Romains par exemple, avait pu mettre en œuvre. L'entreprise sombra dans l'hécatombe, à cause d'un terrain funeste et de la rigueur des conditions climatiques de l'hiver de Russie, mais, également, en raison du caractère exorbitant d'un rêve fou et sans issue [15].

Dans le Troisième Livre de *Guerre et Paix,* Tolstoï évoque la chose en ces termes : « A partir de la fin de 1811, commencèrent l'armement intensif et la concentration des forces de l'Europe occidentale et, en 1812, ces forces — des millions d'hommes (y compris ceux qui transportaient et qui ravitaillaient l'armée), se mirent en marche d'Occident en Orient, en direction des frontières de la Russie. » [16]

La Grande Armée, sans coup férir, passa la Prusse orientale et alla buter sur un premier grand fleuve, le Niémen. Au-delà, c'était l'empire d'Alexandre qui commençait, un territoire aux dimensions infinies, le pays de la solitude déserte. Ce n'était plus ni la Haute Italie généreuse, ni l'Allemagne familière, ni l'Autriche bénie des dieux, où l'on avait livré tant de batailles et remporté la victoire ! Ici, il s'agissait d'un monde à peine connu, angoissant et hostile.

D'après Tolstoï, le soir où les Français franchirent la frontière russe, le tsar se trouvait à un bal à Vilna, en Lituanie. Lorsque son aide de camp lui apporta la nouvelle de l'invasion, Alexandre s'insurgea violemment contre cette attaque sans déclaration de guerre et, en quittant la ville, il proféra solennellement ces paroles : « Je ne consentirai à la paix que lorsque le dernier homme de l'ennemi en armes aura mis les pieds hors de mon pays. » [17]

L'on connaît la suite des événements : cette armée de millions d'hommes aspirant à rentrer au plus vite dans leurs foyers chercha à livrer la « bonne bataille », celle qui mettrait fin à cette monstrueuse poursuite. Mais l'adversaire ne pouvait consentir à un nouvel Austerlitz : il ne donna aucun signe, ne tira aucun coup de canon, ne livra aucune bataille. Seule l'immensité vide était devant l'armée d'invasion.

Avant que ne fût tiré le premier coup de feu, se présenta une situation fatale pour le moral des troupes : l'approvisionnement ne marchait pas et fonctionnait de mal en pis. Plus d'eau qui ne fût infectée, et même, plus d'eau du tout pour se débarrasser de la vermine qui infestait les corps. Des rivalités naissaient entre frères d'armes et entre nationalités pour se disputer les produits de rapine maraudés en chemin... Les désertions et la dysenterie faisaient d'énormes ravages : 14 jours après le passage du Niémen, Napoléon avait déjà perdu 135.000 hommes [18]. Quantité de chevaux mouraient d'épuisement et faute de nourriture correcte, et leurs cadavres jonchaient les routes.

A l'arrivée à Vilna, une autre grande déception attendait l'armée : les Russes avaient incendié les stocks de vivres. C'est alors que fit son apparition l'aide de camp du tsar, le général Balaschow, porteur d'une lettre de son souverain qui exigeait le retrait des troupes françaises du territoire de la Russie. Pour Tolstoï, cette rencontre donna lieu à une scène haute en couleurs. Balaschow fit d'abord connaissance avec les proches de l'empereur : Davout, Duroc, Bessières, Berthier et Caulaincourt et, le plus étrange de tous, Murat, grand acteur chamarré dans son ample cape rouge, le plumet au chapeau et monté sur son puissant cheval noir [19]. Finalement, Napoléon en personne se présenta. Il recevait Balaschow à l'archevêché, dans le cabinet que le tsar avait quitté quelque temps auparavant. « Il chaussait des bottes à l'écuyère (...) Son uniforme bleu s'ouvrait sur un gilet blanc qui descendait sur son ventre rond, une culotte de peau blanche moulait les cuisses dodues de ses courtes jambes (...) On voyait que ses cheveux courts venaient d'être peignés, mais une mèche tombait sur le milieu de son large front. Son cou blanc et gras tranchait sur le col noir de l'uniforme ; il sentait l'eau de Cologne. Son visage plein resté jeune, au menton saillant, reflétait une grâce accueillante et majestueuse de souverain. » [20]

Napoléon alla tout de suite au cœur du sujet. « Je ne désire pas moins la paix que l'empereur Alexandre », commença-t-il. « N'est-ce pas moi qui, depuis dix-huit mois, fais tout pour l'obtenir ? Il y a un an et demi que j'attends des explications. Mais, pour engager des pourparlers, qu'exige-t-on de moi ? », ajouta-t-il en fronçant le sourcil et en faisant un geste énergique et interrogateur de sa petite main blanche et grasse.

— « Le retrait des troupes derrière le Niémen, Sire ! » dit Balaschow [21].

Les négociations firent donc long feu et, par conséquent, la guerre continuait. Mais comment Napoléon aurait-il pu remporter la victoire sur une armée qui se défilait devant toute bataille ? Et pourquoi le Russe persévérat-il dans cette navrante « indécision »? La réponse est simple : face au débordement de la Grande Armée, la Russie n'avait pas d'autre possibilité. En 1811, Wellington avait déjà pratiqué la tactique de l'évitement devant Masséna, au Portugal. Dans l'immensité des steppes russes, la même situation se représentait. C'est la seule éventualité que Napoléon n'avait pas envisagée et c'est ce qui allait entraîner l'anéantissement de ses troupes. Un ennemi fantomatique, impossible à cerner jamais : nulle part, mais toujours quelque part. C'était inhabituel et réellement affolant.

Allait-on devoir faire demi-tour ? Allait-on revenir à Paris sans drapeau, sans trophée et sans prisonniers de guerre ? Non, il n'y avait pas d'autre solution : il fallait continuer. Après tout, on était encore en été et l'hiver était loin. Napoléon décida qu'on avancerait jusqu'à Vitebsk. Le 27 juillet, on y livra bataille, mais le résultat fut loin d'être décisif.

Le 13 août, ce fut le départ pour Smolensk. Berthier et Duroc firent des mises en garde. Un tiers de l'armée avait déjà disparu. Napoléon s'insurgea avec véhémence. Est-ce qu'ils avaient peur ? Ce fut une bataille très sanglante, car l'ennemi, enfin, était là, et l'on se battit la journée durant. Le soir, la ville était en flammes. Le lendemain matin, les Russes s'étaient évanouis dans la nature. Dans les décombres de la ville, comme le rapporte Stendhal, c'était une mer de sang et de barbarie. Dans les rues, des montagnes de morts et les sources empoisonnées par les cadavres à l'abandon. Un mois plus tard, les morts n'étaient pas encore tous enterrés.

Mais Moscou n'était plus très loin. En route, le général commandant en chef des troupes russes, Koutousov, engagerait une grande bataille, à Borodino. Mais, à la veille de cette atroce tuerie de la Moskowa, un épisode lyrique et touchant eut lieu, auquel Tolstoï ne pouvait rester insensible.

Le 6 septembre à 9 heures du matin, la voiture du préfet impérial Bausset arrivait au quartier général de Napoléon. Perché sur la voiture, il y avait un cadeau de Marie-Louise à Napoléon. La caisse fut déchargée et amenée dans l'antichambre de la tente impériale. Napoléon apparut, vêtu de l'uniforme bleu de la Garde, et à grandes enjambées s'approcha du colis enveloppé d'une couverture et posé sur l'une des chaises. Après avoir salué Bausset, Napoléon, d'excellente humeur, se tourna pour découvrir cet objet que dissimulait la couverture : c'était, peint par François Gérard dans des couleurs brillantes, un portrait du roi de Rome, allongé dans son lit-cage et jouant avec le sceptre et le globe impérial. « Roi de Rome ! », dit Napoléon, en montrant du bras le portrait. « Admirable ! » Les yeux voilés par l'émotion, cherchant la bonne distance, il s'arrêta et contempla l'œuvre tandis que ceux qui se trouvaient là quittaient le lieu.

Puis se déroula la grande scène. Le père, attendri, fit poser le portrait devant la tente « afin de ne pas priver sa vieille garde de la joie d'admirer, elle aussi, le roi de Rome, le fils héritier de leur Empereur adoré. »

Et ce qui devait arriver arriva : « Vive l'Empereur ! Vive le Roi de Rome ! », crièrent-ils avec fougue.

Cela dut inspirer l'empereur. Après le petit déjeuner, il dicta un ordre du jour à l'armée. « Soldats ! Voilà la bataille que vous avez tant désirée. Désormais, la victoire dépend de vous ; elle nous est nécessaire, elle nous donnera l'abondance, de bons quartiers d'hiver et un prompt retour dans la patrie ! »

Ensuite, Napoléon invita Bausset pour une promenade à cheval (« Bausset qui avait sommeil, qui ne savait pas monter à cheval et qui en avait peur... »). Ils sortirent de la tente et se dirigèrent vers les chevaux sellés. Quand Napoléon apparut, les acclamations des « vieilles barbes grises devant le portrait de son fils redoublèrent. »

« Enlevez-le », dit Napoléon en montrant le portrait, « il est trop jeune encore pour voir un champ de bataille. » Et Bausset, fermant les yeux et inclinant la tête, poussa un profond soupir [22].

Chez Tolstoï, le rideau se refermait.

Le lendemain matin, au petit jour, la grande bataille aux alentours de Borodino s'était déclenchée. Ce furent de longues heures extrêmement sanglantes, dont l'Empire de Napoléon était l'enjeu. Mais, étonnamment, l'empereur semblait faire preuve d'indifférence. Selon certains historiens cités par Tolstoï, ... Napoléon aurait dû simplement mettre en ligne sa Garde impériale, encore intacte, pour gagner la bataille (...) Mais, ajoute Tolstoï, « si Napoléon n'a pas fait donner la Garde, c'est que le moral défait de l'armée ne le permettait plus. » [23]

Finalement, la victoire fut encore pour les Français, mais de justesse et avec des pertes énormes. Sur les lieux du combat, c'était une vision d'apocalypse. Les services de soins aux blessés durent travailler sans relâche à la lueur des torches. Le médecin en chef procéda lui-même à plus de deux cents amputations. Vingt-cinq mille blessés, laissés sans secours, hurlaient et appelaient en vain. Tant d'ambulances, de médicaments et de trousses de pansements avaient dû être abandonnés en chemin ! Dans les salles de soins, peu nombreuses, installées dans les monastères avoisinants, la situation n'était guère meilleure [24].

Enfin, une semaine plus tard, l'on arriva devant Moscou. Sous le soleil d'automne, le conquérant, monté sur son cheval blanc, contemplait, miroitantes, les coupoles dorées de la ville.

« Par la vitesse acquise, l'armée française, constatait Tolstoï, pouvait encore rouler jusqu'à Moscou, mais là, sans de nouveaux efforts de la part des Russes, elle devait succomber, se vidant de son sang par la blessure mortelle reçue à Borodino. » [25]

Dans la nuit du 13 au 14 septembre, Koutousov avait donné l'ordre de retraite, et les corps d'armée russes se retiraient en bon ordre toujours plus à l'est. Les envahisseurs firent dès lors leur entrée dans une ville dépeuplée aux trois quarts. Bien que ces journées fussent gratifiées d'un temps magnifique et inhabituel pour la saison, dans ces rues désertées, l'atmosphère était glaciale. Le vague pressentiment d'un désastre imminent planait dans l'air. Puis, ce fut — suprême application de la technique de la « terre brûlée » et initiative extrême prise contre l'assaillant — le gigantesque incendie qui ravagea la plus grande partie de la ville, encore composée de nombreuses constructions en bois. Une frénésie de violence s'empara des troupes occupantes, la soldatesque pillant les habitations épargnées par le feu et laissées vides par leurs habitants. L'on s'abandonnait à la passion et à la rage dans un extraordinaire chaos.

Napoléon lui-même se serait laissé envahir par cette vague de désespoir et ce sentiment d'échec. On rapporte que, des heures durant, allongé sur un divan, il s'adonnait passivement à la lecture de romans, faisant croire aux soldats qui passaient sous ses fenêtres qu'il travaillait nuit et jour, et il donnait le change en laissant brûler des bougies à l'intérieur. Attendait-il le miracle ? ou bien était-il souffrant ?

Pendant tout ce temps, Marie-Louise resta dans l'ignorance de ce qui se passait. Le 14 octobre, cinq jours avant d'abandonner Moscou, Napoléon lui écrit une lettre de banalités : « Ma bonne Louise, mon plus grand plaisir est la lecture de tes lettres. C'est la première chose que je fais quand arrive l'estafette. Elles sont charmantes, comme toi... » Pas un mot concernant ses difficultés, mais bien : « Ma santé est bonne. Nous avons eu la première neige, mais il ne fait cependant pas froid... » [26]

Pouvait-il attendre une aide quelconque de « papa François »? Napoléon invitait instamment son épouse à écrire souvent à son père, à Vienne [27]. Et, en réponse, par sa fille, messagère « privée » interposée, l'empereur François faisait savoir que « l'envoi de renforts au corps auxiliaire autrichien du prince Schwarzenberg (...) aurait dû prouver à l'Empereur que j'observe strictement les termes du contrat. » [28]

Ce n'était pas là tout à fait la réponse que Marie-Louise attendait... Mais, n'ayant pas saisi que, indirectement, cela signifiait que son époux avait besoin de troupes fraîches et que la situation de la Grande Armée était inquiétante, elle ne se faisait guère de soucis [29].

Cinq semaines après son entrée à Moscou — c'est-à-dire, en fait, cinq semaines trop tard... —, Napoléon prenait l'amère décision de faire demi-tour. Déjà sur le chemin du retour, dans une lettre à Marie-Louise datée du 20 octobre et écrite à Desna, à quelques lieues de Moscou, il justifie cette décision comme mûrement réfléchie. « Moscou étant tout brûlé, et n'étant pas une position militaire pour mes opérations ultérieures, je la ferai abandonner et retirerai la garnison que j'y ai laissée (...) Mes affaires vont bien... » [30]

L'immense cohorte, en marche vers l'Ouest, eut bientôt épuisé les stocks de vivres qu'elle traînait derrière elle depuis Moscou. Harcelée constamment par les cosaques sur ses arrières, elle souffrit, en outre, du froid qui commençait à sévir.

D'innombrables illustrations et toute une littérature ont dépeint l'épouvantable misère de ces dizaines de milliers de damnés de la terre et de la guerre qui se traînaient avec peine dans la neige en tempête, qui mouraient de froid et de faim, qui se noyaient, qui perdaient la raison, jusqu'au suicide. Si l'un d'eux venait à s'arrêter et à se coucher pour rendre l'âme, dix autres se pressaient pour le dépouiller de son manteau et de sa dernière botte, s'il en possédait encore. A cette évocation, tout un film de scènes barbares et de cruautés monstrueuses défile sous nos yeux. Les pertes de la « Grande Armée » étaient désastreuses. La division Durutte, surnommée rapidement « Déroute » (*), qui comptait 12.000 hommes au début de novembre, avait perdu en trois semaines les deux tiers de ses effectifs. Et, dans le même laps de temps, les 9 régiments de cavalerie autrichienne, sous le commandement de Schwarzenberg, ne comptaient plus que 4.000 chevaux sur les 6.200 au départ.

Puis, ce fut la fameuse bataille de la Bérésina des 27 et 28 novembre et le passage de la rivière prise par les glaces. Les Suisses avaient reçu pour mission la défense des rives pendant que l'armée tentait de traverser la rivière. Huit attaques furent lancées par les Russes et, huit fois, ils furent repoussés. A la fin, seuls 300 suisses sur les 12.000 étaient encore en vie [31].

Le 8 décembre, le thermomètre descendit jusqu'à moins 35 degrés. En une seule nuit, des bataillons entiers périrent du froid. Dans ce désert glacé, néanmoins, des rayons de chaleur humaine traduisaient une camaraderie héroïque : des brancardiers offrant leur dernière bouchée aux mourants, des médecins réalisant des prodiges surhumains. L'arrivée était-elle encore loin ? Combien de ceux-là allaient revoir Paris ?

Dans la capitale de la France, le temps passait, vaille que vaille, mais l'atmosphère devenait plus lourde de jour en jour. Où restaient les trophées

(*) en français dans le texte.

de victoire ? Pourquoi la campagne durait-elle aussi longtemps ? La nouvelle de l'incendie de Moscou paralysait l'opinion. A la mi-octobre, la rumeur courait d'un retour prochain de l'empereur. Mais, aurait-il perdu la partie ? Était-il d'ailleurs encore en vie ?

On courait grand risque de voir quelqu'un tenter de renverser le régime impérial. Sur le chemin de Smolensk, Napoléon fut informé par une dépêche de ce qui se passait à Paris. Il dut comprendre qu'il était très urgent pour lui de veiller au maintien du bon ordre dans la capitale. Il délégua le haut commandement de l'armée, ou de ce qu'il en restait, à Murat et le 5 décembre, ayant pris place dans un traîneau, avec à ses côtés le fidèle Caulaincourt, il mit le cap sur Paris.

Un coup d'État manqué s'y était produit le 22 octobre. L'auteur, le héros malchanceux, en était le général Malet, un républicain invétéré qui n'en était pas à son premier complot et qui, d'abord emprisonné, se trouvait, au moment des faits, enfermé dans un asile d'aliénés. A la prison de La Force se trouvaient deux autres généraux, Lahorie et Guidal, d'acharnés ennemis de l'Empire eux aussi et soupçonnés de conspiration avec l'Angleterre. Des jeunes gens surexcités étaient également de la partie et c'est grâce à eux que Malet récupéra son ancien uniforme de général. Malet se délivra à lui-même un décret falsifié du Sénat qui annonçait que l'empereur était mort le 7 octobre devant Moscou et que la Grande Armée était détruite. Ce décret, en outre, réinstallait la République et Malet s'auto-désignait gouverneur militaire de Paris. Enfin, comme toute révolution nécessite beaucoup d'argent, le général s'attribuait une grande part du trésor de l'État.

Ainsi le processus pouvait être enclenché. Le 22 octobre, Malet prit la fuite en s'échappant par une fenêtre de l'asile et, dans l'habitation d'un complice, il revêtit l'uniforme. Il se dirigea vers la caserne la plus proche où la 10e unité de la Garde nationale commandée par le colonel Soulier avait ses quartiers. Le colonel, réveillé en pleine nuit, fut assurément très surpris de recevoir la visite d'un général ayant mission de soumettre ses troupes. Peu déluré et très imbu du respect des grades, le colonel ne fit pas d'objection lorsque le général Malet aligna la troupe et en prit la tête en direction de la prison où Lahorie et Guidal attendaient leur libération. Ensemble, accompagnés d'un détachement de la 10e unité, ils se rendirent chez le ministre de la Police, Savary, duc de Rovigo.

On assista là à une scène grotesque : Savary, surpris en robe de chambre, se trouvait face à une troupe armée et apprenait par la voix de Lahorie que l'empereur était mort devant Moscou. Comme il protestait qu'il avait reçu, le jour même, des dépêches de l'empereur, Lahorie répondit, sur un ton sec, que cela était faux et impossible. Savary fut autorisé à s'habiller et il fut ensuite enfermé dans la prison même d'où Lahorie venait de s'échapper. Complètement interloqué, Savary se retrouva là en compagnie du préfet de

Police Pasquier et de Desmaret, du même ministère, également mis sous les verrous.

Pendant ce temps, Malet ordonnait aux deux régiments de Paris appartenant à la Garde d'occuper les banques et d'autres institutions et de surveiller les portes de Paris, avec interdiction à quiconque de sortir de la ville. Finalement, le colonel Soulier se rendit à l'Hôtel de ville pour y installer un gouvernement provisoire.

Ce qui advint par la suite, c'est que l'opérette se mit à côtoyer le drame. Le général Hulin, gouverneur militaire de Paris, protestant contre la proclamation de la République sur la place Vendôme, Malet tourna vers lui son pistolet et lui fracassa la mâchoire. Contre un autre intervenant, le général Doucet, accourant sur les lieux alerté par la détonation, le coup de feu rata. Malet fut alors maîtrisé et on l'emmena. Rideau ! Le coup d'État, après une durée de cinq heures, avait vécu.

Marie-Louise, le 23 octobre, se trouvait à Saint-Cloud lorsqu'un détachement de la Garde arriva dans la cour du château. Comme, au même moment, elle recevait de Paris la nouvelle que tout danger était écarté, elle ne s'inquiétait guère. A son père qui, de Vienne, lui parlait des conséquences des événements que lui rapportaient les journaux [32], elle répondait naïvement : « Je ne me chagrine pas trop du trouble qu'ont fait quelques têtes brûlées, car je connais trop bien le bon caractère du peuple et son dévouement à l'Empereur pour ne m'être pas alarmée un seul instant. » [33] En présence de Cambacérès, elle fit preuve d'une telle insouciance (« Qu'auraient-ils pu me faire ? ») que le vénérable archichancelier se fâcha, lui démontrant que le projet de Malet était de confier le roi de Rome à une maison pour enfants trouvés et que, concernant Sa Majesté, il se réservait de décider de son sort plus tard...

Suite à cette tentative de renversement de son pouvoir, Napoléon éclata de colère. Comment ? Est-ce que personne ne s'était rappelé qu'au cas où il disparaîtrait, les troupes devaient rester fidèles au roi de Rome ? Avait-on perdu de vue qu'on avait une Impératrice ? Comment la haute Administration avait-elle pu se laisser monter un tel bateau et se laisser piéger par un fou ?

Mais l'initiative, en fait, ne semblait pas être l'œuvre seulement d'un aliéné. Fouché souligne dans ses Mémoires [34] que Malet n'était pas un fou, mais un grand audacieux. Il n'aurait été que la tête d'un mouvement rassemblant toutes les forces et courants antibonapartistes, des républicains aux ultra-royalistes. On aurait envisagé la mise sur pied d'un gouvernement provisoire auquel Talleyrand aurait appartenu, ainsi que, selon certains, Fouché, en sous-ordre. Soixante environ des cent trente sénateurs auraient été enclins à passer au nouveau régime.

Malet fut mis en jugement et, dans les interrogatoires, il ne fit pas piètre figure. A la question du président sur l'identité des conjurés, il répondit :

« La France tout entière, vous y compris, si je l'avais emporté. » Le procès ne dura que quelques jours. Le 28 octobre, le général Malet et treize autres complices furent condamnés à mort et fusillés [35].

La voiture de Napoléon volait littéralement vers la France. Devant son fidèle compagnon de route, Caulaincourt, il évoquait sa vie ; il parlait de ses projets, de son avenir, de sa famille. Il n'arrêtait pas d'évoquer le bonheur de retrouver bientôt les siens et, selon Caulaincourt, « il était infatigable en louanges pour l'Impératrice... » [36]

Le 18 décembre, à l'approche de minuit, un carrosse s'arrêta devant les Tuileries. Tous, au palais, ignoraient le retour de l'empereur. Marie-Louise venait de se mettre au lit lorsque, brusquement, la porte s'ouvrit pour laisser passer deux hommes emmitouflés de fourrures. L'un d'eux s'avança vers la chambre de l'impératrice ; la dame de chambre voulut lui barrer le passage, lorsqu'elle reconnut l'empereur et poussa un cri de surprise. Marie-Louise, effrayée, sauta du lit et elle se trouva face à face avec son mari qui la prit dans ses bras et l'embrassa avec chaleur [37].

Le lendemain, comme le relate le rapport de l'ambassade d'Autriche, l'Empereur apparut plusieurs fois derrière les vitres des Tuileries, tandis que le peuple, silencieux, s'était rassemblé dans les jardins. Comme l'on n'entendait aucune acclamation, Sa Majesté, finalement, ouvrit une fenêtre et salua. Alors, on entendit la foule s'exclamer : « Vive Napoléon ! [38] »

Chapitre XII

La grande coalition, scellée par l'Autriche

« Quels changements, ma fille, depuis que je t'ai écrit la dernière fois ! » [1] Dans cette lettre de Vienne à Marie-Louise, à l'occasion du nouvel an 1813, l'empereur François évoquait le retour de Napoléon dans ses foyers, à Saint-Cloud. Mais ces propos avaient, en outre, d'autres résonances : l'état pitoyable de la France après la défaite de Russie, en raison non seulement de l'hécatombe de son armée abandonnant sur le terrain, en quelques mois, des centaines de milliers d'hommes, mais également de l'état de ses finances publiques et de cette immense lassitude face à la guerre qui gagnait tous les milieux et, peu à peu, toute la hiérarchie. En contrepoint, c'était à son illustre petit élève, le roi de Rome que, à la prière du soir, Madame de Montesquiou faisait réciter : « Dieu, mets dans l'âme de papa une volonté de paix. » [2]

Tant au palais impérial, à Vienne, que chez Marie-Louise, on formulait le même souhait. Toutefois, si cette dernière manifestait la joie des retrouvailles avec son époux, elle soulignait néanmoins, dans sa lettre du 1er janvier à Vienne, l'énergie physique et morale intacte de l'empereur « défait » : « Il n'est pas le moins du monde épuisé et il se porte bien. » [3]

Face à la situation militaire, Napoléon ne pouvait, en effet, se permettre de relâcher ses efforts. Le chemin étant devenu libre devant eux, les Russes, imperturbablement, avançaient vers l'Elbe. Le 13 février, le tsar Alexandre et Frédéric Guillaume III de Prusse concluaient un accord secret. Le troisième allié était évidemment l'Angleterre et le quatrième un ex-général français, Jean-Baptiste Bernadotte, qui, avec l'appui de Fouché et par ses liens de famille avec Joseph Bonaparte, était devenu en 1810 prince héritier de Suède. Bien que Napoléon eût offert à son ancien compagnon d'armes la Poméranie, Bernadotte attendait plus d'avantages du camp des « coalisés ». Par ailleurs, opportuniste à tout crin, Murat, le roi de Naples, conspirait, de son côté, avec l'Autriche et l'Angleterre.

Napoléon, sans relâche, jour et nuit, travaillait à remettre sur pied une nouvelle armée, anticipant, notamment, l'appel sous les drapeaux des classes de miliciens appartenant à des levées ultérieures. Il écrit à l'empereur François le 25 janvier [4] : « (et) Votre Majesté peut se rassurer : avec la grâce de Dieu, dès la prochaine bonne saison, les Russes seront repoussés plus vite qu'ils n'ont avancé. » Pourtant, l'état chaotique de l'armée française restait flagrant : la cavalerie ne parvenait pas à reprendre son souffle et l'artillerie, presque entièrement anéantie dans les plaines de Russie, ne pourrait se reconstituer à brève échéance. Et Napoléon, lui, quelle fonction aurait-il ? Il irait, prétendait-il, reprendre du service en tant que « Général Bonaparte ».

Pourtant, il n'entendait pas, malgré les échecs, céder ou rétrocéder des possessions devenues territoires d'Empire par décrets du Sénat. Cela équivaudrait à « un démembrement de l'Empire ». [5]

Comme Vienne pouvait tout autant craindre une domination russe qu'une emprise française, on spéculait sur la position qu'adopterait finalement l'Autriche.

L'empereur François ne cessait de protester de sa fidélité à l'alliance avec la France. Quant à Napoléon, imbu comme tout bon Corse de l'idée de famille, il pouvait difficilement concevoir qu'un père, l'empereur François, risque, en renversant les alliances, de détrôner sa fille et de mettre en péril l'héritage de son petit-fils.

A peine débarqué à Paris, fin 1812, l'envoyé spécial autrichien à Paris, le lieutenant général Bubna, se vit assailli de questions : Metternich, pour quel parti allait-il prendre fait et cause ? Et lui même, le général Bubna ? Et quelle influence auraient les femmes de la cour d'Autriche ? Et les hommes ? Les Liechtenstein, les Trauttmansdorff, les Bellegarde ?

A cela, Bubna répondait calmement : « Sire, en priorité, nous sommes tous Autrichiens. Ce que, par la suite, chacun et chacune peut penser ou faire, ça ne regarde que lui ! » [6]

C'était là une réponse bien autrichienne ! L'incertitude et la méfiance à l'égard de l'Autriche subsistaient donc. L'inquiétude de Napoléon n'était pas moindre sur le plan de la politique intérieure. Après la tentative de coup d'État à Paris de Malet, ce dangereux aventurier qui était parvenu à faire croire à certains ministres que Napoléon avait péri dans la campagne de Russie, on ne pouvait plus se fier, comme auparavant, aux pouvoirs institués ni au fonctionnement du principe de monarchie héréditaire. « Hélas ! ce roi de Rome, on n'y pense jamais » [7], s'était exclamé le préfet Frochot. Il fallait donc impressionner les Français de manière spectaculaire en s'appuyant, d'une manière ou d'une autre, sur le principe dynastique. Il fallait mettre aux affaires la famille impériale et lui faire exercer le pouvoir en cas d'absence de l'empereur. Celui-ci décida donc d'investir Marie-Louise du titre de régente et, simultanément, de procéder au sacre de Marie-Louise et de son fils le roi de Rome. On choisit la cathédrale de Paris et d'y faire officier le Pape en personne. En créant l'événement, en outre, on attirerait l'attention de la cour de Vienne.

Le Pape Pie VII n'était plus alors le prisonnier de Savona. En 1812, sous prétexte de mieux assurer sa sécurité, on l'avait transféré à Fontainebleau. L'on devait, afin de pouvoir recourir à ses services, l'amadouer en réglant au préalable tout un contentieux entre le régime et l'Église catholique, y compris le retour d'exil des « cardinaux noirs ». Cet ensemble de tractations étaient sur le point d'aboutir lorsque, soudain, le Pape fit savoir qu'on ne pourrait compter sur lui pour procéder au couronnement. Faute de mieux, au lieu d'un sacre, l'on devrait se contenter d'une prestation de serment de l'impératrice au titre de régente. En fait d'apparat, cela n'avait plus rien de commun avec la mise en scène d'un sacre ! « Hier, vers 5 heures de l'après-midi, le 31 mars »[8] écrit à Vienne l'impératrice-régente, « j'ai prêté serment en présence des ministres, et j'ai ensuite assisté au Conseil de Cabinet, puisque l'Empereur m'a autorisée à assister à ces réunions. »

Pourtant, il est clair qu'à aucun moment Napoléon n'avait envisagé de confier à son épouse, assez indifférente à la chose publique, la direction de l'État. Marie-Louise ne devait être guère plus qu'une figurante. Aussi bien, en l'absence de Napoléon, c'étaient ses hommes de confiance qui devraient assurer la bonne marche des affaires : l'archichancelier Cambacérès, homme de grande expérience, le secrétaire de la Régence, Champagny, duc de Cadore, ainsi que le fidèle secrétaire de Napoléon, le baron de Méneval.

C'était plutôt à une autre tâche, qu'elle était seule à pouvoir assumer, que Marie-Louise devrait se consacrer. Selon les desiderata de l'empereur, il lui incombait de continuer à plaider la cause de la France auprès de « papa François » et de la cour de Vienne. Dès le 18 mars, d'ailleurs, elle écrit à l'empereur d'Autriche[9] : « L'Empereur est tout à fait en votre faveur et il ne se passe pas un jour qu'il ne répète combien il vous est attaché, surtout depuis que vous vous êtes rencontrés à Dresde. »

Pour preuve de ce grand attachement, de précieux cadeaux furent envoyés à Vienne, entre autres un service en porcelaine de Sèvres, tout spécialement commandé par Napoléon lui-même. Il s'agissait également de faire étalage, auprès de la cour de Vienne, de l'optimisme qui régnait à Paris, dans l'orbite de la cour : bals enfiévrés, chasses à courre effrénées auxquels participait un Napoléon « très en forme », etc. On espérait par là illustrer auprès de l'empereur d'Autriche l'inébranlable solidarité des Français et leur confiance dans la force invincible de la nouvelle armée. Déjà dans sa lettre à Vienne du 18 mars, Marie-Louise parlait des « troupes innombrables couvrant toutes les collines des environs et faisant mouvement chaque jour. » Et le 13 avril, à quelques jours du départ de Napoléon vers les armées, Marie-Louise revient une fois encore sur le sujet, signalant qu'elle se console, « à la veille d'une séparation qui, vu l'importance des effectifs des combattants français, ne saurait être bien longue, car la force de l'armée ramènera la paix, cette année encore. » [10]

Mais, hélas ! on n'en était pas encore là ! Quelques semaines auparavant, les forces russes avaient occupé Berlin, Dresde et Hambourg, et le roi de Prusse avait déclaré la guerre à la France. Sous la conduite d'hommes comme Blücher, Scharnhorst et Gneisenau, une armée prussienne mal équipée mais avec un moral de fer et dans un état d'esprit de guerre sainte allait s'ébranler.

Le 7 avril, après un long entretien à Saint-Cloud avec Napoléon, le prince Schwarzenberg faisait savoir à Vienne qu'il avait l'impression que la France allait s'engager dans une nouvelle campagne, que Napoléon redoutait par-dessus tout une rupture avec l'Autriche, ce qui conduirait inévitablement à une guerre aux conséquences imprévisibles.

Schwarzenberg avait eu soin de passer sous silence les directives importantes laissées par Metternich qui se résumaient à ceci : au grand jamais, l'Autriche n'admettra l'anéantissement de la Prusse, et ses intérêts sont en totale contradiction avec une extension, tant du pouvoir de la France que de celui de la Russie [11].

En fait, Metternich n'était guère plus à l'aise que Napoléon. Dans l'ensemble, sa position était d'éviter d'impliquer directement dans un conflit une armée autrichienne mal préparée. L'Autriche cherchait donc avant tout à gagner du temps. Au contraire, Napoléon était pressé. Le 15 avril, il quittait Saint-Cloud à la tête d'une armée de 300.000 hommes et s'élançait, à marche forcée, en direction de la Saxe.

Le lion rentrait à nouveau dans l'arène.

Marie-Louise fut très attristée de rester encore seule à Paris. Cette fois, le départ de son époux devait considérablement changer sa vie. Promue régente, il lui fallait sortir de son isolement souverain, c'est-à-dire des appartements réservés aux femmes. La première occasion qui se présenta fut l'audience accordée au corps diplomatique. D'après Méneval [12], « elle se comporta dignement et avec grâce. » Toutefois, elle se sentait toujours aussi peu sûre d'elle-même et les débats animés l'intimidaient. C'est ce qu'elle exprimait encore, en septembre, dans une lettre à Napoléon : « Ce matin, j'ai assisté au Conseil des ministres (...), tu te moqueras encore de moi quand tu sauras que chaque fois que je vois ces messieurs s'emporter dans une discussion, ça m'affole et j'ai envie de m'enfuir. Tu vois comme je suis courageuse ! » [13]

Inlassablement, ses conseillers lui prêtaient toute l'assistance possible, lui soufflaient les réponses à donner et lui épargnaient tout ce qui aurait pu l'inquiéter. Ainsi, l'ordre fut donné de ne lui livrer, en matière criminelle, que certains rapports de police soigneusement sélectionnés : on la pensait « trop

Marie-Louise à l'âge de 18 ans (miniature de 1809).

Les parents de Marie-Louise : l'impératrice Marie-Thérèse, princesse de Bourbon-Sicile (portrait d'Alexander Macco) *et l'empereur François Ier d'Autriche* (portrait de Joseph Kreutzinger).

L'impératrice Maria Ludovica, belle-mère de Marie-Louise (portrait de Johann Nep. Ender).

Le maréchal Berthier envoyé chez l'empereur François, le 8 mars 1810, pour la demande en mariage de l'archiduchesse Marie-Louise (tableau de Johann Nep. Hoechle).

Mariage de Marie-Louise et de Napoléon au Louvre, le 2 avril 1810 (tableau de Georges Rouget).

Les participants du Congrès de Vienne (1814-1815).
À l'extrême gauche, debout : Wellington ; le sixième personnage en partant de la gauche, debout : Metternich ; le deuxième en partant de la droite, assis : Talleyrand (gravure de Jean Godefroy d'après un tableau de Jean-Baptiste Isabey).

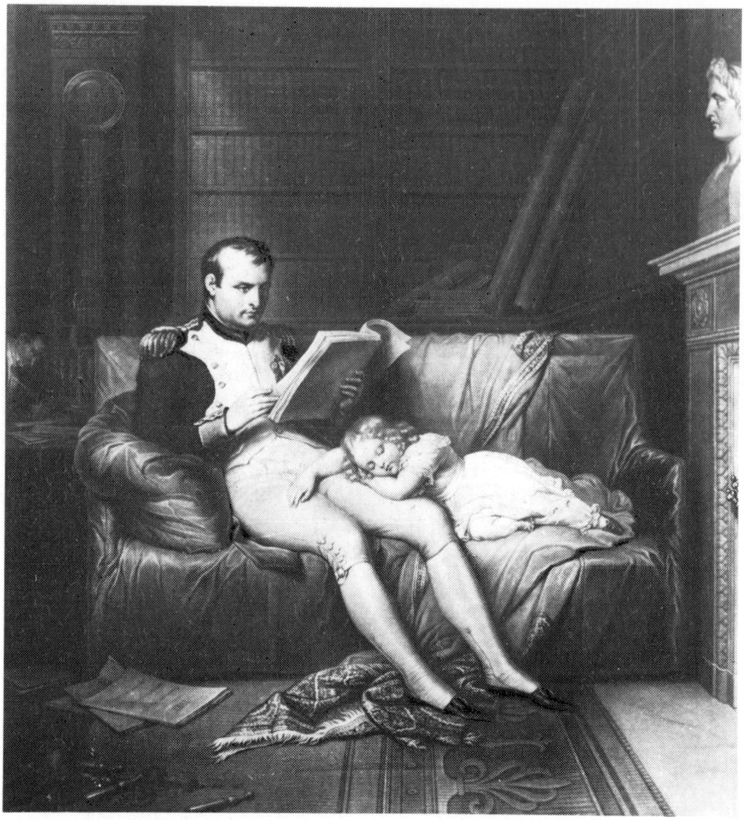

Napoléon lisant, le roi de Rome endormi sur ses genoux (lithographie d'après un tableau de Karl von Steuben).

Le comte Adam Adalbert Neipperg, deuxième époux de Marie-Louise (dessin de Giovanni B. Callegari).

Le comte Charles-René Bombelles, troisième époux de Marie-Louise (portrait de Gaetano Signorini).

Marie-Louise, duchesse de Parme, Plaisance et Guastalla (portrait de G. B. Borghesi).

jeune » et l'on craignait que les détails préoccupants l'inquiètent exagérément [14]. Avec une bienveillance presque forcée, Napoléon protégeait et guidait la régente, lui indiquant en toutes occasions quelles prestations elle devait accomplir et quelles marques de faveur elle était tenue d'accorder. Ces instructions suivaient l'impératrice jusque dans sa chambre à coucher. Lorsqu'un beau jour elle fut amenée à y recevoir, en raison d'on ne sait quelle indisposition qui lui faisait garder la chambre, pour une entrevue urgente, le digne et vénérable archichancelier Cambacérès, la régente fut sévèrement rappelée à l'ordre par Napoléon. « Mon intention est bien que, dans aucune circonstance et sous aucun prétexte, vous ne receviez qui que ce soit, étant au lit. Cela n'est permis à une femme que passé l'âge de trente ans. » [15]

Il arrivait cependant que, malgré ses réticences, Marie-Louise dût prester, lors d'événements publics importants et d'actes de Gouvernement. Le 27 septembre, Napoléon enjoint à l'impératrice d'aller présider au Sénat où l'on va présenter un sénatus-consulte pour la levée de nouvelles réserves. Ce seraient les jeunes et braves « Marie-Louise » de 1814, ces enfants à peine sortis de l'école, qu'on voulait envoyer se faire massacrer, l'une des pages pénibles de l'histoire des guerres de la France ! L'impératrice se rendit donc, le 7 octobre, avec toute la pompe requise, des Tuileries au Luxembourg pour prononcer un discours déjà préparé, qui lui fut remis par l'archichancelier. Coiffée de son diadème et portant une robe blanche argentée, elle fit bonne impression. « Elle n'a été, remarqua Talleyrand, ni hardie, ni timide, et elle a montré de la dignité, jointe à beaucoup de tact et de convenance. » [16] Son succès resta, tout de même, un succès de salon...

Napoléon la tenait peu au courant de ses projets politiques mais, en revanche, il lui enjoignait régulièrement de faire connaître à « papa François » ses succès militaires : « Écris-lui tous les huit jours, rends-lui compte des faits militaires, et confirme-lui mon attachement à sa personne. » [17]

Au début de la campagne, les rapports de guerre étaient tout à fait réjouissants. Le 2 mai, non loin de Lützen, Napoléon remporta une victoire sur les alliés, les Prussiens et les Russes : « (...) ici, nous sommes bien contents de cette grande victoire », écrit Marie-Louise, le 10 mai, à Vienne. « Il est si brillant et si résolu qu'aucun contretemps, je l'espère, ne viendra l'empêcher d'avancer, et, bientôt, il reviendra victorieux, apportant la victoire, en même temps qu'une paix durable. Ce sera le bonheur de ma vie. » [18] Et le 23 mai, après le Te Deum célébré à Notre-Dame, elle écrit à son père : « Je suis rentrée tout émue d'avoir vu à quel point le peuple adore son Empereur. Jamais il ne l'avait manifesté autant qu'aujourd'hui. » [19] Floret, de l'ambassade d'Autriche à Paris, confirma d'ailleurs à Vienne cette euphorie populaire. « Jamais aucune victoire, avant celle de Lützen, n'avait été autant célébrée. » [20]

« Je continue à poursuivre l'ennemi qui se sauve de partout, en pleine déroute »[21], écrit, exalté par le succès, Napoléon à sa femme. D'autres victoires, sans doute moins décisives, à Wurschen et à Bautzen, repoussant l'ennemi vers la Silésie, devaient encore marquer ce mois de mai. Napoléon fit, en outre, une entrée triomphale à Dresde où il remit sur son trône le roi de Saxe, qui s'était réfugié à Prague afin d'échapper à l'ennemi. Mais le prix à payer pour ces victoires fut énorme, pour la France et pour Napoléon. Non seulement elles firent des milliers de morts et de disparus, mais Napoléon y perdit deux de ses plus fidèles et illustres compagnons d'armes : les maréchaux Bessières et Duroc. Devant cette tragédie, l'empereur ne put retenir ses larmes. Pour occulter les dangers auxquels il s'exposait sur le champ de bataille (Bessières avait été mortellement atteint de plein fouet par un boulet, non loin de l'endroit où il se trouvait lui-même), Napoléon fit dire par Cambacérès à l'impératrice « que le duc d'Istrie se trouvait bien loin de moi, à sa mort[22]. »

Bientôt, toutefois, Marie-Louise ne pourrait plus autant chanter victoire ! La lettre de Napoléon, datée du 5 mai, faisait naître ses premiers soupçons... « Papa François, écrit-il, ne se conduit pas trop bien et m'a ôté son contingent. Fais appeler M. Floret, dis-lui : « L'on veut entraîner mon père contre nous. Je vous ai envoyé chercher pour vous prier de lui écrire que l'empereur Napoléon est en mesure ; il a un million d'hommes sous les armes et je prévois, si mon père écoute les caquets de l'Impératrice d'Autriche, qu'il se prépare bien des malheurs. Il ne connaît pas assez la nation française, son attachement à son Empereur et son énergie. Dites à mon père, de ma part, comme sa fille bien-aimée qui prend tant d'intérêt à lui et à son pays de naissance, que s'il se laisse entraîner, les Français seront à Vienne avant septembre et qu'il aura perdu l'amitié d'un homme qui lui est bien attaché. » Écris à papa François dans le même sens, pour son intérêt plus que pour le mien, car je les vois venir depuis longtemps et je suis prêt. »[23]

Il ressort des rapports que Floret fit parvenir à Vienne que l'impératrice-régente avait mené l'entrevue avec lui, avec beaucoup de savoir-faire et d'adresse. Marie-Louise ne s'en laissa pas compter : malgré les propos rassurants de Floret, qui affirma qu'un renversement d'alliance de la part de l'Autriche n'était qu'un tissu de ragots, l'idée d'une guerre éventuelle entre son père et son mari devint pour elle une obsession et un véritable cauchemar : « Vous pouvez imaginer combien j'en serai malheureuse, et combien ma position ici sera terrible et intenable », dit-elle à Floret[24].

Marie-Louise envoya à son père une lettre qui allait dans le même sens. L'empereur répondit à sa fille, le 21 mai, en réitérant les assurances que lui avait déjà données Floret, mais il fit dévier le propos sur les efforts de paix : « Au lieu de nous faire la guerre, je suis même prêt à aller jusqu'à aider ton mari dans ce qu'il investit en vue de la paix. »[25] Cela avait semblé donner une lueur d'espoir à Marie-Louise, qui exprima sa reconnaissance et son soulagement au cher papa. En date du 15 juin[26], elle se dit « persuadée que l'Empereur Napoléon apprendra ainsi, avec beaucoup de plaisir, que vous avez toujours pour lui la même amitié. »

Or, bien avant cet aimable échange de lettres, et dès le mois de mai, des pourparlers se déroulaient dans l'ombre, à l'initiative de Metternich. Le 17 juin, le dossier était en état et un accord secret fut signé non loin de Reichenbach, en Silésie prussienne. Cet accord stipulait que si pour le 20 juillet Napoléon n'acceptait pas les conditions offertes par l'Autriche, celle-ci s'engageait à rejoindre le bloc de la Russie et de la Prusse. La situation empirait donc à l'extrême. Le seul moyen d'encore sauver la paix était une entrevue entre les deux protagonistes les plus en vue, Napoléon et Metternich.

Napoléon invita donc Metternich à le rencontrer à Dresde pour s'entretenir avec lui au palais Marcolini qu'il occupait à l'époque. Selon les sources, l'entrevue aurait eu lieu le 23 ou le 26 juin. Ce fut une importante et très longue séance. D'après le compte rendu détaillé qu'en a donné Metternich et qui a été repris dans la publication posthume de ses Mémoires, elle aurait duré presque une journée entière [27].

« J'ai causé longtemps avec Metternich, cela m'a fatigué », écrit Napoléon à sa femme [28]. « Metternich me paraît fort intrigant et fort mal conduire papa François (...). Cet homme n'a pas assez de tête pour sa position. » Mais bientôt, Napoléon aura l'occasion de réviser son jugement : « La paix se ferait si l'Autriche ne voulait pêcher en eau trouble », remarque-t-il, agacé. « S'ils veulent me prescrire des conditions honteuses, je leur ferai la guerre. L'Autriche paiera le tout. (...) J'en serais fâché pour la peine que cela te ferait... »

Metternich se trouvait, et de loin, dans un meilleur état d'esprit. « En peu de temps, nous allons, ou conduire à la paix, ou avoir une guerre infernale », écrit-il, le 2 juillet, à sa fille Marie [29] ... « et, s'il s'agit de cela, c'est volontiers que je prendrai la tête de la campagne. Dans le cas contraire, en cas de paix, je m'en flatterais, surtout pour la victoire morale que j'aurais remportée sur l'Empereur. »

C'est donc très satisfait qu'il se rendit à Prague où, pour choisir le parti de la paix ou de la guerre, se retrouvèrent la délégation française et celles de Prusse et d'Autriche. Les négociations débutèrent le 28 juillet pour se clôturer le 10 août. « Nous sommes toujours dans l'attente de l'événement décisif », écrit Metternich à sa fille Marie [30], ... « mais, sauf Dieu, qui ne nous livre pas ses secrets, il n'est personne qui puisse prédire l'issue de ces négociations... N'empêche, le temps que nous avons gagné nous place dans une situation très favorable. »

De plus en plus, l'Autriche faisait pencher la balance et, peu à peu, c'était vers la guerre que l'on allait. Metternich cherchait à convaincre son souverain impérial et l'encourageait à chercher « son salut dans l'union la plus étroite avec les alliés. » [31] Aux yeux de l'impératrice Maria Ludovica, il n'existait aucune alternative à la guerre : « Il s'agit surtout de ne pas céder, mais de triompher ou de mourir », écrit-elle à l'empereur, son mari [32]. « Quand une moitié de la monarchie succombe, l'autre moitié doit continuer à se battre, jusqu'à la victoire. En faisant preuve de courage et de détermination, nous l'emporterons de haute lutte. » C'était l'opinion qui prévalait alors en Autriche. « C'est Dieu qui le veut », écrit Friedrich Gentz au comte Bombelles [33]. Il était temps de se soulever contre l'ennemi juré de l'Autriche.

Napoléon cherchait à différer les négociations de Prague et à prolonger le temps de la trêve. Sous tous les prétextes possibles, il retint à Dresde ses délégations et leur donna secrètement pour instructions de faire traîner les négociations en longueur. Lui-même boycotta les pourparlers de paix en quittant Dresde pour un voyage de détente à Mayence, où il appela Marie-Louise à le rejoindre.

L'impératrice, très tourmentée durant les derniers mois, fut visiblement soulagée à l'annonce du voyage et heureuse de la perspective de ces retrouvailles. Elle n'avait donc pas encore perdu tout espoir.

Après un voyage épuisant et par un temps déplorable, elle rejoignit Mayence le 26 juillet. « Je ne tenterai pas de décrire toute la joie que j'éprouve à le retrouver », écrit-elle dans son Journal intime. « Les mots ne suffisent pas à décrire de tels sentiments, on ne peut que les vivre. » [34] Ce devaient être les quelques dernières journées de la magnificence impériale. Mais le faste fit long feu. Dès le 1er août, Napoléon mit à nouveau le cap sur Dresde. Marie-Louise dut à nouveau ravaler ses larmes. « Je me vis contrainte d'assister à un dîner auquel il invita toute sa suite, mais je réussis à me maîtriser et à garder tout mon calme, jusqu'au moment où Napoléon monta dans sa voiture... » [35] Le lendemain, elle reprit également la route. Le 9 août, elle se retrouva à Saint-Cloud.

A son arrivée, une lettre de son père l'attendait, qui était tout sauf rassurante. Elle avait dû être inspirée par Metternich et était datée du 28 juillet. « Tu sais que nos délégations sont réunies à Prague ; nous attendons d'une heure à l'autre celle de ton mari. Que Dieu bénisse cette réunion salutaire ! Mes responsabilités si variées, tous les points de vue qu'il me faut prendre en compte à titre de souverain et non seulement à titre personnel mais pour tout un peuple, me font dire que, si la paix n'est pas décidée dans les prochains jours, je me verrai impliqué, la mort dans l'âme, dans une guerre dont aucune des deux parties ne peut prédire l'issue. Si l'on n'obtient pas la paix, personne ne pourra m'en faire endosser la responsabilité. Toutes mes intentions sont modérées et équitables et je ne me suis compromis d'aucune manière aux intérêts d'une autre puissance [36]... »

Le 12 août, Marie-Louise lui répondit, et sa lettre trahit un profond désarroi. « Me voilà extrêmement inquiète au sujet de l'issue des négociations. Que Dieu nous épargne une guerre ! Le seul fait d'y penser m'effraye... » [37]

Les négociations, effectivement, échouèrent. Le 10 août, Metternich signa l'acte d'adhésion de l'Autriche à la coalition de la Russie et de la Prusse. Le lendemain, l'Autriche déclarait la guerre à la France.

« Le destin qui régit le monde a contrecarré tous mes efforts de paix », écrit l'empereur François à sa fille, le 11 août. « J'ai fait tout ce qui était en mon pouvoir pour conduire à une issue favorable, mais mes efforts sont restés vains... Du reste, si ça peut te tranquilliser, la guerre que nous menons est d'un tout autre genre que les précédentes ; elle est essentiellement politique. Je ne suis et ne serai jamais l'ennemi de ton époux, et j'espère bien qu'il ne sera jamais le mien. » [38] Marie-Louise a dû se demander ce que pouvait bien signifier se livrer une guerre « seulement politique », et comment deux souverains en guerre pouvaient rester amis...

« La guerre est déclarée », écrit Napoléon à son épouse. « Trompé par Metternich, ton père s'est mis avec mes ennemis (...) Je désire que tu aies du courage et que tu te portes bien. » [39]

Chapitre XIII

La France assiégée. Les adieux. D'un jour à l'autre, entre l'espérance et la peur

Dans les jours qui suivent l'échec des négociations de Prague, trois armées alliées s'ébranlent vers la Saxe : les Autrichiens, sous les ordres de Schwarzenberg, une armée russo-suédoise emmenée par Bernadotte, et une armée russo-prussienne commandée par Blücher. La grande vision stratégique qui les anime est d'éviter l'affrontement direct avec Napoléon et de mettre en déroute l'un après l'autre les maréchaux de l'armée impériale. L'entreprise fut couronnée de succès, puisque le maréchal Oudinot fut battu à Grossbeeren, Macdonald sur la Katzbach et le maréchal Ney, non loin de Dennewitz. Ces échecs estompèrent la seule victoire que Napoléon remporta le 27 août sur les Autrichiens et les Russes, aux environs de Dresde.

Marie-Louise prit connaissance de cette victoire au cours de son voyage à Cherbourg, où, à la demande de Napoléon, elle l'avait remplacé, en tant que régente, pour l'inauguration du nouveau port. Mais Marie-Louise n'en éprouva guère de joie. « Nous avons gagné une bataille, mais cela ne me ramène pas l'Empereur », écrit-elle dans son Journal [1]. De plus, comment aurait-elle pu vraiment se réjouir d'une défaite des Autrichiens ?

Il n'y avait d'ailleurs pas de quoi pavoiser. Dans l'ensemble, la situation des armées de Napoléon s'était à nouveau fort détériorée. Les soldats étaient épuisés et réduits à la portion congrue : il n'y avait quasi plus de pain, et la viande était totalement absente du menu de la troupe. Les militaires étaient amenés à quémander leur nourriture dans les fermes. Des désertions se produisaient en masse. D'autre part, la Prusse mettait en ligne 270.000 hommes, soit, à elle seule, plus de la moitié de la totalité des effectifs de l'armée française. L'Autriche également grossissait ses rangs en battant le rappel de tous ses réservistes. « La semaine prochaine sera décisive et marquera l'histoire de ce temps » [2], prédit Metternich, au début d'octobre.

Effectivement, l'énorme affrontement, cette bataille restée célèbre sous le nom de « Bataille des Nations » et qui dura trois journées entières, eut lieu à Leipzig, et fut la première grande défaite essuyée par Napoléon. En termes évasifs et édulcorés, il écrit à Marie-Louise, de Francfort, le 25 octobre : « Dans peu de jours, je serai à Mayence (...) Mon armée doit être réorganisée et a besoin d'avoir de bons quartiers d'hiver. » [3] Et pour faire contre mauvaise fortune bon cœur, il ordonne qu'on envoie à Marie-Louise des trophées saisis à Hanau où, selon lui, il a « bien rossé les Bavarois et les Autrichiens. » [4]

Mais ce n'était que faux-semblant, car, durant la même période, l'un après l'autre, les princes allemands faisaient défection et unissaient leurs forces à celles des grands alliés. Dès ce moment, l'on pouvait considérer la campagne d'Allemagne comme terminée et déjà prédire que ce serait sur le territoire de la France que la campagne de 1814 aurait lieu.

Le 9 novembre, l'empereur était de retour à Saint-Cloud où, aussitôt, il s'attela à la mise sur pied d'une autre nouvelle armée, mais dans de bien plus mauvaises conditions encore que six mois auparavant, au moment de se lancer dans la campagne d'Allemagne. Napoléon rejeta les propositions de paix de Francfort soumises par les alliés le 1er décembre à partir de leur nouveau quartier général. Cet acte postulait le retrait de la France sur ses frontières naturelles : le Rhin, les Alpes et les Pyrénées ; elle intégrerait donc la Belgique, mais pas la Hollande.

On ne comprendra jamais comment, à ce moment, Napoléon put avoir une vision aussi déformée, une appréciation aussi aberrante de l'ensemble de la situation militaire et politique de ce qui n'était déjà plus tout à fait l'Empire. Il y avait non seulement la déroute en Allemagne, mais également les défaites répétées dans le Sud. D'une part, sous la poussée de Wellington, l'Espagne était perdue et d'autre part, en Italie, non seulement Murat, le vice-roi de Naples, s'acoquinait avec l'Autriche, mais le pape Pie VII, toujours à Fontainebleau, se préparait visiblement à reprendre possession de ses États.

Selon une formule éprouvée, Napoléon imputait la poursuite de la guerre à l'adversaire et, sous son influence, Marie-Louise épousait sa thèse : « Que Dieu fasse en sorte que nous ayons bientôt la paix ! », écrivait-elle le 12 décembre à son père. « L'Empereur la souhaite, ainsi que nous tous ici. Mais on ne le peut sans négocier auparavant et, jusqu'à présent, il semble que ce soit de votre côté que l'on met des obstacles... » Et pour ne pas faire de peine à « papa François », elle ajoutait : « Je suis persuadée que c'est la faute des Anglais. » [5]

L'empereur d'Autriche avait beau jeu de répliquer, le 20 décembre : « ... ton pays a remis en cause toutes les conceptions en vigueur... mais, malgré cela, la paix est mon plus cher désir et j'espère que nous pourrons bientôt nous mettre d'accord. Les Anglais ne sont pas de mauvaise volonté... » [6]

La situation intérieure de la France causait également de graves soucis à Napoléon. L'opposition à la guerre se développait dans le peuple et les grandes familles se mobilisaient dans l'ombre, cherchant comment accommoder la hiérarchie du pouvoir en place à un nouveau régime.

Un violent conflit opposa Napoléon à l'une des institutions de l'Empire, le Corps législatif. Dans le passé, le « Maître de la France » ne s'y était le plus souvent présenté que pour faire acclamer ses victoires par les députés. Appelés cette fois pour que la Nation consentît à de nouveaux sacrifices, afin de permettre à Napoléon de faire face aux nécessités de la guerre, les représentants voulurent monnayer leur intervention en obtenant du régime des mesures de libéralisation. Devant l'obstination de l'empereur, les députés, par un scrutin écrasant, mirent Napoléon en échec. Mais ils avaient sous-estimé la capacité de riposte de l'adversaire. Dans les deux jours, le 31 décembre, Napoléon dissolvait le Corps législatif.

Devant ces divisions internes en tous genres, les puissances alliées changèrent de discours et changèrent également d'ennemi : l'adversaire à abattre, c'était l'empereur et non la population. C'est alors que Metternich lança son « Manifeste au peuple français », qui connut une large diffusion à travers tout le pays.

Durant cet hiver 1813-1814, un climat lourd de menaces s'abattait jusque sur la cour à Paris. De la morosité, l'on passa insensiblement à la tristesse et à l'angoisse.

Comme le couple impérial, accompagné d'Hortense, quittait la chapelle des Tuileries, après la messe, le premier jour de l'an, la duchesse de Montebello s'approcha d'Hortense et lui glissa la mauvaise nouvelle à l'oreille. La nuit de la Saint-Sylvestre, les forces de Blücher avaient passé le Rhin. Après que, le 21 décembre, Schwarzenberg eut débouché sur le Sud-Est, à partir de la Suisse, et que Wellington eut empiété déjà sur le Sud-Ouest, c'était donc toute la France qui commençait à être bel et bien envahie de plusieurs côtés à la fois.

Lorsque Hortense fit visite aux Tuileries, le 1er janvier au soir, elle trouva le couple impérial seul au salon. Napoléon tenait dans ses bras une Marie-Louise éplorée, qu'il cherchait à consoler. « Hortense », dit Napoléon, en se retournant vers elle, « ... alors, on croit à Paris que les cosaques sont déjà arrivés ? Mais ils ne sont pas encore là, et je connais mon métier », et, s'adressant à son épouse, il lui dit : « Ne sois pas triste, nous irons encore une fois à Vienne, rosser papa François ». Et lorsqu'après le dîner on amena le petit roi, l'empereur lui serina : « Nous allons à Vienne pour rosser papa François ! » L'enfant répétait la phrase en bredouillant, et l'empereur riait à gorge déployée.

Pendant que Napoléon conférait avec Berthier sur ses plans de campagne, Marie-Louise pria Hortense, toujours selon celle-ci, de s'asseoir auprès d'elle. L'impératrice avait les yeux rougis par les larmes. Abattue, elle se souvenait du temps où, encore enfant, elle avait dû fuir de chez elle. « J'ai atrocement peur de l'avenir », dit-elle, avec embarras [7].

« Depuis que vos troupes ont envahi la France », écrit le 2 janvier Marie-Louise, dans un sursaut, à son père, « le peuple tout entier s'arme et je crains que l'Empereur s'en aille bientôt aux armées, m'abandonnant seule, ici, dans cette ville qui prend les armes... Dieu fasse que tout se termine bien ! » [8]

Napoléon, effectivement, préparait son départ. Il avait d'abord à mettre ses affaires en ordre. Jamais auparavant il ne l'avait fait avec autant de gravité, ni n'avait préparé une absence avec autant de soin.

A nouveau il confiait la Régence à Marie-Louise, qui devait être assistée par l'archichancelier Cambacérès. Il désignait comme second du palais son frère Joseph, avec le titre de lieutenant général et commandant en chef de la Garde nationale. Celui-ci devrait faire rapport à l'empereur chaque jour. Le gouverneur du palais, le général Caffarelli, et le ministre de la Police Savary devraient faire de même.

Puis, l'empereur commença à faire ses adieux.

Le 23 janvier, il ordonna qu'après la messe les officiers de la Garde nationale soient réunis aux Tuileries dans la salle des Maréchaux. Pendant la messe, il fit dire à Mme de Montesquiou de porter le roi de Rome dans le salon voisin et d'entrer au moment où lui-même, venant de la chapelle, entrerait par la porte opposée. Menant l'impératrice qui, d'ordinaire, le précédait, il pénétra dans la salle ; l'autre porte s'ouvrit devant la gouvernante portant le prince dans les bras. L'empereur le fit poser à terre ; il le tint d'une main, l'impératrice le tint de l'autre et tous trois s'avancèrent ainsi au milieu du cercle qui rassemblait les officiers sur plusieurs rangs. En quelques paroles brèves, il annonça l'occupation du territoire de la France et son départ à la tête des armées. Il confia sa femme et son fils au dévouement de la Garde nationale : « Si l'ennemi s'approchait de la capitale, dit-il, je confie au courage de la Garde nationale la Régente et mon fils... » Plusieurs fois, il répéta : « Vous m'en répondez, n'est-ce pas ? Vous les défendrez ? » Il y mit une chaleur et une sensibilité qui provoquèrent l'enthousiasme. Les cris frénétiques et prolongés de « Vive l'Empereur ! », de la salle des Maréchaux gagnèrent la masse des gardes nationaux assemblés au Carrousel. Ce fut une acclamation immense lorsque, tenant son fils dans ses bras, il passa devant eux pour recevoir leurs serments. Attendri, il embrassait le jeune prince avec une effusion qui n'échappa à aucun des assistants. L'impératrice, baignée de larmes, fut sur le point de s'évanouir à la fin du discours, et l'empereur dut la soutenir [9].

Le 2 janvier, Hortense fut conviée à un ultime dîner pour tenter de calmer l'impératrice en pleurs. Marie-Louise accompagna ensuite son époux dans son cabinet où, pendant plusieurs heures, il brûla ses papiers les plus secrets. Une dernière fois, il contempla son enfant endormi et l'embrassa.

A six heures du matin, le 25 janvier, vint l'instant des tout derniers adieux. Toujours aussi anxieuse, Marie-Louise l'interrogea sur la date de son retour. Il répondit simplement : « Cela, chère amie, c'est le secret de Dieu » [10]. Il la serra encore une fois dans ses bras et la rendit aux bons soins de sa dame d'honneur pour s'élancer dans la voiture qui l'emporta.

En ce début de printemps 1814, la France, réduite à ses positions de 1792, était donc aux abois : à nouveau, l'envahisseur avait débordé ses frontières. Mais la dynamique de 1792 se trouvait maintenant inversée. A l'époque de la Révolution, la France, mettant en œuvre une stratégie d'un type nouveau, avait, avec ses armées, labouré massivement et chassé devant elle les troupes des armées coalisées, à cette époque encombrées encore d'anciennes traditions tactiques. Une bonne vingtaine d'années plus tard, c'était un demi-million de soldats qui, aux frontières, assaillaient une nation qui n'avait plus la même force matérielle, ni surtout la pugnacité et le brio de la grande impulsion révolutionnaire. De plus, dans les rangs ennemis, les chefs étaient tous des élèves appliqués de Napoléon, nourris de ses théories guerrières.

Napoléon s'imposait un labeur de forcené. Soldat, il vivait au milieu de ses hommes, au mépris de sa santé et de sa vie. Il se voulait redevenu « Général Bonaparte », livrant neuf batailles en six jours, pointant lui-même le canon à Montereau, prenant la tête d'une attaque de cavalerie, non loin d'Arcis-sur-Aube. Néanmoins, le « miracle de l'an 1814 » ne devait pas se produire. Lorsqu'au début de février, à La Rothière, il fut battu par Blücher, il se vit en si mauvaise posture qu'il se considéra comme perdu. Mais l'inattendu se produisit tout de même. De lui-même, Blücher s'était séparé du front tenu par Schwarzenberg. Électrisé, Napoléon, saisissant sa chance, s'imposa à Champaubert. « Ma bonne Louise, Victoire ! J'ai détruit 12 régiments russes, fait 6.000 prisonniers, 40 pièces de canon, 200 caissons, pris le général en chef Olsufiew et tous les généraux, plusieurs colonels. Et je n'ai pas perdu 200 hommes. Fais tirer le canon des Invalides et publier cette nouvelle à tous les spectacles . »[11]

Imaginant toutes sortes de mouvements rapides, se jetant sur l'ennemi, tantôt sur l'une des armées, tantôt sur l'autre, les harcelant sans cesse, Napoléon l'emporta encore dans d'autres affrontements. Mais il ne s'agissait plus de batailles grandioses, comme à Austerlitz, Iéna ou Wagram, et ces combats sur les arrières des troupes coalisées ne pouvaient sauver la France. Le fait, d'ailleurs, que ces lieux de combats ne sonnaient plus à l'italienne, à l'allemande ou à la russe, mais portaient tous des noms bien français, Brienne, Champaubert, Montmirail, Vauchamps, Montereau et combien d'autres !, cela en disait long sur la situation réelle ! Les maréchaux les plus prestigieux n'accomplissaient plus de faits d'armes dignes de figurer dans des ouvrages exaltant leur gloire. Même Augereau, à la tête des armées de Lyon, qui avait reçu l'ordre d'attaquer les arrières du prince Schwarzenberg, fit preuve de beaucoup d'hésitations ; même Oudinot qui, non loin de Bar-sur-Aube, occupa une position très exposée. Quant au maréchal Marmont, en livrant bataille dans la région de Laon, il ne fit guère plus que sauver les apparences.

Les populations civiles vivaient dans la terreur. Les armées françaises ayant, des années durant, fait des razzias, pillé, réquisitionné et rançonné à tort et à travers, à l'étranger, c'était à présent la revanche. A longueur de colonnes, les journaux parisiens avaient beau jeu de faire état des atrocités et des exactions des troupes d'occupation. Soudain surgissaient d'on ne savait où des mots d'ordre, des slogans, des rumeurs qui se répandaient comme une traînée de poudre : « Les cosaques arrivent ! » Des agglomérations comme Reims, Langres, Lyon en perdaient la raison [12]. Jusqu'aux troupes qui lâchaient leurs unités et leurs chefs : six mille recrues s'évanouirent ainsi dans la nature, sur deux journées de marche, entre Troyes et Nogent.

A deux reprises, le destin salvateur sembla prendre Napoléon par la main. En effet, dès le début de février, la diplomatie entra en scène et le 5, à Châtillon-sur-Seine, les émissaires d'Autriche, de Russie et d'Angleterre s'assirent à une même table, avec les négociateurs français. Napoléon avait donné pleins pouvoirs à son fidèle ministre-délégué Caulaincourt [13], que la régente Marie-Louise avait recommandé auprès de son père : « Je vous prie de bien vouloir accueillir le ministre Caulaincourt et de faire entière confiance à ses paroles. » [14]

Caulaincourt fit de son mieux, se montrant très ouvert, et il chercha à faire accepter les conditions proposées par les alliés. La France devait en revenir à ses frontières de 1792. Cela signifiait l'abandon de ses droits souverains sur ses fiefs d'Espagne et d'Allemagne et sur la Suisse.

Napoléon refusa. Il espérait voir les événements prendre une autre tournure, à son avantage. Les jours suivants semblèrent lui donner raison. Enivré par ses succès, le 18 février, il pouvait écrire à Marie-Louise, de Nangis : « Ma bonne amie, mes affaires vont si bien que Schwarzenberg m'a demandé, cette nuit, un armistice. Je ne lui ai pas répondu. J'espère que nous aurons la paix dans peu de jours, mais une paix stable, digne de moi et digne de la France. » [15]

Dans son optimisme tragique, il retira les pleins pouvoirs au pauvre Caulaincourt. A son frère Joseph, il écrit : « Je n'accorderai aucun armistice, à moins qu'ils n'aient purgé notre territoire. » [16]

Dès lors, les alliés n'eurent plus qu'à resserrer leurs rangs. Par le traité de Chaumont, l'Angleterre, la Russie, l'Autriche et la Prusse s'engageaient à unir étroitement leurs forces dans la guerre, afin d'assurer la paix en Europe, en rétablissant un légitime équilibre : une Allemagne confédérée, dirigée par des princes souverains, une Suisse libérée et une Italie faite d'États indépendants. L'Espagne serait restituée aux Bourbons, la Hollande à la famille d'Orange. Les alliés s'interdisaient de conclure une paix séparée. En ce qui concerne la France, aucun changement radical n'était envisagé. « Le Traité de Chaumont du 1er mars 1814 », écrit Talleyrand, dans ses Mémoires « atteste que les alliés n'avaient pour la France aucunement l'intention de substituer quelqu'un d'autre à Napoléon lui-même [17]. »

Selon Metternich, par son refus, Napoléon commit une faute impardonnable. Metternich, Schwarzenberg, l'empereur d'Autriche et même Castlereagh, le nouveau ministre britannique des Affaires étrangères, se réunirent à nouveau afin de préciser des conditions, encore tout à fait acceptables, en vue d'une paix immédiate. « Il est temps d'en finir », écrit à Vienne Metternich à son adjoint Hudelist [18]. Tout compte fait, Napoléon comme contrepoids à une trop forte prépondérance de la Prusse, cela paraissait plausible, et, si ce ne devait pas être l'empereur lui-même, ce serait l'impératrice-régente avec son fils. « Nul doute que Napoléon est un homme perdu », écrit la princesse Éléonore Metternich à son mari [19]. « Qu'ils ne mettent surtout pas les Bourbons sur le trône, mais on peut espérer que nous et les autres puissances, nous aurons un mot à dire. Si j'avais le pouvoir, je désignerais Marie-Louise comme régente du petit roi de Rome ; là-dessus, toutes les parties pourraient s'accorder. »

D'autres voix de femmes proches du pouvoir se firent entendre dans ce sens. L'impératrice Maria Ludovica souhaitait sincèrement que « Marie-Louise reste à Paris et qu'on y respecte l'Impératrice. » Dans cette même lettre à son mari [20], elle exprimait également de noirs pressentiments au sujet de Napoléon : « on va encore devoir verser beaucoup de sang avant qu'il ne verse le sien (...) ce qui », prédisait-elle, « arrivera de toute façon cette année, à moins qu'il ne soit assez avisé pour s'embarquer avec Joséphine pour l'Amérique. Ainsi, on aurait la paix, et Marie-Louise en serait libérée. » [21] Cette mort prochaine de Napoléon, la princesse Metternich voulait également y croire : « Je ne vois plus d'autre issue et j'espère pour lui une fin honorable (...) Seulement, qu'adviendra-t-il de sa famille ? » [22]

A sa propre mort, et à la situation à laquelle seraient confrontés dans pareil cas sa femme et son fils, Napoléon y pensait aussi. Le 8 février, dans une lettre confidentielle à son frère Joseph, il exprimait ses dernières volontés au cas extrême où il trouverait la mort sur le champ de bataille. L'impératrice et le roi de Rome devraient être conduits à Rambouillet, accompagnés des dignitaires et entourés des troupes disponibles. « Vous ne devez permettre en aucun cas que l'Impératrice et le roi de Rome tombent entre les mains de l'ennemi », lui enjoignait-il. « Soyez certain que l'Autriche les emmènerait à Vienne. » [23] Et il réitérait le vœu qui lui était le plus cher : « Si je meurs, mon fils héritier et l'Impératrice-Régente doivent ne pas se laisser prendre et doivent se retirer au dernier village avec leurs derniers soldats... Quant à mon opinion, je préférerais qu'on égorge mon fils plutôt que de le voir élevé à Vienne comme un prince autrichien, et j'ai assez bonne opinion de l'Impératrice pour être persuadé qu'elle est de cet avis. Je n'ai jamais vu représenter Andromaque que je n'aie plaint le sort d'Astyanax (*), survivant à sa lignée, et que je n'aie considéré comme un bonheur pour lui de ne pas survivre à son père. »

Marie-Louise n'eut pas connaissance de ce testament de son mari.

Depuis que l'empereur était parti, l'agitation et une grande nervosité s'étaient emparées de la population parisienne. A la hâte, des barricades s'édifiaient pour défendre la ville et, très peu de temps après le départ de Napoléon, Marie-Louise lui fit part de ces événements bouleversants : « ... Pour le moment, une grande inquiétude règne à Paris. En prévision de toute attaque, on y édifie des défenses (...), tout le monde voit déjà arriver les cosaques et beaucoup de femmes et d'enfants s'apprêtent à partir. Quelle peur ridicule ! Je deviens si courageuse que je m'en étonne moi-même ! » [24]

Elle était fermement décidée à tenir bon, à faire preuve de courage et à prêcher par l'exemple. Des trahisons comme celle de Murat la révoltaient. Jamais, croyait-elle alors, elle ne quitterait Napoléon, ni ne le trahirait. Comment était-il possible que le roi de Naples soit passé du côté autrichien ! « (...) sa conduite doit t'affliger, toi qui as un si bon cœur, qui as fait tant de bien à lui et à tant d'autres personnes », se lamente-t-elle [25]. « Je t'assure bien qu'il m'indigne beaucoup ; il est vrai que j'espère avoir un cœur fait autrement que celui de beaucoup de monde, un cœur reconnaissant et dévoué aux personnes à qui je m'attache. »

C'est avec appréhension que Marie-Louise accueillit l'annonce de la conférence de Châtillon. « J'attends avec impatience des nouvelles du congrès et je voudrais bien avoir deux mois de plus (...). Au moins, on serait sorti de ces doutes que nous vivons à présent (...). On aspire tellement à la paix et, sans en souffler mot, je la désire aussi très fort. Je ne dis cela qu'à toi car je ne sais si cela te conviendrait que je le dise tout haut. Ils craignent aussi que j'aie l'intention de quitter, et je ne sais qui a fait naître hier ce bruit-là. » [26]

« Mon amie », lui répondit Napoléon, de Nogent-sur-Seine, le 7 février [27], « je reçois l'estafette du 6. Ta lettre me fait bien de la peine ; j'y vois que tu n'as plus de courage : ceux qui sont avec toi ont perdu la tête. Je me porte bien et j'espère que mes affaires prendront une bonne tournure. Mais je te prie d'avoir bon courage, d'avoir soin de toi. Si j'apprenais que tu ne sais pas te bien porter, cela me désolerait et me ferait du mal. Tu sais combien je t'aime. Adieu, ma bonne Louise. Aie du courage pour tes voisins. » Et le lendemain, il poursuit, exagérément optimiste : « Je te dirai pour toi seule qu'il est probable qu'avant 4 jours la paix sera signée :

(*) Astyanax, fils d'Hector et d'Andromaque. Après la chute de Troie, il a été jeté du haut des murailles de la ville.

du reste, l'ennemi est éloigné de Paris dans toutes les directions ! On a trop peur à Paris. » [28] C'est ce même jour qu'il donna à son frère Joseph ses instructions en cas de décès.

Marie-Louise essayait d'être vaillante. « Oui, mon cher ami, je tâcherai de ne pas trop m'affecter, d'être plus gaie, je penserai que tu le désires et je suis sûre que mes efforts réussiront, car pour du courage, j'en ai toujours eu, et je t'assure que s'il m'a abandonné un peu par moment, ce n'est pas ma faute mais bien celle des Messieurs que je vois. (...) Je trouve, en général, que nous autres, femmes, nous avons plus de courage que les Messieurs de Paris (...) [29] »

Mais, toutes les Parisiennes n'étaient pas, et de loin, aussi courageuses que le suggérait Marie-Louise. Dans la vie des gens d'alors, l'inquiétude était accentuée encore par l'incertitude et l'ignorance. « Le peuple se rassemble sous nos fenêtres », rapporte Marie-Louise dans sa lettre du 9 février [30], « on veut savoir si le roi de Rome est déjà parti. » Le lendemain, elle notait encore : « Madame Mère a très peur, elle m'a priée de la faire prévenir si je partais parce qu'elle voudrait partir aussi ; j'espère que nous ne serons pas dans ce cas, cela ferait bien de la peine à Paris. » [31]

Parvint alors la nouvelle de la victoire de Champaubert ; du coup, l'espoir renaît chez Marie-Louise. « Mon ami », écrit-elle, le 11 février [32] : « Ce matin, au Bois de Boulogne, j'ai reçu ta gentille lettre du 10 au soir, dans laquelle tu m'annonces que tu as entièrement écrasé l'ennemi et que tu as livré une bien belle bataille glorieuse... » Et, dans une exubérance sans frein, elle appelle encore de ses vœux une dernière grande victoire, « celle à remporter sur le prince Schwarzenberg lui-même. » [33]

Par ailleurs, Marie-Louise exécuta fidèlement les ordres de Napoléon. « On a tiré le canon aux Invalides et le roi Joseph a fait préparer un rapport qui sera lu aux spectacles et, comme tu l'as demandé, cette nouvelle sera également publiée au Moniteur. « On est très contents ici », écrit-elle le 12 février [34], « toutes les craintes sont presque passées ; une ambiance d'euphorie règne ici depuis deux jours et on dit que les gens qui comptaient d'abord partir vont quand même rester. »

Pendant tout un temps, Marie-Louise eut l'occasion de féliciter Napoléon de ses victoires, de collectionner les étendards enlevés aux ennemis vaincus et de se faire acclamer lors des parades de la Garde. Bien qu'épuisé par la campagne, à cheval toute la journée, l'empereur prenait la peine d'exprimer sa satisfaction de « savoir l'Impératrice-Régente confiante et plus heureuse. » [35] Il tenait à répondre régulièrement aux questions journalières diverses que lui posait son épouse, et il la chargeait de temps à autre de petites missions. Ainsi, il lui demande d'informer par écrit « des glorieuses victoires remportées par l'Empereur » les municipalités de nombreuses villes telles que Valenciennes, Orléans, Cambrai, Lille, Bruxelles, Gand, Bruges, etc.[36] « Bien qu'habituellement peu assidue », lui répond Marie-Louise, « je ne m'épargne aucun effort, et, même si je devais y passer mes nuits, quand il s'agit de tes intérêts, je le ferais. »[37] Elle fut chargée d'une mission assez étrange. Il lui fallait interpeller la duchesse de Castiglione, l'épouse du maréchal Augereau. « Dis-lui qu'elle écrive à son mari qu'il dort ; qu'il devrait déjà avoir délivré les départements du Mont-Blanc et de l'Ain, et culbuté l'ennemi. Qu'elle lui écrive dans ce sens et l'invite à bien se battre... »[38] Marie-Louise est disposée à remplir même cette mission délicate : « J'exécuterai tes ordres par rapport à la duchesse », répond-elle à son époux. « Je ne sais pas encore laquelle de nous deux sera la plus embarrassée, car tu sais bien que je suis d'un naturel fort timide, mais, quand il s'agit de t'être utile, mon courage devient plus grand. »[39]

Mais, une fois encore, c'est avec son père l'empereur d'Autriche que Napoléon voulait qu'elle corresponde : « tu ferais bien de lui écrire et de te plaindre de ce qu'il ne te donne pas de ses nouvelles, qu'il t'a oubliée, qu'il pourrait réfléchir aux intérêts de sa monarchie en même temps qu'il nous aide ; qu'il devrait être raisonnable et faire preuve d'une volonté propre et ne pas être l'instrument des Anglais et des Russes. Bref, écris-lui avec insistance en lui rappelant tes propres intérêts et ceux de ton fils. Dis-lui par la même occasion qu'ici on est décidés à mourir plutôt que de signer une paix honteuse et déshonorante et qui, d'ailleurs, n'est pas de bonne politique, puisque cette paix ne serait pas durable... »[40]

Soumise, comme toujours, Marie-Louise respecta à ce point les instructions de Napoléon que la lettre à son père apparaît, à peu de choses près, comme une médiocre traduction en allemand d'un texte sous la dictée. Elle la conclut cependant sur une note un peu plus personnelle et plus émue, aussi... « et représentez-vous, mon cher Papa, quelle serait ma situation. Ce serait pour moi un coup affreux et je n'y survivrais pas. Je vous prie, mon très cher Papa, de vous souvenir de moi et de mon fils... »[41]

Elle osa toutefois exprimer des réserves auprès de Napoléon sur l'un des passages de sa lettre : « Tu as mis une phrase terrible dans ta lettre », lui fait-elle remarquer, « celle que l'on était résolu à mourir plutôt que de faire une paix déshonorante. J'espère que la menace fera son effet, mais je te prie, en grâce, de ne pas nourrir cette idée, elle est trop affreuse, tu sais bien que s'il t'arrivait la moindre chose, j'en mourrais, et que je n'aurais pas le moindre repos si je devais ajouter foi à cette mauvaise idée. Ainsi je te prie, en grâce, mon cher Ami, de n'y pas penser. Je suis bien fâchée contre mon père de ce qu'il ne veut pas s'arranger avec toi. Il ferait cependant fort bien pour ses propres intérêts : je suis sûre que cela lui réussira mal, mais il est aveuglé et mené par Metternich. »[42]

Il était vrai que l'influence de Metternich sur son souverain s'exerçait avec force. Le texte de la réponse à la lettre de Marie-Louise n'était du père François que par la signature. En définitive, le courrier entre Marie-Louise et son père servait de truchement aux échanges d'idées entre Napoléon et Metternich.

Le 6 mars, la lettre de l'empereur d'Autriche apporte la réponse suivante : « Si je ne t'ai plus écrit depuis assez longtemps, c'est, ainsi que je l'ai communiqué dernièrement à ton mari, parce que j'ai beaucoup de considération pour toi. Personne mieux que moi ne prend plus sincèrement en compte ta situation, la tienne et celle des tiens. Cela me paraît d'autant plus normal de souhaiter que ton mari termine cette guerre. Toute paix qui met la France en équilibre avec les autres puissances est honorable... Personne plus que toi n'a intérêt à arriver à une paix rapide. Grâce au rétablissement des liens commerciaux, ton mari retrouvera le plus bel État de l'Europe. Son souvenir sera cher à son peuple et sa dynastie sera perpétuée. Ceux qui lui donnent d'autres conseils sont ses pires ennemis, et personne d'autre que moi ne veut plus sincèrement son bien, ce dont je lui donne journellement des preuves de mes intentions à cet égard. Si j'étais le seul à être en guerre avec lui, nous nous arrangerions plus facilement, mais, une paix séparée avec l'Autriche, au lieu de lui être favorable, lui causerait, au contraire, beaucoup de mal. Je ne me séparerai jamais de la coalition qui ne cherche vraiment que le bonheur du monde, de sorte que, si l'Empereur veut avoir la paix, il faut qu'il fasse en sorte de l'obtenir... » [43]

A Paris, on était bien du même avis : « Mon cher Ami, écrit Marie-Louise le 4 mars, je sors au moment même du Conseil que tu m'as demandé de tenir pour communiquer à ces Messieurs les pièces relatives aux négociations de Châtillon. Il a duré fort longtemps et, en résumé, ces Messieurs sont d'avis qu'il faut la paix à quelque prix que ce soit... » [44]

Le même jour, Joseph Bonaparte envoya d'autres commentaires sur la décision du Conseil de régence. « Sire, je leur ai fait lecture des documents qui m'avaient été envoyés. Tous les membres semblaient être du même avis : les conditions imposées par l'ennemi leur parurent fort injustes. Cependant, unanimement, nous sommes d'avis que la nécessité de ramener les frontières de la France à ce qu'elles étaient en 1792 est encore moins inacceptable que de prendre les risques de voir occuper la capitale, ce qui serait la fin de l'ordre établi et signe de grands malheurs. Accepter les conditions prévues dans le traité, dans la situation actuelle serait avantageux en ce que cela permettra à l'Empereur de se consacrer entièrement à la politique intérieure et, grâce à une politique adéquate, Il sera en mesure de récupérer ce qui lui aura été enlevé injustement. La lettre de l'empereur d'Autriche est digne et elle fait preuve de bonne volonté. Vous allez être à la France et la France redeviendra pour vous ce qu'elle était lorsqu'elle faisait l'admiration de toute l'Europe. Vous qui, autrefois, l'avez sauvée, vous allez le faire aujourd'hui à nouveau en signant la paix et en y trouvant le salut, tant le vôtre que celui de la France... » [45]

Cette lettre d'un ancien roi était incontestablement d'un grand réalisme.

Mais Napoléon flaira la trahison, y soupçonnant l'œuvre de Talleyrand. Le 8 février, déjà, par un message secret, Napoléon avait mis son frère en garde contre ce prince de Bénévent à la langue fourchue : « Méfiez-vous de cet homme. Je le côtoie depuis seize ans, éprouvant quelque affection pour sa personne, mais à présent que la fortune ne nous sourit plus, je suis certain qu'il est le pire ennemi de notre maison. » [46] Talleyrand restait en effet en relation directe avec les personnalités les plus influentes de l'Europe de l'époque et, lors de la conférence de Châtillon-sur-Seine, il correspondait activement avec les délégations étrangères, persuadé de tirer avantage des décisions qui y seraient prises, quelles qu'elles fussent.

Les soupçons de Napoléon paraissaient donc relativement fondés. Il semblait, en outre, qu'un plan circulait visant à une abdication forcée de Napoléon, suivie de la mise sur pied d'une Régence présidée par Joseph. Il s'avéra, par la suite, qu'à l'insu de son frère, l'ex-roi d'Espagne avait eu l'idée de forcer l'empereur à accepter une « adresse », c'est-à-dire une requête de paix, contresignée par Joseph lui-même et par tous les ministres. Naïve, Marie-Louise avait laissé filtrer cette intrigue soit volontairement, soit par inadvertance, auprès de son époux. Accablé déjà par les événements du front, l'empereur vit dans ce geste une pure trahison. « La première adresse qui me serait présentée pour demander la paix, je la tiendrais pour une rébellion », écrit de sa main, furieux, Napoléon à son secrétaire Méneval [47]. Il ajoutait que, au vu d'un tel document, il en ferait arrêter tous les signataires.

Sa fureur visait non seulement Joseph mais également Marie-Louise, qui crut en mourir de frayeur. « Je suis fâché que tu aies montré la lettre de ton père et sa réponse au roi. Tu as trop de confiance en ce prince. Ces communications ne doivent être faites qu'à moi. Tout le monde m'a trahi. Serais-je destiné à l'être par le roi ? (...) Ce qui pourrait ébranler ma confiance serait que tu aies eu avec Joseph des liaisons que j'ignorais et que tu ne fusses plus pour moi ce que tu as été. » [48]

Et Marie-Louise dut trembler de plus belle, à mesure qu'elle continuait la lecture de la lettre. C'était bien l'immoralité de son beau-frère Joseph qui était en cause ! « Méfie-toi du roi », lisait-elle, « il a une mauvaise réputation avec les femmes et une ambition dont il a contracté l'habitude en Espagne. Si tu veux me plaire et ne pas me rendre malheureux, ne lui montre aucune de mes lettres ni celles de ton père, ni tes réponses, et tiens-le loin de toi. On m'a dit que le roi avait conçu le projet insensé et coupable de me faire des adresses pour la paix. Si cela était, on me fâcherait beaucoup, on ne réussirait à rien et l'on gâterait toutes les affaires de la France. Pourquoi ne me parles-tu pas de cela dans tes lettres ? » [49]

Marie-Louise s'efforça de dédramatiser les reproches qui lui étaient faits [50]. « Je m'empresse de t'écrire pour te dire que j'ai été bien affectée de penser que tu puisses penser que j'ai plus de confiance dans le Roi que dans toi et que je lui dirais des choses que je te laisse ignorer. J'espère que tu ne crois pas cela, car cela me rendrait par trop malheureuse (...) Je suis bien fâchée d'avoir parlé au Roi de la lettre de mon père, je lui en ai traduit quelques phrases pour le rassurer parce qu'il avait complètement perdu la tête ce jour, mais tu peux être sûr que je ne lui ai pas montré la réponse, ni les lettres que tu m'écris. S'il a dit cela, il se vante, et il ment (...) Je t'assure que je voudrais pouvoir bien avoir un moyen de ne plus le voir et, en général, de m'enfermer dans un coin de la terre où je pourrais vivre ignorée jusqu'au moment de ton retour, ou jusqu'au moment où je pourrais t'être utile et te prouver tout mon amour. Je suis désolée de penser que tu peux être fâché contre moi... » Le même jour, elle revient à nouveau sur le sujet, apportant d'autres détails : « Je ne t'avais pas parlé de l'adresse parce que je croyais que c'était un projet abandonné, et que je dois mettre une délicatesse que tu dois donc voir mieux que personne, à ne pas te brouiller avec ta famille... » [51] L'empereur lui pardonna, mais il continuait à en vouloir à son frère : « Le roi fait de l'intrigue. Il en sera dupé, c'est un pygmée qui veut se grandir. Hors l'honneur et le devoir, il n'y a point de chemin. J'ai reconnu ta belle âme dans ta lettre et ton amour pour moi. Je ne conçois pas que j'aie pu te faire de la peine, cela m'en fait beaucoup ; mais j'ai voulu t'écrire franchement pour éviter tout inconvénient. Adieu, ma bonne Louise. Tu sais combien j'estime ton jugement et ton caractère, et surtout combien je t'aime. Tout à toi. Ton fidèle époux... Napoléon. » [52]

Seul le petit roi restait à l'abri de cette montée de fièvre à la cour de Paris et semblait ne pas souffrir de ces tiraillements et de ces à-coups entre l'espérance et la peur. Le fils de Napoléon s'adonnait imperturbablement à ses jeux de guerre d'enfant et, d'après Marie-Louise, il conduisait des charges de cavalerie, monté sur son cheval en carton-pâte ; « il fit prisonniers des Cosaques et, la tête tout enveloppée d'une écharpe, il joua au général des uhlans blessé d'une balle dans la tête au cours de la dernière bataille. » Tout naturellement, le petit roi imitait dans des jeux les événements sensationnels dont il entendait parler autour de lui, « ... il prend toujours des drapeaux sur les Russes et des prisonniers, et c'est surtout au général Blücher qu'il en veut, il ne l'aime pas beaucoup, car, tous les jours, il parle de le tuer », écrit à l'empereur Marie-Louise, le 15 mars [53]. « Je n'ai jamais vu un enfant avoir de si bonne heure ces goûts militaires. Il tient vraiment beaucoup de toi, mais je crois qu'il ne pourrait jamais être aussi parfait que toi. » [54]

Le petit roi était, comme son père, capable de sautes d'humeur, avec des accès de colère. Mais il avait aussi l'art d'embobiner Marie-Louise. Cette situation en tête-à-tête forcé, en l'absence du père guerrier, rapprochait indiscutablement, de jour en jour, la mère et l'enfant. Et, désormais, le petit roi adorait sa mère. « Je suis aujourd'hui dans la plus haute faveur chez lui », rapporte l'impératrice à son mari [55]. « Il n'a pas voulu même que quelqu'un d'autre lui noue le cordon de son soulier et il n'a fait que m'embrasser. C'est vraiment un bien aimable enfant, je voudrais que la paix soit faite pour que tu puisses en jouir tout à ton aise, depuis sa naissance tu l'as vu si peu !... » Et son père, le petit diable l'idolâtrait, littéralement. « Il ne fait que penser à toi. Il est bien gentil, je lui ai donné une épée de garde national ; il m'a dit qu'il s'en servirait pour défendre papa contre les attaques des ennemis. » [56]

Cet enfant était, en fait, exceptionnellement doué. Déjà il s'intéressait aux fables de la Fontaine. « Il a vraiment une mémoire étonnante pour son âge », constate Marie-Louise, très fière de son fils. « Il sait déjà *La cigale et la fourmi* et la moitié de la fable *Le corbeau et le renard.* Il est vraiment drôle quand il les répète. Il a un jargon qu'on ne comprend pas du tout. » [57] Le fils de Napoléon commençait également à trouver plaisir aux êtres de l'autre sexe. « Ton fils », rapporte Marie-Louise, le 11 mars [58], « est fort content aujourd'hui parce qu'on lui a permis de jouer avec la petite fille de Mme de Montesquiou, c'est sa grande récompense ; il est vraiment drôle quand il dit à cette petite : « ma chère Aline, je vous adore », et puis il la mène dans tous les coins pour l'embrasser... »

L'enfant joli qui mettait les cœurs en émoi dut même conduire Napoléon à imaginer toute une opération de propagande. Ayant reçu de Marie-Louise une petite boîte portant sur le couvercle un médaillon du petit roi, une œuvre d'Isabey, complétée de l'inscription : « Je prie Dieu pour mon père et pour la France », signée de Napoléon lui-même dans une lettre (Arcis-sur-Aube, le 26 février) adressée à son frère Joseph, l'empereur, afin de galvaniser les sentiments patriotiques, voulut donner à ce portrait une large diffusion. Celle-ci s'étendit même jusqu'au sein du quartier général des alliés à Troyes. Y avait-il là un souci d'attendrir l'empereur François à la vue de son petit-fils et de l'amener à certaines concessions ? Tentative désespérée, s'il en fut ! Elle ne pouvait apporter le salut à la France. D'ailleurs, y avait-il encore un salut possible pour cette France d'un Napoléon aux abois ?

Marie-Louise, qui, avec naïveté, s'en laissait conter en matière de succès militaires, dut bien se rendre à l'évidence : l'état du moral, chez les Parisiens, se dégradait de jour en jour et était à présent en chute libre. Verrait-on bientôt la foule des badauds cesser d'acclamer la famille impériale ? Des bruits se multipliaient qui faisaient état des revers subis par les forces françaises. Le brave Cambacérès crut devoir susciter et encourager des prières publiques. Ceci eut le don de mettre Napoléon en colère : « Faites donc cesser ces prières de quarante heures et ces *Miserere* ! », s'insurge-t-il, dans une lettre adressée à Joseph. « Si on nous faisait tant de singeries, nous aurions tous peur de la mort !... » [59]

Le 19 mars, les négociations de Châtillon-sur-Seine qui tiraient en longueur prirent fin, sans résultat. Sentant l'ennemi approcher, par souci de prudence, l'archiviste du Cabinet impérial commença, le lendemain, à brûler les documents relatifs à la famille Bonaparte, et le directeur du Louvre demanda l'autorisation de transférer les dépôts des musées.

Le 20 mars, de son côté, Napoléon entreprit une ultime tentative en vue de ranimer les bonnes dispositions de son beau-père à son égard : « Écris à ton père que l'idée de nous faire faire la paix en nous humiliant et en nous enlevant Anvers est impraticable, que la nation a de l'énergie, surtout les paysans, qu'ils finiront par être battus, que l'Empire est plus puissant que jamais. Qu'il fasse la paix sur les bases de Francfort. » [60]

A nouveau Marie-Louise s'exécuta et elle ouvrit une brèche sur l'« affaire d'Anvers ». Mais c'est avec un certain scepticisme qu'elle rendit compte de sa mission à Napoléon : « (...) mon père ne m'écoute guère quand il s'agit d'affaires politiques... » [61]

Le 20 mars, c'était également l'anniversaire du petit roi. Nostalgique, Marie-Louise se souvenait que trois années auparavant, l'empereur s'était dit prêt à sacrifier la vie de son fils pour la sienne. « J'ai pensé beaucoup à toi aujourd'hui », écrit-elle (...) [62]. « Jamais je ne peux me rappeler, sans grande émotion, les preuves de ton amour ; c'est pourquoi c'est aussi un très beau jour pour moi. »

Cette journée-là, le petit roi jouait avec les filles d'Hortense, et « ils s'esclaffaient et couraient de tous côtés. Il est dans un âge très heureux, rien ne touche son cœur, ni ne bouleverse son âme... » [63] Pourtant, le lendemain, Marie-Louise écrivant à son époux, laissait filtrer le malaise qui commençait à affecter les petits comme les grands : « Il a fort mal dormi cette nuit, son sommeil a été extrêmement agité et il a beaucoup pleuré (...). Nous lui avons demandé ce qu'il avait eu. Il nous a dit qu'il avait rêvé à son cher Papa, mais qu'il ne dirait pas comment, et nous n'avons jamais pu le faire entrer dans aucune explication. » [64]

Puis se produisit l'affaire des « lettres volées », qui allait avoir une influence déterminante sur le destin de Napoléon. Le 23 mars, de Saint-Dizier, l'empereur fit envoyer à l'impératrice une dépêche [65] l'informant de ses nouveaux projets militaires : « J'ai pris le parti de me porter sur la Marne et sur les communications de l'ennemi, afin de le repousser plus loin de Paris et de me rapprocher de mes places ». L'estafette chargée de cette lettre fut interceptée par des hommes de Blücher, ce qui provoqua instantanément une réunion d'état-major, au plus haut niveau. La décision prise par les alliés fut de rallier Châlons et, à partir de là, de livrer bataille à Napoléon à Saint-Dizier. Mais une autre lettre, envoyée à Napoléon de Paris, qui conjurait l'empereur de faire sans retard mouvement vers la capitale où prenait naissance une agitation royaliste, fut également interceptée. Sur quoi, les alliés décidèrent de converger vers la ville, dont la défense n'était plus assurée que par les corps d'armées fort dégarnis des maréchaux Marmont et Mortier. Détail piquant et révélateur : après en avoir pris connaissance, avec l'intérêt que l'on devine, Blücher prit soin de renvoyer la lettre à l'impératrice « avec ses meilleures salutations », signalant qu'elle était « tombée par erreur » chez le « mauvais » destinataire. Et l'ingénue Marie-Louise, ravie de l'extrême correction du général, de le remercier pour son amabilité.

Le 27 mars déjà, Marie-Louise était persuadée de la chute prochaine de Paris. « Il paraît que nos affaires vont si mal du côté du maréchal Marmont, duc de Raguse, que nous pourrions avoir une visite dans peu de jours, quelle terrible perspective ! » [66], écrit-elle à Méneval.

Nombreux étaient les Parisiens des couches supérieures qui quittaient Paris en direction de la Loire. Sur les conseils de Marie-Louise, le 27 mars, la duchesse de Montebello décida d'envoyer ses enfants à la campagne. Inversement, la population des campagnes voisines, à l'approche de l'ennemi, cherchait refuge dans la capitale. Les boulevards étaient envahis par des charrettes bourrées des objets les plus hétéroclites emportés à la hâte par les réfugiés, et le bétail poussé devant eux par les paysans mugissait dans les rues. Le roi Joseph fit l'inspection de la Garde nationale et des lambeaux de troupes qui occupaient encore quelques-unes des garnisons de Paris. Méneval rapporte [67] que les armes manquaient, au point que certains n'avaient que des lances pour se défendre. Un désespoir empreint de lassitude s'emparait de la ville. Était-ce l'annonce de la chute de la capitale ? Mais où restait donc l'empereur ?

Aux Tuileries, on cherchait à ne pas perdre contenance. Le 27 mars au soir, Talleyrand s'y trouvait, pour une partie de whist, avec l'impératrice, la reine Hortense et le ministre de la Justice. Marie-Louise, se contrôlant au mieux, alla jusqu'à plaisanter avec son petit groupe sur l'absurde éventualité d'une occupation de Paris par les cosaques.

Le 28 mars, de grand matin, la reine Hortense fut brusquement réveillée par sa femme de chambre qui, pâle de frayeur et la voix hachée par l'émotion, lui annonça que l'ennemi était aux portes de Paris. « Et dire, note Hortense dans ses Mémoires [68], que nous venions de passer la soirée avec l'Impératrice, qui paraissait si calme ! » L'après-midi, « ... celle-ci se rendit à une réunion du conseil de Régence où l'on allait discuter de son départ de la capitale. Je la suppliai de ne pas quitter Paris et lui dis que son départ entraînerait le désespoir de tout le peuple. Qu'il s'agissait de défendre la position où Dieu nous a placés. Qu'il fallait rester et qu'il n'arriverait rien à son fils ni à elle-même. »

Sur ces entrefaites, Joseph fit son apparition et invita de manière pressante Marie-Louise à venir présider d'urgence la séance du Conseil. Hortense insista encore auprès de la duchesse de Montebello qui passait par là, pour qu'elle tente d'user de son influence sur l'impératrice. « Nous devons défendre Paris et non le quitter ! » [69]

Le premier qui prit la parole au Conseil de Régence fut Clarke, le ministre de la Guerre. Il dépeignit la situation intenable de la capitale, pratiquement sans fortifications et coupée de l'empereur par l'armée des coalisés !

Il se prononça pour le départ immédiat de l'impératrice et du roi de Rome. Savary, ministre de la Police, et Champagny, ex-ministre des Affaires étrangères, adoptèrent une position contraire, insistant sur la nécessité de faire face, pour en imposer à l'opinion publique. On évoqua même l'impératrice Marie-Thérèse, l'arrière-grand-mère de l'impératrice actuelle, qui, du haut du balcon de l'hôtel de ville, son fils dans les bras, avait appelé la population à résister. Finalement, Talleyrand, à la surprise générale, prit la parole pour plaider le maintien à Paris de l'impératrice et de son fils. On révéla qu'il avait complété l'information en déclarant plus tard, avec son sourire malicieux, qu'il était tellement suspect aux yeux de l'impératrice qu'il suffisait qu'il « dise blanc pour qu'on réponde noir ».

Néanmoins, au moment du vote, on dut bien constater une majorité en faveur du maintien de l'impératrice et du roi de Rome à Paris.

C'est alors que Joseph se leva. Il prétendit tenir des instructions écrites de Napoléon, en date du 16 mars, et il en donna lecture : « Mon frère, conformément aux instructions verbales que je vous ai données, (...) vous ne devez permettre, en aucun cas, que l'Impératrice et le roi de Rome tombent entre les mains de l'ennemi. Je vais manœuvrer de telle manière qu'il soit possible que vous fussiez plusieurs jours sans avoir de mes nouvelles. Si l'ennemi avançait sur Paris avec des forces telles que toute résistance devînt impossible, faites partir, dans la direction de la Loire, la Régente, mon fils, les grands dignitaires, les officiers du Sénat, les Présidents du Conseil d'État, les grands officiers de la Couronne (...) et le Trésor. Ne quittez pas mon fils et rappelez-vous que je préférerais le savoir dans la Seine plutôt que dans les mains des ennemis de la France. » [70]

Au terme de cette lecture, une chape de plomb s'était abattue sur la salle. Un nouveau vote eut lieu et une majorité de voix se dégagea en faveur du départ de l'impératrice. A une heure et demie de la nuit, l'archichancelier annonça que, conformément aux derniers ordres de l'empereur, Sa Majesté et le roi de Rome quitteraient Paris dans les heures à venir, pour se rendre à Rambouillet.

A la levée de la séance du Conseil, Hortense qui attendait Marie-Louise la suivit et lui dit : « Ma sœur, au moins vous savez qu'en quittant Paris, vous neutralisez la défense de la capitale et ce faisant vous perdez votre couronne ».

« Vous avez raison », répondit Marie-Louise, « mais ce n'est pas de ma faute. » [71]

Chapitre XIV

Sauve-qui-peut entre Seine et Loire. Trajets d'exodes tourmentés

On ne refait pas l'Histoire, mais on peut se demander si le cours des événements — défaite, tiraillements affolants entre époux séparés, etc. — aurait été le même sans la tragique décision du départ de Paris de Marie-Louise. En revanche, il est certain que la décision de rester aurait au moins donné lieu, dans les jours qui suivirent, à un joli « portrait de famille » de tous les grands acteurs qui faisaient précipitamment l'histoire en ces heures dramatiques. Cette sorte d'« arrêt sur image », cette scène grandiose, on aurait pu la capter, soit aux Tuileries, soit au palais de l'Élysée, après l'occupation de la capitale par les alliés.

Le Conseil de régence aurait pris ses marques : l'inévitable archichancelier Cambacérès, effondré ; l'ex-roi Joseph, se forçant à garder bonne contenance ; Talleyrand, esquissant ce sourire toujours aussi impénétrable, et tous les autres... Et surtout la principale vedette, Marie-Louise ! L'impératrice serait apparue, debout devant son trône, cherchant à conserver son calme et tenant fermement l'enfant de France par la main, s'y cramponnant comme à un rempart, son dernier recours, sa protection...

Leur faisant face, on aurait vu les vainqueurs du jour : des officiers généraux dans leurs uniformes les plus chamarrés, épaulettes d'or frissonnantes et sabres rutilants au ceinturon ; Blücher, le vétéran, avec son air impétueux ; le valeureux Schwarzenberg, massif, entouré de généraux russes. Au premier plan, évidemment, les deux souverains, le tsar et le roi de Prusse. Il n'aurait manqué que l'empereur François, retardant de quelques jours son arrivée... à cause de Marie-Louise.

L'impératrice des Français aurait conféré, à voix basse, avec les maréchaux Marmont et Mortier. Le roi de Prusse, Frédéric-Guillaume III, peu expansif, se serait borné à claquer les talons. Le tsar Alexandre Ier, cet effréné romantique, se serait incliné vers l'impératrice et lui aurait fait le baisemain. D'ailleurs, qu'aurait-il pu faire d'autre, devant la fille de son puissant allié ? Et Schwarzenberg n'aurait-il pas, lui aussi, comme il se devait, salué avec un profond respect la fille de son souverain, l'empereur d'Autriche ? Sans nul doute, l'impératrice, avec ou malgré le visage endolori et poignant qu'elle affichait, aurait néanmoins remporté un certain succès politique. Metternich lui-même n'avait-il d'ailleurs pas toujours fait preuve de la plus haute considération pour la maison Bonaparte ?

Et, qui sait, on aurait pu, à tout le moins, sauver la couronne du fils de Napoléon. Les Bourbons ne seraient pas remontés sur le trône ; les Cent Jours ne se seraient pas produits, et Sainte-Hélène n'aurait peut-être jamais existé. Peut-être,... si... si...

Ainsi que le rapporte Méneval [1] : « L'Empereur s'est plaint, depuis, de ce que son ordre avait été trop rigoureusement interprété ; il a dit que l'exécution de cet ordre était subordonnée aux circonstances, qui avaient changé depuis l'époque à laquelle il avait été donné. Il n'est point douteux que la présence de l'Impératrice à Paris », continue Méneval, « aurait pu déjouer de coupables manœuvres et donner à l'Empereur le temps d'arriver au secours de la capitale ; le Conseil privé l'avait senti ; la Régente le comprenait ; mais qui aurait osé contrevenir à des instructions aussi formelles de la part de l'Empereur ? Les lettres postérieures de Napoléon n'étaient venues ni les infirmer ni les modifier pendant les quinze jours qui s'étaient écoulés entre la date de son ordre et celle de son exécution. »

Du côté français, de nombreuses voix s'élevèrent, reprochant à Marie-Louise d'avoir abandonné le terrain et d'avoir ainsi fait perdre le trône à son fils. Mais que pouvait-on attendre d'autre de la part de cette jeune femme soumise, pour laquelle les ordres de Napoléon avaient un caractère quasi sacré ? Pourtant, elle-même, qui souhaitait ardemment garder sa position d'impératrice et de régente, voyait les dangers de cette décision.

« Le Conseil vient seulement de se terminer », écrit-elle le 29 mars à une heure du matin à son mari. « Après de longs débats, on a fini par dire qu'il fallait que je parte, et cela, au plus tard, demain matin, (...) Je t'avoue que je suis tout à fait contre cette idée, je suis sûre que cela fera un effet terrible sur les Parisiens, cela leur ôtera tout le courage qu'ils auraient eu sans cela pour se défendre. La garde nationale ne fera plus rien, et quand tu arriveras pour nous délivrer, tu trouveras la capitale au pouvoir de l'ennemi. Mais tu m'as dit qu'il fallait suivre le conseil de l'Archichancelier, et je le ferai dans cette occasion, parce que je ne voudrais pas exposer mon fils. » [2]

Le même jour, elle écrit dans une autre lettre : « Mon cher Ami. Je t'écris encore un mot avant que de partir. On le veut décidément, (...) ainsi, que la volonté de Dieu soit faite, mais je suis sûre que tu n'en seras pas content (...) Tout le monde a perdu la tête, excepté moi, et j'espère que dans peu de jours tu me diras que j'avais raison de ne pas vouloir évacuer la capitale (...) Ainsi, je me mets sous la garde de la Providence, bien sûr que cela finira mal... »[3]

On est surpris de la lucidité avec laquelle Marie-Louise avait évalué la situation. Les historiens spécialistes des affaires militaires lui ont donné raison : la cavalerie ennemie n'aurait pu faire grand-chose dans les rues étroites du centre-ville, si l'on avait défendu Paris jusqu'à l'arrivée de Napoléon. Mais Marie-Louise vivait dans un milieu d'hommes auxquels elle n'osait s'opposer. Son angoisse permanente, celle de commettre une erreur et d'être réprimandée, et le souci de ne pas exposer l'enfant l'incitaient à se soumettre.

Autre point qui fait problème : pourquoi Napoléon avait-il donné l'ordre funeste de quitter Paris, alors qu'il devait savoir que la fille et le petit-fils de l'empereur d'Autriche ne courraient aucun risque, ni physique ni autre, et que la présence de « la fille des Césars », comme on l'appelait, aurait permis, au contraire, de sauver beaucoup de choses ? Qui sait si la clé de l'explication n'est pas cette lettre adressée précédemment à son frère Joseph dans laquelle l'empereur écrivait : « Je ne veux pas me mettre sous la protection de ma femme » et « Évitez que des racontars ne donnent à croire que j'accepte d'être protégé par elle et par son père. »[4]

Donc les dés étaient jetés et, pour la troisième fois dans son existence, Marie-Louise prenait la fuite devant l'avancée des troupes. Mais cette fois, c'était une armée à laquelle appartenait ses compatriotes autrichiens qui la prenait à revers.

Le 29 mars, tôt le matin déjà, une activité fébrile régnait aux Tuileries. A la hâte, on empaquetait tous les objets précieux, le trésor et les joyaux de la couronne, les effets personnels de l'impératrice et du petit roi, des argenteries, des fourrures, des parures et des bijoux. On remarquerait plus tard au cours du trajet qu'on avait oublié quelque chose : des jouets pour l'enfant impérial ! Méneval prit avec lui les papiers et les correspondances de la famille. Il fit brûler d'autres papiers et prit ses dispositions pour suivre l'impératrice. On s'attendait à voir reparaître le roi Joseph qui, avant le jour, s'était rendu aux barrières, aux avant-postes, pour reconnaître les positions tenues par les maréchaux Marmont et Mortier dont les troupes assuraient la défense de la ville. L'impératrice devait attendre de recevoir de ses nouvelles.

Le départ avait été fixé à huit heures du matin. Les voitures attelées stationnaient dans la cour des Tuileries. L'impératrice, habillée et prête à partir, se tenait dans ses appartements avec les dames de son service. Distraite et l'âme emplie de tristes pressentiments, elle éludait les questions que lui adressait son fils, dont ce mouvement inaccoutumé troublait l'heureuse insouciance.

Brusquement, du bruit dans les antichambres les fit tous sursauter. Des officiers de la Garde demandèrent avec insistance la permission d'entrer et, introduits auprès de l'impératrice, ils se précipitèrent vers elle et la supplièrent de ne pas quitter la ville. Ils la défendraient, elle et son enfant, jusqu'à la dernière goutte de leur sang. L'impératrice, touchée jusqu'aux larmes par leur dévouement, balbutiante, allégua l'ordre de l'empereur. Cela ne permettait aucune remise en cause.

Toutefois, Méneval observa « qu'elle retardait d'heure en heure son départ, comme si elle espérait, sans oser se l'avouer, qu'un événement fortuit viendrait l'empêcher ». Finalement, à 11 heures, Clarke, le ministre de la Guerre, lui fit dire l'urgence de ce départ. A un moment donné, en pleine agitation, l'impératrice, secouée de sanglots, s'exclama : « Mon Dieu ! faites-leur prendre cette décision ! Faites cesser ma torture. » [5]

En l'absence de nouvelles du roi Joseph, on prit donc le départ. Mais un autre empêchement se présenta. « Lorsqu'il fallut monter en voiture, rapporte Méneval, le jeune roi de Rome ne voulut pas quitter son appartement. (...) Il se débattait dans les bras de ceux qui voulaient l'emporter, criant : « Je ne veux pas quitter ma maison » ; « je ne veux pas m'en aller ; puisque papa est absent, c'est moi qui suis le maître ». Il se cramponnait aux portes et à la rampe de l'escalier (...) Il semblait, note Méneval, qu'un funeste pressentiment eût communiqué à cet enfant le don de seconde vue. »

« Et, toujours selon Méneval, les voitures se mirent en route lentement, comme si l'on espérait un contrordre : dix lourdes berlines vertes aux armoiries impériales, le carrosse de cérémonie et une foule de voitures de bagages et de fourgons. Avec son escorte de douze cents gardes, le triste cortège, par le guichet du Pont-Royal, longeant les quais, atteignit la place de la Concorde. Quelques dizaines de curieux, dans un morne silence, contemplaient le défilé comme on regarde passer un convoi funèbre. Arrivée aux Champs-Élysées, les larmes aux yeux et la mort dans l'âme, l'Impératrice salua une dernière fois la ville impériale qu'elle laissait derrière elle... » [6] En quittant Paris, Marie-Louise passait un autre seuil de l'histoire du monde sous les feux de laquelle elle avait vécu aux côtés de Napoléon. Une page était tournée, après exactement quatre années et dix-neuf jours, à partir du mariage à Vienne...

Entre-temps, Joseph en était arrivé à la conviction que toute résistance serait vaine, les maréchaux Marmont et Mortier ayant déclaré ne pouvoir tenir leurs positions avec d'aussi maigres effectifs. Si l'on se refusait à la reddition, arguaient-ils, Paris serait exposé à être pris d'assaut. Joseph délégua le pouvoir de négocier au maréchal Marmont, lui-même n'ayant plus d'autre parti à prendre que d'aller rejoindre l'impératrice.

Napoléon, arrivé à Sens le 30 mars, prit une voiture pour Fontainebleau où il arriva tard le soir. Sur la route de Paris, à la « Cour de France », au relais de poste, il sut qu'il arriverait trop tard. A trois heures du matin, il écrit à Marie-Louise : « Mon Amie, je me suis rendu ici pour défendre

Paris, mais il n'était plus temps. La ville avait été rendue dans la soirée. Je réunis mon armée du côté de Fontainebleau. Ma santé est bonne. Je souffre de ce que tu dois souffrir. » [7] Dès six heures du matin, ayant rebroussé chemin, il était à nouveau à Fontainebleau.

Le convoi de l'impératrice arriva à Rambouillet le soir du 29 mars. Dès son arrivée, elle écrit à Napoléon : « Je suis bien triste, mon cher Ami, et je vois bien en noir. Dieu sait comment cela finira, je tremble pour toi et pour toutes les conséquences qu'aura l'abandon de la capitale, cela finira bien tristement (...) Je n'ai jamais été aussi fâchée qu'à présent d'être une femme, parce que je ne te serai bonne à rien. » [8] Elle avait espéré faire étape et prendre du repos à Rambouillet : elle se trompait ! Un courrier de Joseph la rejoignit, faisant état du danger : « Près de 60.000 hommes sont autour de Paris. J'irai donc coucher demain à Chartres. » [9]

La nervosité augmenta en cours de route : les bords des chemins devenaient peu sûrs. Seul le jeune Napoléon semblait prendre un certain plaisir à l'aventure : « Ce soir, il est gai et joue aussi bien qu'il peut, parce qu'il n'a pas de joujoux » [10], écrit Marie-Louise à Napoléon.

Les rois Joseph et Jérôme Bonaparte, qui avaient quitté Paris vers 5 heures du soir, arrivèrent à Chartres au cours de la nuit. Ce n'est pas la femme de Napoléon, la régente de l'Empire qu'ils venaient rejoindre, mais bien leur belle-sœur, la fille du vainqueur. Peut-être pourrait-elle les protéger ?

De Chartres, les événements les poussèrent vers Chateaudun d'où elle écrit à Napoléon : « (...) Heureusement que ton fils a une bonne chambre (...) Il pleure seulement pour avoir des joujoux. Dieu sait quand je pourrai lui en donner. » [11] Entre-temps, Marie-Louise avait reçu la nouvelle de la capitulation de Paris. L'occupation par les alliés s'était passée en bon ordre. Dans les quartiers élégants de la ville, ils avaient pu observer partout la cocarde blanche des Bourbons, tandis que dans les quartiers populaires, c'était le silence et la grogne. Sur Paris s'appesantissaient l'incertitude et l'inquiétude. L'empereur reviendrait-il ? Les Bourbons s'installeraient-ils ? [12]

Marie-Louise avait reçu de Fontainebleau, à 3 heures du matin, dans la méchante auberge de Chateaudun, un message de Napoléon : « Je crains que tu ne sois trop affectée de la perte de Paris. Je te prie d'avoir du courage. » [13]

Ce fut ensuite l'étape de Vendôme, puis l'arrivée à Blois, et non à Tours, comme il avait été primitivement convenu. Il n'y a que huit lieues de Vendôme à Blois, mais on resta neuf heures en chemin. Erreur de parcours, routes défoncées, épuisement des attelages, grave avarie au carrosse impérial : ce n'était plus un cortège, c'était une colonne en déroute !

A Blois régnait une effervescence indescriptible : la cour avait débarqué ! Les bâtiments de la préfecture furent aménagés à la hâte pour Marie-Louise.

La présence de toutes les princesses, des rois et de leurs suites créait un engorgement épouvantable. Un simulacre de gouvernement se mit en place, vaille que vaille : Marie-Louise y tint conseil des ministres. Ceux-ci y accordèrent audience aux autorités de la région. On y publia des proclamations. Bientôt l'on y reprit l'une des traditions de Saint-Cloud : les dîners de famille...

Du 2 au 8 avril, Marie-Louise a pu s'accorder un certain répit à Blois. Néanmoins, de sombres appréhensions l'envahissaient. Aussi, lorsque Napoléon l'assura [14] qu'il veillerait, « le plus tôt possible, à nous réunir », Marie-Louise s'accrocha à cet espoir chimérique comme un noyé à la moindre branche : « Ce que tu me dis de la possibilité de nous réunir bientôt m'a fait bien plaisir. C'est la seule chose que je pourrais avoir pour consolation dans ce moment. » [15]

Pourtant, les événements de Paris auraient dû lui laisser peu d'illusions à ce sujet : la chute de Napoléon s'accomplissait, inexorablement.

Après l'entrée des alliés dans la capitale, le 31 mars, Talleyrand avait réuni le Sénat. Le 2 avril, les 64 membres encore présents déclarèrent Napoléon déchu du trône et remplacé par les Bourbons. Les sénateurs, en outre, installaient un gouvernement provisoire présidé par Talleyrand, secondé par Fouché.

Pour Napoléon, la situation sur le front était désespérée : seul Caulaincourt, duc de Vicence, continuait à se battre. Il l'envoya à Paris pour tenter de disposer le tsar favorablement. Celui-ci reçut Caulaincourt à la rue Saint-Florentin où Alexandre s'était installé pour échapper à un éventuel attentat ou à des sabotages à l'Élysée. L'émissaire de Napoléon tenta par tous les moyens de sauver la maison Bonaparte. Rentré à Fontainebleau, il remit à son souverain la réponse d'Alexandre : « Apportez pour commencer l'abdication du père. Ensuite, nous pourrions peut-être parler du fils. »

Mais tout ne semblait pas encore perdu. Le courage et le loyalisme de la Garde étaient encore intacts. Le maréchal Marmont était encore sur la Seine avec 12.000 hommes. Marmont, le plus ancien compagnon d'armes de Napoléon, son ami ! Mais le maréchal était fatigué. Depuis la retraite d'Espagne, sa foi en l'empereur avait faibli. Lorsque Talleyrand lui mit sous les yeux le décret du Sénat qui dégageait l'armée et le peuple de leur serment de fidélité et qui faisait un devoir d'éviter la guerre civile, le maréchal passa dans l'autre camp.

Impensable pour Napoléon ! « Non, dit-il, pas Marmont ! » Ce choc violent ne le fit pourtant pas céder.

Le 4 avril, encore, l'empereur réunit ses maréchaux. Devant des cartes d'état-major, il leur expliqua son plan : on se retirerait sur la Loire pour reprendre le combat. Il souligna qu'il disposait toujours de 50.000 hommes et que l'ennemi était en mauvaise posture. Un silence glacial accueillit ses propos. Ensuite, Ney, Macdonald, Oudinot et Lefèbvre ouvrirent les yeux à l'empereur sur les avantages d'une abdication en faveur de son fils. Sans dire un mot, il les renvoya.

Quelque temps après, Caulaincourt était rappelé et l'empereur lui faisait part de son abdication en faveur de son fils, sous la régence de l'impératrice. Le lendemain, Caulaincourt, accompagné des maréchaux Ney et Macdonald, se présentait devant Alexandre et lui remettait l'acte d'abdication conditionnelle. Pour les émissaires français, le changement d'interlocuteur était frappant : le souverain russe, élancé et fringant, se substituait devant leurs yeux au Corse, courtaud et potelé. Le tsar Alexandre, personnage à la fois porté par le rêve et happé par le concret, à la fois tourné vers autrui et fondamentalement égoïste, avait toujours paru inquiétant à Napoléon, qui lui enviait l'héritage de la pure légitimité impériale, alors que lui-même n'était que le fils de ses œuvres. La succession du petit roi, au titre de Napoléon II, fut discutée, mais le tsar fit preuve d'une grandeur d'âme à la mesure de sa taille. Avec une pointe de condescendance, il eut enfin le geste de faire cadeau aux émissaires de Napoléon, de sa tabatière.

Mais le 6 avril, l'état d'esprit du tsar devait brusquement changer. L'annonce de la défection de Marmont et de son passage dans le camp allié enlèverait à Napoléon toute possibilité de résistance. Appuyé par Talleyrand, Alexandre exigea alors de Napoléon l'abdication sans condition. La veille, les alliés s'étaient mis d'accord sur le sort et la destination de leur ennemi vaincu : son bannissement à l'île d'Elbe, l'octroi d'une pension de deux millions de francs, le maintien de son titre d'empereur et d'une garde personnelle de 400 hommes.

Entre-temps, les maréchaux avaient rejoint l'empereur à Fontainebleau. Celui-ci leur demanda encore s'ils seraient prêts à le suivre sur la Loire. Ils ne bronchèrent pas. Pour eux, le soleil d'Austerlitz qui les avait tous réchauffés de ses rayons s'était éteint. Berthier lui-même intervint pour que cette fois on en finisse. Le 7 avril, Napoléon signait l'acte par lequel il renonçait aux trônes de France et d'Italie, pour lui-même et pour ses enfants. Napoléon II n'était déjà plus empereur. Il l'avait été durant quarante-huit heures, exactement.

Marie-Louise, sans information, vivait ces journées à Blois, plongée dans le désespoir. Dès le 3 avril pourtant, Napoléon lui avait envoyé, de Fontainebleau, un appel à l'aide tout aussi désespéré : « Tu peux écrire une lettre très vive à ton père pour te recommander à lui, toi et ton fils. Envoie-lui le duc de Cadore. Fais sentir à ton père que le moment est arrivé qu'il nous aide. » [16] Marie-Louise s'empressa de suivre son conseil. Deux lettres, au contenu de plus en plus poignant, furent envoyées le même jour à l'empereur d'Autriche.

Dans la première confiée au duc de Cadore, il était question de « ne pas sacrifier le calme de votre petit-fils et de votre fille à l'avidité de l'Angleterre et de la Russie. » [17] Dans la seconde lettre, envoyée par une autre filière, en raison de l'insécurité totale des moyens de liaison durant ces journées folles, Marie-Louise écrit : « Nous étions persuadés que vous ne nous abandonneriez pas (...) Je vous confie donc, cher Papa, notre destin (...) » [18]

L'empereur François écrivit à sa fille, le 7 avril, le jour précisément de la signature de l'acte d'abdication : « (...) Tout ce que je puis t'affirmer, c'est que je serai toujours, quoi qu'il advienne, ton père, celui de ton enfant, et par conséquent celui aussi de ton mari, parce qu'il a fait de toi une épouse heureuse. Si tu cherches un refuge, toi et les tiens, vous le trouverez auprès de moi ! Je ne puis dire mieux : car l'autre souhait concernant ton fils, les devoirs maternels demandent qu'on aide à l'exaucer, mais je doute qu'il soit possible pour moi d'y arriver, car, comme je l'ai expliqué au duc de Cadore, j'ai des devoirs envers mes alliés. (...) Montre-toi, en tant que ma fille et de mon sang, grande dans ton malheur... » [19]

De toutes ses forces, Marie-Louise y tendait, cherchant désespérément à lier l'amour, le devoir et la dignité qu'on lui enjoignait de respecter. Elle voulait toujours retrouver son mari et, le 7 avril, elle lui écrivit : « (...) malheureux, tu cours tant de dangers ; tout ce que je désirerais, dans cette occasion, ce serait de me réunir à toi (...). Je te consolerais autant que possible de tous les revers que tu éprouves et, en partageant ton sort, je tâcherais de pouvoir t'être utile à quelque chose. Tu me connais assez, mon Ami (...) » [20]

Marie-Louise, jouet des événements, s'effondrait dans un gouffre sans fond. Pitoyable, elle ne savait plus où donner de la tête. Les possibilités de s'enfuir se restreignaient d'heure en heure : « Chartres est prise, les Anglais ont déjà fait une apparition à Saintes, de sorte que Tours n'est pas fort sûre. Cette raison nous a déterminés à rester à Blois. Où aller ? », écrit-elle à son mari, le 7 avril [21].

Le même jour, un officier dévoué, le colonel Galbois, remettait à l'impératrice, de la part de Napoléon, la nouvelle de l'abdication sans condition. Un choc terrible la secoua, l'ébranlant jusqu'au tréfonds. « Impossible ! s'exclama-t-elle. Mon père ne le souffrirait pas, car il m'a déclaré vingt fois, quand il m'a mise sur le trône de France, qu'il m'y soutiendrait toujours, et mon père est un honnête homme. »

Soudain, sa décision fut prise : elle voulait immédiatement gagner Fontainebleau avec son fils. Pour elle, leur place était auprès de l'empereur. Et, faisant preuve d'un esprit de détermination qu'on lui connaissait peu, elle en informa son père, le 8 avril : « Demain matin, je partirai à Fontainebleau. » [22] En dépit des mises en garde lui faisant voir que plus de trois mille cosaques rôdaient dans les environs, Marie-Louise s'arrangea, en secret, pour faire atteler une voiture. La décision semblait devoir réunir le couple impérial une dernière fois.

Déjà, de grand matin, elle allait prendre place dans la voiture quand, tout à coup, survint la duchesse de Montebello qui lui barra le passage. Par ses questions, elle sut très rapidement de quoi il retournait. Elle s'acharna à l'empêcher de partir ! Comme le fit remarquer Savary, ministre de la Police, la dame de compagnie n'avait nulle envie de se laisser enterrer vivante sur l'île d'Elbe. Argumentant habilement, notamment au sujet du petit Napoléon et du danger dont le menacerait une telle entreprise, elle amena Marie-Louise à céder. Par ailleurs, Marie-Louise avait déjà subi la pression de ses beaux-frères, défavorables au départ à Fontainebleau. Pour Joseph, pour Jérôme, la seule « sortie » paraissait de passer aux Autrichiens, sous la protection de Marie-Louise.

A ce stade du déroulement des événements, seules des instructions précises de Napoléon auraient pu décider Marie-Louise à faire tout de même le voyage à Fontainebleau, mais les ordres se faisaient attendre...

Et voilà que débarque à Blois, le 8 avril, l'émissaire du tsar, accompagné d'un envoyé du gouvernement provisoire français. Ils invitent Marie-Louise à les accompagner à Orléans. C'est là leur mission. Une lueur d'espoir renaît alors chez Marie-Louise : Orléans n'est qu'à mi-chemin de Fontainebleau ! Espoir fugace, s'il en fut ! car elle ne soupçonne pas que les émissaires ont précisément reçu l'ordre du gouvernement provisoire d'empêcher, par tous les moyens, que le couple impérial se réunisse. Il ne pouvait être question, pour les gens de Paris, que l'empereur renversé se mette sous la protection de son épouse et donc de l'Autriche. La « preuve » que l'on croyait encore possible alors que les époux se réunissent, on la trouve dans une lettre du 8 avril adressée par Schwarzenberg lui-même à l'empereur François : « (...) des émissaires ont été envoyés hier à Blois pour amener l'Impératrice chez son époux, à Fontainebleau. » [23] Visiblement, les événements et les informations se court-circuitaient... ou bien, dans le camp des alliés, tout le monde commençait déjà à tromper tout le monde... De son côté, Marie-Louise prenait évidemment ses désirs pour la réalité. « Mon cher Ami, écrit-elle à Napoléon, je t'écris un mot pour te dire que je pars demain pour Orléans et que je serai après-demain à Fontainebleau. » [24]

Son départ de Blois signifiait aussi que Marie-Louise renonçait sans trop de regret à la régence.

Son départ entraînait également un véritable sauve-qui-peut au sein de la cour qui l'avait entourée jusque-là. La plupart remontèrent sur Paris. Madame Mère, accompagnée du cardinal Fesch et de l'ex-roi Louis, prirent la route en direction de Rome. Joseph s'enfuit vers la Suisse. Tous, y compris les ministres et les conseillers d'État, eurent encore le temps de s'emplir les poches avant le départ et de se faire octroyer de plantureux viatiques. Beaucoup, abandonnant le navire en perdition, allèrent se mettre, en hâte, à la disposition du nouveau gouvernement.

Marie-Louise arriva à Orléans dans un état pitoyable, épuisée, fiévreuse et crachant du sang. Elle s'installa au palais épiscopal. Un certain Dudon, envoyé par Talleyrand, vint la trouver. Au nom de la France, il venait se faire remettre des effets personnels de Napoléon, des argenteries, et même les bijoux de l'impératrice. Le pilleur d'épaves alla jusqu'à réclamer le collier de perles que Marie-Louise avait reçu de Napoléon le jour de la naissance de son fils. L'émissaire russe Schouwalow qui l'accompagnait resta insensible au spectacle...

Marie-Louise reçut à Orléans des lettres de Napoléon, mais elles ne comportaient pas encore de directives décisives et elles lui semblèrent manquer de chaleur. « Tu auras donc été ce matin à Orléans », écrit, le 9 avril, l'empereur déchu [25], « tu peux rester là, si tu voyages avec tes chevaux. Si tu avais des chevaux de poste et que tu veux venir ici, tu peux le faire... »

Marie-Louise ne savait plus que faire. « Où aller ? » se lamente-t-elle auprès de Savary, ministre de la Police. « ... chez l'Empereur ? Me laissera-t-on partir chez lui avec mon fils ? Mon époux lui-même le veut-il vraiment ? Je lui écris et il ne répond pas à mes questions. » [26]

Finalement, sentant que son époux ne tenait manifestement pas à les voir arriver près de lui, elle prit une décision qui allait s'avérer fatale pour Napoléon. Elle irait voir son père en personne, mais sans en demander l'autorisation à son mari. Il n'en aura connaissance qu'après coup. Dès le 10 avril, elle envoya à l'empereur François la lettre suivante [27] : « L'Empereur part pour l'île d'Elbe (...) Je lui ai expliqué que je ne pars pas d'ici sans vous avoir vu et avoir entendu ce que vous me conseillez... » Et, dans une deuxième lettre envoyée le même jour, encore plus éplorée, elle insista : « (...) Je vous écris la deuxième fois aujourd'hui pour vous demander de m'autoriser à vous rencontrer. Dieu seul sait où j'irai ! Une consolation pour moi serait de vous voir encore une fois avant et de vous prier de ne pas oublier mon fils. Pour moi-même, je n'espère plus le bonheur en ce monde. Tout ce que je désire est vivre en paix. » [28]

Le même jour [29], elle fit part de son initiative à Napoléon : « (...) persuadée que je pourrai beaucoup sur l'esprit de mon père, je viens de lui écrire pour qu'il me permette d'aller le voir et je suis décidée de ne pas partir avant ce moment (...) J'agirai là dans l'intérêt de ton fils ; je te rejoindrai après (...) Si tu veux me laisser aller voir mon père, je suis sûre, presque sûre, que j'obtiendrai la Toscane. »

Elle espérait que Napoléon pourrait régner, non seulement sur l'île d'Elbe, mais également sur la Toscane, qui lui serait attribuée, à elle et à son fils.

Mais Marie-Louise se trompait lourdement. En vertu de la convention qui avait été signée à Fontainebleau le 11 avril et qui annonçait partiellement le Traité de Paris du 30 mai, les alliés n'attribuaient à Marie-Louise et à son fils que les duchés de Parme, Plaisance et Guastalla. Elle pourrait conserver son titre d'impératrice et son fils deviendrait « Sa Majesté Impériale, prince de Parme ». Quant à la Toscane, l'empereur François ne pouvait envisager de la lui laisser ! Ce territoire devait revenir à son frère Ferdinand, grand-duc de Wurzbourg, qui en avait été dépossédé. L'empereur

François se trouvait alors encore à Troyes et c'est Metternich, qu'il avait envoyé le 11 avril à Paris, qui ouvrit les lettres de Marie-Louise adressées à son père trois jours auparavant. Anticipant la position de son souverain, il invita Marie-Louise à rejoindre Rambouillet où elle y attendrait son père. Le plus souhaitable pour elle, aux yeux de Metternich, serait que, dans un premier temps, elle se rende en Autriche avec son fils. Là, elle pourrait librement se décider, soit à aller prendre possession immédiatement de ses duchés, soit à rejoindre son mari [30]. L'empereur François fit savoir à sa fille [31] qu'il faisait sien cet avis de Metternich. L'important, c'était que, pour la toute première fois, il avait été dit clairement que Marie-Louise irait en Autriche.

L'impératrice, à bout de forces, était prête à présent à tout accepter. Quelques jours plus tard, elle écrira à son père [32] : « Je compte sur vous et suivrai tous les conseils du comte Metternich. »

Metternich réagit sans atermoiement et, très prévenant, manda immédiatement à Orléans les princes Esterhazy et de Liechtenstein pour escorter Marie-Louise, d'Orléans à Rambouillet. Napoléon, isolé à Fontainebleau, était une fois de plus déphasé ! Le jour où les deux princes arrivaient à Orléans, il écrivait à Marie-Louise : « Dis-moi si l'arrangement d'aller ensemble jusqu'à Parme te convient : tu irais de là aux bains de Lucques ou de Pise. Demande à Corvisart ceux de ces bains qui te sont les plus recommandables. » [33]

Corvisart, « cette canaille de Corvisart », comme Napoléon devait plus tard qualifier le « généraliste » de la famille [34], examina l'impératrice et lui déconseilla résolument un voyage vers l'île d'Elbe. Seule une cure à Aix en Savoie pourrait lui rendre la santé. Marie-Louise, de plus en plus influençable et soumise, s'en remit à ce diagnostic.

« Monsieur de Sainte-Aulaire », écrit-elle le 12 avril à Napoléon [35], « vient de m'apporter une lettre de M. de Metternich qui me dit que l'on m'assure un sort indépendant ainsi qu'à mon fils, et que je ferais toujours bien, en attendant que cela soit arrangé, d'aller en Autriche pour attendre que tout soit réglé. Il a dit en même temps à M. de Sainte-Aulaire que même si je ne faisais pas cela (comme tu dois le supposer), mon père désirait extrêmement me voir ; ne crois-tu pas que je ferais bien d'attendre ici le moment où il me donnera la permission de venir le voir, et que je vienne te rejoindre immédiatement après ? Corvisart dit que les bains de Pise et de Lucques seraient aussi contraires l'un et l'autre pour moi... »

Ainsi, Napoléon semblait bien avoir perdu sa dernière chance de voyager avec Marie-Louise... « Mon cher Ami », écrit-elle le 12 avril dans l'après-midi [36], « je t'ai écrit ce matin par un courrier et je t'écris encore un mot au moment de me mettre en voiture pour aller à Rambouillet. Le Prince Esterhazy et le Prince de Liechtenstein viennent d'arriver pour m'engager de la part de mon père à partir sur le champ pour Rambouillet, parce qu'il s'agissait de tes intérêts et de ceux de ton fils, (...) Je leur ai dit que je ne pouvais pas partir sans avoir ton consentement. Ils m'ont dit qu'on ne pouvait pas l'attendre, et que, même si je voulais partir avec toi sans avoir vu mon père, ils l'empêcheraient par tous les moyens possibles. Alors, j'ai pensé qu'il fallait consentir de bonne grâce. J'ai l'âme noire d'être obligée de partir comme cela sans t'avoir vu. Cette idée me met tellement au désespoir que je ne sais que devenir ; mais ne sois pas fâché contre moi, mon cher Ami ; je ne peux pas l'empêcher, je t'aime tant, que cela me déchire le cœur ; je crains que tu ne penses que ce soit un complot que je forme contre toi avec mon père. Mais quand je l'aurai vu, je viendrai te rejoindre. Il faudrait être bien barbare pour m'en empêcher, et si on le voulait, je t'assure que l'on ne le pourrait pas... »

Le convoi qui quittait Orléans pour Rambouillet ne comportait plus que six voitures, un nombre infime en regard de toutes celles qui, quinze jours plus tôt, avaient quitté Paris, et Marie-Louise voyageait à présent sous escorte russe.

Le 13 avril, un détachement de la Garde française envoyé par Napoléon pour enfin venir chercher l'impératrice arrivait à Orléans. L'Histoire allait décidément trop vite ! Tout était décalé... Marie-Louise était déjà loin d'Orléans...

Napoléon abandonna la partie. Tout, désormais, pouvait arriver à Marie-Louise et, dans la nuit du 13 avril, il lui écrivit une lettre d'adieu [37] :

« Ma bonne Louise. J'ai reçu ta lettre. J'approuve que tu ailles à Rambouillet où ton père viendra te rejoindre. C'est la seule consolation que tu puisses recevoir dans nos malheurs. Depuis huit jours, j'attends ce moment avec empressement. Ton père a été égaré et mauvais pour nous, mais il sera bon père pour toi et ton fils. Caulaincourt est arrivé. Je t'ai envoyé hier copie des arrangements qu'il a signés et qui assurent un sort à ton fils. Adieu, ma douce Louise. Tu es ce que j'aime le plus au monde. Mes malheurs ne me touchent que par le mal qu'ils te font. Toute la vie, tu aimeras le plus tendre des époux. Donne un baiser à ton fils. Adieu, ma Louise. Tout à toi. Napoléon. »

Il remit ensuite à Caulaincourt une chemise avec les lettres de l'impératrice, correspondance qu'elle devrait donner à son fils devenu adulte. La nuit du 12 au 13 avril, ainsi que le rapportèrent ses proches, Napoléon absorba le poison qu'il portait sur lui depuis la campagne de Russie. L'effet en fut dérisoire. Toute la nuit, l'empereur eut des vomissements et souffrit de violentes crampes d'estomac. Au lever, tout allait déjà beaucoup mieux. Le poison, sans doute périmé, n'avait pas atteint son but.

De la lettre d'adieu, Marie-Louise n'eut jamais connaissance, et probablement n'a-t-elle jamais rien su de cette tentative de suicide.

Chapitre XV

Les époux séparés. Marie-Louise et « le retour au père »

Le trajet vers Rambouillet prit une bonne partie de la nuit, et c'est seulement vers midi que Marie-Louise arriva, le 13 avril, au château qu'elle avait quitté à peine dix jours auparavant. A présent, c'étaient des postes russes qui en gardaient les entrées.

Marie-Louise avait perdu quelque peu de sa candeur. Elle venait de comprendre qu'elle était prisonnière. Un billet adressé à Napoléon, griffonné en cours de route, put être glissé à un officier de confiance polonais. « Tu sauras déjà que l'on m'a fait partir d'Orléans et qu'il y avait des ordres de m'empêcher d'aller te rejoindre, même à recourir à la force », écrit-elle. « Sois sur tes gardes, mon cher Ami, on nous joue, je suis dans des inquiétudes mortelles pour toi, mais j'aurai du caractère en voyant mon père ; je lui dirai que je veux absolument te rejoindre, et que je n'entends pas qu'on me fasse violence pour cela... » [1]

Et, à peine débarquée à Rambouillet, Marie-Louise fit savoir à Napoléon : « Mon père n'est pas encore là. On dit qu'il va venir demain. J'attends avec bien de l'impatience ce moment, pour pouvoir te rejoindre, n'importe où où je te trouverai. » [2]

Chez Napoléon, le désespoir l'avait cédé à la résignation. Profondément déçu de l'absence de loyalisme dans son proche entourage, il ne souhaitait rien d'autre qu'une vie paisible sur son île : « L'on dit que l'île d'Elbe a un très beau climat. Je suis si dégoûté des hommes que je n'en veux plus faire dépendre mon bonheur. Toi seule, tu y peux quelque chose », écrit-il à sa femme [3]. Le 14 avril [4], celle-ci l'assure que cette crise l'a elle aussi « bien dégoûtée du monde et des hommes. Comme j'ai vu de l'ingratitude et de la fausseté depuis quelque temps ! Je crois que l'île d'Elbe est le seul endroit qui puisse nous convenir, c'est là où je pourrai vivre heureuse dans ta société... » Pour rien au monde, elle n'accepterait d'aller en Autriche car « ma place est près de toi... » Prétextant des maux de gorge, elle rejeta énergiquement la proposition de Metternich d'aller rejoindre son père à Trianon dont il avait fait sa résidence. « Je suis sûre qu'ils font tout cela pour m'entraîner en Autriche », écrit-elle à Fontainebleau, le 15 avril [5], « mais je suis décidée, en tout cas, à ne pas souscrire à cette condition. J'insisterai beaucoup pour aller te rejoindre... »

Ces affirmations de Marie-Louise paraissent traduire une totale sincérité. Son seul souhait était d'accompagner Napoléon dans son voyage « vers cette terre d'asile et de repos » [6], pour y vivre heureuse. Que penser, dès lors, des propos qui allaient suivre, où percent déjà quelques hésitations, puis où s'affirment des réticences de plus en plus marquées à l'idée de se rendre à l'île d'Elbe ?

Hortense vint rendre visite à Marie-Louise à Rambouillet, le lendemain, dans le but de la consoler. Celle-ci la reçut plutôt fraîchement et lui posa la question : « Ma sœur, pensez-vous que mon père me forcera à me rendre à l'île d'Elbe ? » Hortense en déduisit, sans doute un peu rapidement, « qu'elle [lui] ouvrit ainsi les yeux, que c'était déjà alors sa couronne que Marie-Louise regrettait. » [7]

En réalité, ainsi qu'elle l'a constamment manifesté au cours de sa vie, Marie-Louise était peu tentée par les hautes distinctions officielles. Ce qui la travaillait, c'était plutôt l'angoisse face à un monde inconnu, avec un compagnon atteint à vif et sans doute profondément transformé par les événements qu'il venait de vivre. Un examen attentif de sa correspondance permet d'observer, dans le cours d'une même lettre parfois, ce glissement d'une détermination apparemment inébranlable à des hésitations et des atermoiements. Comme si les phrases, à mesure qu'elles se formaient sous sa plume, suscitaient en elle l'effroi, comme si les mots eux-mêmes portaient au paroxysme sa panique intérieure. « Dieu sait où je vais devoir encore aller ! », lance-t-elle, en conclusion à une lettre qu'elle avait commencée en affirmant : « Aller le voir à l'île d'Elbe, je le veux, je le dois [...]. Je remplirai mon devoir... » [8]

Marie-Louise s'informa auprès de la comtesse de Brignole qui avait fait des séjours prolongés à l'île d'Elbe. De ces conversations, elle retint minutieusement tout ce qui concernait le climat, les conditions de vie, la mentalité des habitants de l'île.

A partir des renseignements recueillis, Marie-Louise se mit à échafauder une excuse, par ailleurs plausible, pour justifier ses hésitations. « Si l'Empereur devait craindre pour sa vie (...) et s'il devait s'enfuir, ma présence contrarierait sa mobilité », dit-elle à Savary, ministre de la Police [9]. En outre, Corvisart lui avait déconseillé, vu les événements qui avaient récemment affecté sa santé, de séjourner à l'île d'Elbe. Ses hésitations s'en trouvaient multipliées.

Connaissant l'indécision qui caractérisait Marie-Louise, Napoléon avait suggéré à Méneval de chercher à savoir si l'impératrice songeait vraiment à partager son sort ou si elle pensait plutôt rentrer en Autriche. Mais, devant Caulaincourt, il ne manifestait déjà plus guère d'espoir : « L'Impératrice ne semble plus envisager l'île d'Elbe pour s'y fixer. D'Orléans, elle m'a fait savoir qu'elle est sur le point de se rendre chez son père pour lui demander d'obtenir la Toscane. S'il le faut, c'est donc seul que je me rendrai à l'île d'Elbe... » [10]

Ce fut non seulement Corvisart, mais également Madame de Montebello qui fit le jeu des alliés et du gouvernement français provisoire, dans la volonté d'éviter que Marie-Louise n'aille retrouver Napoléon. Savary, duc de Rovigo, affirme que « la duchesse connaissait assez l'Impératrice pour être persuadée que si on lui laissait revoir Napoléon, aucun pouvoir au monde ne pourrait l'empêcher, par la suite, de lier son sort au sien. Madame de Montebello insistait donc de manière pressante pour qu'elle persévère dans le sens indiqué par Napoléon lui-même, c'est-à-dire de s'en remettre à l'empereur d'Autriche. La duchesse spéculait qu'ainsi reprise au sein de sa famille, l'Impératrice pourrait se passer de ses services. » [11]

Tout compte fait, Marie-Louise se retrouvait à la croisée des chemins. La décision finale, elle la prendrait en conformité avec sa nature : elle différa sa rencontre avec Napoléon ; ce n'est qu'après la rencontre avec son père qu'elle ferait part à son mari de la décision qu'elle aurait adoptée. Divers documents confirment cette attitude, notamment une lettre de Metternich à son souverain [12], et indiquent que Marie-Louise appréhendait que son époux ne prenne les devants et ne vienne la rechercher à Orléans.

Ainsi, semble-t-il, les dés étaient jetés. Le 16 avril, la reine Hortense venait de prendre congé de Marie-Louise à Rambouillet. De son carrosse, elle reconnut l'empereur François accompagné de Metternich dans la voiture découverte qu'elle croisa, à quelque distance du château.

L'enfant-Napoléon n'avait pas la moindre envie de faire la connaissance de son grand-père. « C'est l'ennemi de Papa », protestait-il, « je ne veux pas le voir. » Maman Quiou eut beaucoup de mal à le raisonner. Comme la voiture de l'empereur approchait, le fils de Napoléon, à présent assagi, se tenait contre sa mère, sur le perron du château.

Marie-Louise prit l'enfant dans ses bras, descendit rapidement l'escalier et précipita le petit dans les bras de son grand-père, auquel elle dit, d'un ton chagrin, quelques mots en allemand [13].

Il s'agissait donc là de la toute première rencontre entre le jeune prince et son grand-père. En embrassant le garçonnet, tout blondinet, l'empereur dut déjà se rendre compte qu'il ressemblait assez peu à son géniteur, et qu'il ferait un bon archiduc autrichien. Le petit fixa le visage grave et renfrogné de l'empereur. « J'ai vu l'empereur d'Autriche », dit-il. « Il n'est pas beau ! » [14]

« Mon cher Ami », écrit Marie-Louise à Napoléon le 16 avril [15], « Mon père vient d'arriver il y a deux heures. Je l'ai vu sur le champ, il a été très tendre et bon pour moi, mais cela a été anéanti par le coup le plus affreux qu'il ait pu me porter : il m'empêche de te rejoindre, de te voir, il ne veut pas me permettre de faire le voyage avec toi. J'ai eu beau lui représenter que c'était mon devoir de te suivre ; il m'a dit qu'il ne le voulait pas, et qu'il voulait que je passasse deux mois en Autriche et qu'après, je m'en aille à Parme, d'où j'irais te voir. Ce dernier coup me tuera, tout ce que je désire, c'est que tu puisses être heureux sans moi, car pour moi, il m'est impossible d'être heureuse sans toi. C'est M. de Flahault qui t'apportera cette lettre. Je te prie, donne-moi de tes nouvelles aussi souvent que possible, je t'écrirai tous les jours, et je penserai toujours à toi. Aie bon courage. Au mois de juillet, j'espère pouvoir aller te voir, je ne l'ai pas dit à ces Messieurs, mais j'y tiens beaucoup. Ma santé va de plus mal en plus mal. Je suis si triste que je ne sais que te dire. Je te prie encore une fois de ne pas m'oublier et de croire que je t'aimerai toujours et que je suis bien malheureuse. Je t'embrasse et t'aime de tout mon cœur. Ta fidèle Amie Louise. »

On a débattu de la question de savoir à quel moment précis s'était produite la « véritable trahison » de Marie-Louise. Sans prétendre procéder ici à une analyse des « profondeurs » de l'âme féminine, surtout à partir d'une seule lettre, il semble qu'au-delà du pathos excessif de certaines lignes, Marie-Louise s'était déjà, alors, résignée au sort qui l'attendait, sans guère y opposer de résistance. L'argument proclamé du « devoir » qui était le sien aura dû paraître bien tiède aux yeux de son époux, et la promesse qu'elle lui faisait de ne pas l'oublier avait déjà comme un avant-goût d'adieu définitif.

« Que se passa-t-il dans cette entrevue ? » s'interroge Méneval dans ses Mémoires. « Dans quel but le prince de Metternich accompagna-t-il l'Empereur ? Quelles confidences furent faites à l'Impératrice ? Quelles raisons secrètes lui furent données pour qu'elle se décidât à partir pour Vienne et à y séjourner jusqu'à ce qu'elle pût se rendre en Italie, au lieu d'aller d'abord à l'île d'Elbe ? » [16]

Méneval, qui avait eu l'occasion d'apprendre de quelle étoffe était faite Marie-Louise, attribue ce qui suivit à une résurgence de sa dépendance de petite fille vis-à-vis de son père. Pourtant, ne fut-il pas, tout simplement, normal que cette femme déchirée accueillît, soulagée, la fin de ce long chassé-croisé entre son époux et son père ? Lorsque s'exprima la ferme volonté du père, lequel faisait à nouveau intrusion dans sa vie, elle se trouva dispensée de prendre elle-même les grandes décisions qui la concernaient directement. Elle poussa un soupir et dit Amen. « L'amie fidèle de Napoléon » redevenait « la fille obéissante de l'empereur François ».

Cependant, loin d'avoir déjà consciemment abandonné le projet de se réunir avec son époux, Marie-Louise réaffirma par la suite son intention de le rejoindre quelques mois plus tard. Dans sa lettre du 20 avril, elle alla même jusqu'à lui faire part de son « plan de campagne » personnel : « Je m'en vais à présent en Autriche, parce que mon père le désire vivement et que je vois que si je n'y allais pas, il m'amènerait de force. Je lui ai déclaré que je veux aller tout de suite à la campagne et que je n'y verrai que ma famille, et personne d'autre ; mon père m'a dit qu'au mois de juin, il aurait à Vienne tous les princes d'Allemagne, l'Empereur Alexandre et le roi de Prusse ; je lui ai dit que j'irai alors tout de suite aux eaux... et que je comptais me rendre de là à Parme et à l'île d'Elbe. » [17]

Mais l'empereur François opposait un net refus à un tel projet. « Mon père m'a dit qu'il voyait que je ne pourrais pas aller en Italie avant le commencement de l'hiver, que rien n'était arrangé et qu'il fallait que je revienne des eaux à Vienne ; il a beaucoup appuyé sur cela ; et je n'ai pas insisté, parce que je crois inutile de contrarier pour le moment un projet, que, malgré cela, je ne lui laisserai jamais exécuter dans le temps ; mais je ne veux pas avoir l'air d'y tenir à présent ; ainsi, je te prie de n'en pas parler, parce que cela gâterait le tout. »

A l'issue de l'entrevue avec sa fille, l'empereur François fit aussitôt parvenir un message à Napoléon. « Monsieur mon frère et cher beau-fils », écrit-il, en commençant cette lettre conçue par Metternich, « la tendre sollicitude que je porte à ma fille m'a engagé à lui donner un rendez-vous ici. J'y suis arrivé il y a peu d'heures et je ne suis que trop convaincu que sa santé a prodigieusement souffert depuis que je ne l'avais vue. Je me suis décidé à lui proposer de se rendre pour quelques mois au sein de sa famille. Elle a trop grand besoin de calme et de repos, et Votre Majesté lui a donné trop de preuves de véritable attachement pour que je ne sois pas convaincu qu'Elle partagera mes vœux à cet égard et qu'Elle approuvera ma détermination. Rendue à la santé, ma fille ira prendre possession de son pays, ce qui la rapprochera tout naturellement du séjour de Votre Majesté. Il serait superflu, sans doute, que je donnasse à Votre Majesté l'assurance que son fils fera partie de ma famille... » [18]

Napoléon fut-il la dupe de ces marques de bienveillance ? Il se trouvait, en tout cas, totalement désarmé pour contrecarrer ces dispositions qui, en fait, relevaient d'un plan concerté entre les grandes puissances victorieuses, en vue de l'éclatement du noyau impérial français.

Brouillé momentanément avec les Bourbons, le tsar Alexandre profita de sa présence pour faire assaut de prévenances auprès de la « châtelaine » de Rambouillet. Celle-ci en rend compte fidèlement à son époux, le 20 avril [19] : « J'ai eu la visite de l'Empereur Alexandre et il m'a beaucoup parlé des événements qui se sont passés, pour me prouver que ce n'était pas sa faute si nous étions réduits à l'état où nous sommes. Il m'a fait de belles protestations, et il m'a demandé si l'on ne me menait malgré moi à Vienne, et qu'il l'empêcherait dans ce cas ; je lui ai dit que j'étais contente de me prêter dans cette occasion aux volontés de mon père ; qu'après, j'étais décidée à ne pas y rester et à conserver une indépendance, à laquelle je tenais extrêmement, et que d'ailleurs je voulais aller te voir. Ce dernier article ne lui a pas plu, car il m'a répondu d'un ton aigre, « mais, Madame, on ne vous en empêchera pas, quoique peut-être vous avez tort d'aller dans l'île d'Elbe ». Je lui ai dit que mon devoir et que mon inclination me portaient à cette démarche et que j'étais sûre de ne jamais m'en repentir. Il a mis une grande affectation à ne pas me parler de toi ; du reste il a beaucoup parlé surtout pendant le dîner et, après, il a été voir ton fils qu'il a trouvé superbe. Il est parti à 4 heures. J'ai tâché de montrer bien du courage devant lui, mais j'avais la mort dans le cœur. »

Trois jours plus tard, dans cette « valse » parisienne des rois d'Europe venant savourer sur le terrain le printemps de « leur » Restauration, l'on vit même arriver à Rambouillet le roi de Prusse, bien que Marie-Louise eût supplié son père de lui épargner cette visite. Mais il fallait ne froisser personne et surtout, dans les vues de Metternich, marquer, face à l'opinion publique, l'inébranlable solidarité des alliées sous l'égide des puissants Habsbourg.

De son côté, Napoléon envoya trois lettres à Marie-Louise, le 19 avril. Il lui annonçait son départ, le lendemain, vers « l'île du repos ». Isabey lui avait fait parvenir un portrait de Marie-Louise avec son fils. Souvenir porteur de nostalgie qui, faute de mieux, l'accompagnerait dans son exil !

A onze heures du soir, il fit savoir : « Je pars demain, à 9 heures du matin, pour aller coucher à Briard, où j'espère recevoir de tes nouvelles dans la nuit. Je passerai par Nevers, Moulins, Lyon, Avignon. (...) J'espère que tu te portes bien, que tu auras du courage et que tu soutiendras l'honneur de ton rang et de ma destinée, sans faire attention aux rigueurs du sort dans ces derniers temps. Donne un baiser à mon fils. Soigne-le. Adieux, ma douce amie. Tout à toi pour la vie (...) » [20]

Dès huit heures du matin, le lendemain, plusieurs carrosses attendaient dans la cour du château de Fontainebleau pour entreprendre la traversée de la France avec l'empereur déchu. Celui-ci était accompagné de quelques-uns de ses proches et des quatre commissaires de rang élevé affectés à cette mission par les puissances alliées. Napoléon n'apparut en haut des marches du perron monumental que vers l'heure de midi, car, malgré « les grands inconvénients de sa présence, personne n'avait osé le tourmenter pour hâter son départ. » [21] « On connaît le touchant et fameux adieu » [22] à la Garde qu'il prononça alors, « son dernier embrassement à ses aigles qu'il rendit immortelles. Je tiens d'un diplomate prussien présent à ce spectacle », ajoute La Cases, le chroniqueur du *Mémorial de Sainte-Hélène,* « qu'il causa sur son âme une impression qui ne s'effacera qu'avec sa vie, disait-il.

Et il ajouta que le commissaire anglais, alors son voisin — homme jusque-là très exagéré contre Napoléon, convenait-il — en avait versé des larmes. »[23]

La suite du voyage est bien connue[24]. Jusqu'à Lyon, tout se passa comme prévu : « (...) beaucoup d'attachement (...) et d'amour de la part des populations », écrit l'empereur à Marie-Louise[25]. Et dans une note[26], Las Cases précise : « L'Empereur partit de Fontainebleau le 20 avril 1814 escorté d'une compagnie de grenadiers à cheval (...). Napoléon, d'abord acclamé sur la route, avait congédié son escorte le 21. De là, les dangers qu'il courut dans sa traversée de la Provence ». En effet, à Avignon, une volée de pierres atteignit le carrosse de Napoléon et, à Orgon, on mit à la potence un mannequin « Napoléon », barbouillé de sang, tandis que la foule hurlait : « Mort au tyran ! ». Pour maquiller son identité, Napoléon monta à cheval et se déguisa en postillon, la cocarde blanche des Bourbons épinglée au chapeau. Plus loin, la rage et la mort dans l'âme devant cet acharnement contre sa personne, Napoléon, affublé de la redingote du commissaire autrichien, d'un chapeau prussien et d'un manteau russe, chercha à nouveau refuge dans le carrosse... aux armes de l'Autriche. Il touchait là au plus bas, à l'humiliation suprême de son infortunée condition !

Il signala son arrivée à Fréjus à Marie-Louise, le 27 avril[27], mais, avant de monter à bord de la frégate anglaise, l'*Undaunted* (l'« Indomptable »), le 29 avril, il eut encore le plaisir d'embrasser sa chère sœur Pauline Borghèse qui, à l'époque, était en cure aux environs de Nice. Et il écrit à Marie-Louise[28] : « La princesse Pauline qui est dans un château à deux lieues d'ici, veut absolument venir à l'île d'Elbe pour me tenir compagnie ; mais elle est si malade que j'ignore lorsqu'elle pourra faire le trajet... »

Cette mention de la promesse que venait de lui faire Pauline dut, bien involontairement de la part de Napoléon, faire rougir de honte Marie-Louise, qui, à ce moment déjà, s'éloignait définitivement de la vie de l'empereur.

Le 24 avril, c'était Marie-Louise qui quittait Rambouillet, la dernière demeure où avait séjourné le couple impérial. Parmi ceux qui entreprenaient le voyage vers l'Autriche avec l'impératrice figuraient deux personnes qui exercèrent une influence déterminante sur sa destinée, à savoir Madame de Montebello, qui, déjà ingrate, n'avait accepté cet honneur de l'accompagner qu'à contre-cœur, et le docteur Corvisart. Dans sa suite, l'impératrice comptait également la comtesse de Brignole et deux généraux. Étaient encore de la partie Bausset, l'inimitable et inévitable Méneval, ainsi qu'un assez nombreux personnel subalterne. Quant au jeune prince de Parme, l'ex-roi de Rome, il devait voyager dans sa berline avec Madame de Montesquiou et les femmes attachées à son service. En outre, à la veille du départ, une escorte d'honneur autrichienne s'était mise en place, que menait le comte

Kinsky auquel, par ailleurs, on doit un précieux document, l'itinéraire détaillé du voyage (annexé au Journal de Marie-Louise) : « Routte *(sic)* du voyage de Bâle à Vienne de S.M., etc. » Le convoi comportait, en tout, vingt-quatre voitures, suivies de trois fourgons.

Le jeune prince Napoléon, qu'on allait désormais appeler *Franz,* était ravi de ce grand voyage. On s'était bien gardé de l'informer qu'il n'était plus le roi de Rome, mais, un jour, il fit cependant remarquer : « Je m'en suis vite rendu compte, puisque je n'avais plus de pages. » Quant à Marie-Louise, c'était moins, semble-t-il, le voyage à Vienne qui l'animait que le séjour ultérieur projeté à Aix-les-Bains. Dès le 20 avril, ce séjour était déjà devenu, pour elle, comme une idée fixe, puisque, avant même de quitter Rambouillet, elle avait insisté auprès de son père afin qu'il profite de son séjour à Paris pour accélérer, auprès du nouveau gouvernement, les formalités de ce futur voyage... et, « comme je vous laisserai mon fils, j'espère que ce sera vite obtenu ». [29] Ainsi, en quelque sorte avec anticipation, elle monnayait son escapade à Aix contre un petit otage laissé à Vienne.

En route, Marie-Louise fit une première halte à Grosbois, château appartenant à Berthier, prince de Neuchâtel. Le lendemain de son arrivée, elle exprima le désir de voir le maître de maison passer la journée auprès d'elle. « Mon Dieu, lui répondit le prince, j'en suis désolé, mais je dois quitter Votre Majesté pour me préparer à recevoir Monsieur » ... Il s'agissait évidemment du « Monsieur », comte d'Artois, frère de Louis XVIII et futur roi Charles X. Ce ne fut pas la seule blessure d'amour-propre infligée à Marie-Louise : quelques heures plus tard, la comtesse de Noailles, dame du Palais et nièce par alliance de Talleyrand, passait par là, en arborant fièrement sur son chapeau la touffe de fleurs de lys des Bourbons [30].

On reprit la route pour faire étape à Provins. Les destructions des dernières batailles de la campagne de France jalonnaient le parcours. Autour des villages incendiés et dévastés flottaient encore dans l'air les odeurs des cadavres auxquels on n'avait pu jusque-là donner de sépulture.

On traversa Châtillon-sur-Seine où s'étaient déroulés les travaux de la fameuse conférence entre belligérants qui aurait pu sauver la France du désastre. On arriva à Dijon, le 28 avril, et Marie-Louise y écrit à son père en y joignant une lettre adressée à son mari [31] « Mon cher Ami », écrit-elle, (...) « Il m'est bien cruel de n'avoir pas plus souvent de tes nouvelles ; voilà huit jours que je n'en ai pas, j'ai passé ce temps bien tristement, ma santé souffre du chagrin que j'ai ; je suis si maigrie que tu ne me reconnaîtrais plus, mais ne t'en inquiète pas : Corvisart dit que les eaux d'Aix me rétabliront entièrement mais que, si je ne les prenais pas, ma poitrine pourrait devenir fort malade, aussi suis-je décidée à y aller au commencement de juillet... »

Après Vesoul, le 30 avril, le convoi impérial atteignit le Rhin, que Marie-Louise traversa le 2 mai, non sans émotion, ce que retrace son Journal de voyage : « A un village à deux lieues de Trois-Maisons est la frontière de la France. J'eus le cœur bien serré en la passant. Je fis des vœux pour le bonheur de cette pauvre France. Puisse-t-elle bientôt jouir du repos dont elle a besoin depuis si longtemps et puisse-t-elle donner quelquefois des sentiments de regrets à une personne qui lui est bien attachée et qui pleure bien son sort et les amis qu'elle a été obligée d'y laisser ! » [32]

De Bâle, le 3 mai, elle écrit à nouveau au cher papa, se plaignant de n'avoir encore reçu aucune nouvelle de Napoléon. « Je vous prie, cher Papa, de me dire par quelle occasion je puis lui écrire ; il y a déjà quatre jours que je n'ai pu lui donner des nouvelles de son fils. » [33] Mais, juste avant son départ, enfin, on lui remit la lettre de Napoléon datée de Fréjus, le 27 avril. En des termes très mesurés, il évoquait brièvement les incidents de la dernière partie de son voyage à travers le midi de la France ; mais par ailleurs, Marie-Louise apprenait par le courrier qui remettait la lettre une multitude de détails concernant les sentiments d'hostilité exprimés par les populations.

Aussi, atteinte par le remords, Marie-Louise note, dans son Journal, « que [son] âme a été affectée cruellement ! Je me reproche de ne l'avoir pas suivi. Je l'abandonne donc aussi ! Oh ! mon Dieu ! Que va-t-il penser de moi ? Mais je le rejoindrai, dussé-je être éternellement malheureuse ! » [34] Par ailleurs, Méneval, dans ses notes, confirmait l'état dépressif de sa souveraine. « Sa tristesse redouble ; ses nuits sont troublées par de pénibles insomnies ; son visage est souvent baigné de pleurs. » [35]

Malgré les attraits des régions que l'on traversait à présent (Schaffhouse, les chutes du Rhin, Zurich et son lac), les soucis des grands événements qu'elle venait de vivre restaient bien présents à l'esprit de Marie-Louise. La lettre qu'elle se décida à envoyer à son père concernant les besoins d'argent de Napoléon durant son exil dut lui paraître bien humiliante. Mais c'était « en tant qu'épouse et mère » qu'elle suppliait son père de faire remettre à Napoléon « les dix ou douze millions, fruits de ses économies sur la liste civile pendant douze ans, qui lui auraient permis de vivre » (...) Elle comptait sur l'empereur François « pour défendre les intérêts de son gendre, qui n'était plus son ennemi. » [36]

Elle fit part à Napoléon de son initiative auprès de son père : « Je t'assure, mon cher Ami, écrit-elle, que tu resteras toujours présent dans mes pensées ; que je désire veiller au mieux à tes intérêts et pouvoir te faire preuve de toute ma tendresse (...) Ma santé n'est pas bonne et le voyage me fatigue bien aussi... » [37]

Pendant la halte des quelques jours passés sur le lac de Constance, on hésita sur la suite de l'itinéraire. Traverserait-on le Tyrol, région que Marie-Louise rêvait de découvrir depuis toujours ? Les objections soulevées, tant par le haut responsable du convoi, le comte Kinsky, que par l'empereur François étaient pertinentes : étant donné que cette région avait été jadis rattachée à la Bavière par Napoléon, l'apparition d'une cour française, même réduite, ne passerait-elle pas pour une provocation ?

Marie-Louise, en certaines circonstances très particulières, était tentée par l'« aventure », et elle eut raison d'insister. On put se rendre compte, dès la traversée des premiers bourgs tyroliens, Kempten, Füssen et Reutte, que c'était bien l'archiduchesse d'Autriche plutôt que l'impératrice des Français que les autochtones reconnaissaient en Marie-Louise. Sa réapparition lui valut, sur tout le parcours, des hommages tumultueux et pleins d'affection. On alla même jusqu'à dételer son carrosse personnel pour le tirer à bras, au milieu de la foule. Toute la vallée du Haut-Inn retentissait de salves d'honneur, de coups de canon et de volées de cloches en délire. La capitale, Innsbruck, s'était surpassée en fait de décorations et d'illuminations.

Après ces quelques jours au Tyrol, on gagna Salzbourg et Marie-Louise confie à son Journal de voyage : « Je reviens à toi, ma chère patrie, mais avec quelle amertume ! Pourquoi m'a-t-on détournée et imposé mon déplacement ? Pourquoi me livre-t-on à toutes les humiliations, à tous les reproches de mon cœur ? Pourquoi le peuple de Paris n'a-t-il pas coupé, comme les fidèles Tyroliens, les harnais de ma voiture ? ... Quelle déchirante fatalité que la mienne (...) Ah ! mon impuissante faiblesse dans ce tourbillon d'intrigues et de trahisons ! » [38]

En cours de voyage, l'impératrice d'Autriche Maria Ludovica lui avait envoyé des lettres de réconfort. « Vous allez vous retrouver ici parmi des personnes qui vous adorent et qui feront tout pour apaiser vos peines », écrit-elle à sa belle-fille [39]. A l'abbaye de Melk, l'on fit une halte, à partir du 20 mai, et le premier à avoir eu l'honneur de saluer Marie-Louise fut le prince Trauttmansdorf, personnage familier s'il en fut : il avait notamment déjà eu une fonction officielle lors de la « remise » de Marie-Louise aux dignitaires français au cours du voyage de la mariée vers la France, quatre années auparavant... Puis, à quelque distance de Vienne, eut lieu la rencontre émouvante avec Maria Ludovica, fort amaigrie par les derniers développements de sa maladie, mais néanmoins encore gracieuse et pleine d'amabilités pour Marie-Louise. Après avoir embrassé avec effusion celle qui « rentrait au bercail », l'impératrice invita Marie-Louise à achever dans sa propre voiture la distance qui restait à parcourir jusqu'à Schönbrunn, où de nombreuses voitures stationnaient déjà devant les grilles. Très nombreux étaient les curieux qui désiraient voir pour la première fois, en chair et en os, le fils de Napoléon.

Lorsque Marie-Louise, sortant du carrosse, mit le pied sur l'allée faisant face à l'entrée du château, de vibrantes acclamations la saluèrent. La famille de Habsbourg, au grand complet, attendait avec émotion le moment de célébrer ces retrouvailles, et les jeunes frères et sœurs « se jetèrent à son cou en la félicitant de son retour, comme si elle eût échappé à un danger dont ils étaient ravis de la voir sortir saine et sauve », conclut avec quelque ironie Méneval, contemplant la scène [40].

Après ces effusions, l'archiduc Charles, l'oncle de Marie-Louise, qui quatre années auparavant avait accompagné Marie-Louise à l'autel, lui offrit à nouveau son bras et l'emmena à l'intérieur du château.

Ainsi, la boucle était bouclée !

Chapitre XVI

Neipperg

Pour le bon peuple de Vienne, ce mois de mai de 1814 signifiait la fin tant attendue des guerres napoléoniennes et de tous leurs maux. Déjà, les *heuringen,* ces guinguettes au doux vin jeune et pétillant, sur les collines avoisinantes, avaient rouvert leurs terrasses et, le dimanche, les citadins y emmenaient leur famille en voiture. D'autres divertissements, comme le théâtre, battaient leur plein. Outre l'apparition d'un certain nombre de pièces nouvelles de pur agrément, les Viennois pouvaient aller applaudir, au théâtre de la Porte de Carinthie, le *Fidelio* de Monsieur L. van Beethoven. C'était, à vrai dire, une reprise du *Léonore* du même compositeur, qui, lors de la grande première (cela remontait à près de dix années déjà !), n'avait guère connu le succès. A l'époque, la bonne société viennoise avait, en effet, déserté la ville, pour se mettre à l'abri des combats. Le public avait donc été presque essentiellement composé de militaires français, peu sensibilisés au langage musical de Beethoven, et s'ennuyant à en mourir d'écouter des paroles d'acteurs dans une langue dont ils n'entendaient pas un traître mot [1].

Au printemps de 1814, sur la place des Dominicains, au centre de Vienne, on pouvait se procurer une littérature populaire très « actuelle » : un petit guide de l'île d'Elbe, ou encore *Les premiers mots de Napoléon, à l'âge de 2 ans, 8 et 14 ans*. Les mieux nantis pouvaient s'offrir « La vraie vie de Napoléon Bonaparte ». Mais cela coûtait déjà près de 2 florins ! L'Autriche, quant aux prix, faisait d'ailleurs face à une situation difficile. L'inflation y était galopante. L'État avait, trois années auparavant, frôlé la banqueroute et le papier monnaie avait inondé la place, renchérissant les prix des denrées de base. La classe des petites gens en était spécialement touchée.

Une autre chose, en ce printemps béni, n'allait pas dans le sens de la fête : la censure sur les informations et sur les publications. Cette institution, bien antérieure à la famille Metternich, à laquelle on l'a associée à tort, s'était en fait implantée déjà sous Joseph II et elle continuerait à rester une véritable obsession chez l'empereur François jusqu'à la fin de son règne.

Marie-Louise, dès son retour à Vienne, s'était installée dans l'aile ouest du château de Schönbrunn. Elle était devenue le principal sujet de conversation depuis que la *Wiener Zeitung,* jour après jour, remplissait ses colonnes des faits et actes de l'« illustre dame impériale » [2]. Les dimanches, le parc de Schönbrunn était généralement ouvert au public et les badauds en profitaient pour tenter d'apercevoir l'ex-impératrice et son fils. Le petit Napoléon s'était tout de suite attiré toutes les faveurs, mais Marie-Louise eut vite droit aux critiques car, comme l'écrivait à Metternich le conseiller Hudelist [3], « elle se comporte tout-à-fait comme si l'empereur Napoléon régnait encore sur la France et... elle a une véritable fixation sur tout ce qui est français. » A l'impératrice Maria Ludovica, « elle apparaissait avec une meilleure santé qu'à Prague, mais aussi enfant qu'une gamine de douze ans. Le fils de Marie-Louise est remarquablement beau », racontait-elle à son mari [4], « mais son aspect me fait une impression désagréable, car il ressemble en tout à son père : je voudrais qu'il soit une fille. » Marie-Louise était plutôt d'humeur maussade. « J'ai été reçue ici à merveille », écrit-elle, fin mai, à Napoléon, « j'ai été bien touchée de la manière dont ma belle-mère et toute ma famille ont bien voulu me recevoir, mais j'ai été mécontente de moi ; je n'ai pas eu de plaisir à les revoir ; je deviens indifférente à tout ; je voudrais que cela puisse me rendre insensible, j'en aurais bien besoin. » [5]

Méneval rapporte qu'à Schönbrunn Marie-Louise gérait son ménage à part, affirmant son autonomie au maximum et gardant ses habitudes : les repas à onze heures et à dix-neuf heures. Les invités occasionnels étaient tous Français, et on lui en voulait de ne plus savoir apprécier une soupe allemande et de garder son cuisinier français.

Marie-Louise avait repris ses cours de dessin et de peinture. Elle faisait à nouveau de la musique et elle avait commencé à apprendre l'italien. Elle allait fréquemment se promener en ville ou dans le parc de Schönbrunn et elle s'était remise à faire du cheval. Les jardins faisaient la joie du petit Napoléon, surtout « le jardin tyrolien ». Il explorait les serres et il était fasciné par le zoo. Pour l'enfant, c'était tout un événement quand sa mère l'emmenait avec elle à Laxenbourg, à Baden ou au Kahlenberg. Chaque jour, « Maman Quiou » conduisait son petit protégé chez sa mère où, comme le notait Méneval, il pouvait faire son choix dans cette centaine de gâteaux que l'on trouve sur toutes les tables autrichiennes. Pour l'accompagner dans ses jeux, Maria Ludovica lui envoyait François-Charles, le jeune frère de Marie-Louise, mais le résultat n'était guère encourageant : « Je ne joue pas avec un Français ! », expliquait, dégoûté, le jeune archiduc [6].

Napoléon, aussitôt débarqué à l'île d'Elbe, avait fait parvenir un message à Marie-Louise. « Je suis arrivé ici depuis cinq jours », écrit-il, le 9 mai, de Portoferaio, « je fais arranger un assez joli logement avec un jardin et en très bonne aire, où je serai dans trois jours. Ma santé est parfaite ; l'île est saine, les habitants paraissent bons et le pays est assez agréable. » [7] En réponse, Marie-Louise le félicita : « J'ai été bien contente en apprenant que tu es arrivé heureusement », écrit-elle le 24 mai, de Schönbrunn [8]. Et, le 5 juin, plutôt résignée, elle écrit : « Je me console à l'idée que tu penses quelquefois à moi, mais ne devrais-je pas te souhaiter de pouvoir m'oublier ; tu n'aurais pas d'inquiétude, tandis que moi, tourmentée, t'aimant plus tendrement que jamais, je passe des journées entières à me désespérer de ne pas te voir. » [9]

La séparation était encore trop récente, d'où la sombre morosité qu'éprouvait Marie-Louise. Le 2 juin, la duchesse de Montebello et le docteur Corvisart avaient quitté Vienne pour Paris, et Marie-Louise, privée de sa confidente, se consolait en se raccrochant de toutes ses forces à l'idée du voyage et du séjour à Aix dont elle avait arraché la promesse à son père. « J'attends avec grande impatience l'arrivée de mon père », écrit-elle à Napoléon, « c'est lui seul qui pourra calmer mes inquiétudes, puisque lui seul pourra m'indiquer quelque chose sur mon avenir », mais elle ajoutait : « la rumeur court qu'il se forme une intrigue pour m'empêcher d'aller aux bains, et que l'on tâche de m'arracher le duché de Parme. » [10]

Mais, en fait, Napoléon n'était guère partisan du voyage à Aix, lui non plus. « Je pense que tu dois le plus tôt possible venir en Toscane, lui écrit-il, où il y a des eaux aussi bonnes et de même nature que celles d'Aix en Savoie... Cela aura tous les avantages. Je recevrai plus souvent de tes nouvelles ; tu seras plus près de Parme ; tu pourras avoir ton fils avec toi et tu ne donneras d'inquiétude à personne. Ton voyage à Aix n'a que des inconvénients. » [11]

Mais Marie-Louise prétendait ne rien en savoir. Elle n'en démordrait pas : d'abord ce séjour de six semaines à Aix, et ensuite seulement, Parme.

Ce n'est que le 15 juin, c'est-à-dire deux semaines après la signature du premier Traité de paix de Paris, que l'empereur François revint dans ses domaines. Assez étrangement, ce traité consistait en fait dans un « arrangement » entre l'Europe et la France des Bourbons. Sans doute, la France serait-elle cantonnée à l'intérieur des frontières du 1er mai 1792, mais elle était dispensée du payement d'indemnités de guerre et elle ne devrait restituer que la moitié des œuvres d'art constituant son butin de guerre. Il ne s'agissait en rien de faire preuve de commisération, mais, dans le cadre d'un sain réalisme politique, de consacrer la France dans son rôle de cinquième grande puissance. Les vainqueurs avaient d'ailleurs convenu de reprendre au plus tôt des conversations, en vue d'aboutir à un vaste système d'équilibre politique à l'échelle de l'ensemble de l'Europe.

Après les journées de liesse populaire et d'hommage public au père victorieux, l'empereur François fut sollicité par Marie-Louise pour s'occuper de ses affaires et, dans l'immédiat, du fameux séjour à Aix-les-Bains. « J'ai été bien touchée de la manière dont mon père m'a reçue », écrivait Marie-Louise à Napoléon le 22 juin [12] ; « Il a été au devant de tous mes désirs. Il m'a dit qu'il n'y avait pas la moindre difficulté d'aller aux eaux, mais il m'a conseillé de laisser mon fils ici pendant ce temps. Il m'a dit que comme j'allais sur la frontière de la France, on pourrait croire que je voudrais troubler la tranquillité, que cela pourrait m'attirer des désagréments, ainsi qu'à mon fils. »

Ainsi l'empereur se chargeait-il de veiller sur le fils de Marie-Louise, tandis qu'une personne de confiance devrait, durant le voyage de celle-ci, la protéger, la guider, la conseiller, au besoin la surveiller, et faire régulièrement rapport à Vienne.

On a voulu impliquer Metternich dans l'organisation de ce voyage. A l'examen, il s'avère que l'initiative en revint essentiellement à l'empereur, de concert avec Schwarzenberg, notamment en ce qui concerne le choix de la personnalité autrichienne qui devrait accompagner Marie-Louise. L'heureux élu fut le général de cavalerie Adam Adalbert, comte Neipperg, à l'époque commandant de division à Pavie, mais qui, lors du séjour à Prague de Marie-Louise avec sa famille, en 1811, avait déjà joué les cavaliers d'honneur auprès d'elle.

Neipperg occupe, dans toute la littérature de l'époque napoléonienne, une position controversée et, pour tout dire, assez inconfortable.

Certains chroniqueurs du temps l'ignorent, ou presque, et pas seulement du côté français, où les fervents partisans de l'Empire le dénigrent et l'accablent de tous les défauts : même un biographe de Napoléon comme Emil Ludwig parle de lui comme d'« un certain Neippberg *(sic !)*, le fils d'un obscur officier autrichien » [13], et l'historien Frédéric Masson en fait « l'un des intrigants les plus effrontés que l'on puisse rencontrer » ; ailleurs, il le présente comme quelqu'un qui aurait dit à sa maîtresse, en quittant Milan et parlant de Marie-Louise : « avant six mois, je serai son amant, et bientôt son mari. » [14] Aujourd'hui, en revanche, les données objectives d'ordre biographiques font quasiment l'unanimité quant à l'envergure réellement remarquable du personnage. Ce militaire autrichien, totalement dévoué à sa patrie, avait gravi les échelons de la hiérarchie, le plus souvent sur les champs de bataille. Valeureux combattant de terrain, grièvement blessé à plusieurs reprises, non seulement il avait été de toutes les campagnes contre la Révolution, mais il s'était vu plusieurs fois chargé de missions plénipotentiaires, intervenant dans des négociations d'armistices et, plus récemment, au titre d'ambassadeur d'Autriche à Stockholm. Neipperg avait, en 1813, collaboré avec Bernadotte et avait aussi tenté, à Naples, de détacher Murat de Napoléon.

Au plan privé, celui que l'on désignait comme chevalier servant, accompagnateur — avant de devenir compagnon — de Marie-Louise, avait épousé, en 1813, Thérèse Pola, dont il avait déjà quatre enfants [15].

Au moment où Neipperg prenait possession de ses éminentes fonctions de « surveillant » de Marie-Louise, en juin 1814, un portrait subtil et très nuancé nous en est tracé par le baron de Méneval [16] : « Le comte Neipperg n'était pas doué d'avantages extérieurs remarquables. Un bandeau noir cachait la cicatrice profonde d'une blessure qui l'avait privé d'un œil ; mais cet inconvénient disparaissait quand on le considérait avec quelque attention ; cette blessure allait même assez bien avec l'ensemble de sa figure, qui avait un caractère martial : il avait des cheveux d'un blond clair, peu fournis et crépus. Son regard était vif et pénétrant. Ses traits n'étaient ni vulgaires ni distingués ; leur ensemble annonçait un homme délié et subtil. Son teint, dont le ton général était coloré, manquait de fraîcheur ; l'altération causée par les fatigues de la guerre et de nombreuses blessures s'y faisait sentir. Il était d'une taille moyenne, mais bien prise, et l'élégance de sa tournure était relevée par la coupe dégagée de l'uniforme hongrois. Le général Neipperg avait alors quarante ans environ. Cet homme a joué un rôle si important auprès de Marie-Louise, et exercé sur sa destinée une si grande influence, que je dois chercher à faire connaître par quelles qualités il a obtenu sa confiance. L'abord du comte Neipperg était celui d'un homme circonspect. Son air habituel était bienveillant, mêlé d'empressement et de gravité. Ses manières étaient polies, insinuantes et flatteuses. Il possédait des talents agréables ; il était bon musicien. Actif, adroit, peu scrupuleux, il savait cacher sa finesse sous les dehors de la simplicité ; il s'exprimait avec grâce et écrivait de même. Il joignait à beaucoup de tact l'esprit d'observation ; il avait le talent d'écouter ; il prêtait une attention réfléchie aux paroles de son interlocuteur. Tantôt sa physionomie prenait une expression caressante, tantôt son regard cherchait à surprendre la pensée. Autant il était habile à pénétrer les desseins des autres, autant il était prudent dans la conduite des siens. Joignant les apparences de la modestie à un grand fonds de vanité et d'ambition, il ne parlait jamais de lui. »

La mission confiée à Neipperg par l'empereur François faisait l'objet d'instructions écrites d'une extrême précision. Il s'agissait pour lui « d'observer en silence, sans insistance intempestive mais en permanence, le comportement de la duchesse de Colorno » — titre désormais attribué à Marie-Louise — « et d'en soumettre des rapports circonstanciés détaillés et sincères. » [17] Voilà pour la manière... Pour ce qui était du thème ou de l'objet, cela concernait évidemment l'« affaire de l'île d'Elbe ». « (...) Préoccupation chère au cœur d'un père, tout entier concerné par le bien-être de sa fille bien-aimée, que de tendre à écarter, chez la duchesse de Colorno, toute idée d'un voyage à l'île d'Elbe et de n'épargner aucun effort pour y parvenir. »

C'est surtout cette dernière petite phrase qui a fait couler tant d'encre chez les historiens, donnant même lieu, chez certains d'entre eux, à la construction de cette fameuse « thèse de la séduction ». On alla ainsi jusqu'à prétendre qu'une mission — bien secrète, celle-là ! — aurait consisté, pour Neipperg, à entraîner l'ex-impératrice Marie-Louise, jugée jusque-là tellement velléitaire en matière de relations amoureuses, dans un adultère, lui enlevant ainsi toute envie de renouer avec Napoléon. Une analyse détaillée des présupposés audacieux justifiant une telle machination des Autrichiens rend aujourd'hui cette thèse caduque.

Le départ de Vienne pour Aix en Savoie eut lieu le 29 juin. Peu de temps avant son départ, Marie-Louise avait écrit à l'île d'Elbe pour que Napoléon lui « réserve un petit logement, ... car tu sais que je compte toujours bien venir te voir le plus tôt que je pourrai, et je fais des vœux pour que cela soit bientôt. » [18] Dans quelle mesure Marie-Louise était-elle encore sincère, à ce moment-là ? Elle en avait débattu avec son père et la *Wiener Zeitung,* étonnamment bien informée, annonçait clairement, le 30 juin : « Sa Majesté fait ce voyage *incognito* et se propose de revenir à Vienne, après son séjour à Aix. » Le voyage *incognito* comportait en fait un nombreux équipage et comptait trente-trois personnes, dont la comtesse de Brignole, Bausset ainsi que le baron de Méneval. En chemin, de Mörseburg, Marie-Louise écrivit au « cher papa » [19] : « Je vous prie, très cher Père, une fois de plus, de prendre soin de mon fils, car, si je n'étais pas rassurée de le savoir en d'aussi bonnes mains, cela m'angoisserait terriblement. »

Le 17 juillet au soir, ce fut l'arrivée à Aix, où le comte Neipperg, sur place depuis deux jours déjà, alla à la rencontre de Marie-Louise. Selon Méneval, celle-ci ne manifesta pas une exaltation particulière. « L'Impératrice, rapporte-t-il, a été accueillie à Carrouge par le général Neipperg, qui vint au-devant d'elle à cheval, la salua à la portière et l'accompagna jusqu'à Aix ; c'était la seconde fois qu'elle le voyait. Sa vue lui causa une impression désagréable qu'elle ne dissimula pas. » [20] Visiblement, cette première impression ne fut que passagère car, le lendemain, Marie-Louise écrivit à Napoléon : « Mon père m'a envoyé le général Neipperg, il est bien, il parle bien de toi. » [21] Et quelques jours plus tard, elle fait savoir à Vienne : « Le comte est plein d'attentions pour moi ; nous avons fait connaissance de manière satisfaisante et sa manière me plaît très fort. » [22] Cela ne pouvait que réjouir l'empereur François, d'autant plus que, de son côté, Neipperg, dans un rapport, l'informait que l'impératrice l'avait accueilli avec amabilité, et notait : « je n'ai jusqu'à présent entendu exprimer dans sa cour le moindre désir de se rendre à l'île d'Elbe. » [23]

A Aix, la résidence se situait un peu à l'écart du centre de la ville. L'endroit plaisait beaucoup à Marie-Louise : « J'ai vue sur le lac du Bourget et l'arrière est dominé par de hautes montagnes » [24], commente-t-elle dans une lettre envoyée à Vienne.

Cependant, Neipperg a-t-il quelque peu exagéré sa mission de surveillance ? C'est, en tout cas, ce que Marie-Louise a laissé entendre à la duchesse de Montebello, qui vint la rejoindre le 6 août : « Il marche toujours comme un soldat, derrière moi ; et il a très peur de me perdre de vue. » [25]

Le comte, bien que borgne, semble s'être très rapidement rendu indispensable auprès de Marie-Louise : il avait l'œil à tout, l'accompagnait à cheval, en promenade et dans des excursions en montagne. Le soir, ils jouaient ensemble de la musique. Rongée de jalousie, la Montebello sentait avec déplaisir le chevalier servant prendre trop d'ascendant sur sa maîtresse. Dans sa suite, Marie-Louise assistait à un certain mouvement. Tandis que le peintre Isabey débarquait à Aix, ainsi que Corvisart, chargé d'observer l'évolution de l'état de santé de Marie-Louise, Méneval, lui, prenait congé et Bausset était envoyé en mission à Parme pour s'informer sur les possibilités d'y organiser la résidence ultérieure de Marie-Louise. Seul Neipperg restait constamment à sa disposition et il était, bien sûr, tout spécialement à l'écoute lorsque, dans les conversations, l'on abordait des sujets en rapport avec l'avenir de Marie-Louise et de ses duchés.

Le 6 juin, Marie-Louise avait été solennellement proclamée duchesse, avec droit de souveraineté sur Parme. Toutefois, l'empereur François se réservait provisoirement la haute main sur l'administration du duché. C'est le 26 août que parut, dans la *Wiener Zeitung* [26], l'avis officiel relatif à l'organisation juridique et administrative interne qui régirait désormais la vie publique dans les duchés. Dans plusieurs lettres à son père, Marie-Louise manifesta une certaine irritation du fait d'une immixtion exagérée de la cour de Vienne, jusque dans les détails du dispositif d'aménagement pris en dehors d'elle. Elle fit également part à Méneval [27] de ses inquiétudes quant à la date à laquelle elle pourrait effectivement prendre possession de ses États, étant donné que la date de démarrage des travaux du Congrès de Vienne, dont dépendait l'entérinement des décisions la concernant, était sans cesse reportée.

Parallèlement, des lettres de plus en plus pressantes de Napoléon la requièrent de le rejoindre, alors que, d'une part, le respect pour l'autorité du Père le lui défend, et que, d'autre part, Neipperg qui, au début, lui était indifférent, gênant même, devient de plus en plus indispensable. « Je suis », confie-t-elle à Méneval, dont elle demande les conseils, « dans une position bien critique et bien malheureuse. Il y a des moments où cela me tourne tellement la tête que je crois que le meilleur parti à prendre serait de mourir. » [28] Pour le 15 août, jour de la fête de Napoléon, elle lui envoie en cachette, par un domestique, une mèche de ses cheveux [29].

Sauf empêchement, Marie-Louise projetait de rejoindre Parme vers le 15 septembre. Mais, dès le début du mois d'août, l'empereur François et Metternich lui laissèrent entendre que « afin de ne pas paraître mettre le Congrès de Vienne devant le fait accompli », elle ne pouvait guère espérer arriver à Parme avant la fin du mois de novembre [30].

Dès lors, le retour à Vienne devenait inévitable. Marie-Louise, contrainte et forcée, fit part à son père de son acquiescement et elle lui écrivit le 19 août que, dans ces conditions elle envisageait de rentrer à Vienne vers la mi-octobre. Son peu d'empressement, elle l'expliquait par la tenue, à Vienne, du fameux congrès qui ne la tentait guère, et, pour différer son retour, elle trouvait le prétexte d'un séjour en Suisse, au passage, voyage de plaisance auquel le général Neipperg devrait évidemment prendre part. En même temps que ce projet, pour lequel elle demandait l'autorisation à Vienne [31], Marie-Louise priait son père de faire parvenir à Napoléon les lettres qu'elle lui transmettait à son intention, car « l'Empereur n'a aucune nouvelle de moi. »

Napoléon, en effet, n'avait plus reçu de courrier de son épouse depuis la lettre envoyée par Marie-Louise en chemin, quelques jours après son départ de Vienne. Il trouvait « incompréhensible et cruel » le comportement de la cour de Vienne qui le privait de toute nouvelle de son fils. Entretemps, il s'était pourtant préparé à accueillir Marie-Louise : « Ton logement est prêt », lui écrivit-il le 18 août [32], « et je t'attends en septembre pour faire les vendanges. Personne n'a le droit de s'opposer à ton voyage. Viens donc, je t'attends avec impatience. » Au plafond du salon, il avait fait peindre des colombes séparées par des nuages, mais unies par un lien dont le nœud se resserre à mesure qu'elles s'éloignent. C'est la « Constance conjugale »... Où restait donc la colombe de Napoléon ?

A l'insistance croissante de Napoléon, Marie-Louise n'opposait que des prétextes ou des politesses. « Que je serais contente de pouvoir te rejoindre tout de suite », écrit-elle à Napoléon pour la xième fois [33]. « J'avais donné l'ordre de faire venir mon fils ici, quand j'ai reçu une lettre de mon père qui me prie de revenir à Vienne pour le Congrès où l'on doit traiter des intérêts de mon fils. Il paraît que les Bourbons se remuent beaucoup pour m'ôter Parme. » Elle se dit entourée « d'une police et d'une contre-police autrichienne, russe et française » qui auraient l'ordre de l'arrêter si elle voulait prendre la route de l'île d'Elbe. « ... Tu n'as pas idée à quel point les ordres sont rigoureux ; les Autrichiens même s'en scandalisent. Le général Neipperg m'a dit avoir dans sa poche l'ordre d'intercepter toutes les lettres que je pourrais t'écrire. »

On peut imaginer avec quelle habileté consommée Neipperg remplissait sa mission. Non seulement il faisait état ouvertement de son rôle de surveillance, mais les faits attestent qu'il mettait à exécution les ordres qui lui étaient donnés : la lettre ci-dessus, en effet, fut saisie sur Hurault, le courrier que Napoléon avait fait envoyer clandestinement pour assurer sa correspondance avec Marie-Louise durant ces journées d'extrême tension affective. Mais Neipperg procédait également avec tact. Dans les rapports qu'il envoyait à Vienne, il cherchait à « amadouer » ses supérieurs sur le sort de Marie-Louise, par exemple en suggérant qu'on la laisse rejoindre Parme, puisqu'elle y tenait... D'ailleurs, ajoutait-il, aussi longtemps que les troupes autrichiennes occuperont les duchés, il sera « plus aisé, sans porter atteinte aux droits souverains de Madame la duchesse, d'observer tout naturellement son comportement et ses relations avec l'île d'Elbe. » [34]

Le 30 août, dans une lettre envoyée à Vienne [35], Marie-Louise se plaint auprès de son père des vifs reproches que lui avait adressés Napoléon, l'accusant de l'abandonner dans son malheur et de reléguer son fils à Vienne. Irritée, elle fait part de son refus de jamais le rejoindre, à moins que son père ne l'y oblige. Nul doute que ces propos durent mettre l'empereur François dans d'excellentes dispositions vis-à-vis de sa fille bien-aimée.

Le départ d'Aix-les-Bains eut effectivement lieu le 5 septembre, et le voyage de retour vers Vienne s'effectua par Genève et Berne. Ne pensant plus qu'à ménager les alliés pour obtenir, enfin, ses duchés, Marie-Louise, le 8 septembre [36], écrit à la duchesse de Montebello, qui avait repris la route de Paris, et lui avoue « qu'elle n'ira jamais à l'île d'Elbe... l'Empereur étant vraiment d'une inconséquence, d'une légèreté... ». Aux billets de Napoléon du mois d'août, elle ne répondra pas directement à l'île d'Elbe, mais par Neipperg et par Vienne.

« Je fais un voyage magnifique ! », écrit-elle encore à la duchesse de Montebello. En réponse, la confidente, ayant compris au travers des lettres de Marie-Louise combien celle-ci cédait à l'emprise de Neipperg, surtout sur le plan des sentiments, lui avait adressé certains reproches. Marie-Louise s'en défendit. Faussement outrée de ce que l'on pourrait penser, elle écrivit [37] : « ...Ne craignez rien pour les promenades du soir. Vous savez que j'ai abjuré le petit brin de... que vous me reprochez et mon cœur, qui est de roche pour un sentiment que je n'ai pas encore connu, restera toujours calme ; non, il n'est fait que pour l'amitié et la vôtre en prend toute la place ; le reste en appartient à mon fils. »

Nonobstant, au cours de ce voyage, la situation classique du « triangle » se précisait : d'une part, un époux éloigné avec lequel le dialogue, au long des derniers mois, était devenu de plus en plus difficile ; d'autre part, aux côtés de Marie-Louise, un homme, Neipperg, très « humain », toujours très présent, attentionné et constamment disponible. Entre les deux, Marie-Louise, écrasée sous les soucis depuis de longs mois, et encore peu rassurée quant à son avenir et à celui de son fils. On a prétendu, à juste titre semble-t-il, que Neipperg n'a joué qu'un rôle plutôt passif dans l'évolution des sentiments entre Marie-Louise et lui-même. Mais on peut comprendre que le chevalier servant n'ait pu rester longtemps insensible aux avances de Marie-Louise. De la sympathie à l'attachement, et de l'attachement à la passion naissante, il n'y avait plus qu'un court chemin ; le dénouement n'attendait plus pour se produire qu'un concours de circonstances favorables, une occasion.

Pendant ses excursions, au cours du séjour en Suisse, Marie-Louise était souvent seule avec Neipperg, l'unique homme auquel il semblait que, à ce moment, elle pût se fier, les promesses du père elles-mêmes s'étant avérées fallacieuses.

Le 24 septembre, surpris par un orage à Küsnacht et quittant le bateau après une promenade sur le lac des Quatre-Cantons, l'ex-impératrice et son « ange gardien » se trouvèrent obligés de coucher à l'auberge du « Soleil d'Or », près de la chapelle de Guillaume Tell. C'est pendant cette nuit-là, comme le rapportera plus tard le petit-fils de Méneval, à partir des notes de son grand-père [38], que Marie-Louise est devenue la maîtresse de Neipperg.

« Avant de continuer ce récit, écrira plus tard Méneval, dans ses Mémoires [39], j'éprouve le besoin de m'arrêter sur cette première période de la vie encore innocente (en la jugeant de notre point de vue) d'une princesse née avec des qualités qui l'auraient recommandée aux respects de la France, si la nature, en la dotant de ces qualités, y avait joint une plus grande fermeté de caractère. Des circonstances extraordinaires avaient uni sa destinée à celle d'un grand homme. Ces liens ont été violemment brisés par la politique froide et égoïste qui les avait formés et qui s'est jouée sans ménagement des engagements les plus sacrés, quand elle a pu le faire impunément. Les fautes dans lesquelles Marie-Louise est tombée doivent être imputées à ceux dans les mains desquels elle a été un instrument forcé de haine et de vengeance. Nos compatriotes, sous l'empire d'impressions toutes récentes ou de souvenirs dont aucune révélation n'est venue tempérer l'amertume, l'ont frappée d'une réprobation presque unanime. Cet anathème affligerait l'empereur Napoléon, s'il vivait. La femme qu'il a honorée de son alliance, à laquelle il a dû d'heureux jours, la mère de son fils bien-aimé, celle dont il n'a jamais parlé qu'avec une bonté généreuse, qui a été passive, mais non offensive à son égard, dont il a apprécié la situation, à laquelle il a tenu compte des combats qu'elle a eu à livrer, a droit à quelque indulgence. Réservons notre indignation pour les auteurs de sa chute. »

Chapitre XVII

Valse lente au Congrès de Vienne. Les Cent Jours du « Vol de l'Aigle »

Il ne s'appelait déjà plus le petit Napoléon, mais François, et pour sa famille autrichienne, c'était *Franz,* prénom que l'enfant trouvait « laid » [1]. Il fut tout joyeux d'accueillir sa mère à son retour de voyage, le 10 octobre, à Schönbrunn. Des sentiments mêlés agitaient Marie-Louise, qui pour la première fois avait été séparée de son fils durant plusieurs mois. Avec le comte Neipperg à ses côtés, elle était comme une autre femme, une autre mère pour un autre enfant. Frappée par le regard de son petit, soudain ébloui par cet homme en brillant uniforme de général des hussards, Marie-Louise était émue et réconfortée à la fois par la relation, qui s'annonçait harmonieuse, entre son nouveau compagnon et son fils. Ce n'était toutefois plus une Marie-Louise très enjouée. Un trouble sentiment de culpabilité l'habitait à l'idée de transgresser un interdit, et ce sentiment ne devait pas la quitter de sitôt [2].

Une vie fort retirée commençait pour Marie-Louise, entre le jeune prince de Parme, alias *Franz,* ses frères, ses sœurs et son Neipperg. Sous la houlette d'Isabey, qui avait rejoint Vienne, elle pratiquait à nouveau le dessin et la peinture, ses loisirs favoris. Et au piano-forte s'ajoutaient désormais la guitare et l'approfondissement de la langue italienne.

Tous les matins, avec le prince de Parme, elle rendait visite à son père, mais elle ne voyait pratiquement pas sa belle-mère. Celle-ci, en effet, ne pouvait guère cacher sa froideur à l'égard du fils de Napoléon ; mais, surtout, elle était devenue le centre de la galaxie, Vienne recevant une pléiade de souverains à l'occasion du fameux « Congrès ».

Le Congrès de Vienne venait en effet de commencer ses travaux. Bien que des enjeux autrement plus importants que l'attribution des duchés de Parme, Plaisance et Guastalla fussent au cœur des discussions, Neipperg ne ménageait aucun effort pour défendre les intérêts politiques de Marie-Louise. Il sollicitait Metternich, rédigeait des « mémoires » et prodiguait ses conseils à Marie-Louise. Grâce à lui, elle entra en contact direct avec le tsar et avec le roi de Prusse. Le premier lui faisait des promesses courtoises, le second répondait par des « oui !, mais... ». Rien ne se décidait. Ainsi que l'observait Méneval : « Chaque jour amenait une version nouvelle : aujourd'hui Parme lui était assurée, demain Parme était donnée à un autre. Ces alternatives de crainte et d'espérance entretenaient son anxiété. » [3] Bien d'autres propositions encore furent mises sur la table pour « régler le cas » de Marie-Louise... jusqu'à celle de l'indemniser une fois pour toutes par une importante somme d'argent. « Si je n'avais pas mon fils », écrit-elle à la duchesse de Montebello [4], « je serais contente de chaque position qui me procurerait un avenir sinon heureux, du moins tranquille ; mais, pour lui, je veux avoir un État, (...) je le lui dois comme mère et je ne me donnerai pas de repos jusqu'à ce qu'il ait Parme... »

Mais, au sujet de l'enfant, les spéculations allaient bon train. L'impératrice Maria Ludovica avait même « sa » solution, divagation d'ailleurs sèchement rejetée par son époux : on en ferait un évêque, ce qui constituait à ses yeux une manière radicale de se débarrasser à jamais du spectre de toute descendance napoléonienne. Maria Ludovica disait haut et clair ce que le Tout-Vienne pensait tout bas. Toute trace, tout symbole de l'ère napoléonienne, jusqu'aux livrées des domestiques de Marie-Louise, jusqu'aux blasons sur ses carrosses, faisaient l'objet de l'animosité populaire et devraient disparaître au plus tôt.

Le malaise s'aggravait chez Marie-Louise, du fait des rumeurs et des médisances qui avaient cours au sujet de ses relations trop évidentes avec Neipperg. Contre le personnage lui-même, c'était du côté français que la hargne se développait, entretenue à qui mieux mieux par la confidente Montebello, jalouse du conseiller très privé de Marie-Louise. Le baron Méneval, témoin trop direct, et malgré sa bonhomie, apparaissait comme un reproche vivant. Dès lors, signe du peu d'assurance qui révélait sa nature profonde, Marie-Louise se drapait dans une fausse « bonne conscience », jurant ses grands dieux qu'elle n'avait pas de quoi rougir [5]. Mais lorsque l'évidence fut telle que le doute n'était plus possible, Marie-Louise se mit à proclamer qu'elle était décidée à surmonter son inclination. Neipperg lui-même souffrait tellement des sentiments hostiles que lui valait sa liaison avec l'épouse d'un empereur qu'il se trouva une mission « de séparation » en Italie. Des paroles fatales furent échangées entre les deux amants, ce qui donne à penser que Marie-Louise avait, la mort dans l'âme, opté un moment pour une séparation définitive. Certains ont fait état d'une tentative de suicide de Neipperg. Toujours est-il que peu de temps après le départ de celui-ci, dans une lettre à la Montebello, Marie-Louise se plaignit qu'on lui avait fait perdre le seul ami sincère et dévoué qu'elle eût à Vienne : « Je n'ai pu faire autrement que de montrer beaucoup de confiance au général : comment aurais-je pu, sans cela, arranger mes affaires ? ... Je vous avoue que je lui ai voué une reconnaissance qui ne finira qu'avec ma mort. » [6]

Pendant que l'un et l'autre, le chevalier d'honneur et son impériale compagne, ne cessaient de lutter contre des sentiments qui ne demandaient qu'à s'épanouir, le Congrès de Vienne suivait son cours. Le bal de toutes les têtes couronnées d'Europe battait son plein et l'événement offrait aux Viennois un spectacle grandiose, le premier du genre, insurpassable et peut-être non surpassé depuis [7]. Pour une fois, l'empereur François, ordinairement si parcimonieux, était en veine de largesses et l'Autriche prenait à sa charge une dépense énorme qui aurait atteint, au total, trente millions de florins. Les finances publiques vacillèrent, et l'on dut, dès le 1er janvier 1815, majorer les impôts. De fêtes en spectacles fastueux et de chasses gigantesques en bals multiples, il semble que l'on en oubliait de travailler. Les intrigues galantes, les machinations et les marchandages les plus inconvenants fleurissaient, souvent à l'ombre, mais parfois aussi au grand jour. Des propos grossiers échangés entre le tsar et Metternich faillirent même, si l'empereur François ne s'était interposé, dégénérer en duel. « Le Congrès danse mais il n'avance pas », remarquait le prince de Ligne. Et l'on alla jusqu'à craindre que les grands de ce monde, qui prétendaient refaire la carte de l'Europe, dussent se séparer sans avoir atteint aucun résultat essentiel.

Dans Vienne, vieille ville impériale redevenue pour quelque temps capitale de l'Europe, le nombre des hôtes avait dépassé toute prévision, ce qui était loin de convenir à la police, obligée de surveiller tous les étrangers, dont le nombre était estimé à cent mille [8]. Moins qu'aucune autre, évidemment, l'ex-impératrice des Français ne pouvait y échapper. « Depuis son retour d'Aix », déclarait un rapport du chef de la police, le baron Hager [9], « on a tout lieu d'être satisfait de sa conduite ». Mais voilà qu'un beau jour, il intercepta un rapport en langue italienne transmis à Vienne. Aussitôt averti, Metternich se le fit remettre. Il s'agissait d'un document du Vatican par lequel le souverain pontife signifiait que le mariage de Napoléon et Marie-Louise n'avait jamais existé. Après si longtemps, il était stipulé, noir sur blanc, que, faute de compétence de l'instance de Paris qui avait prononcé la déclaration de nullité du mariage religieux de Napoléon avec Joséphine, le présent mariage était nul et non avenu.

Le scandale éclatait, et l'occasion était belle de consacrer la séparation de fait de Napoléon et de sa femme viennoise, désormais illégitime.

Marie-Louise en fut atterrée. Ainsi la naissance de l'enfant de France elle-même serait illégitime ? L'événement fut livré en pâture au public et donna prise à toutes les spéculations. On écarta la logique implacable du document romain qui suggérait que, du fait du décès, le 29 mai 1814, de Joséphine, un mariage, cette fois valide, pouvait unir Marie-Louise et Napoléon. On préféra alléguer les « visites fréquentes » du roi de Prusse chez

Marie-Louise pour évoquer la possibilité d'un mariage de celle-ci avec Frédéric-Guillaume III. Mais cela frisait la provocation : c'eût été unir la malheureuse femme, déjà sacrifiée une première fois à la raison d'État, à l'un des pires ennemis du père de son enfant, Napoléon. C'était en outre faire bon marché des difficultés inextricables d'ordre religieux et politique que supposait un mariage entre une princesse catholique et un roi protestant.

Mais, dans la foulée, d'autres coups cinglants allaient se multiplier, en vue d'enlever à Marie-Louise toute envie de se rapprocher du prisonnier de l'île d'Elbe. Le baron de Bausset se fit l'écho, probablement par inadvertance, de rumeurs insistantes sur les infidélités de Napoléon durant sa vie commune avec Marie-Louise et sur la visite à l'île d'Elbe de la comtesse Walewska qui y serait venue présenter à Napoléon l'enfant issu de leur liaison. L'on chercha aussi à solliciter des confidences de certains « témoins » de la « maladie honteuse » dont souffrait Napoléon après la victoire des alliés. A Fontainebleau, il se serait soustrait à toute étreinte avec son épouse, en « s'arrangeant » pour qu'elle ne vienne pas le rejoindre. Et Méneval [10] concluait tout cela sur ces paroles pleines d'amertume : « Depuis 8 mois — et devrais-je dire, depuis 3 ans —, on a tout utilisé pour éloigner l'Impératrice de Napoléon. »

Depuis des mois déjà, Marie-Louise, surveillée jour et nuit, ne recevait plus que très rarement, par l'entremise de son oncle l'archiduc Ferdinand de Toscane, des billets de Napoléon. Les lettres que celui-ci lui envoyait directement étaient systématiquement retenues par la censure, et elle n'en avait que, de loin en loin, des résumés [11]. Mais les plaintes de son mari sur son long silence et les reproches qu'il lui adressait sur son absence n'atteignaient plus Marie-Louise, devenue indifférente. « ... J'en suis arrivée à un point où le passé ne m'apparaît que comme un rêve douloureux... et où l'avenir est que je puisse espérer arriver, en 1815, là où, enfin j'irai achever ma vie. » [12]

Le dernier courrier envoyé par Marie-Louise à Napoléon, une lettre aux phrases convenues, est daté du 3 janvier 1815 [13]. « Mon cher Ami, il y a un siècle que je n'ai pu t'écrire et que je n'ai reçu de tes lettres, lorsque mon père m'a remis ton aimable billet du 20 novembre. J'ai été relevée d'un grand poids lorsque j'ai entendu que tu te portais bien et que tu ne doutais pas de tous mes sentiments. Je me figure comme tu dois être tourmenté de n'avoir pas, depuis si longtemps, des nouvelles de ton fils et des miennes ; j'en juge d'après l'inquiétude que mon cœur éprouve quand je reste ainsi des mois entiers sans avoir la moindre de tes nouvelles et sans savoir si tu te portes bien. J'espère que cette année sera plus heureuse pour toi. Tu seras au moins tranquille dans ton île et tu y vivras heureux de longues années pour le bonheur de tous ceux qui t'aiment et te sont attachés comme moi. »

L'empereur, sur son île, en était arrivé à désespérer de revoir jamais sa femme et son fils. La nouvelle de l'annulation de son mariage avec Marie-

Louise l'avait ulcéré, et une profonde lassitude s'était emparée de lui et marquait tous ses gestes.

Napoléon savait que le Congrès de Vienne battait de l'aile : l'Autriche traitait secrètement avec l'Angleterre ainsi qu'avec le nouveau pouvoir installé en France, et entre ceux-ci d'une part, la Russie et la Prusse de l'autre, hier encore alliés, se battant côte à côte, les divisions s'accentuaient.

L'empereur, de son exil, suivait également avec la plus grande attention l'évolution de la situation en France et, en particulier, l'hostilité croissante envers les Bourbons dans un pays qui allait à vau-l'eau. Laisserait-il la France chanceler et sombrer dans le marasme et la médiocrité ? Conscient d'être la cause du malheur de la France, il croyait pouvoir encore l'en sortir [14].

Il était à peine 6 heures du matin, le 7 mars 1815, lorsqu'une dépêche parvint chez Metternich qui était encore couché. Il n'avait pu se mettre au lit que tard dans la nuit, après une longue réunion des représentants des cinq grandes puissances.

Bougonnant d'avoir été réveillé aussi intempestivement, il chercha à se rendormir, mais sans y parvenir. A 7 heures et demie, il reprit la dépêche. Elle parvenait du Consulat général à Gênes. Il l'ouvrit fébrilement et y lut, foudroyé par la nouvelle : Napoléon s'est évadé !

Il s'habilla à la hâte et s'en fut chez son souverain. Depuis deux heures déjà, l'empereur François était dans son cabinet, à sa table de travail. En proie à une extrême agitation, Metternich lui fit part de l'incroyable nouvelle. « Où a-t-il bien pu se rendre ? », questionna l'empereur François.

Metternich n'en avait pas la moindre idée. Il ne s'expliquait pas non plus comment le commissaire anglais, Campbell, avait pu à ce point faillir à sa mission de surveillance et laisser l'« Ogre » réussir son évasion. Avec son flegme habituel, l'empereur pensa que l'on devrait en informer les souverains à Vienne et, avant tout, le tsar et le roi de Prusse. Nul doute que Talleyrand, subtil comme il était, avait déjà eu vent de la nouvelle. Il fallait également alerter Schwarzenberg et provoquer une réunion des chefs militaires. Mais à condition, évidemment, de savoir où se cachait Napoléon...

Lorsqu'un peu plus tard on apprit qu'il avait débarqué en France, non loin de Cannes, l'empereur François en fut un peu soulagé. Cela valait mieux, en tout cas, qu'en Italie où l'Autriche, responsable du maintien de l'ordre, pouvait encore moins qu'ailleurs tolérer une nouvelle poussée de l'impérialisme français.

Finies, les festivités ! Il fallait à présent penser aux choses sérieuses et se mettre en ordre de bataille contre l'évadé ! Les armées alliées devaient en finir une fois pour toutes et mettre hors d'état de nuire ce fauteur de troubles, ce monstre, ce démon [15].

L'évadé que, officiellement, on n'appelait plus que du nom de Bonaparte, ou mieux *Buonaparte*, pour bien indiquer qu'il n'était même plus Français, pourrait être déclaré hors la loi, ce qui ferait de lui un criminel de droit commun dont la tête serait mise à prix. Mais l'empereur François décida, finalement, que ce serait là dépasser la mesure. Après tout, Napoléon restait tout de même le père de son petit-fils [16].

Ce ne fut que trois jours plus tard que Marie-Louise fut informée de l'évasion, par la comtesse de Montesquiou qui tenait elle-même l'information de son fils.

Marie-Louise, clouée d'abord sur place en entendant la nouvelle, se réfugia rapidement dans sa chambre où elle éclata en sanglots. Ne trouverait-elle donc jamais le repos, le calme ? Et qu'adviendrait-il de Parme, à présent que Napoléon avait rompu le pacte, le traité de Fontainebleau qui lui avait attribué l'île d'Elbe tandis qu'elle-même recevait le duché de Parme ? Et la forcerait-il à aller le rejoindre ? Et Neipperg ? Tant de questions devaient se bousculer dans sa tête ! On l'entendait gémir et sangloter jusque dans les antichambres.

Le lendemain, l'événement devint l'unique sujet de conversation au sein de la petite colonie française de Schönbrunn. Marie-Louise ne cherchait plus à cacher son émotion face à ce coup de force, et elle exprimait toutes ses craintes, ne donnant pas cher de l'issue de l'entreprise. Elle redoutait au plus haut point qu'une telle aventure mette en péril l'avenir de son fils.

Vers l'heure de midi, comme d'habitude, elle se rendit à la Hofburg chez son père. Celui-ci, le plus souvent impassible, entra cette fois dans une violente colère contre son « gendre » et signifia à Marie-Louise son intention de mettre en ligne une armée de quelque deux cents mille hommes contre lui ; effrayée par cette menace, Marie-Louise lui adressa, le 12 mars, cette déclaration écrite, élaborée avec l'aide de Neipperg : « Au moment où une nouvelle crise menace la tranquillité de l'Europe, et redoutant les nouveaux malheurs qui pèsent sur moi, je ne puis espérer un asile plus sûr, une protection plus bienfaisante que celle que j'attends pour moi et mon fils de votre tendresse paternelle. C'est dans vos bras, mon très cher Père, que je me réfugie avec l'être qui me tient le plus à cœur dans ce monde. Je remets en vos mains et sous votre sauvegarde paternelle notre sort. » [17]

Ainsi, elle rompait le fil ténu qui la reliait encore à Napoléon. Pour compléter cet acte de soumission, Metternich exigea et obtint d'elle qu'elle s'engage à transmettre désormais toute lettre de son époux, sans l'ouvrir, à l'empereur. Elle prenait ainsi conscience de n'être plus qu'une prisonnière.

Dès le 16 mars, les sentinelles avaient été doublées à Schönbrunn, et des policiers déguisés en domestiques avaient reçu l'ordre de renforcer leur vigilance. Un rapport de la police de Hager prétendait que déjà les femmes françaises avaient reproché à Madame de Montesquiou de ne pas avoir mis à profit les premiers moments de désarroi général pour enlever le jeune prince. Les suspects étaient partout, tant et si bien que l'on parvint à faire prendre par l'empereur François une mesure grave : le fils de l'évadé de l'île d'Elbe serait transféré au plus tôt de Schönbrunn à la Hofburg de Vienne où une surveillance directe poserait moins de problèmes.

Le 20 mars, un lundi saint, c'était l'anniversaire du fils de Marie-Louise. Le grand chambellan de l'empereur se fit annoncer auprès de Madame « Quiou », non pas, comme celle-ci le crut d'abord, pour venir complimenter le petit-fils de l'empereur à l'occasion de ses quatre ans, mais bien pour annoncer à la gouvernante que les circonstances politiques exigeaient, désormais, un changement dans les personnes chargées de l'éducation de l'enfant. L'empereur la remerciait infiniment pour le dévouement et pour tous les soins dont elle avait entouré son petit-fils, et il l'invitait à reprendre rapidement la route pour Paris. En guise de souvenir, l'empereur lui offrait une splendide parure de saphirs.

A cette annonce, la comtesse fut sur le point de défaillir. Reprenant ses esprits, elle fit remarquer que l'enfant, vu son jeune âge, avait encore grand besoin des attentions d'une femme, qu'il n'avait plus de père... Mais ses plaintes et ses prières n'y firent rien. Aux yeux de la gouvernante, sa propre vie perdait dès lors tout son sens.

En fin de journée, dans la grande chambre glaciale de la Hofburg, elle mit le prince au lit pour la dernière fois. « Je m'approchai du petit lit où dormait mon élève, a écrit Mme de Montesquiou. Je me mis à genoux. Je le recommandai au Ciel. Je demandai surtout que jamais on n'abusât de son nom pour susciter des troubles. Je l'embrassai plusieurs fois et je m'arrachai d'auprès de lui après avoir attaché aux rideaux de son lit un petit crucifix qu'il m'avait souvent priée de lui donner. » [18]

Au cours de ces premières semaines de mars, Napoléon, inexorablement, continuait sa marche triomphale vers Paris. La « légende » prenait corps... Sur son passage, des bataillons entiers venaient grossir les rangs de sa nouvelle et dernière armée. Les « traîtres » de la veille se ralliaient à sa cause glorieuse... et il oubliait, il pardonnait... Sauf Marmont et Augereau, il accueillait à bras ouverts, l'un après l'autre, ses maréchaux versatiles et repentis : les Masséna, Oudinot et autres Sault. Même le maréchal Ney, celui qui venait de promettre à Louis XVIII de ramener Napoléon dans une cage devant son trône, était là. Quant à Berthier, prince de Neuchâtel, qui, quatre années auparavant, était allé au nom de son souverain demander la main de Marie-Louise à Vienne, et passé lui aussi aux Bourbons, il ne put résister à son grave conflit de conscience. Un jour de juin 1815, avant Waterloo, il se donna la mort en se précipitant du haut d'une tour.

D'innombrables et impérissables pages ont été écrites sur des épisodes émouvants de la remontée sur Paris, tel celui mettant en scène des soldats arborant la cocarde blanche des Bourbons et postés sur la route pour abattre l'empereur. Lorsque Napoléon, descendu de cheval et entrouvrant sa redingote grise sur sa poitrine, les interpella, ils baissèrent leur arme. Le charisme, la magie avaient joué à plein. Dans une vaste rumeur, les acclamations « Vive l'Empereur ! » s'amplifièrent, à l'échelle de tout le pays.

Les hauts dignitaires, comme Maret, Davout, Caulaincourt, reprirent leurs anciennes fonctions. Même Fouché, le « vieux renard », bien qu'il n'eût jamais cessé ses menées secrètes, de concert avec Talleyrand, fut rappelé comme ministre de la Police.

En héros d'épopée, le 20 mars au soir, sans avoir rencontré de résistance, Napoléon réapparut aux Tuileries où l'accueillit, avec d'autres dames, Hortense, l'ex-reine de Hollande, devenue entre-temps châtelaine de Saint-Leu. Louis XVIII avait pris la fuite le matin même et l'état désordonné des appartements indiquait un départ précipité. A l'arrivée de Napoléon, ce fut comme une résurrection ; une euphorie indescriptible saisit la foule et l'enthousiasme populaire « frisait l'extase », rapporte Hortense, dans ses Mémoires [19].

La joie délirante de toute la population, Napoléon la traduit en ces termes, dans sa lettre à Marie-Louise [20] : « Ma chère Louise, je suis le maître de la France tout entière... Les peuples courent en foule devant moi ; des régiments entiers quittent tout pour me rejoindre. Viens me rejoindre avec mon fils. J'espère t'embrasser avant la fin du mois. »

Napoléon envoya également plus tard une lettre à son beau-père, qui témoignait d'une grande habileté, présumant en fait, selon W. von Humboldt, que l'empereur d'Autriche n'allait pas priver le mari de sa femme, ni l'enfant de son père [21].

Il semble, en effet, que l'empereur François, au début, n'excluait pas totalement un retour de sa fille en France, lorsqu'il se serait avéré que l'on pouvait vraiment faire confiance aux voix qui provenaient de Paris. « Si les Français tiennent absolument à conserver leur Napoléon, disait aussi le roi de Prusse, avec le calme stoïque qu'on lui connaissait, on le leur laisserait. » [22]

Mais, en définitive, l'unanimité se fit chez les alliés, et ils adoptèrent la devise : « Point de paix avec Bonaparte ! ». C'était sans discussion.

Par après, toutefois, l'on discuta encore d'une régence possible pour Marie-Louise, une fois que Napoléon serait éliminé. A l'insu de celui-ci, Fouché négocia à Bâle avec Metternich. Fouché estimait que les jours de Napoléon étaient comptés. « Cet homme, disait le vieil intrigant, ne s'est jamais amélioré. Il revient toujours en despote, avide de conquêtes, et tout aussi fou qu'auparavant. » [23]

Lorsque Napoléon eut connaissance des pourparlers de Bâle, il convoqua son ministre de la Police et lui dit [24] : « Vous êtes un traître, Fouché, l'on devrait vous pendre ! » « Sire, je ne suis pas de votre avis », répondit froidement le ministre, et il se sortit de l'affaire avec tant d'habileté que Napoléon le maintint à son poste, préférant ne pas laisser un homme de cet acabit dans la clandestinité.

Les tractations de Bâle échouèrent, mais les projets d'une régence hantèrent encore les cabinets un certain temps. Marie-Louise était bien décidée à refuser. « Au cas où l'on viendrait me convaincre de me déshonorer et de rentrer, à quelque condition que ce soit dans ce vilain pays qu'est la France, déclara-t-elle, alors je montrerais que je sais rester ferme et qu'une femme est capable de résister, s'il le faut, à tous les cabinets et à l'Europe tout entière. » [25]

Pour en terminer, Metternich fit savoir à Napoléon que si, une fois dans le passé, l'empereur François avait pu convaincre sa fille de se sacrifier pour le plus grand bien de son pays et pour l'Europe, il ne la laisserait pas rentrer en France, son petit-fils étant dans ses mains un bien trop précieux.

Cette prise de position sans appel fut un coup très dur pour Napoléon, car, dans toute la France, on attendait le retour de l'impératrice, « sinon, ce serait de nouveau la guerre ! » Un officier de Wellington lui-même rendit compte de ce climat de l'opinion : « Dans toutes les localités que j'ai traversées, de Paris à Valenciennes, des gens venaient à ma voiture me demandant quand elle arriverait. C'était la consternation, quand je leur disais que l'Impératrice était toujours à Vienne, et ils s'exclamaient : " Si elle ne rentre pas, nous sommes perdus. " » [26] C'était le même son de cloche que rendaient les lettres de l'épouse de Méneval à son mari, qui se trouvait alors encore à Vienne [27].

Pourtant, les jours de Méneval à Vienne étaient également comptés. Le cœur lourd, il prit congé le 6 mai. Marie-Louise salua avec émotion le fidèle secrétaire du couple impérial ; elle le pria d'assurer à Napoléon qu'elle lui voulait du bien, de lui demander qu'il comprenne sa position difficile et de lui faire part de son espoir qu'il donnerait son consentement à une séparation à l'amiable, devenue inévitable. Les sentiments de gratitude qu'elle avait pour lui ne changeraient pas. En souvenir, elle donna à Méneval une tabatière ornée de diamants, puis elle sortit de la pièce, ne pouvant dissimuler ses larmes.

Le baron dut bien prendre également congé du jeune prince. « Il avait perdu, écrit Méneval [28], cet enjouement et cette loquacité enfantine qui avaient tant de charme en lui... Quoiqu'il fût déjà, depuis plus de six semaines, confié aux personnes autrichiennes avec lesquelles je le trouvai, il ne s'était pas encore familiarisé avec elles... Je lui demandai, en leur présence, s'il me chargerait de quelque commission pour son père que j'allais revoir. Il me regarda d'un air triste et significatif sans me répondre ; puis, dégageant doucement sa main de la mienne, il se retira silencieusement dans l'embrasure d'une croisée éloignée... Comme je me penchais vers lui pour lui faire mes adieux, frappé de mon émotion, il m'attira vers la fenêtre et me dit tout bas en me regardant avec une expression touchante : " Monsieur

Méva, vous lui direz que je l'aime toujours bien " ... Le pauvre orphelin savait déjà qu'il n'était plus libre... »

Vers la mi-mai, Méneval arrivait à l'Élysée, où Napoléon s'était installé ; on l'introduisit aussitôt chez l'empereur. Napoléon était assis sur un divan, la tête appuyée sur sa main, perdu dans une profonde rêverie. Il se leva pour recevoir son ancien secrétaire en lui prenant la main avec chaleur. « Alors, rapporte Méneval [29], ouvrant une porte vitrée, il me précéda dans le jardin où il me retint jusqu'à six heures, m'accablant de questions de toute nature. » Méneval dut revenir dès le lendemain matin, au lever de l'empereur, ainsi que les jours suivants. Au cours des entretiens, Napoléon trouvait moyen de tirer de son interlocuteur de nouveaux détails, en fouillant dans les derniers replis de sa mémoire. « Il me parla de son fils avec une grande tendresse, rapporte Méneval [30], et écouta avec une émotion visible les particularités les plus insignifiantes sur ce précieux enfant... Tout ce qu'il dit de l'Impératrice était plein de convenance et de ménagements pour elle ; il la plaignit des épreuves auxquelles elle avait été exposée, alla au-devant de ce que j'aurais pu dire dans son intérêt, et ne mit pas en doute que ses sentiments pour la France et pour lui n'eussent été violentés. »

Il n'y eut pas le moindre mot sur Neipperg, ni sur le rôle que jouait à présent celui-ci dans la vie de Marie-Louise. Était-ce par une sorte d'amour-propre ou par crainte d'être confronté à la vérité sur un sujet où Napoléon en savait peut-être davantage qu'il ne voulait se l'avouer à lui-même ?

Neipperg avait en fait quitté Vienne pour l'Italie, le 1er avril. A la tête d'une division, il marchait contre Murat qui s'était de nouveau rangé du côté de Napoléon. Ainsi donc, non seulement le père de Marie-Louise, mais également son compagnon, partaient en guerre contre son époux. Ce ne fut que neuf mois plus tard que Neipperg revint dans les bras de Marie-Louise. Entre-temps, l'épouse de Neipperg était décédée ; ce fut la dernière scène dont Méneval eut l'occasion d'être témoin, au moment où il allait quitter Vienne définitivement : « ... La manière dont l'Impératrice Marie-Louise annonça la mort de la comtesse Neipperg un jour à table ne montrait pas qu'elle en éprouvât beaucoup de regret... » [31] L'événement levait l'avant-dernier obstacle au mariage de Neipperg avec Marie-Louise. Pour se marier, ils attendraient encore la disparition du prisonnier de Sainte-Hélène, six années plus tard environ.

Dès le mois d'avril, à Vienne ainsi que dans toute l'Autriche, des processions étaient organisées, implorant la victoire des armées alliées contre Napoléon. La cour de Vienne y participait avec, à sa tête, l'impératrice Maria Ludovica. Elle ne parvint cependant pas à y entraîner Marie-Louise. Pourtant à son père qui partait en guerre, celle-ci écrivit : « Puissiez-vous être vite de retour... J'implore le Ciel pour qu'il bénisse vos armes. » [32] Le ton n'avait guère changé depuis l'époque de son enfance où son père allait se battre contre l'ennemi juré, Napoléon. Avait-elle déjà oublié que dans l'entretemps elle avait porté durant plusieurs années la couronne de France ? Mais ce qu'elle voulait aujourd'hui, c'était aller trouver le calme, à Parme, avec son fils.

Cependant, la dévolution de ses droits sur le duché tant convoité fut encore soumise aux aléas des négociations entre les grands alliés, et ce n'est que le 3 juin [33] qu'elle put enfin écrire à son père pour le remercier. Elle réitérait par la même occasion son engagement à ne plus retourner en France. En vertu des accords, elle ne pourrait toutefois prendre effectivement possession de ses terres de Lombardie qu'après que le sort de Napoléon aurait été définitivement réglé.

Napoléon avait maintenant quarante-cinq ans. Il avait bien changé. Il était assez souvent fatigué, il doutait et il hésitait. Comme le rapporte Méneval [34], « tout son langage était empreint d'une tristesse calme et d'une résignation qui firent sur moi une vive impression. Je ne le retrouvai pas animé de cette certitude du succès qui l'avait rendu si confiant autrefois. Il semblait que la foi dans sa fortune, qui l'avait porté à former l'entreprise hardie de son retour de l'île d'Elbe, et qui l'avait soutenu dans sa marche à travers la France, l'eût abandonné à son entrée dans Paris. »

La France où il avait repris pied n'était plus la même, elle non plus. Elle ne voulait plus entendre parler d'autre chose que de calme et de paix. On en avait soupé des initiatives de conquête et des régimes autoritaires. Avec les Bourbons avait vu le jour une constitution, sans doute encore insatisfaisante, mais dont Napoléon devait tenir compte. Au « Champ de Mai », qui se situait entre l'École de guerre et la Seine, et l'un des derniers témoins de la gloire impériale, il fit proclamer l'« Acte additionnel aux Constitutions de l'Empire ». Cette nouvelle constitution, appelée par certains « La Benjamine » en référence au nom de son auteur Benjamin Constant, prévoyait des ministres responsables, des juges inamovibles, deux Chambres, la liberté religieuse et la liberté de la presse. Ces libertés individuelles, objets de délectation pour le peuple, avaient pour Napoléon un goût amer. Le rôle qu'on lui réservait était celui qui lui convenait le moins : souverain constitutionnel.

« Je veux la paix, mais je ne puis y arriver que par la victoire des armes » [35], disait-il. Davout avait réussi l'exploit unique de mettre sur pied, en quelques semaines, une force de deux cent cinquante mille hommes. Mais en Belgique se trouvait un nombre identique d'Anglais et de Prussiens, et un demi-million d'Autrichiens et de Russes s'apprêtaient à passer le Rhin et les Alpes.

C'est à la mi-juin 1815 que la dernière grande bataille allait être livrée.

Le 26 juin, l'impératrice Maria Ludovica apprit la grande et bonne nouvelle, qui la rendit « folle de joie ! » [36] : l'ennemi de la nation et l'homme qu'elle abhorrait depuis toujours avait été définitivement vaincu, le 18 juin, dans la « morne plaine » de Waterloo, en province de Brabant, à deux pas de Bruxelles. Napoléon « s'en tirait » vivant, mais les belligérants laissaient sur le champ de bataille des dizaines de milliers de victimes.

« J'étais en ville lorsque j'appris la nouvelle », écrit de Vienne Maria Ludovica à l'empereur d'Autriche, « et j'en ai fait part à notre chère Louise qui en est ivre de bonheur. » [37]

Ces jours-là, Marie-Louise se trouvait en séjour d'été à Baden, non loin de Vienne. La nouvelle la débarrassait à présent de tout souci : c'en était fait, elle pourrait désormais réaliser son plus cher désir, rejoindre Parme !

On ne peut nier que Marie-Louise offrit à la cour de Vienne, à cette occasion, en raison de sa faiblesse de caractère et de son esprit de soumission « congénitale », l'image indigne d'une souveraine qui se réjouissait du malheur de son époux et de la ruine de sa dynastie. D'autant plus que, le 7 juillet [38], écrivant à son père, elle anticipait avec fierté l'entrée prochaine de l'empereur d'Autriche dans Paris et qu'elle l'en félicitait. Et elle enchaînait, en rappelant solennellement à son père l'engagement qu'elle avait pris devant lui à son départ de Vienne. « ... Il est à jamais impossible de concevoir que je puisse retourner en France... »

Pour la seconde fois en moins d'un an, les alliés entraient donc dans Paris, avec, « dans leurs fourgons », le roi Louis XVIII qui, dans l'intervalle, s'était réfugié à Gand. A ses côtés, on retrouvait le couple inséparable Talleyrand-Fouché.

La nouvelle du retour du roi fit plaisir à Marie-Louise, en la soulageant des dernières rumeurs d'une régence devenue inconcevable.

Elle irait donc à Parme. Et que Neipperg y aille donc avec elle, pensait l'empereur François, qui, en ce moment, aurait préféré quelqu'un d'autre. Mais, faute de mieux... Par contre, dans sa correspondance avec sa fille, le souverain suggéra [39], si ce n'est recommanda ou même ordonna, que Marie-Louise partît sans son fils. Sous prétexte de ne pas indisposer les autochtones par une quelconque présence française dans cette région d'Italie, le petit Napoléon resterait à Vienne. La réclusion à perpétuité du fils de Marie-Louise, derrière les murs de la Hofburg, s'amorçait.

Si le destin du fils de Napoléon était ainsi indirectement tracé, qu'en serait-il de son père qui, de plus en plus dépassé par une histoire où il n'avait plus sa place, venait d'abdiquer en faveur de son fils, proclamé « Napoléon II, empereur des Français » ? L'ex-empereur d'aujourd'hui n'y croyait déjà plus. Pour la seconde fois, le rêve prenait fin. Les Cent Jours appartenaient déjà au passé.

Après quelques nouveaux démêlés entre les « Grands » qui tenaient une fois encore le sort de Napoléon entre leurs mains, et après que certains eurent été jusqu'à réclamer sa mise à mort, il fut décidé que l'empereur vaincu irait finir ses jours, sous la responsabilité conjointe des quatre grandes puissances, sur un îlot rocheux, Sainte-Hélène, possession britannique perdue dans l'Atlantique Sud.

Lorsque Marie-Louise apprit cette nouvelle, tel un éclair déchirant de sombres nuages, un mouvement de chaleureuse compassion sembla brusquement briser son indifférence. « J'ai été profondément attristée du traitement infligé à Napoléon » [40], écrit-elle à von Wessenberg, celui qui l'avait appuyée dans l'affaire de Parme, après le départ de Neipperg. « Cette situation malheureuse de Napoléon m'affecte et me blesse. Son sort me paraît très dur... »

Mais, quelques jours plus tard, vis-à-vis de son père, elle n'osait déjà plus manifester le même élan. Le 15 août, jour anniversaire de Napoléon, elle écrit donc à l'empereur François, en parlant de son mari pour la dernière fois avant longtemps. C'est, en quelque sorte, en « médiatrice » qu'elle en parle. Ce n'est pas la plainte d'une femme éplorée en faveur d'un être aimé, mais plutôt une expression de commisération à l'égard d'un condamné qui s'est laissé entraîner à sa perte — et c'était bien ces paroles, cet accent-là que son père souhaitait entendre. Elle y faisait, en outre, une évaluation très sommaire de son union matrimoniale... : « Très cher Papa », écrit-elle [41], « j'espère qu'à présent, nous jouirons d'une paix durable, du fait que l'empereur Napoléon ne la perturbera plus désormais. J'espère qu'il sera traité avec bonté et clémence, et je vous prie, cher Papa, d'y contribuer : c'est la seule prière que je m'autorise en sa faveur et c'est la dernière fois que j'interviens pour lui. Car je lui dois ma reconnaissance pour l'indifférence tranquille où il m'a laissée vivre, au lieu de me rendre malheureuse. »

Une « indifférence tranquille » !

Deux mots seulement, pour évoquer son union avec l'homme qui avait, selon ses dires, « porté le monde sur ses épaules. » [42]

Une indifférence tranquille, face à l'une des périodes les plus dramatiques de l'histoire de l'humanité !

Marie-Louise n'aurait pu trouver de termes plus appropriés pour résumer le style de vie dont elle avait constamment rêvé. A Parme, c'est donc dans une indifférence tranquille qu'elle allait, désormais, vivre, aimer et gouverner. Elle allait refouler Napoléon de ses pensées, rendre visite de temps en temps à son fils à Vienne et, plusieurs années après, verser un pleur sur la mort du prisonnier de Sainte-Hélène.

Tout cela, dans une « indifférence tranquille »...

Chapitre XVIII

Parme

Lorsque le baron Bausset, l'ex-préfet du Palais de Napoléon, prit la plume le 12 août 1814, il devait être, ce jour-là, de bien méchante humeur. Marie-Louise l'avait envoyé à Parme, sa nouvelle capitale, pour y prendre les contacts en vue de préparer sa future installation. Les nouvelles qu'il communiquait au secrétaire de l'impératrice n'étaient guère exaltantes, en effet ! « Mon cher Méneval, écrit-il, je suis à Parme depuis quelques jours... On y déploie une sévérité extrême sur tout ce qui peut avoir rapport à la France... Ce pays est triste, les femmes y sont peu jolies. L'atmosphère est brûlante, l'opéra médiocre, le palais très vieux ; mais, je m'occupe d'établir le logement de Sa Majesté au « palais du Jardin ». Avec quelques milliers de francs, elle aura un beau palais, tout à fait indépendant... J'oubliais de vous dire que le palais de Colorno est beau, bien conservé et à peu près meublé. Il n'en est pas de même des autres vieux palais ; à peine il y a-t-il des murailles ! » [1]

Le baron devait non seulement être de mauvaise humeur, mais avoir la vue trouble, pour ne pas remarquer qu'il était dans une ville de culture, riche de tradition. Ni la cathédrale romane avec son haut clocher dominant la ville, ni le célèbre baptistère de Benedetto Antelami ne semblaient l'avoir impressionné. Apparemment, il n'avait pas, non plus, eu un regard pour les fresques aux contours déliés et sensuels du Corrège et du « Parmesan » qui ornaient les édifices religieux. Le « palais très vétuste » dont parlait Bausset n'était autre que le Palais ducal, ou bien le palais *della Pilotta* — du nom d'un jeu de balle d'origine espagnole —, monuments construits tous deux par la dynastie des Farnèse, sur les mêmes plans que le palais Colorno, le « Versailles » des ducs de Parme.

Ni la ville ni la campagne n'étaient « tristes », pas plus hier qu'aujourd'hui, et les femmes n'étaient pas moins attrayantes. Bausset avait également très mal vu le théâtre Farnèse, construit au début du dix-septième siècle dans le plus pur style Renaissance et qui disposait d'une machinerie de scène tellement sophistiquée que les spectateurs pouvaient y assister à des batailles navales, grâce à l'énorme bassin qu'on remplissait d'eau.

Mais Bausset n'était sans doute guère intéressé non plus par l'histoire, que la ville racontait comme un livre ouvert. Fondée par les Étrusques, située à un carrefour de routes stratégiques, elle avait été faite colonie importante par les Romains et Théodoric y avait construit le premier des sept ponts que l'on pouvait voir au XIXe siècle.

Après un Moyen Age mouvementé, Parme avait été le siège de l'antipape Cadalus, puis elle avait rejoint la fédération des villes lombardes contre Frédéric Barberousse. Après une victoire mémorable sur Frédéric II, en 1248, la ville avait été l'une des premières à se doter d'administrations de type « moderne » et elle fut déclarée « ville libre », relevant des États de l'Église. Étant passée de la famille d'Este aux Visconti, elle revint, en 1545, sous le pontificat de Paul III, au fils naturel de celui-ci, Pier Luigi Farnèse, qui inaugura une dynastie qui devait la doter, durant près de deux siècles, d'impérissables trésors architecturaux, nés d'une prodigalité illimitée, sacrifiant tout au beau. Lorsque s'éteignit la descendance des Farnèse, les Bourbons prirent leur succession et ils firent de Parme à la fois une ville « française » et l'un des hauts lieux de la culture et de l'art italiens. Les Bourbon-Parme, ces grands seigneurs, furent courtisés jusque par les Habsbourg eux-mêmes, puisque c'est à Parme que Joseph II alla chercher sa première épouse, Isabelle. Et, bien plus tard, l'empereur Charles Ier épousa Zita, une fille du dernier duc de Parme, chassé en 1859, lorsque le duché s'unit au nouveau royaume d'Italie.

Après la fin de l'ère napoléonienne, non seulement Parme, mais l'ensemble de l'Italie, avait été redistribuée par le Congrès de Vienne. L'Autriche avait obtenu la plaine du Pô, Venise et Milan, c'est-à-dire la région lombardo-vénitienne. Modène et la Toscane étaient passées sous la souveraineté d'un archiduc autrichien. Quant à l'ex-impératrice des Français, archiduchesse d'Autriche par la naissance, elle avait reçu les duchés de Parme, Plaisance et Guastalla [2].

A dire vrai, le sort des Parmesans, qui devenaient les nouveaux concitoyens de Marie-Louise, aurait pu être pire. Ce règne fut porteur de paix, ce qui permit de nombreux développements dans le domaine des constructions, de la promotion des arts et des sciences et dans l'implantation de diverses institutions d'intérêt public. Parme allait devenir un centre urbain favorisant les arts, notamment le théâtre et la musique, et la ville aurait bientôt droit au titre éminent d'« Athènes de l'Italie ». Durant plus de trente années, *Maria Luigia* allait présider à la destinée de toute une région et marquer durablement cette période. Ce n'est que plus tard, dans le cadre des premières tentatives d'unification de l'Italie, qu'une certaine agitation sociale secouera le pouvoir détenu par la duchesse. On la verra alors, la seule fois de sa vie peut-être, faire face aux événements avec détermination et fermeté. Mais cela ne serait qu'aux alentours des années 1830... et nous ne sommes encore qu'en 1816...

Le 15 février 1816, enfin, l'empereur François donna le feu vert pour le départ de Marie-Louise. « Puisque le moment semble être arrivé de te permettre d'entrer en possession de tes États, lui écrit-il, en même temps que je te fais part de la nouvelle, je te fais savoir, par le plan de voyage ci-joint, où tu pourras me rencontrer. » [3] L'empereur rentrait de Paris et se trouvait alors à Milan.

Marie-Louise, qui attendait et désirait ce moment depuis si longtemps, en fut toute secouée. Elle allait devoir consentir à sacrifier, à sa propre autonomie, son fils qui resterait loin d'elle. Aussi, elle répondit à son père [4] qu'elle ne pouvait faire plus grand sacrifice, ni pour le bien-être de son fils, ni pour répondre aux vœux de son père... « Je ne sais pas si j'aurai la force de le supporter », ajoutait-elle.

L'empereur François n'était pas un monstre. La décision, inspirée par Metternich, de garder le fils de Marie-Louise, avait été longuement mûrie. Étant donné l'incertitude qui planait encore sur la situation politique en Europe, il semblait raisonnable de préférer Vienne comme offrant le plus de garanties de sécurité. L'animosité antifrançaise à Parme, à laquelle Bausset avait fait allusion, aurait pu conduire à l'émeute si on y avait envoyé le fils de Napoléon. Et si jamais les bonapartistes enlevaient « Napoléon II », c'est l'Autriche qui en serait tenue pour responsable par les grandes puissances ! Ces éventualités feraient courir trop de risques. Mais l'empereur voulait aussi être un père à l'égard de son petit-fils. L'éducation de celui-ci allait faire l'objet de tous ses soins, dans le sens autrichien s'entend. Marie-Louise avait déjà reçu des instructions à cet égard : « Une seule chose à quoi je te demande encore de te tenir, si ton fils est confié à ses nouveaux maîtres, c'est d'interdire à ses gens de jamais lui parler de sa situation passée. » [5]

C'est dès le 30 juin 1815 que l'enfant avait été placé sous la tutelle de « ses gens ». L'ex-petit roi avait été confié à un précepteur, le comte Maurice Dietrichstein-Proskau. C'était un ami intime de Neipperg et il jouissait à Vienne d'un grand prestige : homme de grande culture, il était aussi protecteur de la musique et des musiciens, parmi lesquels Beethoven et Schubert ; ce dernier lui avait même dédié son *Roi des Aulnes*. Dietrichstein, élancé et d'allure élégante, était quelqu'un de sérieux, très conscient de ses devoirs, mais aussi pédant et dénué de tout sens de l'humour.

Le nouveau précepteur abordait sa mission en total accord avec les vœux exprimés par son souverain. Dans le plan de reprise en main du fils de

Napoléon qu'il avait exposé à Marie-Louise également [6], il insistait sur « la nécessité d'écarter tout ce qui peut rappeler à votre fils l'existence qu'il a menée jusqu'à présent... Il me semble que le prince dont on m'a fait l'honneur de me confier l'éducation, doit être considéré comme un descendant d'Autrichiens, et élevé à l'allemande. » Cette conception est partagée par Marie-Louise, qui écrit à la duchesse de Montebello [7] : « Je veux le faire élever dans les principes de ma patrie... Je veux en faire tout à fait un prince allemand aussi loyal et aussi brave ; ... je veux, quand il sera grand, qu'il serve sa nouvelle patrie. Ce seront ses talents, son esprit, sa chevalerie qui devront lui faire un nom, car celui qu'il a par sa naissance n'est malheureusement pas beau... »

Marie-Louise prit la route de Parme, le 7 mars, en compagnie de son ami Neipperg. En montant dans la voiture qui l'emmenait, elle promit à son fils, en pleurant, de venir le revoir dans quelques mois. Une fois de plus, l'enfant devait faire ses adieux à sa mère. Selon Dietrichstein, il ne manifesta pas d'émotion particulière. Avait-il appris d'expérience que les larmes ne peuvent rien faire changer ? Ne croyait-il qu'à une brève séparation ? Ou bien, quoique très jeune, voulut-il empêcher de laisser pénétrer dans son âme le regard de son précepteur ? En l'occurrence, le verdict catégorique de Dietrichstein affirmant qu'« il est évident qu'on ne trouve en lui aucune trace de tendresse et d'affection filiale » [8], trouve un démenti dans ce qu'écrivit Marie-Louise à la duchesse de Montebello, quelque temps après : « J'ai passé de cruels moments lorsque j'ai été obligée de me séparer de mon pauvre fils qui m'a bien peinée par sa douleur. » [9]

L'enfant resta donc seul à Vienne. Au coucher, il prenait chaque soir avec lui une écharpe que sa mère avait oubliée. Peu après le départ de celle-ci, il lui envoya sa première lettre. Comme il n'avait que cinq ans, il ne savait pas encore écrire seul et il se fit guider la main pour tracer ces trois lignes : « Croyez, ma chère maman, que votre départ me cause beaucoup de peine, et que je vous aimerai et respecterai éternellement. Je ne cesserai de prier le bon Dieu pour vous et votre prompt retour dans les bras de votre tendre fils. » [10]

Il ne pouvait supposer que deux années allaient s'écouler avant qu'il revoie sa mère.

Marie-Louise fut accompagnée jusqu'à Graz par l'archiduc Rainer, qui désirait ainsi retarder le moment de la séparation. Il lui souhaita une heureuse intronisation, afin qu'elle puisse « prendre possession de Parme dans les formes, et ainsi ménager tous les espoirs de lui voir un jour succéder son fils. » [11]

Marie-Louise fit tout le voyage escortée d'une suite exclusivement autrichienne. Neipperg devrait assumer sur place les fonctions de gouvernement et, au nom de l'Autriche, prendre en mains les relations extérieures. Élise de Mitrowsky, la veuve d'un général, y remplacerait la duchesse de Montebello : « Elle n'était pas belle, mais d'un physique plaisant », selon Méneval, « aimable et soucieuse de se rendre agréable. » [12] Quand sa dame d'honneur épousa en secondes noces un certain comte Scarampi, Marie-Louise prit le couple à son service, l'époux étant désigné aux fonctions de grand chambellan. Ce n'est que plus tard que Bausset dut prendre congé. Dans un premier temps, nul autre que lui n'eût été à même de compléter l'aménagement de la nouvelle résidence.

Un problème se posait toutefois au niveau du personnel. « Que tu ne veuilles pas embaucher de cuisinier et d'intendant italiens, je puis le comprendre », lui fit savoir l'empereur François [13], « d'autant plus que souvent ils n'ont pas les qualités nécessaires. Il en va de même du médecin et du pharmacien, ce qui justifie que tu emmènes du personnel d'ici auquel tu peux faire confiance. Pour ce qui est du personnel d'écurie, je ne peux te recommander mieux que des Allemands ou des gens de Bohême, du moins jusqu'à ce que tu puisses trouver le personnel italien adéquat car, en Toscane, nous en avons eu. » Et l'empereur revenait constamment à la charge concernant le personnel d'origine française : tout plutôt que ceux-là, à l'exception du personnel domestique féminin ! « Sinon tu perdras la bonne opinion de tes sujets, qui craignent les Français et les détestent... » [14]

L'empereur avait fait verser de l'argent à sa fille par l'intermédiaire du délégué du gouvernement autrichien à Parme. Ainsi Marie-Louise pouvait-elle entamer sa nouvelle vie, dans un pays où, comme elle l'avait déjà écrit à son père avant son départ, « peu de jours « roses » m'attendent, mais plutôt beaucoup de contrariétés. » [15]

Les « contrariétés » concernaient surtout le triste état des finances, séquelles des longues périodes d'occupation du pays et des réquisitions, mais surtout des lourdes indemnités de guerre qui restaient à acquitter. Marie-Louise revenait sans cesse, dans ses lettres à son père, sur le poids exorbitant de ces pénalités de guerre et sur le mécontentement des populations, et elle en appellait à la bonté de l'empereur pour un moratoire. Elle voulait également que soit réglé, une fois pour toutes, le retour des œuvres d'art de Parme, et notamment des toiles du Corrège qui avaient fait partie du butin de guerre des Français, qui avaient spolié les musées d'art de ses États.

Après qu'il se fut fait remettre un rapport circonstancié par un émissaire venu de Vienne, l'empereur, dans un geste de bonté paternelle, consentit un certain nombre de faveurs à sa fille : un silo à céréales serait construit pour subvenir aux besoins les plus criants des classes sociales défavorisées ; il ouvrirait ses frontières aux importations de produits des duchés et allégerait la charge des indemnités de guerre. L'empereur se voulait également de bon conseil pour la duchesse inexpérimentée, et il s'engagea à lui faire parvenir des « écritures » très complètes susceptibles d'éclairer les responsables de la gestion des finances publiques.

Ces échanges épistolaires « professionnels » entre l'empereur et sa fille étaient peu compatibles avec ce que celle-ci vivait par ailleurs au cours de ce voyage. La pause à Venise avec Neipperg fut ressentie par Marie-Louise comme « une petite lune de miel ». Ne lui avait-on pas expliqué maintes fois que son mariage avec Napoléon n'avait jamais « existé » ? N'avait-elle pas le droit de se sentir libre ?

Via Padoue et Vicence, le couple et sa suite arrivèrent à Vérone où séjournaient l'empereur François et l'impératrice Maria Ludovica. « J'ai été amoureuse de Venise », écrit Marie-Louise, le 6 avril, avec un rien d'équivoque, à la duchesse de Montebello, « cependant, je suis malheureusement à Vérone depuis le 20 du mois dernier, retardée dans cette ville en raison de la maladie de ma belle-mère qui se meurt de la tuberculose... Cela vous brise le cœur... Nous prions Dieu, mais sans plus guère d'espoir, pour qu'Il la sauve. » [16]

Le lendemain 7 avril, l'impératrice Maria Ludovica rendait l'âme. Elle avait à peine 29 ans. La belle jeune femme pour laquelle Goethe éprouva de délicats sentiments et qui avait resplendi de tous ses feux lors du congrès de Vienne était douée d'une très vive intelligence, d'une volonté à toute épreuve et de grandes qualités de cœur. Deux sentiments surtout semblent l'avoir animée : un immense amour pour son mari et une haine irrépressible pour Napoléon.

Comme il se devait, l'empereur François porta le deuil de sa femme. A vrai dire, cependant, elle avait été pour lui une épouse trop intellectuelle, trop entreprenante et trop spontanée. « Dommage pour cette femme ! », écrivait, dès l'année 1811, l'archiduc Jean dans son Journal intime, « mais elle n'est pas faite pour notre souverain : ce sont des caractères tout à fait opposés ! » [17] Si belle et si aimable qu'elle fût, la défunte n'était cependant pas devenue populaire. « Vraiment personne ne la regrette », écrit, le 28 avril, l'archiduc Rainer à Marie-Louise [18].

« Aujourd'hui donc, tu foules du pied pour la première fois le sol de tes États », lui écrit son père de Trévise, le 16 avril [19], « Sois heureuse et fais tout ce qui est en ton pouvoir pour rendre heureux tes nouveaux sujets, cherche de toutes tes forces à les convaincre, et Dieu t'aidera. »

Le long des rues de Parme, le public attendait, très curieux de savoir qui les grandes puissances avaient encore bien pu imaginer de lui imposer. Il vit une jeune femme revêtue des plus beaux atours et parée de riches bijoux. A ses côtés dans le carrosse, les gens apercevaient son chevalier d'honneur, l'œil droit recouvert d'un bandeau noir, revêtu d'un splendide uniforme de général et bardé de décorations. Avec les autres voitures de la suite, le cortège se dirigea immédiatement vers la cathédrale où, sur le parvis, le clergé salua la nouvelle souveraine et introduisit les nouveaux arrivants à l'intérieur de l'édifice. Sous la coupole décorée des fresques du Corrège, Marie-Louise s'agenouilla pour le Te Deum solennel. Ensuite, au bruit des cloches sonnant à toute volée dans les églises, le cortège traversa la ville en direction du palazzo ducale. Marie-Louise a dû, dès le début, se trouver chez elle au « palais du Jardin » dont avait parlé Bausset, ce château aux murs couleur ocre, plein de charme et d'élégance. Ce palais érigé en 1564, sur l'ordre des Farnèse, par Giovanni Boscoli et agrandi dans la seconde moitié du XVIIIe siècle, offrait la juste mesure entre noble grandeur et confort. De nombreuses fresques et toiles décoraient les salons joliment meublés. Y avaient également repris leur place, aux cimaises, les tableaux dont les Français s'étaient emparés au temps du grand Empire. Mais Marie-Louise, fascinée depuis toujours par les jardins, fut surtout captivée par le *parco ducale* qui forme, avec son grand étang aux nombreux poissons, un parc authentiquement princier, avec ses statues, ses vasques, ainsi que des vestiges de temple, fichés sur une butte.

C'est entre le *palazzo ducale* et le « palais du Jardin » que devrait se dérouler la vie publique officielle de la duchesse. Lorsqu'elle voulait se passer de tout cérémonial, elle se délectait des deux villas, la Villa Ferraro et la Villa Sala. Lorsqu'il s'agissait de recevoir des hôtes de marque, tel l'archiduc Rainer, en 1816, ou encore le couple impérial, en 1825, on allait occuper le palais ducal de Colorno, situé sur la route de Brescia, à douze kilomètres de Parme. Ce palais, également érigé par les Farnèse aux XVIIe et XVIIIe siècle, en imposait, flanqué de ses quatre tours, avec ses charmilles de façade au rez-de-chaussée. « Je me réjouis, à vous entendre, que la ville vous ait plu davantage que vous vous l'imaginiez, et que le peuple vous y a accueillie avec ferveur », écrivait l'archiduc Rainer à sa nièce [20]. « Je m'y attendais et je suis convaincu que, d'ici peu, tout le pays vous estimera. »

Au début, cependant, se présentèrent une série de problèmes. Il fallut d'abord surmonter une sourde hostilité à l'égard de cette de Habsbourg qui venait en quelque sorte entraver un processus encore fort hésitant vers l'unification italienne. Par ailleurs, les récoltes insuffisantes des dernières années, une administration peu efficace et une corruption endémique avaient vidé les caisses de l'État et appauvri la population. Le jour même de son entrée, Marie-Louise avait été frappée par la tristesse de beaucoup de visages et par l'allure misérable de la plupart des gens. A Plaisance, que Marie-Louise visita peu après, elle eut le même spectacle, mais il lui sembla, en outre, que la ville souffrait d'une oisiveté déprimante. L'archiduc Rainer, le fidèle correspondant de Marie-Louise en ces années-là, lui conseilla « de s'attaquer aux causes du mal » par une politique d'emploi. Mais, selon lui, c'était au problème des finances publiques qu'il fallait être le plus attentif. Dans une lettre qui à elle seule constitue un petit traité de gestion comptable, un véritable aide-mémoire que tout homme politique d'aujourd'hui devrait peut-être encore avoir sous la main, l'oncle Rainer prescrivit à sa nièce les principes relatifs à la ventilation des comptes du ménage et des postes du budget, la nécessité de faire des prévisions et de planifier les recettes, notamment par la collecte des impôts, la nécessité de contrôler les dépenses, etc. Suite à cela, l'administration fut réorganisée et les dépenses de la suite de la souveraine furent réduites [21].

Néanmoins, la nouvelle duchesse soupira encore souvent sous le poids de ses nombreuses obligations, mais l'archiduc Rainer suivait de près les améliorations en cours. Il en félicitait Marie-Louise et continuait à lui prodiguer ses conseils et ses encouragements [22].

En novembre 1816, il se rendit lui-même sur place, à Parme, et eut des réunions de travail avec Marie-Louise et Neipperg. A son frère, l'empereur François, il rapporta que la situation n'y était certes pas des plus brillantes, mais que Marie-Louise s'était déjà assuré la reconnaissance de ses sujets. « Tandis que dans tous les autres petits États environnants d'Italie, on déteste les souverains, elle a réussi à se faire apprécier par tout le monde. » [23] Et lorsque, l'année suivante, l'archiduc fut désigné comme vice-roi d'Italie, et qu'il fut lui-même écrasé sous les responsabilités, il prit conscience que Marie-Louise s'était déjà relativement bien implantée et qu'elle avait à ses côtés, en Neipperg, qu'il estimait beaucoup, un homme d'État habile et dévoué.

En octobre 1816, Neipperg reçut un ordre de mission pour se rendre à Vienne. De nouvelles questions remettant en cause la tranquillité de Marie-Louise auraient-elles surgi ? Marie-Louise fit part de ses appréhensions à Vienne [24]... et celles-ci ne tardèrent pas à se transformer en certitudes !

Neipperg rapporta à Parme une décision de Metternich qui glaça la duchesse : les grandes puissances, une fois pour toutes, ne pouvaient admettre que son fils prenne sa succession dans les duchés. Ceux-ci, après la disparition de Marie-Louise, devraient retourner aux Bourbons. L'Autriche assurerait un avenir matériel décent au jeune prince.

Dans une lettre rédigée en français, de concert avec Neipperg, Marie-Louise exprima sa profonde déception devant cette nouvelle et définitive discrimination à l'égard de son fils. « Je ne puis vous cacher, cher Père », écrit-elle le 24 novembre à Vienne, « qu'il me brise le cœur de devoir consentir aux modifications intervenues concernant l'avenir de mon fils, et auxquelles je ne pensais plus devoir m'attendre, après m'être tant sacrifiée pour la cause commune de l'Europe. Mais, afin de vous donner un nouveau témoignage de mon amour filial, et pour prouver à quel point je m'efface devant les nécessités de l'équilibre général, je donne mon accord, sous certaines conditions, aux propositions qui me sont faites de créer pour mon fils, privé de la succession à Parme, l'établissement le plus adéquat et le plus avantageux possible, sous l'autorité de l'Autriche. » [25]

L'empereur François annonça, le 4 décembre, comment il pensait dédommager son petit-fils. Il transférerait à celui-ci des territoires de Bohême et lui octroierait le titre d'« Excellence » (appellation jugée trop peu digne par Marie-Louise) avec un rang de « préséance » situé immédiatement en-dessous de celui d'archiduc. Après l'extinction de sa descendance masculine, les domaines de Bohême devraient revenir à la famille des Habsbourg-Lorraine.

Étant donné que le « prince de Parme », une fois de plus, perdait son nom, Marie-Louise demanda à son père qu'on lui en attribuât un nouveau. Ce fut là un sujet de discussion qui occupa beaucoup de monde, durant des mois. On consulta les plus éminentes personnalités de la noblesse autrichienne, des spécialistes en la matière ! [26] L'empereur François proposa d'abord le titre de « duc de Mödling », ce à quoi Marie-Louise s'opposa, car Mödling était propriété du prince de Liechtenstein. Son irritation fut à son comble lorsqu'on proposa le titre de « duc de Buschtiehrad », et elle écrivit à Dietrichstein qu'elle « rougirait » à chaque fois qu'elle rencontrerait ce titre en consultant l'annuaire de la cour.

Une fois de plus, l'archiduc Rainer fut de bon conseil. « Le titre qui me semble convenir le mieux, parce qu'il fait référence à un vaste territoire allemand centré sur une ville importante, serait, par exemple, le titre de duc de Reichstadt », écrit-il le 25 février 1817 [27] à Marie-Louise. Le 18 mars 1818, l'empereur François érigerait le domaine de Reichstadt en « duché de Reichstadt ». Ainsi, le fils de Marie-Louise, de « roi de Rome » était passé au titre de « Napoléon II » ; ensuite, il avait été « prince de Parme » pour devenir, à présent, « duc de Reichstadt »...

Marie-Louise, blessée, en voulait beaucoup à son père ainsi qu'à Metternich, et, si son fils ne s'était trouvé à Vienne, elle n'aurait plus eu aucune raison d'y remettre les pieds. Mais une autre raison plus importante encore lui fit différer la visite projetée à son fils.

Un état de fatigue commença à l'envahir dès l'automne 1816. On la vit pâle et tirée. Mais ses indispositions ne firent bientôt plus mystère pour personne. Elle n'était pas malade, mais elle attendait bel et bien un enfant de Neipperg. Le 1er mai 1817, la duchesse donna le jour à une petite fille que l'on appela Albertine. Contrairement à ce qui s'était passé lors de la naissance du roi de Rome, qui avait mis quasiment en transe l'Europe entière, cette fois tout se déroula dans la plus grande discrétion et l'enfant, dès qu'elle fût née, fut confiée à la famille d'un médecin, le docteur Rossi.

Selon Alfred Neipperg, un des fils que le général Neipperg avait eu de son premier mariage, Marie-Louise fit encore par la suite plusieurs fausses couches [28], jusqu'à ce que naquit, le 8 août 1819, un deuxième enfant, un fils, Guillaume, qui fut également confié au docteur Rossi.

Tout le mystère fait autour de ces deux naissances fut, pour Marie-Louise et son compagnon, un secret lourd à porter. La mère rendait furtivement visite à ses enfants, mais un système de « cachotteries » hautement élaboré contraignit, par exemple, les enfants à appeler leur mère *« Signora »*...

Cependant, ainsi que le révéla plus tard Alfred Neipperg, qui lui-même n'apprit qu'en 1824 l'existence de son demi-frère et de sa demi-sœur, il était clair que, depuis longtemps, cette affaire était connue de tous dans les moindres détails.

Et l'exilé de Sainte-Hélène lui-même en savait plus qu'il ne voulait bien l'avouer. « Est-ce qu'au moins ce Neipperg est un bel homme ? », demanda-t-il un jour là-bas, à ses proches compagnons... [29]

En ouvrant son journal, la *Gazetta Piemonte,* le 19 juillet 1821, la duchesse de Parme tomba sur une nouvelle de portée exceptionnelle pour l'histoire de ce temps. On annonçait que Napoléon était mort le 5 mai à Sainte-Hélène d'un « ulcère » à l'estomac. Le médecin anglais O'Meara, qui soignait l'empereur sur place depuis un certain temps déjà, avait déclaré à Londres qu'après ses deux premières années d'exil, le climat, l'habitat humide et le manque d'exercice dû au confinement auquel le malade était contraint, augmentaient son état de souffrance, alors attribué au foie, et que cela posait problème [30]. Pour tuer l'ennui et chercher à « s'évader » de sa condition, l'illustre exilé dictait ses Mémoires à ses fidèles compagnons d'infortune : le maréchal Bertrand, les généraux Gourgaud et Montholon, ainsi que le comte Las Cases. Serviteurs inclus, le « ménage » de Napoléon comptait, à Sainte-Hélène, cinquante et une personnes, lesquelles ne vivaient pas dans une parfaite harmonie, loin s'en faut ! Confinées dans un espace réduit et quasi privées de tout contact avec l'extérieur, leurs humeurs et leurs défauts de caractère s'exacerbaient, entretenant un climat de sourde agressivité [31].

L'exilé de Sainte-Hélène, qui en face de ses secrétaires improvisés passait jusqu'à quatorze heures par jour à raconter sa vie, n'était plus le Napoléon qu'on avait connu. C'était un homme vieilli, au visage enflé, circulant en pantoufles et habillé avec négligence. Afin d'écourter la journée, il se levait tard, lisait les classiques français et à peu près tout ce qui lui passait entre les mains et entretenait une correspondance suivie avec le gouverneur britannique de l'île, Sir Hudson-Lowe. Celui-ci compliquait la vie de ses hôtes obligés en suscitant quantité de petits conflits et de tracasseries diverses. Au début, l'empereur attachait beaucoup d'importance à l'étiquette. Il ne sortait qu'avec des domestiques en livrée et dans une voiture à six chevaux. Par la suite, la lassitude aidant, il opta pour une vie plus retirée. Le soir, il jouait aux cartes avec ses compagnons, trichant à qui mieux mieux. Et il finit par jouer si mal aux échecs que son entourage prenait vraiment beaucoup de peine pour le laisser gagner [32].

Sans cesse, il pensait à sa destinée. « Personne n'est coupable dans mon cas, sauf moi-même ! », avouait-il. « Moi seul, je suis l'ennemi de mon destin... » Et encore : « Je voulus trop en faire. » [33] Il rejetait tout plan d'évasion, mais il voyageait en pensée : « Ce serait piquant, » dit-il un jour à Gourgaud, « qu'on arrive un jour incognito à Parme et qu'on surprenne l'Impératrice à la messe... » [34]

Durant la dernière année de sa vie, il s'animait sur l'architecture d'un jardin. Il y fit même planter des fleurs et des arbustes, et vingt-quatre arbres. « Semer est le vrai métier de l'homme », reconnaissait-il. Il parlait à nouveau beaucoup l'italien, car, autour de lui, cinq Corses l'avaient rejoint : un serviteur, le cuisinier, deux prêtres, ainsi que le médecin Antommarchi : « Si je viens à mourir, disait-il, lorsqu'il avait trente ans, ce serait un grand malheur pour la nation. » [35] A Sainte-Hélène, il disait : « Quel roman, pourtant, que ma vie ! » [36] Arrivé presque au terme de celle-ci, il fit son testament. Tout ce qui lui appartenait « en droits, biens et savoirs » reviendrait à son fils. A sa « très chère épouse », il conservait « ses plus tendres sentiments » et il lui recommandait leur fils, lui disant « de ne jamais oublier qu'il est né prince français. »

Marie-Louise écrivit, le 19 juillet 1821, à son amie Victoria de Crenneville : « Bien que je n'aie eu pour lui beaucoup de sentiments, jamais je ne pourrai oublier qu'il fut le père de mon fils et que, loin d'être mauvais avec moi et de me maltraiter, il m'a respectée avec beaucoup d'attentions, la seule chose qu'on puisse espérer d'un mariage politique. » [37]

Sur une feuille de papier à lettres bordée de noir, elle écrivit à son père : « Ainsi qu'il a été convenu depuis longtemps avec Metternich, avec ma Maison, nous porterons le deuil pendant trois mois. Les autres, les fonctionnaires, les militaires, etc. n'en feront rien... » [38] Marie-Louise prit part à des cérémonies funèbres officielles à Parme. Sur le faire-part, Napoléon figurait toujours comme l'« honorable époux de la souveraine ».

En octobre 1821 arriva à Parme le docteur Antommarchi qui avait suivi l'autopsie : l'empereur léguait son cœur à son épouse.

Marie-Louise, effrayée, refusa. « En dehors du fait que l'inhumation de son cœur à Parme réveillerait le ressentiment », écrivit-elle à l'empereur François, « ce serait encore une occasion pour des gens animés de mauvaises intentions de faire le pèlerinage à Parme, et cela me serait très désagréable. Ne pourrai-je donc jamais connaître la paix et la tranquillité en ce monde ? » [39]

Elle porta le deuil un mois à peine et, le 8 août 1821, elle se maria secrètement avec Neipperg.

Alfred Neipperg lui-même n'apprit ce mariage que trois années plus tard.

« Un matin de septembre 1824, écrit-il, mon père me fit venir et, après s'être fait promettre le silence, il m'avoua son lien avec Marie-Louise. Quelque temps après, en compagnie de Leurs Majestés, lors d'un voyage à Velleja, j'appris aussi de Marie-Louise que j'avais une sœur et un frère. »

Ces deux enfants habitaient depuis un an la « maison du jardin » au *parco ducale*. « Sa Majesté y passait une bonne partie de ses journées », ajoute Alfred Neipperg... « Lors de mon séjour à Parme, je passais tout le temps que je pouvais avec ces gentils enfants. Nous y vivions une sorte d'idylle familiale en toute simplicité. Parfois se joignaient à nous les dames d'honneur de Sa Majesté et le père nourricier des enfants, le docteur Rossi. »

Alfred Neipperg fit des séjours plus ou moins longs à Parme ; il prenait part à la vie de la cour, qu'il décrivit, plus tard, avec beaucoup de précision : « Un couple plus heureux, un lien plus intense de part et d'autre, un amour aussi profond pour les enfants, en un mot, c'était un ménage exemplaire, comme je n'en pourrais imaginer d'autre. Mon père envoyait des messages quasi quotidiens à Notre Majesté et les réponses ne se faisaient guère attendre. Étant donné que toute la matinée était consacrée aux affaires et que mon père avait l'habitude de faire sa toilette très tard, il ne se rendait auprès de Sa Majesté que lorsqu'on lui annonçait que le repas était servi. Par contre, Sa Majesté avait déjà passé une grande partie de sa matinée auprès des enfants, veillant aux leçons de ceux-ci... Vers une heure, on mangeait. Après le repas, ils passaient quelque temps avec les enfants. Ensuite, mon père rejoignait son bureau où il donnait des audiences... Après celles-ci, il venait chercher Sa Majesté et il l'emmenait à la promenade. Au retour, il vaquait de nouveau à ses affaires et n'allait retrouver Sa Majesté que vers huit heures ; les petits rejoignaient alors la bibliothèque et l'on se réunissait tous ensemble jusque vers neuf heures. Ensuite, les enfants soupaient et, environ une demi-heure plus tard, les adultes prenaient leur repas chez Sa Majesté. C'était là leur façon de vivre, y compris à la campagne, bien que là, on se promenât souvent ensemble et que le respect de l'horaire avec les enfants y fût moins strict qu'en ville. »

Ce mode de vie paisible à la « Biedermeier » (*) avait aussi ses côtés d'ombre. La nécessité de soustraire les enfants aux regards du public posait des problèmes aux Neipperg et semblait leur peser très fort. « J'ai discuté dans tous les détails avec le général de notre position peu enviable », écrit Marie-Louise dans son Journal [40]. « Ces discussions m'ont fait beaucoup pleurer et m'ont empêchée de dormir pendant quasi une heure et demie. »

Peut-être n'était-ce pas seulement les discussions avec le général qui l'empêchaient de dormir, mais aussi le fait de penser à son fils aîné à Vienne, et l'angoisse à l'idée de sa réaction s'il apprenait son secret. Qui devrait le lui révéler et surtout, comment le prendrait-il ?

(*) Au sens décoratif, style que donna Vienne aux meubles et aux objets ; au sens large, mode de vie du très honnête bonhomme Meier, type popularisé vers les années 1815 et que l'on montrait dans son confort domestique, conformiste et petit bourgeois (N.d.T.)

Chapitre XIX

L'Aiglon,... « ce précieux enfant ». La fin du duc de Reichstadt

Le jeune prince était assis à la table impériale. A côté de lui se trouvait la sœur préférée de sa mère, Léopoldine. En ce mois de juillet 1816, elle avait dix-neuf ans. « Ton fils était avec nous hier », écrit-elle à sa sœur Marie-Louise, « il a une mine splendide et il est à croquer... il était entre notre cher papa et moi ; et je t'assure, sans te flatter, qu'il m'a royalement amusée par tous les petits secrets qu'il m'a confiés. » [1]

L'atmosphère, à table, était très détendue. Comme un gentil bon-papa, l'empereur présidait. On bavardait et l'enfant prenait part à la conversation. L'archiduc Anton, l'un des jeunes frères de l'empereur disait, pour rire, qu'à Schönbrunn, il y avait un lion et qu'on allait faire monter le petit sur son dos. « Mais ton fils, sans se gêner », poursuit Léopoldine, « lui a fait cette excellente réponse : " Oui, mon cher oncle, si vous y montez le premier ! " » [2]

Cette repartie d'un enfant de cinq ans fit bien rire l'empereur, lui qui était pourtant si sérieux de nature.

Le charmant enfant blond aux yeux bleus exerçait un attrait irrésistible sur tous les membres de la cour de Vienne. Il captivait à ce point sa tante Léopoldine que, à peu près à la même époque, elle assurait sa sœur Marie-Louise, à Parme que, « s'il était plus grand et prince étranger, il me tournerait la tête... Il est de plus en plus beau et d'une extraordinaire vivacité ; il a écrit hier à notre cher papa une lettre très gentille, de son crû ; l'oncle Rainer lui tenait la main ; il est vraiment un père pour lui. Tu ne peux lui être trop reconnaissante de toute l'affection qu'il a pour ton fils. Si tu avais vu la joie de notre cher papa en recevant la lettre, d'autant plus que ton fils sollicitait la permission de sortir avec lui : il a bien dit cent fois que ce serait un brave petit, qui le consolera et lui fera grand honneur. » [3]

En novembre 1816, l'empereur, devenu veuf une troisième fois, épousa la princesse Charlotte de Bavière qui régna sous le nom d'impératrice Caroline Augusta. Le jeune prince, *Fränzchen,* comme elle avait pris l'habitude de l'appeler familièrement, « adopta » aussitôt cette jeune nouvelle grand-mère.

Le petit Napoléon avait hérité de son père sa brillante intelligence. « Le prince possède à un haut degré ce qu'on appelle un esprit vif et inné », écrit son précepteur Dietrichstein. « Ceci se manifeste en d'innombrables occasions : lorsqu'il s'approprie une pensée, la met en lumière ou la développe ; quand il pose des questions très subtiles et qu'il vous prend au dépourvu par ses répliques bien réfléchies. » [4] C'était également un enfant extrêmement sensible. « Cet enfant », disait Frédéric Gentz, ce fin observateur, « ... est plein de charme et de grâce, mais difficile à conduire parce qu'il a beaucoup d'esprit, avec une aversion prononcée pour tout ce qui est contrainte et asservissement. » [5] C'était bien vrai, car, aux dires de Dietrichstein, aux exigences de la discipline et de l'étude, le jeune prince opposait des défenses à sa portée, la dissimulation, la paresse et même, parfois, des grossièretés [6].

Dès l'automne 1815, on fit appel à un précepteur en second, un certain Foresti, originaire de Trente, pour assister Dietrichstein. Le nouveau maître fut donc chargé d'enseigner à son élève impérial, alors âgé d'un peu plus de quatre ans, l'arithmétique, l'histoire, la langue allemande et des rudiments de l'art militaire. Un peu plus tard, un troisième maître, Mathieu de Collin, professeur de philosophie à l'université de Vienne, fut chargé des cours de latin, de grec, de religion et de morale.

Toute cette équipe avait pour seul mot d'ordre de poursuivre l'œuvre de « défrancisation », ce qui irritait l'enfant. « Je ne veux pas être Allemand... Je veux rester Français. » [7] Il résistait, au début, à l'apprentissage de l'allemand, mais finalement, sous le nombre des remontrances, il se résigna. En mars 1816, l'archiduc Rainer fit savoir à Marie-Louise que son fils apprenait bien l'allemand et surtout, disait-il, « quand on lui dit « au revoir », il répond *« Leben sie wohl »* (« Portez-vous bien »). C'est la première expression qu'il ait apprise. » [8]

On s'efforçait par tous les moyens à ce que le prince ne se souvienne plus du pays de son père. Insensiblement, Dietrichstein modifia l'organisation de l'horaire « à la française ». Il subtilisa à l'enfant les jouets qui portaient le blason impérial ; il fit également disparaître les livres illustrant des batailles de Napoléon. On interdit enfin à l'enfant tout contact écrit ou verbal avec des membres de la famille de son père, ce qui d'ailleurs posait problème à Dietrichstein, étant donné la présence, à proximité de Vienne, de Jérôme Bonaparte et de Caroline Murat. A tout prix, il fallait éviter que le jeune prince parle, ou ait connaissance de quoi que ce soit concernant son père. On souhaitait même qu'il l'oublie. Or, précisément, l'enfant pensait jour et nuit à ce père et il posait à son sujet des questions embarrassantes à ses maîtres. Ou bien ils éludaient les réponses, ou bien ils y répondaient d'une manière très moralisatrice.

« A-t-il donc fait tant de choses mauvaises pour avoir autant d'ennemis ? », demanda, un jour, le petit à Foresti. On lui répondit que l'ambition de son père et sa tendance à faire la guerre lui avaient mis tous les peuples à dos. Qu'à l'inverse, son grand-père impérial était un vrai souverain pacifique. D'ailleurs, ne pouvait-il observer que, lorsque l'empereur François rentrait de ses longs voyages, il était reçu par ses sujets comme un bon père de famille par ses enfants ? On demandait alors à l'enfant comment cela se faisait, puisque son bon-papa avait fait aussi de grandes guerres, et quelquefois de malheureuses guerres ?

« C'est qu'il a seulement fait la guerre pour défendre son pays », répondait le pauvre petit, en « bon élève ».

Peut-on dire que ses maîtres manquaient de cœur au point de ravir au duc de Reichstadt son identité de fils de Napoléon et sa nationalité ? Dietrichstein était-il un tyran ?

Sans doute y a-t-il eu en tout cela quelque chose de tragique, car le comte Dietrichstein semble avoir lui-même souffert de devoir remplir la mission qui lui avait été confiée. Celle-ci, à savoir enlever au jeune Napoléon l'âme paternelle et détruire son passé, lui posait beaucoup de problèmes, au point qu'il lui arrivait parfois de fondre en larmes. Pour Foresti et Collin, la mission était tout aussi lourde. Tous trois étaient profondément attachés au prince, et l'on peut dire qu'ils l'ont instruit avec beaucoup de dévouement. L'archiduc Rainer, devenu incontestablement l'ami du prince et son protecteur, assurait sa nièce Marie-Louise que son fils « était dans les mains de trois hommes loyaux, se souciant de lui comme s'il s'agissait de leur propre enfant. » [9] Le grand malheur, c'était que le jeune Napoléon était victime de son destin. Il ne pouvait être celui qu'il voulait être et ses maîtres avaient pour mission de faire de lui un Autrichien. Il leur était impossible de faire davantage. Cette situation tragique était une sorte de fatalité.

Son envie de savoir conduisait le prince à un véritable dilemme que Dietrichstein lui-même devait reconnaître. « J'ai toujours remarqué qu'on parle beaucoup de son père autour de lui alors qu'on a interdit de lui en parler », écrivait-il à Marie-Louise en juin 1816 [10]. « Même Sa Majesté l'Empereur, jugeant tous les dangers de cette situation..., nous a autorisés à lui faire connaître peu à peu la position de son père et la sienne. » [11] « Je crois, répondit Marie-Louise, qu'il faut lui parler de son père avec vérité, tout en ne lui disant jamais qu'il a été un mauvais homme, et, en ne lui parlant que de ses brillantes qualités, lui prouver que c'est une ambition démesurée qui l'a conduit à se trouver, du plus beau trône, dans la prison où il est maintenant, afin que son fils ne conçoive jamais l'idée de l'imiter. » [12]

A sa manière, dans ses jeux, l'enfant imitait cependant son père. Au cours de l'été 1817, la baronne Du Montet racontait qu'il « tenait alors continuellement les mains derrière le dos et qu'il avait une manière d'avancer le pied comme Napoléon. » [13] La seule matière à laquelle le prince s'intéressait avec passion, c'était l'histoire militaire, et lorsque son grand-père lui offrit un uniforme complet, il fut au septième ciel [14].

Au mois de juin 1818, la duchesse de Parme Marie-Louise vint enfin revoir le fils dont elle était séparée depuis deux années et trois mois. Le prince avait beaucoup changé et s'était bien développé. « Son fils avait grandi et parlait l'allemand aussi bien que le français » [15], écrivait l'archiduc Rainer. A l'âge de six ans, le petit terminait son cycle d'école primaire, « ... il connaît déjà ses multiplications » [16], rapportait son oncle à sa mère.

Marie-Louise avait souhaité que le prince, accompagné de Dietrichstein, vienne à sa rencontre à un relais de poste avant Vienne, mais elle avait écrit à Dietrichstein que si d'autres personnes voulaient faire la même chose, « vous les dissuaderiez car, dans les premiers moments d'effusion, après une longue absence, j'aime mieux être seule avec mon fils qu'avec toute la famille. » [17] Le 1er juillet, c'est à Theresienfeld, un petit village situé près de Wiener-Neustadt, que la rencontre devait se faire, mais lorsque le duc de Reichstadt et son entourage arrivèrent de Vienne, l'ex-impératrice n'était pas encore là. Une foule importante occupait déjà le site, afin de voir le fils de Napoléon. Dietrichstein eut soudain une poussée de sueur lorsqu'il se rendit compte que c'était toute la colonie française qui se trouvait là. Il reconnut les ex-souverains Jérôme et Caroline, accompagnés de toute une suite, qui venaient acclamer « Napoléon II ». Le petit fut hâtivement poussé dans une maison, mais la foule le suivit.

« L'entrée du jeune Napoléon dans le salon [18], nous raconte le propriétaire de la maison, fut le signal d'une scène qu'il faut avoir vue, mais qu'on ne peut décrire. Des hommes qui avaient peut-être assisté dans différents pays à plus de batailles qu'il n'y a de jours dans un mois, et à qui aucune douleur humaine ne pouvait arracher facilement des larmes, s'inclinaient, se redressaient, et acclamaient tous ensemble le fils de leur dieu des batailles. »

« Messieurs, supplia Dietrichstein, affolé, Messieurs, calmez-vous, le prince ne parle que l'allemand... » [19]

A ce moment-là arriva le convoi de Marie-Louise. Soulagé, le comte Dietrichstein prit l'enfant dans ses bras et le porta à la berline où se trouvait Marie-Louise, accompagnée de Neipperg. Il précipita littéralement l'enfant à l'intérieur et, quelques minutes plus tard, le cortège disparut au grand galop en direction de Vienne.

Ce furent de joyeuses retrouvailles ! « Mon petit compagnon ne m'a pas quittée un seul instant, de neuf heures du matin jusqu'à dix heures du soir » écrit Marie-Louise à la duchesse de Montebello. « Quel bel et bon enfant et quels moments heureux j'ai passés avec lui ! » [20]

C'est dans cette atmosphère conviviale de Vienne que Marie-Louise put faire connaissance avec sa nouvelle belle-mère, l'impératrice Caroline Augusta. Cette fois, l'empereur François avait fait choix d'une femme resplendissante de santé, et on l'aurait entendu dire : « ... Sinon, bientôt, j'aurais une autre morte sur les bras ! » [21] Malheureusement, une personne très attachée à Marie-Louise ne se trouvait pas au rendez-vous familial. L'année précédente, cette chère Léopoldine, la sœur préférée de Marie-Louise, avait été mariée par procuration, à Vienne, avec l'un des héritiers des Bragance, la famille régnante du Portugal. Le mari de Léopoldine, don Pedro, allait devenir, en 1822, le premier empereur du Brésil. Cette union fut un désastre et la malheureuse Léopoldine mourut en couches, dans l'isolement, sur cette terre lointaine, à l'âge de 29 ans. Mais grâce aux 145 lettres que s'échangèrent les deux sœurs durant ces sept longues années de séparation, Léopoldine put participer, de loin, à la destinée du duc de Reichstadt, son « cher trésor ».

Ces semaines de chaleureuse communion entre la mère et son fils à Baden et à Persenburg passèrent très rapidement. Plusieurs jours avant le départ de Marie-Louise, l'enfant s'était mis à pleurer, et lorsque Marie-Louise reprit la route le 19 septembre 1818, « à peine aviez-vous quitté », écrivit la nouvelle impératrice à sa belle-fille, « que votre fils s'installa à la petite fenêtre et longtemps après vous avoir perdue de vue, ses yeux semblaient vous chercher encore... Il était dans un état à faire peine. » [22]

Marie-Louise avait promis à son fils de revenir l'année suivante mais elle en fut empêchée par une deuxième grossesse. Elle lui écrivit du nord de l'Italie où elle était en convalescence, et l'enfant, alors âgé de huit ans lui répondit, encore en français : « Ma chère maman... j'ai bien de la peine que vous deviez partir à nouveau en voyage, mais mes yeux vous suivront sur la carte de ce pays. » [23]

Il ne devait plus y avoir, après celle-ci, qu'une seule lettre en français. Dorénavant, du moins jusqu'en 1827, il ne lui écrirait plus qu'en allemand. Il fallut même lui faire donner des heures de français, afin qu'il n'oublie pas tout à fait sa langue de naissance. D'ailleurs, les études n'allaient pas du tout comme Dietrichstein l'aurait souhaité, et Marie-Louise ne recevait à Parme que des lamentations de la part du précepteur. Pourtant, en avril 1820, le jeune élève réussit, en présence du couple impérial, un examen dans toutes les matières, et Dietrichstein écrivit sa fierté à sa mère, en ajoutant, « à cause de cela, j'en aime le jeune duc davantage encore, si c'est possible... » [24] On comprend qu'un garçonnet de neuf ans pense beaucoup plus à s'amuser qu'à étudier. Cet élégant petit jeune homme en complet bleu dansait déjà avec tellement de grâce et participait avec tant de gentillesse aux conversations qu'on le surnomma bientôt le « *deliziöse* Reichstadt ».

L'arrivée de Marie-Louise était annoncée pour le mois de juillet 1820 et le jeune prince en fut tout remué : « Vous dire combien je me réjouis de vous revoir après une si longue absence, je ne suis point en état de le faire », lui écrit-il le 17 mai 1820 [25]. D'après les décomptes précis effectués par Dietrichstein, Marie-Louise serait venue six fois à Vienne pour des séjours de neuf ou dix semaines à trois ou quatre mois, durant la vie de son fils en Autriche. Lorsqu'elle s'y trouvait, le jeune duc profitait de la présence du fils de Neipperg, Gustave, avec lequel il s'entendait très bien. De joyeuses parties de campagne se déroulaient à Baden ou à Laxenburg. L'on y faisait des excursions à Persenbeug, la propriété favorite de l'empereur François, à l'époque. On y passait des heures à pêcher dans le Danube et à chasser. Le duc s'épanouissait durant ces vacances et s'y donnait à fond.

Seul le ministre Neipperg n'était guère à l'aise dans ce milieu impérial : sans position officielle, à cause du mariage morganatique qui l'unissait à Marie-Louise, il se sentait comme de trop. En outre, il se voyait quelque peu délaissé par Marie-Louise qui recherchait fréquemment la compagnie de son oncle Louis pour de très honnêtes divertissements ou de longs tête-à-tête, au cours desquels ils rafraîchissaient mutuellement leurs souvenirs de jeunesse. La mauvaise humeur de Neipperg déclencha même de petits drames, par exemple lorsqu'un désaccord de leurs instruments mettait fin brusquement à leurs parties de musique en duo. A ces difficultés s'ajoutèrent des ennuis de santé chez le général. Sa blessure à l'œil n'avait jamais complètement guéri et des problèmes cardiaques commençaient à l'inquiéter.

C'est pendant qu'elle était à Parme, car elle avait annulé son voyage à Vienne cet été-là, qu'en 1821 arriva la nouvelle de la mort de Napoléon. Il avait fallu plusieurs mois pour que l'annonce de l'événement franchisse les mers !

Le 13 juillet, Dietrichstein étant absent, c'est à Foresti que l'empereur François confia le soin d'annoncer à son petit-fils la mort de son père. Le maître en second choisit « l'heure paisible du soir » et le jeune Reichstadt éclata en sanglots... « Je vis couler plus de larmes que je n'en aurais attendues d'un enfant qui n'a jamais *(sic)* connu son père. » [26]

C'est seulement dix jours plus tard que Marie-Louise, sans doute prévenue du chagrin de son petit Reichstadt, lui écrit : « J'ai appris, mon cher fils, que tu as été très ému du malheur qui nous frappe tous les deux, et c'est pour mon cœur, je le sens, la meilleure consolation que de t'écrire à ce sujet et d'en parler avec toi. Je suis bien sûre que tu as ressenti une douleur aussi profonde que la mienne, car tu serais un ingrat si tu pouvais oublier toutes les bontés qu'il a eues pour toi pendant tes jeunes années. Tu t'efforceras d'imiter ses vertus, tout en évitant les écueils auxquels il s'est heurté. » [27]

« Reichstadt parut gêné de confier son fardeau à sa mère, et il fallut quinze jours de violents reproches de son précepteur avant qu'il se résignât. »[28]

« Chère Mère », lui répondit enfin son fils, « je vous rends grâce de votre lettre où se montre si bien votre maternelle affection, tâchant à me consoler de la mort de mon père, qui vous jette, vous aussi, dans un deuil si profond. Bouleversé par la nouvelle inattendue, et dans la plus grande affliction que je puisse éprouver, je n'osais point vous parler de ce triste événement, qui vous eût fait plus de peine encore si vous l'eussiez appris de votre fils. Attendant de votre penchant maternel le bonheur de ma vie, je m'efforcerai, quant à moi, de tenir le plus grand compte des exhortations que vous m'adressâtes en cette triste circonstance, et j'unis ma prière aux vôtres pour le repos de feu mon père. Quelques raisons que j'aie d'être reconnaissant à mon grand-père et à ma grand-mère, je reconnais parfaitement, et cette circonstance en témoigne encore, que tous deux ils m'aiment et me soignent comme un fils. Qu'en dépit de la tristesse qui s'est abattue sur vous, votre santé demeure intacte, voilà qui m'est d'un grand réconfort ; c'est ma seule consolation en ces jours de deuil. Permettez-moi, en même temps, de vous exprimer, à l'occasion de votre fête, mes vœux les plus sincères, et de me recommander à votre bonté, en me nommant votre très obéissant fils, François. »[29]

Déjà du vivant de son père, « Napoléon II » était devenu le fleuron de la cause bonapartiste en France. Son effigie était reprise sur des médaillons, des verres, des pipes et des tabatières, et « Le Fils de l'Homme » (*) faisait l'objet d'innombrables serments de fidélité. Des bruits couraient sur les tentatives de soustraire le fils impérial aux « serres » de la Hofburg. Une demande de mise en liberté de l'Aiglon parvint même à l'archiduc Charles, réputé pour son ouverture aux idées libérales. Loyal jusqu'à la moelle des os, l'archiduc avait transmis le texte dans son intégralité au chancelier Metternich.

Les autorités policières étaient en alerte à Vienne. On citait inlassablement les complots qui se tramaient dans les cercles français de la capitale. L'on cherchait à prendre contact directement avec le duc de Reichstadt, jusqu'à lui jeter un jour une lettre dans sa voiture. On pouvait y lire : « Sire ! trente millions de sujets attendent votre retour... »[30] Cet audacieux coup de main échoua également car la lettre fut interceptée par l'archiduc Louis, l'accompagnateur de service de Reichstadt ce jour-là.

Les velléités « d'enlèvement » se calmèrent, mais les Bourbons, inquiets, s'agitèrent néanmoins pour écarter le « prétendant » au trône. Rumeur ou non, le ministre français de la Police de l'époque, Savary, duc de Rovigo, rendit visite personnellement à l'ambassadeur d'Autriche à Paris afin de le

(*) en français dans le texte. Titre d'un poème consacré par Barthélemy au duc de Reichstadt, présenté comme prisonnier de la cour de Vienne.

mettre en garde contre un complot qui mettrait en danger la vie du duc de Reichstadt [31]. Metternich n'y croyait guère, mais l'on renforça tout de même le dispositif de sécurité autour du prince.

On eut encore vent, à la cour de Vienne, d'autres projets. En 1828, des portraits du duc circulaient en Pologne, le représentant revêtu d'oripeaux nationaux, comme roi de Pologne. Il fut également question de lui pour le trône de Belgique et celui d'Italie, et finalement en France même, au moment où les Bourbons durent se retirer sous la pression de la révolution de Juillet. Si Reichstadt se fût trouvé en France ! Mais plutôt que sur le prisonnier de l'Europe, dans sa prison dorée, le choix se porta sur Philippe d'Orléans. Celui-ci cependant montait sur un trône tellement vacillant que le parti bonapartiste reprit à nouveau espoir pour l'Aiglon. Joseph et Lucien, frères de Napoléon, l'empereur défunt, refirent également surface. Une autre descendante de la famille, Napoléone Camerata, fille d'Élisa, la sœur aînée de Napoléon, était une femme un peu excentrique, mais incontestablement courageuse. Déguisée en homme, elle était parvenue à franchir tous les cordons de police, et à s'approcher au plus près du duc de Reichstadt. Avec la complicité d'un serviteur dévoué au duc, elle avait fait remettre à son cousin plusieurs plis qui le suppliaient de revenir sur le trône de France.

Le prince, très touché, réagit néanmoins négativement, car il n'aurait accepté de devenir empereur des Français que dans des formes légales et avec l'autorisation de son grand-père. En fin de compte, il se trouvait acculé à choisir définitivement son parti. Le fils pouvait avoir présent à l'esprit les « coups » de son père, celui du 18 Brumaire et celui de l'évasion de l'île d'Elbe, mais il était également le fils de sa mère et une fuite risquée dans la nuit et dans le brouillard n'était guère de son genre. Il sut gré à sa cousine de ses bonnes intentions, mais lui fit savoir de ne plus lui écrire.

Il n'avait plus d'autre ambition à présent, que de devenir un deuxième « prince Eugène », un général autrichien... [32]

Sa « carrière » militaire avait d'ailleurs commencé dès 1818 : il fut nommé caporal à l'âge de 7 ans, puis adjudant et, en 1826, Marie-Louise avait insisté auprès de son père afin qu'on le fît officier pour ses 16 ans, au jour de sa fête. Dietrichstein, prétextant l'immaturité de son élève, était parvenu à faire différer cette promotion, tant et si bien que ce ne fut qu'en 1828 que le duc devint, avec l'accord de son précepteur, capitaine du régiment impérial. Sa mère le combla en lui faisant un cadeau dont il ne se séparerait plus : le sabre que le général Bonaparte portait en Égypte. Le duc gagna encore un grade et il devint major. Son affectation à une garnison aux abords de Vienne ne signifiait pas un relâchement de la surveillance qui pesait sur lui, au contraire ! Le choix des officiers d'ordonnance supplémentaires qu'on attacha à sa personne, des hommes généralement frustes et bornés et d'une indélicatesse ne laissant rien au hasard dans leur contrôle rapproché du duc, jusque dans sa vie privée, fut source de grandes déceptions pour celui-ci.

Il fallut attendre 1830 pour que Reichstadt rencontre enfin un homme dont il put se faire un véritable ami. Il s'agissait d'Anton Prokesch, un officier d'état-major qui, à 34 ans, s'était déjà distingué dans certaines missions diplomatiques ainsi que comme écrivain militaire. Fascinés l'un par l'autre, ils s'accordèrent une confiance mutuelle dont ils ne devaient jamais se départir. L'intime concordance de leur intelligence et de leur sensibilité put les faire comparer par leurs contemporains au « duo » don Carlos-marquis de Posa, célébré par Schiller. Mais, lorsqu'il fut question de désigner Prokesch aux fonctions de conseiller militaire du prince, Metternich refusa, ayant allégué, selon certains : « Ces deux-là, ils culbuteraient le monde ! » [33]

Mais Prokesch allait bientôt jouer un rôle majeur comme compagnon et soutien moral, à l'occasion d'un événement qui affecta profondément Reichstadt et qui devait altérer durablement l'image qu'il avait eue jusque là de sa mère.

Dès le mois de juillet 1828, la santé de Neipperg avait commencé à se dégrader. L'hydropisie qui l'affectait fut traitée sans succès par ses médecins et l'aggravation de l'état du malade conduisit à lui substituer au gouvernement de Parme le colonel Joseph Werklein. Les soucis s'accumulaient pour Marie-Louise, au point qu'elle écrivit à son père : « Avec la vie de Neipperg qui s'en va, c'est comme si la mienne s'en allait. » [34]

Le 22 février 1829, *il signore,* ainsi que l'appelaient ses proches, s'éteignit après une longue agonie.

Marie-Louise, profondément affectée, demanda des instructions à Vienne concernant les formes à observer pour le deuil. Pourrait-elle se comporter comme une « vraie » veuve ? On lui fit savoir que non, et elle se rangea à cette décision. A Parme, on put donc assister à cet étrange tableau d'une veuve éplorée, mais vêtue comme à l'accoutumée de robes de couleur.

C'est le « testament maudit » laissé par Neipperg qui allait être source d'une importante révélation. Outre la dévolution de ses biens, il confiait les deux enfants que lui avait donnés Marie-Louise à la protection de l'empereur, en le priant de les adopter. Au vu de ce testament, Metternich exigea de Marie-Louise des explications au sujet de l'âge des enfants Montenuevo, et sur la date exacte de son mariage avec Neipperg. La malheureuse dut s'exécuter : « Il est temps de vous avouer, répondit-elle le 17 mars 1829, que lorsque l'Empereur m'adressa des questions à ce sujet, je lui répondis de manière à faire croire qu'ils n'étaient nés que depuis le décès de l'empereur Napoléon, tandis que les vraies époques se rapportent au 1er mai 1817 pour l'aînée, qui se nomme Albertine, et au 8 août 1819 pour le second qui se nomme Guillaume. Pour ce qui est de mon mariage avec le général Neipperg, il n'a été béni que dans le courant du mois de septembre 1821. » [35]

« Papa François », dans un noble geste de commisération impériale et paternelle, accorda son pardon à la femme « coupable », mais l'affaire de l'adoption par l'empereur d'enfants adultérins, contraire au dispositif en vigueur, allait encore causer de sérieux soucis à la cour de Vienne.

Dans l'immédiat, restait cependant le plus grave et le plus délicat : révéler au duc de Reichstadt que sa mère avait oublié son père et s'était remariée sitôt l'annonce de son veuvage [36].

Marie-Louise manquant de courage pour en faire elle-même l'aveu à son fils aîné, c'est l'empereur qui s'en chargea, mais sans mentionner l'existence encombrante des deux enfants Neipperg, ni surtout leur âge. « Ton fils ne m'a posé aucune question au sujet des enfants, pouvait annoncer l'empereur à sa fille, le 5 avril ; s'il le fait, je lui parlerai encore d'eux, sans jamais faire mention de leur âge. Malheureusement, ce détail ne lui restera pas longtemps caché, et là, tu cours naturellement le danger que ses sentiments les plus sacrés pour toi n'y gagnent rien. » [37]

Le duc de Reichstadt éprouvait une profonde amitié pour Neipperg, en tant que compagnon et collaborateur de sa mère. Le fait que le général avait épousé sa mère à peine celle-ci devenue veuve, il l'accepta. De l'existence de son demi-frère et de sa demi-sœur, il ne parlait pas, et cela tranquillisait Marie-Louise. Mais les contacts entre les gens de Parme et les milieux viennois étaient trop fréquents pour que le duc n'eût pas vent de quelque chose. Plus d'un connaissait maintenant l'époque de l'apparition à Parme des deux enfants Montenuevo [38].

Le duc voulut en avoir le cœur net et eut recours à un stratagème. Ce fut son ami, Gustave Neipperg, qui tomba dans le piège. Le duc feignant d'en savoir plus qu'on ne le supposait et prétendant avoir été mis au courant de « tout » par l'empereur et par Dietrichstein, le fils du général n'hésita plus à dire ce qu'il savait.

Le coup toucha de plein fouet le duc de Reichstadt. Très abattu, et malgré tout l'amour qu'il conservait pour sa mère, il se confia plus tard à son cher Prokesch, en des termes amers, mi-sévères, mi-indulgents : « ... Si Joséphine avait été ma mère, mon père ne serait pas enterré à Sainte-Hélène, et moi je ne languirais pas à Vienne. Ah ! elle est bonne, mais faible : elle n'était pas l'épouse que mon père méritait. »

Et il se détourna, les yeux remplis de larmes. « Est-ce vrai que vous ne lui garderiez pas le respect ?, lui dis-je », rapporte Prokesch. Le major Anton Prokesch cherchait à le ramener à la raison.

« Si, répondit-il, elle n'a été que ce qu'elle aura pu être, personne ne peut en faire davantage... » [39]

*
* *

En février 1831, à Parme, la duchesse Marie-Louise se trouva soudain face à une délégation d'une trentaine de notables de la ville. Ils arboraient, non la cocarde blanche et rouge du duché, mais les couleurs rouge-blanc-vert du Mouvement indépendantiste italien. Visages tendus, menaçants, ils affrontaient leur souveraine. Mais pour quel motif étaient-ils donc là ? Ce n'était pas clair, même pour eux apparemment. Cherchaient-ils seulement à obtenir des mesures de libéralisation ? Voulaient-ils une nouvelle constitution ? Ou bien exigeaient-ils la proclamation immédiate de la république ? Quoi qu'il en soit, ils venaient de s'emparer du Palais ducal et de faire de la duchesse Marie-Louise leur prisonnière.

C'est le 1er février que les troubles avaient éclaté. « Entre six et sept heures du soir, un énorme tumulte avait pris naissance à la Grand-Place et, de proche en proche, par les rues étroites du centre, l'agitation avait gagné les abords du palais. La foule m'acclamait, mais ils huaient Werklein et les autorités, leur lançant des injures et les pires insanités. » C'était en ces termes qu'écrivait Marie-Louise à son père, à Vienne [40].

Tant dans les formes — des manifestations violentes — que dans le processus, c'était encore, à quelques dizaines d'années de distance, l'héritage de la Grande Révolution. L'éveil d'une conscience nationale et des idées de liberté était devenu une réalité pour les Italiens. Le mouvement clandestin des *Carbonari,* surgi dans le Sud après la chute de Napoléon, s'était répandu pour atteindre des villes comme Bologne, Gênes et Milan, et jusqu'à l'Autriche. Une fraction de la noblesse et de la bourgeoisie italiennes prétendait secouer le joug d'une puissance étrangère, l'Autriche, qui occupait « indûment » des territoires d'Italie. « Constitution libérale » et « autonomie nationale » étaient devenus les maîtres mots, même si l'appui massif de la population n'était pas encore acquis et si aucun plan de solution d'ensemble n'était encore en vue. Dans les contrées du Nord, depuis que les nationalistes de Turin, à l'instigation de Cavour, avaient brandi le flambeau du *Resorgimiento,* des foyers de résistance se développaient et formaient un véritable mouvement qu'on ne parviendrait plus à enrayer vraiment.

Chez les monarques autoritaires du dix-huitième siècle, en cas d'agitation intérieure, d'habitude, on se retirait et l'on attendait, en lieu sûr, que la situation se calme. Mieux encore, on cherchait à ramener les exaltés à la raison en leur opposant la troupe. D'où la demande adressée par Marie-Louise à son père, de venir à son secours militairement. « Quelques-uns de vos détachements régleraient rapidement cette affaire » [41], écrit-elle à l'empereur François. Dans son Journal, Prokesch [42] rapporte que le duc de Reichstadt, « littéralement atterré à l'annonce des menaces qui pesaient sur sa mère, retenue captive par le peuple, supplia l'Empereur de le laisser aller lui porter secours. » Dietrichstein approuva pleinement cette initiative, mais l'empereur s'y opposa, avouant qu'il craignait une réaction négative de la part de la France. A son grand désespoir, le prince ne put donc quitter Vienne, mais, dans une lettre à sa mère, il lui exprima son admiration

« pour sa conduite courageuse et virile qui remplit de fierté toute la famille, pour son courage. » [43]

Et Marie-Louise raconta à Vienne comment elle réussit à s'échapper de Parme. « Je fis semblant d'aller me coucher tôt mais, en réalité, je guettai, attendant le moment propice pour m'échapper, même à pied. Vers une heure du matin, nous sommes sortis du palais... Vers les sept heures, nous étions sur le Pô... Hier, à huit heures du matin, je suis parvenue à Casalmaggiore... Je remercie le bon Dieu de m'avoir sauvée dans vos pays. » [44]

Le 12 mars, les troupes autrichiennes occupèrent la région sans rencontrer de résistance et le calme fut rétabli. Mais ce n'est qu'aux environs du 10 août que la duchesse regagna sa capitale. Toutefois, comme une mise en jugement des principaux meneurs aurait pu ranimer la révolte, Marie-Louise décida de proclamer l'amnistie, par un décret rendu public le 29 septembre 1831. Mais il fallut encore attendre le mois de février 1832 pour que, à la suite de l'occupation de Bologne par les Autrichiens, elle puisse déclarer la paix revenue sur ses territoires. C'est alors, également, que le ministre-général Werklein fut « remercié ».

Sur ces entrefaites, des signes d'un nouveau et bien plus grand malheur assombrirent l'horizon. Le duc de Reichstadt commença à être très malade et à perdre toute joie de vivre. « L'humeur chagrine ne le quitte pas... » écrivait Prokesch, dans son Journal, dès le mois de février 1831 [45].

Le duc commença alors à se laisser aller, s'abandonnant à l'oisiveté ordinaire des princes de l'époque, fêtes et soirées dansantes, bals et aventures galantes. Apparemment, aucune créature féminine ne pouvait résister à ce superbe jeune homme, le fils infortuné de Napoléon. Et l'on évoqua, à ce propos, les beautés les plus célèbres de la société viennoise et autrichienne, depuis la comtesse Nandine Karolyi, née princesse Kaunitz, jusqu'à la danseuse Fanny Essler,... en passant par plusieurs autres !

A l'âge de vingt ans, trop grand de taille pour son poids, le petit-fils impérial n'était pas d'une constitution physique lui permettant de soutenir un rythme de vie aussi agité, aussi bohème. Depuis sa puberté, au moindre petit refroidissement, il souffrait d'affections des voies respiratoires. Tout type d'excès était susceptible de mettre sa santé sérieusement en péril. Mais il ignorait les fréquentes mises en garde de l'empereur et de l'impératrice Caroline Augusta. On sait, en effet, aujourd'hui [46], que les reproches que l'on a pu faire à la cour de Vienne d'avoir intentionnellement exposé ce prince « encombrant » à de multiples tentations, et d'avoir ainsi joué avec sa vie ou de l'avoir conduit à une mort prématurée, étaient purement gratuits.

Selon d'autres témoins, ou d'autres voix médisantes de femmes jalouses des succès de leurs rivales, le duc se serait consumé d'amour pour la jeune épouse de l'archiduc François-Charles, le frère de Marie-Louise. La princesse Sophie de Bavière était d'une beauté éclatante et avait toutes les qualités. On a même dit que Reichstadt aurait été le père naturel de son fils Maximilien, le futur empereur du Mexique au destin tragique. Aucun argument assez crédible n'a pu asseoir de telles allégations.

Au début du mois de janvier 1832, l'archiduchesse Sophie, précisément, en compagnie de la baronne von Sturmfeder, gouvernante de son fils François-Joseph, le futur empereur, observait de l'une des fenêtres de ses appartements de la Hofburg le duc de Reichstadt passant la garde en revue. A propos de cette scène, la baronne rapporte, dans une lettre à sa famille [47], après avoir souligné l'étonnante ressemblance du duc « avec son père Napoléon, comme on l'a peint sur les tableaux de batailles », que, « malgré sa myopie, elle remarqua que son teint devenait de plus en plus jaunâtre, ce qui indique une mauvaise santé. »

Le 16 janvier, se trouvant à la tête d'un escadron de cavalerie lors des funérailles d'un général, le duc de Reichstadt s'étrangla la voix en voulant donner ses ordres. Quelques jours plus tard, il dut quitter le bal donné à l'ambassade de France. Et c'est vers cette date que la phtisie dont il souffrait, brusquement, s'aggrava. Lors d'une consultation chez son médecin, l'avis du docteur Malfatti — nom porteur de funestes présages ! — fut cependant encore relativement favorable. C'est alors qu'on aurait dû, mais sans perdre de temps, envoyer le duc se faire soigner sous un climat plus clément. Ainsi, peut-être, aurait-on pu le sauver. Metternich rejeta l'idée d'un séjour en Italie : indéfendable au plan politique ! Il s'opposa même à un séjour aux eaux à Ischl. Le duc resterait donc à Vienne. Ce n'est que le 23 mai que l'on procéda tout de même à son transfert à Schönbrunn. Là, miné par d'effroyables quintes de toux, constamment secoué par de pénibles expectorations qui, à tout moment, menaçaient de l'étouffer, le duc ne fit plus que végéter...

Et sa mère, où restait-elle pendant tout ce temps ? Pourquoi n'était-elle toujours pas arrivée à son chevet ?

A aucun moment de sa vie et à nul autre égard, Marie-Louise n'aura attiré sur elle autant de critiques. Pourquoi avoir retardé aussi longtemps sa venue pour assister son fils aîné dans ses souffrances ? Quelle indifférence coupable et quelle sécheresse de cœur !

Si l'on veut quelque peu rendre justice à celle qu'on a accablée de la sorte, il faut relever, tout d'abord, le manque d'informations exactes dans lequel on la tint sur l'état de son fils. Le degré de gravité de la maladie de Reichstadt avait été à ce point minimisé que, dans une lettre du 18 février 1832, Marie-Louise s'exprime en ces termes : « Je considère mon fils, à présent, comme guéri, et je remercie Dieu que, malgré ses imprudences, il s'en soit tiré à aussi bon compte. » [48] Les rapports du médecin traitant du duc la trompaient, au point que, très détendue, elle écrit encore, le 5 mai à son précepteur : « Grâce au Ciel ! que sa poitrine se soit enfin dégagée. » [49]

Dès lors, s'il ne s'agissait que d'un état chronique relativement bénin, ne valait-il pas mieux qu'elle restât sur ses terres ? Sans doute la paix était-elle revenue à Parme, mais le feu y couvait toujours sous la cendre. Pouvait-elle en outre prendre le risque de faire ce voyage long et coûteux à Vienne, en abandonnant à son sort la population de Parme alors menacée par une épidémie de choléra ? « Si vous saviez, mon cher comte, à quel point je désirerais faire le voyage à Vienne, vous me plaindriez », écrit-elle à Dietrichstein, « (...) je ne le puis que sous l'empire d'une nécessité absolue, et cela, parce que l'esprit est encore tellement mauvais ici. En Italie, la situation est tellement incertaine et critique que mon éloignement heurterait la plupart, chose qu'il faut éviter à tout prix. D'ailleurs, nous avons le choléra à la porte et, si je partais dans ce moment-ci, cela ferait un détestable effet. Voilà ce que le monde ne pense et ne voit point... » [50]

Suite aux dernières nouvelles vraiment alarmantes venues de Vienne, elle se décida enfin à faire le voyage. A Trieste, où au passage elle devait rencontrer son père mais où celui-ci n'arriva qu'avec retard, elle perdit un temps précieux à l'attendre.

Ces jours-là, Marie-Louise elle-même n'était d'ailleurs pas en parfaite condition physique, du moins si l'on en croit ce que, de Trieste, l'empereur François écrivait à Metternich : « Hélas, je crains que le mal, chez Marie-Louise, n'évolue vers la phtisie : elle a de la fièvre et elle tousse énormément. » [51]

Dans le courant du mois de juin, l'état de santé du duc de Reichstadt s'aggrava de jour en jour, et toute heure eût pu lui être fatale. L'extrême-onction s'imposait, comme il était de tradition chez les Habsbourg arrivés à l'article de la mort. Afin de rendre ce rituel lugubre et tragique plus acceptable au jeune duc, l'archiduchesse Sophie, qui devait accoucher de son deuxième enfant dans les jours qui suivaient, eut l'idée d'ajouter une note de vie au cérémonial. Elle partagea la communion avec le jeune mourant, associant ainsi à l'intercession du Ciel en faveur de celui-ci Sa bénédiction pour une heureuse délivrance. Cet acte simple et poignant eut lieu le 20 juin.

A son arrivée à Schönbrunn, trois jours plus tard, Marie-Louise se précipita vers le lit du malade. Celui-ci parvint à se redresser et resta un moment dans les bras de sa mère. Elle écrivit à son père, qu'elle « avait eu la force de ne pas montrer son chagrin », pour ne pas affecter davantage son malheureux fils [52].

Celui-ci fit comprendre aux gens de sa suite qu'il préférait espacer les visites de sa mère. Le duc avait perdu l'usage de l'ouïe, du côté gauche, et la conversation avec sa mère lui serait, dès lors, devenue pénible. Ayant du mal à saisir ses paroles, il n'aurait su que lui répondre... [53]

Durant les quelques semaines entre l'arrivée de Marie-Louise à Vienne et le jour fatal du 22 juillet, les témoignages de ceux qui entouraient le duc de tous leurs soins révèlent, crûment, l'épouvantable calvaire qu'ils durent eux-mêmes supporter, le mourant se vidant peu à peu de sa substance...

« Les trois ou quatre derniers jours, personne ne pouvait plus supporter la vue des tourments du duc » rapporte un témoin, « ... et même sa mère me dit hier, en pleurant : " Je ne suis pas égoïste au point de souhaiter le prolongement de ses cruelles souffrances ". » [54]

C'est le 22 juillet que la vie allait le quitter. La veille, dès le début de la soirée, rapporte la chronique, on attendait le pire. Dans la nuit, la crise atteignit son paroxysme et, vers trois heures du matin, le duc prononça ses dernières paroles, poussant un cri de détresse : « Au secours, Mère, je me noie ! ».

On s'en fut chercher Marie-Louise. On n'entendit plus que quelques murmures du mourant, mais celui-ci fut, semble-t-il, conscient jusqu'au dernier instant. Il posait le regard sur l'un, puis sur l'autre de ceux qui étaient à son chevet : sa mère, l'archiduc François-Charles, ainsi que quelques personnes appartenant à sa suite. Jusqu'au moment où, soudain, sa respiration s'arrêta... Une nouvelle aube pâle se levait...

Au moment du décès de son petit-fils, l'empereur François séjournait à Linz. On alla aussitôt lui faire part de la triste nouvelle. Le seul véritable ami du défunt, le baron Prokesch, était également absent, appelé en mission officielle en Italie. Quant à celui qui avait été son maître et à bien des égards son compagnon pendant plus de quinze années, le comte Dietrichstein, il s'était rendu à Wurzbourg pour raison de famille. « Je l'aimais comme un fils », écrit-il à Marie-Louise [55].

La dépouille mortelle du duc de Reichstadt fut placée dans un cercueil tapissé rouge et or. On l'avait revêtu de l'uniforme et il reposait, les mains croisées. « Il paraît que c'était le portrait de son père », note la baronne de Sturmfeder, « mais, à cause de sa maladie et de ses longues souffrances, il avait tellement changé qu'il ressemblait plutôt à un vieillard. »

La baronne rencontra encore la mère du défunt : « ... je fondis en larmes en lui embrassant les mains... Elle ne pleurait pas », ajoute la baronne, « mais elle paraissait complètement anéantie. »

Le 30 juillet, vers dix heures du soir, dans un profond silence, le duc reçut la bénédiction et son cercueil fut transporté en ville à dos de mulets, escorté de porte-flambeaux à cheval.

L'empereur François était rentré à Vienne. « Le pauvre Empereur était effondré et parlait du duc en pleurant », rapporte la baronne. Et elle se souvint de paroles prononcées un jour par le duc de Reichstadt, résumant en quelque sorte sa vie : « Entre mon berceau et ma tombe, il y a un grand zéro (*) » aurait-il dit avec amertume.

(*) en français dans le texte.

Le cercueil fut exposé, ouvert, sur un catafalque dans la chapelle de la Hofburg. Au pied du catafalque se trouvaient les armoiries de duc et, pour la veillée funèbre, quatre officiers de la garde autrichienne et hongroise étaient de faction au garde-à-vous. Une foule nombreuse défila pendant longtemps devant le corps.

Les obsèques eurent lieu le 24 juillet dans l'après-midi. « Depuis la mort de l'empereur Joseph II, on n'avait plus vu, à Vienne, un deuil aussi unanimement suivi » observe la baronne.

Comme l'exigeait le protocole, Marie-Louise n'assista pas à l'enterrement, qui eut lieu dans le caveau des Capucins. Le matin, vers huit heures, elle avait quitté la ville, comme si elle fuyait le rappel de trop nombreux souvenirs...

Chapitre XX

La buona duchessa

A l'instant précis où le violoniste immobilise son archet sur la dernière note du trait vertigineux qui termine son morceau, le public reste comme suspendu, sous le charme. Durant quelques secondes, qui paraissent des heures, règne alors un étrange et profond silence... Puis, soudain, les applaudissements éclatent de partout. Le violoniste virtuose, qui fascinait l'Europe d'alors, n'était autre que Nicolas Paganini.

La duchesse Marie-Louise était évidemment très fière de ce « diable » d'homme qui non seulement attirait les foules à Parme comme soliste, mais assumait en outre la charge de directeur artistique de « son » *Teatro regio* et en dirigeait l'orchestre, de grande renommée à l'époque.

C'est en 1821 qu'avait été posée la première pierre du « Teatro » de Parme ; la même année, Marie-Louise y avait fondé un conservatoire, où allaient s'illustrer par la suite des musiciens de renom, tels Giovanni Bottesini, compositeur et contrebassiste talentueux, et Arrigo Boito, librettiste de certaines œuvres de Verdi et auteur-compositeur d'un *Méphistophélès*. Favorisant de son mécénat une série de musiciens en vue, la musicienne Marie-Louise était donc parvenue à faire de cette ville de province, Parme, un foyer musical d'importance. Longtemps après, Arturo Toscanini, avant de devenir le chef d'orchestre de notoriété internationale, ferait lui aussi à Parme, sa ville natale, ses premières classes de violoncelliste.

D'une manière générale, le duché se transformait en profondeur. « On procédait à des restaurations et à des embellissements dans tous les domaines », rapportait Méneval, l'ex-secrétaire de Marie-Louise, « ... l'on y avait construit des ponts ainsi que des digues pour lutter contre de fréquentes inondations, des hôpitaux, des homes pour personnes âgées, des orphelinats et des maisons d'accueil pour mères célibataires. » [1] La duchesse fit aussi agrandir l'université, l'un des établissements d'enseignement supérieur les plus anciens et les plus réputés d'Italie. Oui, le nom qu'avait donné à Marie-Louise le peuple de Parme, celui de *buona duchessa,* était amplement mérité !

Pour assister sa fille, après la révocation de Werklein, l'empereur avait désigné un nouveau ministre, Wenceslas Philippe Léopold, baron de Maréschall. Il était âgé de 47 ans lorsqu'il arriva à Parme en février 1831.

Les répercussions des révolutions des années trente avaient conduit à nouveau l'économie de Parme au plus bas. Le ministre en était parfaitement conscient et Metternich [2] savait qu'il faudrait faire preuve de beaucoup d'obstination pour relever la situation des finances publiques dans les duchés. Des mesures d'économie s'imposaient tous azimuts. « Afin de prêcher par l'exemple », annonçait Marie-Louise au « cher Papa » [3], « j'ai renoncé à un cinquième de ma liste civile. »

Maréschall prit des mesures en vue d'améliorer les règles de gestion administrative, supprima les prébendes et imposa certains freins aux largesses de la duchesse. A l'égard de sa souveraine, trop généreuse par faiblesse, Maréschall s'exprimait souvent de manière sarcastique. Mais ce qui le mettait surtout hors de lui, c'est ce qu'il appelait, en termes édulcorés, « les dispositions physiques pathologiques » de la duchesse.

Vers les années trente, Marie-Louise donna en effet tous les signes d'une sorte de nymphomanie qui se mit à alimenter la « chronique scandaleuse » (*) parmesane, et qui contribua sans nul doute à ternir l'image de la *buona duchessa.*

Les faits incriminés eurent des échos jusqu'à Vienne, où les gens ne pouvaient évidemment tenir leur langue. On ne sait d'ailleurs ce qui incita le nouveau ministre Maréschall à se faire le « haut-parleur » de ces travers de la souveraine. Était-ce là l'expression d'une profonde indignation à fondement moral, ou bien une forme détournée de dépit de ne pouvoir jouir lui-même des faveurs de la duchesse ? Toujours est-il que la « grande vie » dans laquelle sombra Marie-Louise constitue un chapitre pénible sur lequel le biographe préférerait jeter le voile. « Une femme sur le déclin, usée avant l'âge, et ayant déjà perdu toutes ses dents... », tel est le portrait sans concession qu'Eugène Méneval traçait de sa marraine, en 1832 [4]. Une femme qui, à la sauvette, butinait l'amour jusqu'auprès de ses sujets, des hommes tout compte fait contents de peu...

D'après Maréschall, l'un des premiers favoris de la duchesse aurait été un certain Zode, un sujet suisse, précepteur de Guillaume, le fils de Marie-Louise. Grâce à un passage secret ménagé entre le palais ducal et l'édifice attenant où résidaient les enfants Montenuevo — circonstance aggravante ajoutant au scandale — ç'aurait été à la dérobée que la duchesse « visitait »

(*) en français dans le texte

cette maison, où, toujours selon Maréschall, « elle aurait noué plus d'une relation. » [5]

Dans le Journal du baron Moll, un membre de l'entourage du duc de Reichstadt, on apprend que lors du voyage qui emmenait la duchesse à Vienne au chevet de son fils mourant, le retard pris à Trieste n'aurait pas été causé par une pneumonie, mais bien par une fausse-couche. « Le géniteur, écrit Moll, n'aurait déjà plus été Zode... » [6] Cette révélation de nature intime, Moll la tenait de Maréschall lui-même qui eut tôt fait d'en obtenir la confirmation par Marie-Louise elle-même. « En insistant, il apprit que son favori du moment était Sanvitale, l'un de ses chambellans... » Celui-ci devait l'accompagner jusqu'à Vienne, mais, rappelé à Parme pour une mission, il dut interrompre son voyage à Trieste.

Si ces épisodes galants ne relevaient, en fin de compte, que de la vie strictement privée de la duchesse, d'autres aventures, par contre, semblèrent révéler certaines anomalies plus graves. Ainsi Marie-Louise arrangea-t-elle les fiançailles de sa fille Albertine, à peine âgée de 15 ans, avec son amant d'alors, et elle parut comblée de cette funeste « bipolarisation ». C'est au « cher Papa » qu'elle annonça cet heureux événement, présentant l'élu comme « un beau parti » pour sa fille [7].

Pour faire face aux dépenses de cette noce, qui eut lieu le 28 octobre à Sala, le marié, Sanvitale, accepta heureusement de réaliser certaines de ses propriétés. Les détails nous manquent sur la façon dont a réagi l'empereur François en ces circonstances...

Marie-Louise, « la nymphomane » qui unit ainsi sa fille à son propre amant, devint dès lors l'objet des plus vives critiques et de tous les sarcasmes dans le duché et ailleurs. « Tandis que Joséphine, la première femme de Napoléon, avait entamé sa « carrière » comme prostituée, Marie-Louise commença la sienne sur le tard », constate l'un des biographes de Napoléon [8]. Des récits firent leur apparition sur le marché de la littérature à sensation, sur le thème : « Marie-Louise libertine ». [9] Sa belle image se ternissait, à mesure qu'au contraire l'étoile de Napoléon montait au firmament de la légende.

Il ne semble guère possible, devant un tel phénomène, de s'en tenir à des explications-clichés du genre « crise de la ménopause ». Les mécanismes à l'œuvre chez cette femme d'une bonne quarantaine d'années doivent sans doute être recherchés à un niveau plus profond. On pense tout d'abord à une forme de déséquilibre de la personnalité, suite aux frustrations que Marie-Louise avait connues : une vie sacrifiée à des desseins qui lui étaient étrangers et auxquels elle eut à se conformer, sans jamais parvenir à s'assumer vraiment. Un désir de « revanche » intérieure pourrait l'avoir gagnée, l'amenant à braver des interdits trop contraignants pour sa sensualité. D'ailleurs, n'avait-elle pas connu les moments les plus épanouissants de sa vie de femme avec Neipperg, en passant outre, précisément, aux impératifs de la morale bourgeoise et aux conventions ? Faute peut-être de retrouver une véritable chaleur humaine dans une autre relation d'amour partagé, elle se serait éparpillée et assouvie dans des liaisons furtives sans lendemain.

D'autres ont attribué les « dévergondages » de Marie-Louise à des « prédispositions bio-héréditaires », trouvant dans sa lignée des antécédents à fortes connotations « pathologiques ». De génération en génération, chez les Habsbourg, la procréation s'était exercée sans frein et l'on fit observer que le père de Marie-Louise, l'empereur, n'avait jamais supporté l'abstinence, si périodique fût-elle. N'avait-il pas été jusqu'à faire « légitimer » ses écarts par son confesseur et à faire accepter par sa troisième épouse, l'impératrice Marie Ludovica elle-même, des liaisons passagères avec l'une ou l'autre courtisane lorsque la pénible maladie qui décharnait l'impératrice la rendait momentanément indisponible ?

Et, pour passer à d'autres « modèles » familiaux, de quels débordements Marie-Louise n'avait-elle pas été témoin, alors que toute jeune femme, elle s'était trouvée précipitée dans la famille Bonaparte ? On connaît les sœurs de Napoléon et leur vie privée fort tumultueuse... et, qui sait si, chez l'empereur lui-même, du moins aux dires de certains ?

Exemplaire à cet égard fut la romance de Marie-Louise avec le ténor Jules Lecomte, objet de la risée générale...

Marie-Louise reçut très vite dans ses appartements ce chanteur applaudi dans toute l'Europe sur les scènes à la mode, ce don Juan français de dix-neuf ans plus jeune qu'elle. L'indélicat jeune premier eut tôt fait de s'en vanter, s'empressant d'écrire à son éditeur à Paris qu'à son réveil, « il se figurait être devenu Empereur ! » [10]

Cette comédie, digne du boulevard, intervenait malheureusement vers les années où Marie-Louise allait épouser en troisièmes noces le comte Charles-René de Bombelles, désigné par Metternich en remplacement du ministre Maréschall ; celui-ci, en effet, s'était avoué incapable de poursuivre sa mission à Parme, « faute de pouvoir modifier quoi que ce soit dans les habitudes et les comportements de la duchesse. » [11]

De souche française et né à Versailles en 1784, Bombelles avait émigré outre-Rhin avec sa famille au temps de la Révolution. Il avait fait ses premières armes dans les rangs autrichiens et était devenu officier et aide de camp de Schwarzenberg, à Paris, lors de la première Restauration. Dépourvu de toute fortune, il avait épousé une riche baronne qui l'avait laissé veuf prématurément, avec plusieurs enfants. Devenu chambellan, il fut surpris en 1830 à Nancy par la révolution de Juillet ; n'ayant pu accepter de servir le « roi bourgeois », Louis-Philippe « le parvenu », Bombelles, voué corps et âme aux Bourbons, avait alors regagné l'Autriche.

Un portrait en demi-teintes de ce personnage nous est resté sous la plume de la baronne Du Montet [12], : « ... un gentilhomme loyal et débonnaire, mais plus ambitieux que ses frères, écrit-elle ; ... un mélange de rudesse militaire et de délicatesse mondaine ; ... une voix à deux registres contrastés : l'un qui tonne, et l'autre doux et timide. Deux voix, c'est-à-dire deux caractères... L'homme réservé et délicat pouvait plaire à certaines femmes, tandis que l'autre homme qui l'habitait, au verbe haut, faisait entendre ses arguments dans les salons... »

Avant de prendre la route pour Parme, en août 1833, Bombelles avait bien pesé la situation. Il semble que, dès son arrivée, il ait retenu l'attention de Marie-Louise. Celle-ci, le 20 décembre, écrit à Vienne [13] qu'elle ne pouvait « que se louer de cet excellent homme, qui a un talent inné pour gagner le cœur du peuple. »

Le cœur du peuple, seulement ?

Marie-Louise et le comte de Bombelles se marièrent le 17 février 1834, soit six mois après l'arrivée du nouveau ministre à Parme. Cette union devait se prolonger treize années durant, jusqu'à la mort de Marie-Louise. Les rares images ou souvenirs que l'on puisse trouver sur leur vie de couple reflètent une atmosphère conjugale faite d'harmonie et de sérénité. Était-ce la vie simple et tranquille à laquelle Marie-Louise avait aspiré depuis toujours ? On ne sait si cette vie relativement monotone plaisait autant au mari qu'à son épouse. Avec sa méchante langue, la baronne Du Montet s'était permis de dire que « le général Neipperg, qui avait eu le triste honneur d'épouser Marie-Louise, en était mort d'ennui. » [14]

Marie-Louise était alors devenue une tendre grand-mère pour les enfants d'Albertine et une hôtesse accueillante pour les enfants de Bombelles. L'ambiance dans laquelle on vivait là-bas était de style « louis-philippard », ce que traduit l'une de ses lettres adressées à Lamprecht, le précepteur de Guillaume : « La famille Sanvitale, écrit-elle, est également des nôtres et l'air semble faire un bien énorme aux petits, qui sont resplendissants de santé. Albertine fait souvent des promenades à cheval avec le jeune Bombelles qui a dû nous quitter hier matin, ce qui attriste fort son pauvre père. » [15]

Lorsque Marie-Louise allait en voyage, Bombelles était tout le temps à ses côtés : il contrôlait, payait et signait les factures. A la cour de Vienne, il était bien accueilli, mais l'on ne sait pas grand-chose des sentiments qu'éprouvait à son égard l'empereur François.

En 1826, l'empereur tomba gravement malade et l'on pouvait s'attendre au pire. La foule, dans l'affliction, s'était massée, silencieuse, devant la Hofburg. Mais son heure n'était pas encore venue ; ce n'est que neuf ans plus tard, que la mort frappa le vieil homme alors âgé de près de 68 ans.

Peu de souverains laissèrent à leur mort un souvenir fait de traits aussi antinomiques. Le peuple lui avait appliqué, non sans ironie, l'épithète de « bon empereur François », car on savait qu'il était impitoyable, jusqu'à la cruauté, avec ses opposants : il faisait souvent accomplir par d'autres les vilaines besognes, quitte à le leur reprocher par après. Foncièrement hypocrite, il s'en prenait à ses ministres, leur faisant endosser ses propres fautes et ses échecs, et surtout les conséquences de son esprit d'indécision permanente qui confinait à la paralysie. Archiréactionnaire, il bouclait portes et fenêtres de sa monarchie au moindre souffle de liberté. A l'égard de ses frères, généralement plus doués que lui, il faisait preuve d'une suspicion presque maladive, allant jusqu'à les placer sous surveillance. Au total, le « bon empereur François » aura été tout au long de ses quarante-trois années de règne le chef d'un État policier. Enfin, le parangon de justice qu'il se voulait fut souvent un détestable justicier, même si c'est sous son égide qu'avait été promulgué, en 1811, un Code civil pouvant rivaliser avec celui de Napoléon — et d'ailleurs encore largement d'application aujourd'hui.

Cependant, le peuple de Vienne qu'il appelait « mes enfants » acclamait ses défaites presque autant que ses victoires et il ne fait aucun doute que, tout en n'étant pas, et de loin, le genre d'homme à susciter spontanément l'affection, il fut aimé profondément par chacune de ses épouses successives.

Souverain bureaucrate, il le fut bien avant son émule, son petit-fils l'empereur François-Joseph. L'empereur François traversa une époque cruciale de révolution dans tous les sens du terme : du rococo, au début de son règne, jusqu'aux innovations techniques comme le chemin de fer, à la fin de sa vie — progrès auxquels il fut d'ailleurs très souvent allergique.

La mort de l'empereur fut assurément un événement d'une portée considérable, beaucoup de ses sujets pressentant qu'avec lui s'achevait un siècle, que certains d'ailleurs qualifièrent d'« âge d'or ».

Pour Marie-Louise, la perte de son père fut, à n'en pas douter, l'événement le plus bouleversant de sa vie. « J'ai perdu celui qui fut pour moi un père, un ami et un conseiller dans les circonstances les plus difficiles de ma vie », écrit-elle à son amie Victoire.[16] Il semble que le « superpapa », malgré son absence remarquable de sensibilité, ait beaucoup aimé sa fille Marie-Louise, mais à sa manière. Sa mort la laissait comme perdue et abandonnée. « Pour moi, le bonheur dans ce monde consiste, à présent, dans la consolation que mes chers enfants peuvent me procurer, et dans l'aspiration à remplir le mieux possible mes devoirs avec mes faibles forces », écrit-elle à Lamprecht[17].

Or, de graves événements allaient survenir à Parme et mettre Marie-Louise à dure épreuve, un an à peine après la mort de son père. Elle avait fait seule le déplacement à Vienne, cette année-là, afin de rendre visite à son frère, le nouvel empereur monté depuis peu sur le trône sous le nom de Ferdinand Ier. Ce pauvre « Nandel », en raison de son handicap, était en fait dans l'incapacité de régner, mais un conseil d'État, composé de Metternich, de l'archiduc Louis et du comte François Anton Kolowart, exerçait le pouvoir en son nom.

Or donc voilà qu'au beau milieu de l'été, une lettre de malheur arrive à Schönbrunn : le choléra, qui rôdait depuis plusieurs années d'un pays à l'autre en Europe, avait frappé Parme. S'étant mise en route, toutes affaires cessantes, la duchesse, en arrivant à Parme, trouva sa capitale transformée en un véritable lazaret. Bombelles avait mobilisé les religieuses des couvents de la contrée. Se sacrifiant jusqu'à l'épuisement, celles-ci s'engloutissaient littéralement dans un enfer de souffrances, de misère, de fange et de mort. Beaucoup de malades mouraient et les cadavres étaient aussitôt précipités dans des fosses communes.

L'épouvantable épidémie à laquelle Marie-Louise s'attendait s'était déclarée et exerçait ses ravages. La *buona duchessa* se mit à la tâche avec courage. Elle paya de sa personne, visitant les hôpitaux, réconfortant les malades, se penchant sur les paillasses encombrant les couloirs, faute de lits d'hôpitaux. Elle aidait les familles par des dons en argent et en nature. Bombelles l'épaula tant qu'il put. Ensemble, ils organisèrent le dispositif de soins. Ensemble, ils voulurent éradiquer la maladie par tous les moyens. Celle-ci persista jusqu'en septembre 1836. On compta près de 500 morts sur les mille cas environ qui furent détectés.

Marie-Louise survécut. Elle survivrait également à la plupart des personnages en vue qui l'avaient accompagnée dans son existence et qui, peu ou prou, avaient pesé sur son destin. Louis XVIII était mort en 1824, le tsar Alexandre l'année suivante. Et lorsque mourut le roi Frédéric-Guillaume III de Prusse, en 1840, Marie-Louise avait encore sept années à vivre. Le seul des Bonaparte qui lui survivrait serait Jérôme, l'ex-roi de Westphalie qui ne disparut qu'en 1860, à l'âge de 76 ans. Lui seul, de la génération de Napoléon, connaîtrait le Second Empire.

Comme une roue qui ne tourne plus que sur sa lancée, la vie de Marie-Louise s'achevait, au ralenti. « J'ignore si l'Impératrice a été belle », écrit le comte de Falloux, vers les années quarante, « en tout cas, lorsque j'ai eu l'honneur de la rencontrer, son apparence extérieure n'avait plus rien d'attirant. Elle avait le dos voûté, la lèvre inférieure basse et bouffie, à l'image de la plupart des membres de la maison impériale autrichienne. Elle faisait plus que son âge. Elle était simple et prêtait attention à vos paroles, comme à l'habitude à la cour de Vienne. Ce n'était pas une interlocutrice pétillante d'intelligence, mais elle menait la conversation avec finesse et bienveillance. » [18]

Durant les dernières années de sa vie, Marie-Louise évitait Vienne, mais elle allait fréquemment en cure à Ischl pour y prendre des bains de sel ; elle s'y délectait d'une pâtisserie locale encore célèbre aujourd'hui. Elle ne se fit pas prier pour prendre, en 1844, le premier train privé impérial à peine inauguré, sur la ligne Linz-Gmunden. « Je dois avouer, écrit-elle, que c'est le cœur battant, que je gravis le marchepied de la fameuse voiture dans laquelle on nous enferma. Je ne peux le dire en d'autres mots, je me sentais emportée par un ouragan, comme dans la voiture du diable en personne... » [19]

Lorsqu'en 1847 s'éleva de nouveau en Italie une tempête d'agitations contre l'Autriche, la duchesse se trouvait précisément à Ischl. L'idée d'unité italienne avait pris un nouvel essor, et ces troubles annonçaient un mouvement qui, l'année suivante, allait s'étendre à plusieurs pays importants d'Europe, les révolutions de 1848.

A travers toute la Lombardie-Vénétie de violentes manifestations éclatèrent donc, aux cris de « *Abasso Austria* ! » L'ampleur du mouvement était telle que la cour de Vienne autorisa le vice-roi, l'archiduc Rainer, à décréter, le cas échéant, la loi martiale. En dépit de la grande popularité dont jouissait la buona duchessa, la vague de remous atteignit Parme, mais Bombelles la stoppa énergiquement.

Marie-Louise regagna Parme le 16 novembre 1847. Trois semaines plus tard, elle commença à se plaindre de douleurs dans la poitrine. Le 9 décembre, à deux heures de l'après-midi, elle ressentit des frissons et eut de la fièvre. Elle présida néanmoins le Conseil des ministres et reçut encore des invités. Peu avant minuit, sa température était très élevée. En se retirant, elle se retourna, en fermant la porte : *« Addio, amici miei ! »,* fit-elle.

La nouvelle de la maladie de la duchesse se répandit dans toute la ville et, comme cela avait été le cas quelques années auparavant à Vienne, pour son père, la foule grossit devant le palais, le peuple attendant des nouvelles, en silence. Le 12 décembre, l'état de santé de la patiente s'améliora et le médecin, le Dr Fritsh, reprit espoir. Mais les jours suivants, son état s'aggrava à nouveau, au point que l'on dut lui administrer les derniers sacrements.

Dans les églises de Parme commencèrent des veillées de prières, et l'on y fit brûler des cierges pour le rétablissement de la duchesse. Lorsque Bombelles informait Marie-Louise de la ferveur et de l'inquiétude de la population, elle accueillait ses propos avec un doux sourire.

Le 23 mai 1844 déjà, elle avait rédigé son testament. Comme Albertine et Guillaume n'étaient pas dans les conditions pour hériter, étant donné leur naissance illégitime, chacun d'eux ne recevrait que 300.000 florins, des bijoux et des souvenirs personnels. Le légataire universel était le fils de l'oncle Rainer, l'archiduc Léopold. Elle laissait des souvenirs à Bombelles, ainsi qu'à ceux qui l'avaient accompagnée sur le chemin de la vie. Elle signa en même temps une proclamation qui ne devait être rendue publique qu'après sa mort. « Je pardonne à tous ceux qui m'ont occasionné des soucis pendant ma période de règne et qui, en certaines circonstances, m'ont fait souffrir », y lisait-on. « Je m'en remets à la grâce de Dieu afin qu'Il leur pardonne, qu'Il les inspire et les rende fidèles à leur nouveau souverain. » [20]

Le 17 décembre, plus personne ne pouvait douter que sa fin était proche.

Albertine et Bombelles se relayaient au chevet de la mourante. Guillaume, en service en garnison en Autriche, était absent. Elle fit signe qu'on lui amenât ses quatre petits-enfants et elle leur donna sa bénédiction. Elle demanda encore à son gendre Sanvitale de transmettre ses adieux aux Parmesans. Elle espérait qu'on ne l'oublierait pas complètement.

Durant ses derniers moments, Bombelles se trouvait au pied du lit, tandis qu'Albertine et Sanvitale étaient agenouillés de part et d'autre. Les messieurs et les dames de la cour récitaient les prières des agonisants. Marie-Louise restait consciente. Vers midi, après de violents vomissements, elle s'endormit, et ne se réveilla plus... A 5 heures de l'après-midi, le Dr Fritsch fit le constat du décès, qu'il attribua à une « pleurésie rhumatismale ».

Le corps de la duchesse fut embaumé par le Dr Rossi, l'ex-père nourricier des enfants Montenuevo. Durant six jours, elle fut exposée sur un catafalque au palais ducal, et les habitants de Parme défilèrent devant celle qui, pendant 31 ans, avait été leur bonne souveraine. La veille de Noël, elle fut mise en bière dans un cercueil de bois recouvert d'un velours violet. Ce cercueil fut placé dans un autre cercueil de plomb, et celui-ci, à son tour, dans un troisième, également en bois. Le commandant des troupes autrichiennes stationnées en Italie envoya un escadron de hussards en guise d'escorte d'honneur, et c'est sous la protection de 150 cavaliers que, depuis Parme, Marie-Louise fit son dernier voyage à Vienne. Elle fut inhumée aux pieds de la dépouille mortelle de son père et à côté de son fils, le duc de Reichstadt, dans le caveau des Capucins.

Bombelles passa encore deux mois à Parme pour assurer la liquidation de la cour de son épouse. Le 24 décembre, le duc Charles-Louis de Lucques, un Bourbon, avait succédé à Marie-Louise, à la tête des duchés de Parme, Plaisance et Guastalla. Bombelles ne mourut qu'en 1856, neuf années donc après Marie-Louise.

Épilogue

Le voyageur d'aujourd'hui, de passage à Parme environ un siècle et demi après la disparition de la *duchessa*, pourra constater que le souvenir de celle-ci y est resté très vivace. Maria Luigia a donné son nom à une rue, à l'un des hôtels de classe de la ville, à des magasins de luxe, et elle a inondé de cartes illustrées les tourniquets des trottoirs. Si nous nous rendons à la *Galleria Nazionale* — dont les possibilités d'accueil ont été amplifiées grâce à la générosité de « l'Autrichienne », et qui abrite l'une des plus vastes collections d'Italie — nous pourrons contempler le portrait de *Maria Luigia, duchessa di Parma,* dû au pinceau de Giovanni Borghesi. La souveraine y est présentée en grand vêtement de cour, avec la coiffure bouclée, « à la Biedermeier ». A côté du tableau, un buste de marbre, œuvre du sculpteur Antonio Canova, montre une allégorie de la Concorde sous les traits de Maria Luigia. Ceux qui seraient en quête de documentation la trouveront à la *Biblioteca palatina* dans la « salle de lecture Maria Luigia ». Quant aux historiens, ils auront à leur disposition, à l'*Archivio di Stato,* un fonds d'archives unique sur Marie-Louise.

Incontestablement, les souvenirs les plus vivants et les plus riches de la duchesse se trouvent au musée qui lui est consacré — résultat de l'immense labeur consenti par le professeur Glanco Lombardi — et qui regroupe des pièces uniques ayant appartenu à Marie-Louise : son ample vêtement bleu azur ainsi que des découpes de son manteau d'argent d'impératrice ; son bouquet de mariée et un bracelet orné d'un portrait de Neipperg ; ses nécessaires d'écriture, de manucure et de tapisserie ainsi que des moulages de sa main, œuvres de Canova. La blondeur de cette archiduchesse de Habsbourg est attestée par une mèche de ses cheveux ; son goût pour la musique par l'instrument à clavier que l'on y a conservé ; ses talents de peintre amateur par des aquarelles et des manches de couverts décorés de sa main. Sa collection de pierres précieuses, des portraits, des bustes, des médaillons la représentant aux différents âges de sa vie, des tableaux de scènes de famille avec Neipperg et les enfants ainsi que des gravures des châteaux où elle a vécu animent les salles que l'on parcourt.

Dans la conversation, en ville, on n'entend pas la moindre allusion désobligeante au sujet de la *Duchessa,* ni sur son caractère, ni sur ses écarts « amoureux ». Seule émerge une mémoire positive, et tous les Parmesans, fiers de ce qu'elle a fait pour leur ville, expriment à son égard une grande reconnaissance. Maria Luigia jouit là-bas de la même popularité que l'impératrice Marie-Thérèse en Autriche, ou que la reine Louise de Prusse.

Les gens de Parme, depuis toujours, souhaitent que la dépouille mortelle de la *buona duchessa,* qui a vécu et œuvré durant tant d'années dans leur ville, repose chez eux. Peut-être elle-même y avait-elle songé lorsqu'elle fit construire, en 1823, dans l'église de la « Steccata », une chapelle dans laquelle on trouve aujourd'hui les pierres tombales des ducs de Parme, des Farnèse aux Bourbons. Elle n'y a pas sa place, et ceux qui veulent lui rendre hommage doivent aller à Vienne et descendre dans la crypte des Capucins. Actuellement, Marie-Louise n'y repose plus à côté des sarcophages de son père et de son fils, mais dans un lieu attenant à l'emplacement spécial qui a été réservé à l'empereur François et à ses quatre épouses. Quant à son fils le duc de Reichstadt, les Allemands, après l'occupation de Paris en 1940, l'ont fait ramener sous le dôme des Invalides, à côté de son père.

Ceux qui, comme l'auteur du présent ouvrage, se sont rendus à Vienne l'hiver 1982-83 auront pu voir, sur le monument de Marie-Louise, une banderole mortuaire aux couleurs de Parme où était écrit, en langue italienne : « A notre chère duchesse Maria Luigia, de la part des retraités de la Caisse d'Épargne ». Tout à côté était posée une boîte de fleurs bleues, « immortelles » : des violettes de Parme.

Notes

Abréviations

A.M.C.E.= Archives de la maison, de la cour et de l'État à Vienne — A.F.= Archives de famille — S.M.= succession Montenuovo.

CHAPITRE I : Une archiduchesse à sacrifier

1. Cette scène « raconte » la peinture d'époque réalisée par Johann Nép. Hoechle
2. A.M.C.E., classeur 19
3. A.M.C.E., *ibid.*
4. de Berthier à Napoléon, 4 mars 1810, cité par WERTHEIMER, Ed., (von), (1882), p. 26
5. A.M.C.E., clas. 52
6. de Berthier à Nap., 7 mars 1810, WERTHEIMER, *ibid.*, p. 27
7. A.M.C.E., fasc. XVIII, n° 19
8. *Wiener Zeitung*, 29/11/1809
9. du comte Otto au Min. d. Aff. étr., 6/2/1810, *in* Wertheimer, p. 20
10. ARETS, G. (1936), p. 87
11. de Laborde à Bassano, 9/3/1810, *in* WERTHEIMER, p. 28
12. PICHLER, C. (1844), vol. 2, pp. 188-189
13. ANDICS, H., (1974), p. 48
14. HELFERT, J. A. (von), (1873), p. 66
15. *ibid.*, p. 54
16. *ibid.*, p. 51, p. 54
17. Cette controverse opposa notamment les historiens autrichiens von Helfert et de Bourgoing, d'une part, à l'historien français Thiers, d'autre part.
18. J. de BOURGOING, (1949), p. 14
19. *Autobiographische Denkschrift*, (1844), cité par BOURGOING, *ibid.*, p. 15
20. d'après Paul BAILLEU *in Historische Zeitschrift*, nouv. série VIII, pp. 253 et suiv., cité par BOURGOING, p. 16
21. *ibid.*, p. 21
22. *ibid.*
23. *ibid.*, p. 23
24. *ibid.*, p. 26
25. *ibid.*, p. 28

26. *ibid.*, p. 74
27. VALLOTON, H., (1966), p. 69
28. de Metternich à Schwarzenberg, 8/02/1810, *in* BOURGOING, pp. 42-43
29. *ibid.*, p. 43

CHAPITRE II : Fiancée pour raison d'État

1. MÉNEVAL, C. F. (baron de) (1844-45), vol.1 pp. 220-223, *in* HELFERT, *op. cit.*, p. 12
2. de Marie-Louise à l'empereur François, A.M.C.E., clas. 43
3. *in* HELFERT, p. 15
4. BOURGOING, *op. cit.*, p. 19
5. *ibid.*, p. 20
6. *ibid.*
7. de Marie-Louise à l'empereur François, Ofen, 5/01/1809 (lire 1810), A.M.C.E., clas. 43
8. de Marie-Louise à Victoire Colloredo, 10/01/1810, *in* BOURGOING, p. 35
9. *ibid.*, pp. 35-36
10. WERTHEIMER, p. 98
11. « Les papiers intimes de Marie-Louise », *in La Revue des Deux Mondes*, 15/12/1938, pp. 762-796
12. CORTI, E. C. (comte) (1977), pp. 100-101
13. HELFERT, p. 95
14. *ibid.*
15. PETERNELL, P. (1959), p. 7
16. BOURGOING, pp. 45-46

CHAPITRE III : Mariage entre-deux. Un dossier nuptial corsé

1. HELFERT, pp. 80-81
2. *ibid.*, pp. 395 et suiv.
3. COLE, H. (1962), pp. 167-168
4. PRESSER, J. (1977), p. 285
5. HELFERT, p. 82
6. *ibid.*, p. 396
7. *Revue Rétrospective*, p. 162, cité par HELFERT, p. 396
8. de Champagny à Otto, le 9/02/1810, d'après BOURGOING, p. 50
9. WERTHEIMER, p. 22
10. HELFERT, pp. 359-362 et BOURGOING, pp. 48-49 et pp. 616-618
11. pour le texte intégral de cette lettre, *cf.* HELFERT, pp. 361-362
12. *ibid.*, pp. 101-102
13. BOURGOING, p. 55
14. A.M.C.E., XVIII, n° 19

CHAPITRE IV : Le mariage

1. copie d'une lettre de Berthier à Talleyrand, *in* WERTHEIMER (*Geschichte...*) vol.1, p. 329
2. A.M.C.E., A.F. clas. 64
3. A.M.C.E., *ibid.*
4. ANDICS, pp. 32-33, *in* WERTHEIMER, *ibid.*, pp. 374-375
5. BOURGOING, (1959), p. 63
6. WERTHEIMER, *ibid.*, p. 49

7. Bibl, V. (1942), p. 233
8. *ibid.*, p. 21
9. *ibid.*, p. 29
10. RAUCHENSTEINER, M. (1972), pp. 21-22
11. A.M.C.E., clas. 42
12. *ibid.*, clas. 43
13. *ibid.*, clas. 42
14. HELFERT, p. 389
15. A.M.C.E., clas. 42
16. WERTHEIMER, p. 30
17. *ibid.*, pp. 30-31
18. *Wiener Zeitung,* 14/03/1810
19. *ibid.*
20. BOURGOING, p. 69
21. *Wiener Zeitung, ibid.*
22. WERTHEIMER (1882), p. 32

CHAPITRE V : Le voyage de la mariée

1. GRAEFFER, F. (1849), pp. 38 et suiv.
2. *ibid.*
3. A.M.C.E., A.F., 28/08/1804, clas. 40
4. *ibid.*, 25/10/1804
5. *ibid.*, 15/07/1804
6. *ibid.*, 24/09/1804
7. *ibid.*, clas. 43, 25/05/1809
8. *ibid.*, clas. 54, 4/05/1807
9. *ibid.*, 4/10/1800
10. *ibid.*, clas. 38
11. *ibid.*, clas. 40
12. *ibid.*, clas. 54
13. WOLFSGRÜBER, C. (1899), p. 385
14. A.M.C.E., clas. 43
15. WERTHEIMER, p. 512
16. BOURGOING, p. 59
17. HELFERT, p. 115
18. A.M.C.E., A.F., clas. 42
19. *ibid.*, clas. 43
20. *ibid.*
21. HELFERT, p. 17
22. A.M.C.E., A.F., clas. 43
23. *ibid.*
24. *ibid.*, clas. 40
25. MCGUIGAN, D.G., (1967), p. 304
26. BOURGOING, p. 61
27. A.M.C.E., XVIII, 19
28. *ibid.*
29. HELFERT, p. 119
30. A.M.C.E., XVIII, 19
31. *ibid.*
32. *ibid.*
33. *ibid.*
34. *ibid.*
35. *ibid.*
36. *ibid.*

37. *ibid.*
38. HELFERT, p. 120
39. GOETHE, J. W. (von) *Faust*
40. *ibid.*
41. ANDICS, p. 24
42. HELFERT, p. 122
43. *ibid.*
44. BOURGOING, p. 65
45. HELFERT, p. 123
46. *ibid.*, p. 124
47. *ibid.*, p. 125
48. BOURGOING, p. 70
49. *ibid.*, p. 69
50. *ibid.*
51. CASTELOT, A., (1961), p. 33
52. *ibid.*
53. BOURGOING, pp. 71-72
54. *ibid.*

CHAPITRE VI : Napoléon et le clan Bonaparte

1. FRIEDELL, E., (1921-1931), pp. 95 et suiv.
2. PRESSER, J., (1977), p. 576
3. PICHLER, vol.2, p. 172
4. FRIEDELL, *ibid.*, p. 932
5. BOURGOING, (1959), p. 12
6. PRESSER, p. 90
7. LUDWIG, E., (1926), p. 21
8. BOURGOING, *ibid.*, pp. 20 et suiv.
9. LUDWIG, *ibid.*, pp. 116 et suiv.
10. PRESSER, p. 212
11. BOURGOING, *ibid.*, pp. 32 et suiv.
12. *ibid.*, p. 20
13. FRIEDELL, p. 927
14. PRESSER, pp. 272 et suiv.
15. *ibid.*, p. 92
16. *ibid.*
17. *ibid.*, p. 95
18. *ibid.*, p. 83
19. *ibid.*, p. 91
20. VALLENTIN, A., (1955), p. 228
21. *ibid.*
22. PRESSER, p. 100
23. WENCKER-WILDBERG, F. (1939), p. 197
24. STACTON, D., (1968), p. 40
25. *ibid.*, p. 78
26. COLE, H., *op. cit.*, p. 201
27. STACTON, *ibid.*, p. 104
28. *ibid.*, p. 215

CHAPITRE VII : Intimité d'une rencontre. Officialisation d'un mariage impérial à la française

1. GOURGAUD, G., (baron) (1898), vol. 2, p. 275
2. *Mémoires de la reine Hortense,* vol. 2, pp. 60-61
3. GOURGAUD, *ibid.*, p. 276
4. HELFERT, p. 410
5. GOURGAUD, *ibid.*
6. *ibid.*
7. Correspond. Nap. XX n° 16331, cité par HELFERT, p. 134
8. HELFERT, *ibid.*
9. *ibid.*
10. Clary... (prince) (1914), cité par STOECKL, A. (de) (1962), pp. 71 et suiv.
11. *Napoléon et Louise, ou...,* (1810) vol. 2, pp. 12 et suiv.
12. *ibid.*
13. Clary, *in* DE STOECKL, *ibid.*, pp. 78-80
14. HELFERT, p. 140

CHAPITRE VIII : Une impératrice timide

1. Rapport de Metternich à l'empereur François du 4/04/1810, A.M.C.E.
2. WRIGHT, C., (1963), p. 188
3. Rapport de Metternich à l'empereur François du 9/05/1810, A.M.C.E.
4. *ibid.*, cité par BOURGOING, p. 95
5. GOURGAUD, vol.2, p. 277
6. *ibid.*
7. *ibid.*
8. Rapport de Metternich à l'empereur François du 4/04/1810, A.M.C.E.
9. CLARY..., pp. 161-162
10. WRIGHT, *ibid.*
11. CLARY..., *ibid.*
12. HELFERT, p. 415
13. GOURGAUD, *ibid.*, pp. 178-179
14. STOECKL, *op. cit.*, p. 80
15. GOURGAUD, *ibid.*, vol. 1, p. 451
16. BOURGOING, p. 83
17. Rapport de Metternich à l'empereur François du 4/04/1810, *ibid.*
18. GOURGAUD, vol. 2, p. 312
19. STOECKL, p. 87
20. *Journal de voyage de Marie-Louise,* 3 et 4/05/1810, cité par BOURGOING, p. 98
21. *Mémoires de Madame la duchesse d'Abrantès,* IX, p. 32, cité par HELFERT, p. 165
22. PRESSER, p. 353
23. *Journal de voyage de Marie-Louise.*
24. *ibid.*
25. Lettre de l'impératrice Maria Ludovica à l'empereur François du 9/06/1810, A.M.C.E.
26. *Journal de voyage de Marie-Louise,* cité par BOURGOING, pp. 90 et suiv.
27. *ibid.*
28. Rapport de Metternich à l'empereur François du 9/05/1810, A.M.C.E.
29. *Journal de voyage de Marie-Louise,* cité par BOURGOING, p. 99
30. *ibid.*
31. *ibid.*, pp. 100-101
32. HELFERT, pp. 146-147
33. de Marie-Louise à l'empereur François, 2/07/1810, A.M.C.E.
34. de l'archiduc François-Charles à Marie-Louise, 15/08/1810

CHAPITRE IX : L'enfant de France

1. BOURGOING, p. 112
2. LUDWIG, p. 354
3. CASTELOT, A., p. 46
4. BOURGOING, p. 116
5. HELFERT, p. 174
6. *Mémoires de la reine Hortense,* cité par WRIGHT, p. 184
7. CASTELOT, *ibid.,* p. 49
8. *ibid.,* p. 50
9. *ibid.,* p. 51
10. de l'empereur François à Marie-Louise, 11/01/1811, A.M.C.E.
11. HELFERT, pp. 189 et suiv.
12. CASTELOT, *ibid.,* p. 62
13. HELFERT, p. 195
14. BOURGOING, p. 130
15. de l'archiduc Ferdinand de Wurzbourg à l'empereur François, Paris, 20/03/1811, A.M.C.E., A.F., clas. 44
16. de l'empereur François à Marie-Louise, Vienne, 26/03/1811, A.M.C.E., S.M.
17. de Marie-Louise à l'empereur François, 23/04/1811, A.M.C.E.
18. CASTELOT, *ibid.,* p. 73
19. HELFERT, p. 202
20. CASTELOT, p. 73-74
21. *Mémoires de madame la duchesse d'Abrantès,* IX, p. 358, cité par HELFERT, p. 424
22. MÉNEVAL, vol.1, pp. 462-463
23. COLE, p. 354
24. CASTELOT, p. 87

CHAPITRE X : Le commencement de la fin

1. HELFERT, p. 213
2. *ibid.,* p. 185
3. PRESSER, p. 401
4. *ibid.,* p. 402
5. LUDWIG, p. 375
6. HELFERT, p. 197
7. *ibid.,* pp. 197 et suiv.
8. *ibid.,* pp. 197 et 422
9. PRESSER, pp. 430-431
10. LUDWIG, p. 376
11. HELFERT, p. 208 et p. 213
12. *ibid.,* pp. 213-214
13. A.M.C.E., S.M., n° 152
14. HELFERT, p. 214
15. A.M.C.E., S.M., n° 154
16. cité par BOURGOING, p. 145
17. *ibid.*
18. BOURGOING, p. 145
19. *ibid.,* pp. 145 et suiv.
20. *ibid.*
21. *ibid.*
22. MANN, G., (1958), pp. 74 et suiv.
23. Journal de l'archiduc Jean, 1810-1812, d'après KRONES, F. X. (1891-1893)
24. cité par BOURGOING, p. 151

25. HELFERT, pp. 217-218
26. BOURGOING, p. 151
27. Prince Ch. DE LIGNE, *Fragments de l'histoire de ma vie,* II, pp. 317-318, cité par BOURGOING, p. 157
28. A.M.C.E., S.M., Vienne, 1er déc. 1810
29. A.M.C.E., S.M., Vienne, 13 juin 1813
30. A.M.C.E., S.M., 7 juin 1811
31. A.M.C.E., S.M., 22 août 1812
32. Journal de l'archiduc Jean, cité par KRONES, *op. cit.*
33. *ibid.*
34. KRONES, p. 165

CHAPITRE XI : « Mes affaires vont bien !... »

1. HELFERT, p. 222
2. BOURGOING, p. 154
3. *ibid.,* pp. 158 et suiv.
4. *ibid.,* pp. 155 et suiv.
5. *ibid.,* p. 162
6. *ibid.,* p. 158
7. *ibid.,* p. 163
8. A.M.C.E., S.M., Baden, 13/09/1812
9. DE STOECKL, p. 132
10. BOURGOING, p. 160
11. *ibid.,* p. 163
12. A.M.C.E., S.M., Baden, 13/09/1812
13. A.M.C.E., S.M., Vienne, 3/11/1812
14. PRESSER, p. 420
15. MANN, G., p. 92
16. TOLSTOÏ, L., Livre III, 1re Partie, p. 585
17. *ibid.,* p. 586
18. PRESSER, p. 435
19. TOLSTOÏ, *ibid.,* p. 599
20. *ibid.,* p. 603
21. *ibid.*
22. *ibid.,* 2e Partie, p. 751
23. *ibid.,* p. 788
24. PRESSER, p. 444
25. TOLSTOÏ, *ibid.,* p. 774
26. BOURGOING, p. 164
27. A.M.C.E., A.F., clas. 43
28. A.M.C.E., S.M., Vienne, 5/12/1812
29. PROKESCH-OSTEN *(s.d.),* p. 155
30. De Napoléon à Marie-Louise, 19/10/1812, cité par BOURGOING, pp. 164-165
31. BOURGOING, pp. 164-165
32. VALLOTON, H., p. 84
33. A.M.C.E., S.M., Vienne, 3/11/1812
34. Saint-Cloud, 21/11/1812, A.M.C.E.
35. cité par HELFERT, p. 427
36. HELFERT, p. 226
37. BOURGOING, p. 172
38. HELFERT, p. 232
39. *ibid.,* p. 427
40. HELFERT, p. 428

Chapitre XII : La grande coalition, scellée par l'Autriche

1. A.M.C.E., S.M., Vienne, 20/12/1812
2. Helfert, p. 234
3. A.M.C.E., clas. 43
4. Helfert, p. 238
5. Valloton, H., p. 87
6. cité par Helfert, pp. 234-235
7. Castelot, A., p. 98
8. Bourgoing, p. 179
9. A.M.C.E., A.F., clas. 43
10. A.M.C.E., ibid.
11. Bourgoing, p. 182
12. Méneval, vol. 3, p. 112
13. Palmstierna, C. F., (1955), p. 35
14. Correspond. XXV, 232, cité par Bourgoing, p. 185
15. Palmstierna, p. 27
16. *ibid.,* p. 36
17. Bourgoing, p. 185
18. A.M.C.E., A.F., clas. 43
19. *ibid.*
20. Helfert, p. 251
21. 15 mai 1813, cité par Bourgoing, p. 192
22. *ibid.,* p. 188
23. A.M.C.E., A.F., clas. 43
24. Bourgoing, pp. 192-193
25. A.M.C.E., S.M., n°168
26. A.M.C.E., clas. 43
27. Metternich, *Nachgelassene Papiere,* I, pp. 149-157
28. Bourgoing, p. 209
29. Corti, E.C. (comte) (1977), p. 164
30. *ibid.*
31. *ibid.*
32. A.M.C.E., cité par Corti, p. 166
33. Helfert, p. 261
34. Bourgoing, p. 213
35. *ibid.,* p. 214
36. A.M.C.E., S.M.
37. A.M.C.E., A.F., clas. 43
38. A.M.C.E., S.M., n°171
39. Bourgoing, p. 217

Chapitre XIII : La France assiégée. Les adieux. D'un jour à l'autre, entre l'espérance et la peur...

1. Bourgoing, p. 222
2. A.M.C.E., cité par Corti, p. 172
3. Bourgoing, p. 229
4. *ibid.*
5. A.M.C.E., A.F., clas. 43
6. A.M.C.E., S.M., n° 176
7. *Mémoires de la reine Hortense*
8. A.M.C.E., A.F., clas. 43
9. Masson (1902), pp. 525-526

10. *Mémoires de la reine Hortense,* II, p. 177
11. Palmstierna, pp. 70-71
12. Presser, p. 465
13. Méneval, vol.II, p. 33
14. A.M.C.E., A.F., clas. 43
15. Palmstierna, p. 88
16. Méneval, *ibid.,* p. 35
17. Valloton, p. 103
18. A.M.C.E., cité par Corti, *op. cit.,* p. 182
19. *ibid.,* p. 179
20. Bourgoing, p. 238
21. *ibid.,* p. 239
22. cité par Corti, *op. cit.,* p. 184
23. Correspond. Nap. XXVII, n° 21210, pp. 131-133, cité par Helfert, p. 276
24. Palmstierna, p. 48
25. *ibid.,* p. 54
26. *ibid.,* p. 58
27. *ibid.,* p. 63
28. *ibid.,* p. 64
29. *ibid.,* p. 65
30. *ibid.,* p. 69
31. *ibid.,* p. 71
32. *ibid.,* pp. 71-72
33. *ibid.,* p. 82
34. *ibid.,* p. 71 et p. 75
35. *ibid.,* p. 78
36. *ibid.,* pp. 101-102
37. *ibid.,* p. 104
38. *ibid.,* p. 103
39. *ibid.,* p. 105
40. *ibid.,* p. 107
41. A.M.C.E., du 26/02/1814
42. Palmstierna, p. 108
43. A.M.C.E., S.M., n° 179
44. Palmstierna, p. 125
45. Méneval, vol. III, p. 43
46. Helfert, p. 275
47. Méneval, *ibid.,* p. 39
48. Palmstierna, pp. 146-147
49. *ibid.*
50. Palmstierna, p. 150
51. *ibid.,* p. 152
52. *ibid.,* p. 153
53. *ibid.,* p. 156
54. *ibid.,* p. 155
55. *ibid.,* p. 62
56. *ibid.,* p. 66
57. *ibid.,* p. 60
58. *ibid.,* p. 139
59. *ibid.,* p. 67
60. *ibid.,* p. 164
61. *ibid.,* p. 168
62. *ibid.,* p. 165
63. *ibid.,* p. 167
64. *ibid.,* p. 168
65. *ibid.,* p. 169
66. Méneval, *ibid.,* p. 39

67. *ibid.*, p. 42
68. DE STOECKL, pp. 164 et suiv.
69. *ibid.*
70. BOURGOING, pp. 261-262
71. Hortense (reine), cité par HELFERT, p. 287

CHAPITRE XIV : Sauve-qui-peut entre Seine et Loire. Trajets d'exodes tourmentés

1. MÉNEVAL, vol. 2, p. 50
2. PALMSTIERNA, p. 175
3. *ibid.*, pp. 176-177
4. Correspond. Nap. XXVII, n° 21467, p. 305, cité par HELFERT, p. 269
5. MÉNEVAL, vol. 2, p. 51
6. *ibid.*, pp. 52-54
7. PALMSTIERNA, p. 184
8. *ibid.*, p. 181
9. *ibid.*
10. *ibid.*, p. 183
11. *ibid.*, p. 186
12. *ibid.*, p. 187
13. *ibid.*, p. 182
14. *ibid.*
15. *ibid.*, p. 191
16. *ibid.*, p. 192
17. A.M.C.E., A.F., clas. 43
18. *ibid.*
19. A.M.C.E., S.M., n° 180
20. PALMSTIERNA, p. 198
21. *ibid.*
22. BOURGOING, p. 276
23. A.M.C.E., A.F., clas. 43
24. BOURGOING, p. 305
25. PALMSTIERNA, p. 203
26. *ibid.*
27. A.M.C.E., A.F., clas. 43
28. *ibid.*
29. PALMSTIERNA, p. 204
30. cité par BOURGOING, p. 299
31. A.M.C.E., S.M., n° 81
32. *ibid.*, A.F., clas. 43
33. PALMSTIERNA, p. 210
34. *ibid.*
35. *ibid.*, pp. 212-213
36. *ibid.*, p. 214
37. *ibid.*, p. 215

Chapitre XV : Les époux séparés. Marie-Louise et « le retour au père »

1. Palmstierna, p. 216
2. *ibid.*, p. 222
3. *ibid.*
4. *ibid.*, p. 223
5. *ibid.*, p. 225
6. *ibid.*
7. *Mémoires de la reine Hortense,* vol. 3, cité par Bourgoing, pp. 303-304
8. A.M.C.E., A.F., clas. 43
9. cité par Bourgoing, p. 295
10. Caulaincourt, vol. 3, *in* Bourgoing, p. 298
11. *ibid., in* Bourgoing, p. 305
12. Bourgoing, p. 307
13. Méneval, vol. 2, pp. 112-113
14. *ibid.*
15. Palmstierna, p. 226
16. Méneval, vol. 2, p. 205
17. Palmstierna, p. 235
18. Bourgoing, pp. 320-321
19. Palmstierna, p. 236
20. *ibid.*, p. 237
21. *N.d.T.* : sur l'épisode des « Adieux » et du départ de Fontainebleau, ainsi que sur le parcours de Napoléon, voir les références aux sources de première main, (tant allemandes et anglaises que françaises) dans les commentaires de M. Dunan *in* l'édition intégrale et critique du *Mémorial de Sainte-Hélène,* de Las Cases (1961), vol.2, pp. 559-566 et p. 560 (notes (2) et (3))
22. Las Cases, *ibid.*, p. 560
23. *ibid.*
24. *ibid.*
25. Palmstierna, p. 247
26. Las Cases, *ibid.*, note (4)
27. Palmstierna, *ibid.*
28. *ibid.*
29. A.M.C.E., A.F., clas. 43
30. « Les papiers intimes de Marie-Louise », *op. cit.*, p. 789
31. Palmstierna, p. 249
32. « Les papiers intimes... », *ibid.*
33. A.M.C.E., A.F., clas. 43
34. Bourgoing, p. 335
35. Méneval, vol. 2, p. 133
36. A.M.C.E., A.F., clas. 43
37. Palmstierna, p. 250
38. « Les papiers intimes... », *op. cit.*, p. 790
39. Castelot, A., p. 162
40. *ibid.*, p. 163

Chapitre XVI : Neipperg

1. Andics, I, pp. 30-31
2. *Wiener Zeitung*, n° 143, 23/05/1814
3. cité par Bourgoing, p. 350
4. *ibid.*, p. 347

5. Palmstierna, p. 255
6. Castelot, A., p. 166
7. Palmstierna, *ibid.*
8. *ibid.*
9. *ibid.,* p. 256
10. *ibid.,* p. 258
11. *ibid.,* p. 263
12. *ibid.,* p. 260
13. Ludwig, *op. cit.,* p. 484
14. Masson, *op. cit.,* p. 603
15. Palmstierna, p. 263
16. Méneval, *op. cit.,* pp. 166-167
17. Bourgoing, p. 369
18. Palmstierna, p. 260
19. A.M.C.E., A.F., clas. 43
20. Méneval, p. 166
21. Palmstierna, p. 266
22. A.M.C.E., *ibid.*
23. Bourgoing, p. 379
24. A.M.C.E., *ibid.*
25. Bourgoing, p. 381
26. *Wiener Zeitung,* n° 238, 26/08/1814
27. Méneval, pp. 178-180
28. *ibid.*
29. Palmstierna, p. 269
30. A.M.C.E., S.M.
31. *ibid.,* A.F., clas. 43
32. Palmstierna, p. 272
33. *ibid.,* p. 254
34. Bourgoing, p. 388
35. A.M.C.E., A.F., clas. 43
36. Gachot, *op. cit.,* II, p. 94
37. *ibid.,* p. 89
38. Bourgoing, pp. 421 et suiv.
39. Méneval, pp. 190-191

Chapitre XVII : Valse lente au Congrès de Vienne. Les Cent Jours du « Vol de l'Aigle »

1. Méneval, I, p. 438
2. Gachot, II, p. 115
3. Méneval, II, p. 216
4. Gachot, II, p. 127
5. *ibid.*
6. *ibid.*
7. Srbik, (1979), p. 190
8. Bibl (1980), p. 98
9. Rapport de la Police, 24/10/1814
10. Méneval à Caulaincourt, cité par Bourgoing, pp. 485-486
11. Palmstierna, pp. 276-277
12. Gachot, II, p. 163
13. Palmstierna, *ibid.*
14. Ludwig, p. 490
15. Méneval, pp. 372-373

16. Drimmel, (1981), p. 399
17. A.M.C.E., A.F., clas. 43
18. Castelot, p. 175
19. de Stoeckl, *op. cit.*, p. 240
20. Bourgoing, p. 468
21. *ibid.*, p. 471
22. *ibid.*, p. 460
23. *ibid.*, p. 490
24. Sieburg (1967), p. 383
25. A.M.C.E., cité par Bourgoing, pp. 497-498
26. cité par Bourgoing, p. 473
27. cité par Corti, p. 214
28. Méneval, II, pp. 326-327
29. *ibid.*, pp. 332-333
30. *ibid.*, p. 334
31. ibid., p. 318
32. A.M.C.E., A.F., clas. 43
33. *ibid.*
34. Méneval, II, p. 336
35. Sieburg, p. 371
36. Bourgoing, p. 503
37. *ibid.*
38. A.M.C.E., A.F., clas. 43
39. cité par Bourgoing, p. 500
40. *ibid.*, p. 505
41. *ibid.*, p. 504
42. Ludwig, p. 600

Chapitre **XVIII : Parme**

1. Méneval, pp. 173-176
2. Valloton, p. 126
3. A.M.C.E., S.M., n° 194
4. Bourgoing, pp. 518-519
5. A.M.C.E., S.M., n° 192
6. Castelot, p. 213
7. cité par Castelot, p. 214
8. *ibid.*
9. ibid.
10. *ibid.*
11. A.M.C.E., S.M.
12. Méneval, p. 370
13. A.M.C.E., S.M., n° 191
14. A.M.C.E., S.M., n° 194
15. Bourgoing, p. 519
16. de Stoeckl, p. 254
17. Krones, F. X. (1891), extrait du 23/08/1811
18. A.M.C.E., S.M.
19. A.M.C.E.,S.M., n° 195
20. A.M.C.E., S.M.
21. *ibid.*
22. *ibid.*
23. Bourgoing, p. 546
24. cité par Bourgoing, pp. 551-552
25. A.M.C.E., clas. 52

26. Bourgoing, p. 527
27. A.M.C.E., S.M.
28. de Stoeckl, p. 255
29. Gourgaud, (1898), trad., p. 88
30. Ludwig, p. 611
31. Gourgaud, p. 70
32. Ludwig, p. 635
33. *ibid.*
34. *ibid.*
35. *ibid.*
36. Ludwig, p. 544
37. Bourgoing, p. 510
38. Sala, 20/07/1821, Bibliothèque nationale, Vienne
39. Bourgoing, p. 513
40. cité par Bourgoing, p. 509

Chapitre XIX : L'Aiglon... « ce précieux enfant ». La fin du duc de Reichstadt

1. Castelot, p. 231
2. *ibid.*
3. *ibid.*
4. *ibid.*, p. 219
5. *ibid.*, p. 225
6. A.M.C.E., S.M., n° 261
7. Bibl, (1925), p. 188
8. A.M.C.E., S.M.
9. *ibid.*
10. Castelot, *ibid.*, pp. 236-237
11. *ibid.*
12. *ibid.*
13. *ibid.*, pp. 250-251
14. *ibid.*
15. A.M.C.E., S.M.
16. *ibid.*
17. Castelot, p. 252
18. *ibid.*, p. 255
19. *ibid.*, p. 256
20. *ibid.*
21. *ibid.*, 233
22. *ibid.*, p. 257
23. A.M.C.E., S.M., n° 20
24. Castelot, p. 264
25. *ibid.*, p. 265
26. Bourgoing, p. 513
27. Castelot, pp. 276-277
28. *ibid.*, p. 277
29. Bourgoing, J. (de) (1932), p. 126
30. Castelot, p. 308
31. Bibl, *ibid.*, p. 216
32. *ibid.*, p. 271
33. *ibid.*, p. 269
34. Castelot, p. 327
35. *ibid.*, p. 328

36. *ibid.*, p. 329
37. *ibid.*, p. 330
38. *ibid.*, p. 331
39. d'après les *Notes de Prokesch,* cité par BOURGOING (1949), pp. 543-544
40. SALATA, F., *Maria-Luigia e i moti del Trentuno,* p. 126
41. *ibid.*, pp. 127-129
42. PROKESCH (VON) Anton, *Journal, in* BOURGOING, p. 561
43. A.M.C.E., Catalogue Karl et Faber, Munich
44. BOURGOING, *ibid.*, pp. 552-553
45. Bibl, *ibid.*, p. 325
46. A.M.C.E. (Matériaux du Comte Corti)
47. ainsi que les extraits suivants, repris de *Die Kindheit unseres Kaisers, Briefe der Baronin Louise von Sturmfeder,* 1830-1840
48. BOURGOING, p. 562
49. *ibid.*, p. 563
50. *ibid.*, pp. 566-567
51. *ibid.*, p. 568
52. A.M.C.E., A.F.
53. BOURGOING, p. 579
54. *ibid.*, p. 578
55. A.M.C.E., Catalogue Karl et Faber, Munich

CHAPITRE XX : La buona duchessa

1. MÉNEVAL, *Mémoires...*, vol. 3, p. 523
2. SALATA, p. 67
3. Marie-Louise à l'empereur François, 28/03/1851, *in* BOURGOING, p. 557
4. PALMSTIERNA, pp. 262-263
5. BOURGOING, p. 555
6. *ibid.*, pp. 569 et suiv.
7. Plaisance, le 7/07/1831, A.M.C.E., A.F., clas. 52
8. PRESSER, p. 93
9. FLEISCHMANN, H., *Marie-Louise libertine*
10. BOURGOING, p. 597
11. Mémorandum de Maréschall à Metternich, 23/11/1832, *in* SALATA, p. 68
12. *Souvenirs de la baronne Du Montet,* p. 196
13. A.M.C.E., A.F., clas. 52
14. *ibid.*, p. 296
15. Marie-Louise à Lamprecht, Sala, le 30/06/1839, A.M.C.E., MN XVI
16. DE STOECKL, p. 287
17. Marie-Louise à Lamprecht, *in* SALATA, pp. 150-151
18. comte DE FALLOUX, *Mémoires d'un royaliste,* cité par BOURGOING, p. 594
19. PALMSTIERNA, p. 263
20. DE STOECKL, p. 296

Bibliographie (*)

A) Sources utilisées

ABRANTÈS (duchesse d'), *Mémoires de Madame la Duchesse,* Paris, Garnier fr. libr. éd., s.d., 10 vol.
ANDICS, H., *Das österreichische Jahrhundert. Die Donaumonarchie 1804-1900,* Vienne, 1974.
ARCHIV für ÖSTERREICHISCHE GESCHICHTE, vol. 64.
ARETZ, G., *Marie-Louise, Erzherzogin von Österreich, Kaiserin der Franzosen,* Vienne-Leipzig, 1936.

BIBL, V., *Der Herzog von Reichstadt,* Vienne, 1925.
— *Erzherzog Karl. Der beharrliche Kämpfer für Deutschlands Ehre,* Vienne-Leipzig, 1942.
— *Kaiser Franz. Der letzte römisch-deutsche Kaiser,* Vienne-Leipzig, 1937 (orig.)
BOURGOING, J. (de), *Achtzehnhundertneun,* Vienne, 1959.
— *Marie-Louise von Österreich. Kaiserin der Franzosen — Herzogin von Parma,* Vienne-Zurich, 1949.
Briefe eines Jungen Eideldauers an seinen Herrn Vettern in Kagran, Vienne, 1810.

CASTELOT, A., *L'Aiglon, Napoléon II,* Paris, Libr. acad. Perrin, 1961.
COLE, H., *Joséphine,* Vienne, 1962.

(*) N.d.T.

La Bibliographie A) reprend les sources, principalement autrichiennes et allemandes, utilisées par l'Auteur, y compris les ouvrages de Castelot, Las Cases, Méneval et Palmstierna cités dans leur version originale française dans la présente traduction.

La Bibliographie B) comporte une sélection de titres d'ouvrages publiés en français — originaux ou traduits — parmi les plus pertinents quant aux sujets abordés dans la présente biographie.

CORTI, E. C. (comte), *Metternich und die Frauen,* Vienne, 1977.

DRIMMEL, H., *Kaiser Franz. Ein Wiener übersteht Napoleon,* Vienne-Munich, 1981.

ELBIN, G., *Literat und Feldmarschall. Briefe und Erinnerungen des Fürsten Charles-Joseph de Ligne* (1735-1814), Stuttgart, 1979.

FRIEDELL, E., *Kulturgeschichte des Neuzeit,* Munich, 1927-1931.
FRITSCHE, V. (von), *Bilder aus dem österreichischen Hof-und Gezellschafsleben,* Vienne, 1914.

GACHOT, E., *Marie-Louise intime,* Paris, 1911, 3 vol.
GARD, A. (comte de), *Gemälde des Wiener Kongresses,* Munich, 1914, vol. 1.
GOURGAUD, G. (baron), *Napoleons Gedanken und Erinnerungen (Sainte-Hélène 1815-1818),* Stuttgart, 1898 (trad.).
GRAEDENER, H., *Erzherzog Carl,* 1956.
GRAEFFER, F., *Francisceische Curiosa,* 1849.

HELFERT, A. (von), *Maria Louise. Erzherzogin von Österreich Kaiserin der Franzosen,* Vienne, 1873.
HERRE, F., *Radetzky,* Cologne, 1981.
HORTENSE (reine), *Mémoires de la Reine Hortense* (publiés par le prince Napoléon avec notes de J. Hanoteau), Paris, Plon, 3 vol.

KRONES, F. X. (chevalier von), *Aus dem Tagebuche Erzherzog Johanns (1810-1812),* Innsbruck, 1891.
— *Aus Osterreichs Stillen und bewegten Jahren (1810-1815),* Innsbruck, 1892.

LANGSAM, W. C., *Franz der Gute,* Vienne-Munich, 1954.
LAS CASES, M.-J. (comte de), *Mémorial de Sainte-Hélène,* Paris, Garnier, 1961, 2 vol.
LUDWIG, E., *Napoleon,* 1926 (orig.).

MANN, G., *Deutsche Geschichte des 19 und 20 Jahrhunderts,* Francfort, 1958.
MARKHAM, F., *The Bonapartes,* Londres, 1975.
MASSON, F., *L'Impératrice Marie-Louise,* Paris, Libr. Ollendorff, s.d.
McGUIGAN, D.-G., *Familie Habsburg (1273-1918),* Vienne, 1967.
— *Metternich, Napoleon und die Herzogin von Sagan,* Vienne, 1975.
MENEVAL, C.-F. (baron de), *Napoléon et Marie-Louise, Souvenirs historiques de...,* Paris, Libr. d'Amyot éd., 1844-45, 3 vol. (et principalement vol. 2).

Napoléon et Louise ou le mariage du héros, Lettres, Paris, 1810, 2 vol.

PALMSTIERNA, C.-F., (éd.), *Marie-Louise et Napoléon de 1813 à 1814 — Lettres,* Paris, Stock, 1955.
PETERNELL, P., *Die österreichische Heirat,* 1959.
PAOLETTI, P. M., *Parma. Illustrierter Kunstfürher.*
PICHLER, K., *Denkwürdigkeiten aus meinem Leben,* 1844.
PRESSER, J., *Napoleon. Das Leben und die Legende,* Stuttgart, 1977.
PROKESCH-OSTEN, A. (von), *Denkwüdigkeiten aus dem Leben des Feldmarschalls Fürsten Carl zu Schwarzenberg.*
— *Mein Verhältnis zum Herzog von Reichstadt,* Stuttgart, 1878.

RAUCHENSTEINER, M., *Kaiser Franz und Erzherzog Carl. Dynastie und Heerwesen in Österreich (1796-1809),* Vienne, 1972.

SALATA, F., *Maria Luigia e i moti del Trentuno.*
SIEBURG, F., *Napoleon. Die Hundert Tage,* Stuttgart, 1967, (orig.).
SRBIK, H. (chevalier von), *Metternich. Der Stattsmann und der Mensch,* vol. 1 et 2, Graz, 1979.
STACTON, D. (de), *Four years an Empress Marie-Louise, second Wife of Napoleon,* Londres, 1962 (trad.).
STRICH, M., *Marschall Berthier und sein Ende,* Munich, 1908.
STURMFEDER, L. (baronne de), *Die Kindheit unseres Kaisers (1830-1840),* Vienne, 1910.

THÜRHEIM, L. (comtesse), *Mein Leben (1788-1818),* Munich, 1913.
TOLSTOÏ, L., *La Guerre et la Paix,* Lausanne, La Guilde du Livre, 1953.
TRITSCH, W., *Franz von Österreich. Der Kaiser des « Gott erhalte »,* Leipzig, 1937.

VALLENTIN, A., *Goya,* 1955.
VALLOTTON, H., Metternich, *Napoleons großer Gegenspieler,* Munich, 1966.
VARNHAGEN von ENSE, *Denkwürdigkeiten.*

WAGNER, R., *Würde, Glanz und Freude, Vom festlichen Leben und Treiben in den Zeiten,* Graz-Vienne-Cologne, 1981.
WATSON, S. J., *By Command of the Emperor, a life of Marschall Berthier,* Londres, 1957.
WENCKER-WILDBERG, F., *Das Haus Napoleon. Geschichte eines Geschlechts,* Stuttgart, 1939.
WERTHEIMER, E. (von), *Der Herzog von Reichstadt,* Stuttgart, 1921.
— *Die ersten drei Frauen des Kaisers Franz,* Leipzig, 1893.
— *Die Heirat des Erzherzoging Marie Louise mit Napoleon I,* Vienne, 1882.
— *Geschichte Österreichs und Ungarns 1800-1810.*
WOLFSGRUBER, C., *Franz I, Kaiser von Österreich,* 1899.
WRIGHT, C., *Hortense, Tochter Napoleons,* Hambourg, 1963.
« WIENER ZEITUNG », articles parus entre 1791 et 1847.

B) Bibliographie complémentaire

BAUSSET, L. F. J. (baron de), *Mémoires anecdotiques sur l'intérieur du palais et sur quelques événements de l'Empire, depuis 1805 jusqu'au 1er mai 1814, pour servir à l'histoire de Napoléon,* Paris, Baudouin Fres, 1827, 2 vol.
BERTAUT, J., *Marie-Louise, femme de Napoléon Ier,* Paris, Amiot Dumont, 1952.
BERTRAND (général), *Cahiers de Sainte-Hélène, janvier 1821-mai 1821,* Paris, Sulliver, 1949.
BESSARD, R., *La vie privée de Marie-Louise,* Paris, 1953.
BIBL, V., *François II, le beau-père de Napoléon,* Paris, Payot (Bibliothèque historique), 1936 (trad.)
— *Metternich 1773-1859,* Paris, Payot (Bibliothèque historique), 1984 (trad.)
BOURGOING, J. (de), *Le fils de Napoléon (20 mars 1811-22 juillet 1832),* Paris, Payot, 1932.
— *Le cœur de Marie-Louise, duchesse de Parme 1814-1821,* Paris, 1939.
— *Papiers intimes et journal du Duc de Reichstadt,* Paris, Payot (Bibliothèque historique), 1928.

CAMBACÉRÈS, J. J. (archichancelier de l'Empire), *Lettres inédites à Napoléon,* Paris, Klinksieck, 1973, 2 vol.
CASTELOT, A., *Napoléon,* Paris, Libr. acad. Perrin (Présence de l'Histoire), 1968.
— *La campagne de Russie, 1812,* Paris, Libr. acad. Perrin, 1991.
— *Sur les pas de Joséphine,* Paris, Libr. acad. Perrin, 1991.
CASTRIES, R. (de), *La Reine Hortense,* Paris, Tallandier (Figures de proue), 1984.
CAULAINCOURT (général de), *Mémoires du Général, duc de Vicence, grand écuyer de l'Empereur,* Paris, Plon-Nourrit, 1933, 3 vol.
CHASTENET, G., *Marie-Louise, l'Impératrice oubliée,* Paris, J.C. Lattès, 1983.
CHEVALIER, B. et PINCEMAILLE, Chr., *L'Impératrice Joséphine,* Paris, 1988.
CLARY et ALDRINGEN (prince Charles de), *Souvenirs du Prince. Trois mois à Paris lors du mariage de l'empereur Napoléon Ier et de l'archiduchesse Marie-Louise,* Paris, Plon-Nourrit, 1914.

DU MONTET (baronne), *Souvenirs de la baronne 1857-1866,* Paris, Plon-Nourrit, 1914.

GOURGAUD (général baron de), *Journal de Sainte-Hélène 1815-1818,* Paris, Flammarion (Les grands mémoires), 1947, 2 vol. (orig.).

HANOTEAU, J. et BOURGOING, J. (de), « Les papiers intimes de Marie-Louise », *La Revue des Deux Mondes,* 15/XII/1938, pp. 762-793.

LATREILLE, A., *L'ère napoléonienne,* Paris, A. Colin, 1974.
LOWENSTERN, W. (baron de), *Mémoires,* Paris, 1903.
LUDWIG, E., *Napoléon,* Paris, Payot (Bibliothèque historique), 1985 (trad.).

MADELIN, L. (introduit et commenté par), *Lettres inédites de Napoléon Ier à Marie-Louise (1810-1814),* Paris, éd. des Bibliothèques Nationales de France, 1935.
— *La France à l'apogée de l'Empire,* Paris, Hachette, 1970.
MALRAUX, A., *Vie de Napoléon par lui-même,* Paris, Gallimard, 1930 (rééd. 1991).
MARTINEAU, L., *Marie-Louise, Impératrice des Français,* Paris, France-Empire, 1970.
MASSON, F., *Napoléon chez lui. La journée de l'Empereur aux Tuileries,* Paris, Libr. J. Tallandier, 1977.
— *Napoléon et son fils,* Paris, Libr. Ollendorff, s.d.
MÉNEVAL, C. F. (baron de), *Marie-Louise et la cour d'Autriche entre les deux abdications* (1814-1815), Paris, Emile Paul, 1909.
MIQUEL, P., *La campagne de France de Napoléon,* Paris, Ch. Bartillat, 1991.

PEDROTTI, P., *La fin du Roi de Rome, d'après le journal de son officier d'ordonnance le baron J. Charles de Moll,* Genève-Paris-Montréal, éd. du milieu du monde, 1947.
POTOCKA (comtesse), *Mémoires de la comtesse, 1794-1820,* Paris, Plon-Nourrit, 1924.
PRINCE de LIGNE, *Ma Napoléonide. Oeuvres posthumes inédites,* Paris, Libr. anc. Honoré Champion, 1921.

RAVIGNANT, P., *Napoléon Bonaparte au jour le jour,* Paris, La Table Ronde, 1967.
— *Napoléon pas à pas,* Paris, P. Horay, 1969.
— *Napoléon,* Paris, MA (Le monde de...), 1985.
ROVIGO (duc de), *Mémoires du duc de Rovigo. Pour servir à l'histoire de l'Empereur Napoléon,* Paris, Garnier-Flammarion libr. éd., 1900-1901, 5 vol.

SÉGUR, Ph. P. (comte de), *Histoire et Mémoires,* Paris, libr. Firmin-Didot fr., fils et Cie, 1873, 7 vol.
SIEBOURG, Fr., *Napoléon. Les Cent Jours,* Paris, Laffont, 1957 (trad.).

TULARD, J., *Le mythe de Napoléon,* Paris, A. Colin (coll. U2), 1971.
— *L'anti-Napoléon, nouvelle bibliographie des Mémoires sur l'époque napoléonienne,* Paris, 1991.
— (sous la direction de), *Dictionnaire Napoléon,* Paris, Fayard, 1987.
— (textes choisis, préparés et commentés par), *Napoléon à Sainte-Hélène,* Paris, Laffont (Bouquins), 1981.

VIANE, A., *Napoléon et Marie-Louise à Bruges, mai 1810* (trad. du néerlandais), Paris, éd. universitaires, s.d.

ZIESENISS, Ch. O., *Napoléon et la cour impériale,* Paris, Tallandier (Bibliothèque napoléonienne), 1980.

Table des matières

L'HISTOIRE CHEZ DUCULOT

COLLECTION « DOCUMENTS »

ALBERT Ier : *Carnets et correspondance de guerre 1914-1918*, présentés par Marie-Rose THIELEMANS.
Jacques BRASSINNE et Jean KESTERGAT : *Qui a tué Patrice Lumumba ?*
Jean-Claude BUFFLE : *Le piège à rois*. La contre-révolution américaine a commencé.
Erik CORDFUNKE : *Zita, la dernière impératrice*. 1892-1989.
Michel DUGAST ROUILLÉ : *Charles de Habsbourg, le dernier empereur*. 1887-1922.
André GYSELINX et Pierre STEPHANY : *Quand « La Libre » s'appelait « Le Patriote ». 1884-1914.*
Pierre JACQUET : *Brabant wallon 1940-1944*. Occupation et résistance.
Jacques LOGIE : *1830. De la régionalisation à l'indépendance.*
Léontine de METTERNICH : *Carnets viennois. 1826-1829*, présentés par Tatiana de Metternich.
Liane RANIERI : *Émile Francqui ou l'intelligence créatrice (1863-1935).*
Hugo de RIDDER : *Léo, Mark, Wilfried et les autres*. Les coulisses de la rue de la Loi.
— *Sire, donnez-moi cent jours.*
— *Le cas Martens.*
Ernest SANGER : *Isabelle de Bourbon-Parme*. Petite-fille de Louis XV.
Pierre SAUVAGE : *La Cité chrétienne (1926-1940)*. Une revue autour de Jacques Leclercq.
Luc SCHEPENS : *Albert Ier et le gouvernement Broqueville. 1914-1918*. Aux origines de la question communautaire.
Jean STENGERS : *Léopold III et le gouvernement : les deux politiques belges de 1940*. Aux origines de la question royale.
— *Congo. Mythes et réalités*. 100 ans d'histoire.
Pierre STEPHANY : *Nos années cinquante*. Une histoire (belge) de l'après-guerre.
Juliana von STOCKHAUSEN : *Agnès de Salm-Salm, princesse du Nouveau Monde.*
U.F.A.S. : *L'Armée secrète 1940-1944*. Sous la direction de Henri BERNARD.
Louis-François VANDERSTRAETEN : *Histoire d'une mutinerie - juillet 1960*. De la Force Publique à l'Armée Nationale Congolaise.
Jean VANWELKENHUYZEN : *Les avertissements qui venaient de Berlin* (9 octobre 1939-10 mai 1940).
— et Jacques DUMONT : *1940. Le grand exode.*
— *Quand les chemins se séparent*. Mai-juin-juillet 1940.
— *L'agonie de la paix*. 31 août-3 septembre 1939.
Ghislaine WINDISCH-GRAETZ : *L'archiduchesse rouge*. La vie d'Elisabeth-Marie, orpheline de Mayerling (1883-1963).
Mark van den WIJNGAERT : *L'économie belge sous l'occupation*. La politique d'Alexandre Galopin, gouverneur de la Société Générale.
Francis ZAMPONI : *La meilleure police du monde*. Un métier ? Une mission ? Un pouvoir ?

COLLECTION « DOCUMENTS-TÉMOIGNAGES »

Lieutenant-Général Sir Adrian CARTON de WIART, V.C. : *Mémoires*. De la reine Victoria à Mao-Tse-Toung.
Maximilien de BETHUNE HESDIGNEUL : *Un Éden africain*. Bokama au Zaïre : mémoires d'un colon différent (1933-1945).
Tony de MAERE D'AERTRYCKE : *Haute passion*. Mémoires d'un pilote de chasse.
August FRUYTHOF : *L'enfer existe. J'en suis revenu*. Rescapé de Flossenburg.
Jacques GROOTHAERT : *Le passage du témoin.*
Léon-E. HALKIN : *À l'ombre de la mort*. Souvenirs d'un Prisonnier Politique.

René HENOUMONT : *Des amours de papier.* Mémoires impertinents.
René LAMY : *Narration authentique d'une O.P.A.* Bataille pour la Société Générale.
Georges LAPASSADE : *L'autobiographe.* Entre le Maroc, les Pyrénées et l'Allemagne : le récit d'un déracinement.
Paul M. G. LEVY : *Sauver l'Europe.* Laissons faire les fous : voyez où les sages nous ont conduits.
Marcel LIEBMAN : *Né juif.* Une famille juive pendant la guerre.
André MOLITOR : *Souvenirs.* Un témoin engagé dans la Belgique du 20e siècle.
Henri NEUMAN : *Avant qu'il ne soit trop tard.* Portraits de résistants.
Jean-Nicolas PERLOT : *Le filon.* La véridique histoire d'un chercheur d'or en Californie en 1850, écrite par lui-même.
Jef RENS : *Rencontres avec le siècle.* Une vie au service de la justice sociale.
Robert ROELANDT : *Gouy-les-Piéton, « paradis des réfractaires ».* Histoire d'une Cie célèbre de l'A.S. : la 324.
André SCHÖLLER : *Congo 1959-1960.* Mission au Katanga. Intérim à Léopoldville.
Jean-Charles SNOY : *Rebâtir l'Europe.* Mémoires.
William UGEUX : *Histoires des résistants.* Cette armée de l'ombre qui a forcé la victoire.
Michel WOITRIN : *Louvain-la-Neuve, Louvain-en-Woluwe.* Le grand dessein.

BIBLIOTHÈQUE D'HISTOIRE DUCULOT

Henri BERNARD : *Bataille de Belgique-Dunkerque* (10 mai - 4 juin 1940).
Henri BERNARD et Roger GHEYSENS : *La bataille d'Ardenne. L'ultime Blitzkrieg de Hitler.*
Edmonde CHARLES-ROUX : *Stèle pour un bâtard. Don Juan d'Autriche* (1545-1578).
Barbara EMERSON : *Léopold II. Le royaume et l'empire.*
Mia KERCKVOORDE : *Charlotte, la passion et la fatalité.*
Mia KERCKVOORDE : *Louise d'Orléans, reine oubliée* (1812-1850).
Jacques LOGIE : *Waterloo, l'évitable défaite.*
Irmgard SCHIEL : *Stéphanie, princesse héritière dans l'ombre de Mayerling.*

Achevé d'imprimer le 9 juin 1992
sur les presses de la Nouvelle Imprimerie Duculot à Gembloux